सत्य के साथ मेरे प्रयोग

महात्मा गांधी की पुस्तकें

सत्य के साथ मेरे प्रयोग

महात्मा गांधी

प्रकाशक • **प्रभात प्रकाशन प्रा. लि.**
4/19 आसफ अली रोड,
नई दिल्ली-110002

संस्करण • 2026
मूल्य • चार सौ पचास रुपए
मुद्रक • श्री साई प्रिंटर्स, साहिबाबाद

SATYA KE SATH MERE PRAYOG
by Mahatma Gandhi ₹ 450.00
Published by Prabhat Prakashan Pvt. Ltd., 4/19 Asaf Ali Road, New Delhi-2
e-mail: prabhatbooks@gmail.com ISBN 978-93-5048-048-9

प्रस्तावना

चार या पाँच वर्ष पहले निकट के साथियों के आग्रह पर मैंने आत्मकथा लिखना स्वीकार किया था और उसे आरंभ भी कर दिया था; किंतु फुलस्केप का एक पृष्ठ भी पूरा नहीं कर पाया था कि इतने में बंबई की ज्वाला प्रकट हुई और मेरा शुरू किया हुआ काम अधूरा रह गया। उसके बाद तो मैं एक के बाद एक ऐसे व्यवसायों में फँसा कि अंत में मुझे यरवदा का अपना स्थान मिला। भाई जयरामदास भी वहाँ थे। उन्होंने मेरे सामने अपनी यह माँग रखी कि दूसरे सब काम छोड़कर मुझे पहले आत्मकथा ही लिख डालनी चाहिए। मैंने उन्हें जवाब दिया कि मेरा अभ्यास-क्रम बन चुका है और उसके समाप्त होने तक मैं आत्मकथा आरंभ नहीं कर सकूँगा। अगर मुझे अपना पूरा समय यरवदा में बिताने का सौभाग्य प्राप्त हुआ होता तो मैं जरूर आत्मकथा वहीं लिख सकता था, परंतु अभी अभ्यास-क्रम की समाप्ति में भी एक वर्ष बाकी था कि मैं रिहा कर दिया गया। उससे पहले मैं किसी तरह आत्मकथा का आरंभ भी नहीं कर सकता था, इसलिए वह लिखी नहीं जा सकी। अब स्वामी आनंद ने फिर वही माँग की है। मैं दक्षिण अफ्रीका के सत्याग्रह का इतिहास लिख चुका हूँ, इसलिए आत्मकथा लिखने को ललचाया हूँ। स्वामी की माँग तो यह थी कि मैं पूरी कथा लिख डालूँ और फिर वह पुस्तक के रूप में छपे। मेरे पास इकट्ठा इतना समय नहीं है। अगर लिखूँ तो 'नवजीवन' के लिए ही मैं लिख सकता हूँ। मुझे 'नवजीवन' के लिए कुछ लिखना ही होता है, तो आत्मकथा ही क्यों न लिखूँ? स्वामी ने मेरा यह निर्णय स्वीकार किया और अब आत्मकथा लिखने का अवसर मुझे मिला। किंतु यह निर्णय करने पर एक निर्मल साथी ने, सोमवार के दिन, जब मैं मौन में था, धीमे से मुझसे कहा—

"आप आत्मकथा क्यों लिखना चाहते हैं? यह तो पश्चिम की प्रथा है। पूर्व में तो किसी ने लिखी-जानी नहीं। और लिखेंगे क्या? आज जिस वस्तु को आप सिद्धांत के रूप में मानते हैं, उसे कल मानना छोड़ दें तो? अथवा सिद्धांत का अनुसरण करके जो भी कार्य आप करते हैं, उन कार्यों में बाद में हेर-फेर करें तो? बहुत से लोग आपके

लेखों को प्रमाणभूत समझकर उनके अनुसार अपना आचरण गढ़ते हैं। वे गलत रास्ते चले जाएँ तो? इसलिए सावधान रहकर फिलहाल आत्मकथा जैसी चीज न लिखें, तो क्या ठीक न होगा?''

इस दलील का मेरे मन पर थोड़ा-बहुत असर हुआ। लेकिन मुझे आत्मकथा कहाँ लिखनी है? मुझे तो आत्मकथा के बहाने सत्य के जो अनेक प्रयोग मैंने किए हैं, उनकी कथा लिखनी है। यह सच है कि उनमें मेरा जीवन ओत-प्रोत होने के कारण कथा एक जीवन-वृत्तांत जैसी बन जाएगी। लेकिन अगर उसके हर पन्ने पर मेरे प्रयोग ही प्रकट हों तो मैं स्वयं उस कथा को निर्दोष मानूँगा। मैं ऐसा मानता हूँ कि मेरे सब प्रयोगों का पूरा लेखा जनता के सामने रहे तो वह लाभदायक सिद्ध होगा—अथवा यों समझिए कि यह मेरा मोह है। राजनीति के क्षेत्र में हुए मेरे प्रयोगों को तो अब हिंदुस्तान जानता है, यही नहीं, बल्कि थोड़ी-बहुत मात्रा में सभ्य कही जानेवाली दुनिया भी उन्हें जानती है। मेरे मन में इसकी कीमत कम-से-कम है और इसलिए इन प्रयोगों के द्वारा मुझे 'महात्मा' का जो पद मिला है, उसकी कीमत भी कम नहीं है। कई बार तो इस विशेषण ने मुझे बहुत अधिक दुःख भी दिया है। मुझे ऐसा एक भी क्षण याद नहीं है, जब इस विशेषण के कारण मैं फूल गया होऊँ! लेकिन अपने आध्यात्मिक प्रयोगों का, जिन्हें मैं ही जान सकता हूँ और जिनके कारण राजनीति के क्षेत्र में मेरी शक्ति भी जनमी है, उसका वर्णन करना मुझे अवश्य ही अच्छा लगेगा। अगर ये प्रयोग सचमुच आध्यात्मिक हैं, तो इनमें गर्व करने की गुंजाइश ही नहीं। इनसे तो केवल नम्रता की ही वृद्धि होगी। ज्यों-ज्यों मैं विचार करता जाता हूँ, भूतकाल के अपने जीवन पर दृष्टि डालता जाता हूँ, त्यों-त्यों अपनी अल्पता मैं स्पष्ट ही देख सकता हूँ। मुझे जो करना है, तीस वर्षों से मैं जिसकी आतुर भाव से रट लगाए हुए हूँ, वह तो आत्म-दर्शन है, ईश्वर का साक्षात्कार है, मोक्ष है। मेरे सारे काम इसी दृष्टि से होते हैं। मेरा सब लेखन भी इसी दृष्टि से होता है और राजनीति के क्षेत्र में मेरा पड़ना भी इसी वस्तु के अधीन है।

लेकिन ठेठ से ही मेरा यह मत रहा है कि जो एक के लिए शक्य है, वह सबके लिए भी शक्य है। इस कारण मेरे प्रयोग खानगी नहीं हुए, नहीं रहे। उन्हें सब देख सकें तो मुझे नहीं लगता कि उससे उनकी आध्यात्मिकता कम होगी। अवश्य ही कुछ चीजें ऐसी हैं, जिन्हें आत्मा ही जानती है, जो आत्मा में ही समा जाती हैं; परंतु ऐसी वस्तु देना मेरी शक्ति से परे की बात है। मेरे प्रयोगों में तो आध्यात्मिक का मतलब है नैतिक; धर्म का अर्थ है नीति; आत्मा की दृष्टि से पाली गई नीति धर्म है। इसलिए जिन वस्तुओं का निर्णय बालक, नौजवान और बूढ़े करते हैं और कर सकते हैं, इस कथा में उन्हीं वस्तुओं का समावेश होगा। अगर ऐसी कथा मैं तटस्थ भाव से, निरभिमान रहकर लिख सकूँ तो उसमें से दूसरे प्रयोग करनेवालों को कुछ सामग्री मिलेगी।

इन प्रयोगों के बारे में मैं किसी भी प्रकार की संपूर्णता का दावा नहीं करता। जिस तरह वैज्ञानिक अपने प्रयोग अतिशय नियमपूर्वक, विचारपूर्वक और बारीकी से करता है, फिर भी उनसे उत्पन्न परिणामों को वह अंतिम नहीं कहता अथवा वे परिणाम सच्चे ही हैं, इस बारे में भी यह सशंक नहीं तो तटस्थ अवश्य होता है, अपने प्रयोगों के विषय में मेरा भी वैसा ही दावा है। मैंने खूब आत्म-निरीक्षण किया है, एक-एक भाव की जाँच की है, उसका पृथक्करण किया है, किंतु उसमें से निकले हुए परिणाम सबके लिए अंतिम ही हैं, वे सच हैं अथवा वे ही सच हैं, ऐसा दावा मैं कभी करना नहीं चाहता। हाँ, यह दावा मैं अवश्य करता हूँ कि मेरी दृष्टि से ये सच हैं और इस समय तो अंतिम जैसे ही मालूम होते हैं। अगर न मालूम हों तो पग-पग पर जिन वस्तुओं को देखता देता हूँ, उनके त्याज्य और ग्राह्य ऐसे दो भाग कर लेता हूँ और जिन्हें ग्राह्य समझता हूँ, उनके अनुसार अपना आचरण बना लेता हूँ। और जब तक इस तरह बना हुआ आचरण मुझे अर्थात् मेरी बुद्धि को और आत्मा को संतोष देता है तब तक मुझे उसके शुभ परिणामों के बारे में अविचलित विश्वास रखना ही चाहिए।

यदि मुझे केवल सिद्धांतों का, अर्थात् तत्त्वों का ही वर्णन करना हो, तब तो यह आत्मकथा मुझे लिखनी ही नहीं चाहिए। लेकिन मुझे तो उनपर रचे गए कार्यों का इतिहास देना है और इसीलिए मैंने इन प्रयत्नों को 'सत्य के प्रयोग' जैसा पहला नाम दिया है। इसमें सत्य से भिन्न माने जानेवाले अहिंसा, ब्रह्मचर्य इत्यादि नियमों के प्रयोग भी आ जाएँगे, लेकिन मेरे मन में सत्य ही सर्वोपरि है और उसमें अगणित वस्तुओं का समावेश हो जाता है। यह सत्य स्थूल-वाचिक सत्य नहीं है। यह तो वाणी की तरह विचार का भी सत्य है; यह सत्य केवल हमारा कल्पित सत्य ही नहीं है, बल्कि स्वतंत्र चिरस्थायी सत्य है; अर्थात् परमेश्वर ही है।

परमेश्वर की व्याख्याएँ अनगिनत हैं, क्योंकि उसकी विभूतियाँ भी अनगिनत हैं। ये विभूतियाँ मुझे आश्चर्यचकित करती हैं। क्षण भर के लिए ये मुझे मुग्ध भी करती हैं; किंतु मैं पुजारी तो सत्यरूपी परमेश्वर का ही हूँ। वह एक ही सत्य है, और दूसरा सब मिथ्या है, यह सत्य मुझे मिला नहीं है, लेकिन मैं इसका शोधक हूँ। इस शोध के लिए मैं अपनी प्रिय से प्रिय वस्तु का त्याग करने को तैयार हूँ और मुझे यह विश्वास है कि इस शोधरूपी यज्ञ में इस शरीर को भी होमने की मेरी तैयारी है और शक्ति है, लेकिन जब तक मैं इस सत्य का साक्षात्कार न कर लूँ, तब तक मेरी अंतरात्मा, जिसे सत्य समझती है उस काल्पनिक सत्य को अपना आधार मानकर, अपना दीपस्तंभ समझकर, उसके सहारे मैं अपना जीवन व्यतीत करता हूँ।

यद्यपि यह मार्ग तलवार की धार पर चलने जैसा है, तो भी मुझे यह सरल-से-सरल लगा है। इस मार्ग पर चलते हुए अपनी भयंकर भूलें भी मुझे नगण्य सी लगी हैं;

क्योंकि वैसी भूलें करने पर भी मैं बच गया हूँ और अपनी समझ के अनुसार आगे बढ़ा हूँ। दूर-दूर से विशुद्ध सत्य की—ईश्वर की—झाँकी भी मैं कर रहा हूँ। मेरा यह विश्वास दिन-प्रतिदिन बढ़ता जाता है कि एक सत्य ही है, उसके अलावा दूसरा कुछ भी इस जगत् में नहीं है। यह विश्वास किस प्रकार बढ़ता गया है, इसे मेरा जगत् अर्थात् 'नवजीवन' इत्यादि के पाठक जानकर मेरे प्रयोगों के साझेदार बनना चाहें और उस सत्य की झाँकी भी मेरे साथ करना चाहें तो भले करें। साथ ही, मैं यह भी अधिकाधिक मानने लगा हूँ कि जितना कुछ मेरे लिए संभव है, उतना एक बालक के लिए भी संभव है, और इसके लिए मेरे पास सबल कारण हैं। सत्य के शोध के साधन जितने कठिन हैं, उतने ही सरल भी हैं। वे अभिमानी को असंभव मालूम होंगे और एक निर्दोष बालक को बिलकुल संभव लगेंगे।

सत्य के शोधक को रजकण से भी नीचे रहना पड़ता है। सारा संसार रजकणों को कुचलता है, पर सत्य का पुजारी तो जब तक इतना अल्प नहीं बनता कि रजकण भी उसे कुचल सकें, तब तक उसके लिए स्वतंत्र सत्य की झाँकी भी दुर्लभ है। यह चीज वसिष्ठ-विश्वामित्र के आख्यान में स्वतंत्र रीति से बताई गई है। ईसाई धर्म और इसलाम भी इसी वस्तु को सिद्ध करते हैं।

मैं जो प्रकरण लिखने वाला हूँ, इनमें यदि पाठकों को अभिमान का भास हो, तो उन्हें अवश्य ही समझ लेना चाहिए कि मेरे शोध में खामी है और मेरी झाँकियाँ मृगजल के समान हैं। मेरे समान अनेकों का क्षय चाहे हो, पर सत्य की जय हो। अल्पात्मा को मापने के लिए हम सत्य का गज कभी छोटा न करें।

मैं चाहता हूँ कि मेरे लेखों को कोई प्रमाणभूत न समझे। यही मेरी विनती है। मैं तो सिर्फ यह चाहता हूँ कि उनमें बताए गए प्रयोगों को दृष्टांत रूप मानकर सब अपने-अपने प्रयोग यथाशक्ति और यथामति करें। मुझे विश्वास है कि इस संकुचित क्षेत्र में आत्मकथा के मेरे लेखों से बहुत कुछ मिल सकेगा; क्योंकि कहने योग्य एक भी बात मैं छिपाऊँगा नहीं। मुझे आशा है कि मैं अपने दोषों का खयाल पाठकों को पूरी तरह दे सकूँगा। मुझे सत्य के शास्त्रीय प्रयोगों का वर्णन करना है। मैं कितना भला हूँ, इसका वर्णन करने की मेरी तनिक भी इच्छा नहीं है। जिस गज से स्वयं मैं अपने को मापना चाहता हूँ और जिसका उपयोग हम सबको अपने-अपने विषय में करना चाहिए, उसके अनुसार तो मैं अवश्य कहूँगा कि

मो सम कौन कुटिल खल कामी ?
जिन तनु दियो ताहि बिसरायो, ऐसो निमकहरामी ॥

क्योंकि जिसे मैं संपूर्ण विश्वास के साथ अपने श्वासोच्छ्वास का स्वामी समझता हूँ, जिसे मैं अपने नमक का देनेवाला मानता हूँ, उससे मैं अभी तक दूर हूँ—यह चीज मुझे

प्रतिक्षण खटकती है। इसके कारणरूप अपने विकारों को मैं देख सकता हूँ, पर उन्हें अभी तक निकाल नहीं पा रहा हूँ।

परंतु इसे यहीं समाप्त करता हूँ। प्रस्तावना में से मैं प्रयोग की कथा में नहीं उतर सकता। वह तो कथा-प्रकरणों में ही मिलेगी।

साबरमती आश्रम
मार्गशीर्ष शुक्ल ११,१९२८

—मोहनदास करमचंद गांधी

सूची-क्रम

पहला भाग

जन्म

संभवत: गांधी-कुटुंब पहले तो पंसारी का धंधा करनेवाला था, लेकिन मेरे दादा से लेकर पिछली तीन पीढ़ियों से वह दीवानगीरी करता रहा है। ऐसा मालूम होता है कि उत्तमचंद गांधी अथवा ओता गांधी टेकवाले थे। राजनीतिक खट-पट के कारण उन्हें पोरबंदर छोड़ना पड़ा था और उन्होंने जूनागढ़ राज्य में आश्रय लिया था। उन्होंने नवाब साहब को बाएँ हाथ से सलाम किया। किसी ने इस प्रकट अविनय का कारण पूछा, तो जवाब मिला—'दाहिना हाथ तो पोरबंदर को अर्पित हो चुका है।'

ओता गांधी के दो विवाह हुए थे। पहले विवाह से चार लड़के थे और दूसरे से दो। इनमें पाँचवें करमचंद अथवा कबा गांधी और आखिरी तुलसीदास गांधी थे। दोनों भाइयों ने बारी-बारी से पोरबंदर में दीवान का काम किया। कबा गांधी मेरे पिताजी थे। पोरबंदर की दीवानगीरी छोड़ने के बाद वे राजस्थानिक कोर्ट के सदस्य थे। बाद में राजकोट में और कुछ समय के लिए बांकानेर में दीवान थे। मृत्यु के समय वे राजकोट दरबार के पेंशनर थे।

कबा गांधी के भी चार विवाह हुए थे। पहले दो से दो कन्याएँ थीं, अंतिम पत्नी पुतलीबाई से एक कन्या और तीन पुत्र थे। उनमें अंतिम मैं हूँ।

पिताजी की शिक्षा केवल अनुभव की थी। आजकल जिसे हम गुजराती की पाँचवीं किताब का ज्ञान कहते हैं, उतनी शिक्षा उन्हें मिली होगी। उनका व्यावहारिक ज्ञान इतने ऊँचे दर्जे का था कि बारीक-से-बारीक सवालों को सुलझाने में अथवा हजार आदमियों से काम लेने में भी उन्हें कोई कठिनाई नहीं होती थी।

माता व्यवहार-कुशल थीं। राज-दरबार की सब बातें वे जानती थीं। रनिवास में उनकी बुद्धि की अच्छी कदर होती थी। मैं बालक था। कभी-कभी माताजी मुझे भी अपने साथ दरबार गढ़ ले जाती थीं। 'बा-माँसाहब' के साथ होने वाली बातों में

से कुछ मुझे अभी तक याद हैं।

इन माता-पिता के घर में संवत् १९२५ की भादों बदी बारस के दिन, अर्थात् २ अक्तूबर, १८६९ को पोरबंदर, जोकि 'सुदामापुरी' भी कहलाता था, १२ में मेरा जन्म हुआ।

बचपन

मेरा बचपन पोरबंदर में ही बीता। पोरबंदर से पिताजी राजस्थानिक कोर्ट के सदस्य बनकर राजकोट गए। उस समय मेरी उमर लगभग सात साल की होगी। मुझे राजकोट की ग्रामशाला में भरती किया गया। मैं मुश्किल से साधारण श्रेणी का विद्यार्थी रहा होऊँगा। ग्रामशाला से उपनगर की शाला में और वहाँ से हाईस्कूल में। यहाँ तक पहुँचने में मेरा बारहवाँ वर्ष बीत गया। मैं बहुत ही शरमीला लड़का था। पाठशाला में अपने काम से ही काम रखता था। घंटी बजने के समय पहुँचता और पाठशाला के बंद होते ही घर भागता।

हाईस्कूल के पहले ही वर्ष की, परीक्षा के समय की, एक घटना उल्लेखनीय है। शिक्षा-विभाग के इंस्पेक्टर जाइल्स विद्यालय का निरीक्षण करने आए थे। उन्होंने पहली कक्षा के विद्यार्थियों को अंग्रेजी के पाँच शब्द लिखाए। उनमें एक शब्द 'केटल' (Kettle) था। मैंने उसके हिज्जे गलत लिखे थे। शिक्षक ने अपने बूट की नोक मारकर मुझे सावधान किया। लेकिन मैं क्यों सावधान होने लगा? मुझे यह खयाल ही नहीं हो सका कि शिक्षक मुझे पासवाले लड़के की पट्टी देखकर हिज्जे सुधार लेने को कहते हैं। मैंने यह माना था कि शिक्षक तो यह देख रहे हैं कि हम एक-दूसरे की पट्टी में देखकर चोरी न करें। सब लड़कों के पाँचों शब्द सही निकले और अकेला मैं बेवकूफ ठहरा! शिक्षक ने मुझे मेरी बेवकूफी बाद में समझाई; लेकिन मेरे मन पर उनके समझाने का कोई असर न हुआ। मैं दूसरे लड़कों की पट्टी में देखकर चोरी करना कभी सीख न सका।

इसी समय के दो और प्रसंग मुझे हमेशा याद रहे हैं। साधारणत: पाठशाला की पुस्तकों को छोड़कर और कुछ पढ़ने का मुझे शौक नहीं था। सबक याद करना चाहिए, उलाहना सहा नहीं जाता, शिक्षक को धोखा देना ठीक नहीं, इसलिए मैं पाठ याद करता था। लेकिन मन अलसा जाता, इससे अकसर सबक कच्चा रह जाता। ऐसी हालत में दूसरी कोई चीज पढ़ने की इच्छा क्योंकर होती? किंतु पिताजी की खरीदी हुई एक पुस्तक पर मेरी दृष्टि पड़ी। नाम था 'श्रवण-पितृभक्ति नाटक'। मेरी इच्छा उसे पढ़ने की हुई और मैं उसे बड़े चाव के साथ पढ़ गया। उन्हीं दिनों शीशे में चित्र दिखानेवाले भी घर-घर आते थे। उनके पास मैंने श्रवण का वह दृश्य भी देखा, जिसमें वह अपने माता-पिता को काँवर में बैठाकर यात्रा पर ले जाता है। दोनों चीजों का मुझ पर गहरा प्रभाव पड़ा। मन में इच्छा होती कि मुझे भी श्रवण के समान बनना चाहिए। श्रवण की मृत्यु पर उसके माता-पिता

का विलाप मुझे आज भी याद है। उस ललित छंद को मैंने बाजे पर बजाना भी सीख लिया था। मुझे बाजा सीखने का शौक था और पिताजी ने एक बाजा दिला भी दिया था।

इन्हीं दिनों कोई नाटक-कंपनी आई थी और उसका नाटक देखने की इजाजत मुझे मिली थी। हरिश्चंद्र का आख्यान था। उस नाटक को देखते हुए मैं थकता ही न था।

हाईस्कूल में मेरी गिनती मंदबुद्धि विद्यार्थियों में नहीं थी। शिक्षकों का प्रेम मैं हमेशा ही पा सका था। हर साल माता-पिता के नाम स्कूल से विद्यार्थी की पढ़ाई और उसके आचरण के संबंध में प्रमाण-पत्र भेजे जाते थे। उनमें मेरे आचरण या अभ्यास के खराब होने की टीका-टिप्पणी कभी नहीं हुई। दूसरी कक्षा के बाद मुझे इनाम भी मिले और पाँचवीं तथा छठी कक्षा में क्रमशः प्रतिमास चार और दस रुपयों की छात्रवृत्ति भी मिली थी। इसमें मेरी होशियारी की अपेक्षा भाग्य का अंश अधिक था।

मुझे अपनी होशियारी का कोई गर्व नहीं था। पुरस्कार या छात्रवृत्ति मिलने पर मुझे आश्चर्य होता था। पर अपने आचरण के विषय में मैं बहुत सजग था। आचरण में दोष आने पर मुझे रुलाई आ ही जाती थी। मुझे याद है कि एक बार मुझे मार खानी पड़ी थी। मार का दुःख नहीं था, पर मैं दंड का पात्र माना गया, इसका मुझे बड़ा दुःख रहा। मैं खूब रोया। यह प्रसंग पहली या दूसरी कक्षा का है। दूसरा एक प्रसंग सातवीं कक्षा का है। उस समय दोराबजी एदलजी गीमी हेडमास्टर थे। वे विद्यार्थी-प्रेमी थे, क्योंकि वे नियमों का पालन करवाते, व्यवस्थित रीति से काम करते और लेते तथा अच्छी तरह पढ़ाते थे। उन्होंने उच्च कक्षा के विद्यार्थियों के लिए कसरत-क्रिकेट अनिवार्य कर दिए थे। इनके अनिवार्य बनने से पहले मैं कभी कसरत व क्रिकेट या फुटबॉल में गया ही न था। न जाने में मेरा शरमीला स्वभाव ही एकमात्र कारण था। अब मैं देखता हूँ कि वह अरुचि मेरी भूल थी। उस समय मेरा यह खयाल बना हुआ था कि शिक्षा के साथ कसरत का कोई संबंध नहीं है।

अरुचि का दूसरा कारण था—पिताजी की सेवा करने की तीव्र इच्छा। स्कूल की छुट्टी होते ही मैं सीधा घर पहुँचता और उनको सेवा में लग जाता। जब कसरत अनिवार्य हुई तो इस सेवा में बाधा पड़ी। मैंने विनती की कि पिताजी की सेवा के लिए मुझे कसरत से छुट्टी दी जाए। पर गीमी साहब छुट्टी क्यों देने लगे? एक शनिवार के दिन सुबह का स्कूल था। शाम को चार बजे कसरत के लिए जाना था। मेरे पास घड़ी नहीं थी। आसमान बादलों से घिरा था, इसलिए समय का कोई अंदाज नहीं रहा। मैं बादलों से धोखा खा गया। जब कसरत के लिए पहुँचा तो सब जा चुके थे। दूसरे दिन गीमी साहब ने हाजिरी देखी तो मैं गैर-हाजिर पाया गया। मुझसे कारण पूछा गया। मैंने सही-सही कारण बता दिया। उन्होंने उसे सच नहीं माना और मुझ पर एक या दो आने (ठीक रकम का स्मरण नहीं है) का जुरमाना किया।

मैंने कसरत से तो मुक्ति प्राप्त कर ही ली। पिताजी ने हेडमास्टर को पत्र लिखा कि स्कूल के समय के बाद वे मेरी उपस्थिति का उपयोग अपनी सेवा के लिए करना चाहते हैं। इस कारण मुझे मुक्ति मिल गई। व्यायाम के बदले मैंने टहलने का सिलसिला रखा, इसलिए शरीर को व्यायाम न देने की गलती के लिए तो शायद मुझे सजा नहीं भोगनी पड़ी, पर दूसरी एक गलती की सजा मैं आज तक भोग रहा हूँ। मैं नहीं जानता कि पढ़ाई में सुंदर लेखन आवश्यक नहीं है, यह गलत खयाल मुझे कैसे हो गया था! पर ठेठ विलायत जाने तक यह बना रहा। बाद में, और खासकर दक्षिण अफीका में, जब मैंने वकीलों के तथा दक्षिण अफ्रीका में जनमे और पढ़े-लिखे नवयुवकों के मोती के दानों-जैसे अक्षर देखे, तो मैं शरमाया और पछताया।

इस समय के विद्याभ्यास के दूसरे दो संस्मरण उल्लेखनीय हैं। ब्याह के कारण जो एक साल नष्ट हुआ था, उसे बचा लेने की बात दूसरी कक्षा के शिक्षक ने मेरे सामने रखी थी। उन दिनों परिश्रमी विद्यार्थी को इसके लिए अनुमति मिलती थी। इस कारण तीसरी कक्षा में मैं छह महीने रहा और गरमी की छुट्टियों से पहले होनेवाली परीक्षा के बाद मुझे चौथी कक्षा में बैठाया गया। इस कक्षा से थोड़ी पढ़ाई अंग्रेजी माध्यम से होने लगती थी। मेरी समझ में कुछ न आता था। भूमिति भी चौथी कक्षा से शुरू होती थी। भूमिति-शिक्षक अच्छी तरह समझाकर पढ़ाते थे, पर मैं कुछ समझ ही न सकता था। मैं अकसर निराश हो जाता। कभी-कभी यह भी सोचता कि एक साल में दो कक्षाएँ करने का विचार छोड़कर मैं तीसरी कक्षा में लौट जाऊँ। जब प्रयत्न करते-करते मैं युक्लिड के तेरहवें प्रमेय तक पहुँचा तो अचानक मुझे बोध हुआ कि भूमिति तो सरल से सरल विषय है, जिसमें केवल बुद्धि का सीधा और सरल प्रयोग ही करना है। उसमें कठिनाई क्या है? उसके बाद तो भूमिति मेरे लिए सदा ही एक सरल और सरस विषय बना रहा।

भूमिति की अपेक्षा संस्कृत ने मुझे अधिक परेशान किया। यह विषय भी चौथी कक्षा में शुरू हुआ था। छठी कक्षा में मैं हारा, संस्कृत-शिक्षक बहुत कड़े मिजाज के थे। संस्कृत वर्ग और फारसी वर्ग के बीच एक प्रकार की होड़ रहती थी। फारसी सिखानेवाले मौलवी नरम मिजाज के थे। विद्यार्थी आपस में बात करते कि फारसी तो बहुत आसान है और फारसी-शिक्षक बहुत भले हैं। मैं भी आसान होने की बात सुनकर ललचाया और एक दिन फारसी के वर्ग में जाकर बैठा। संस्कृत-शिक्षक को दुःख हुआ। उन्होंने मुझे बुलाया और कहा, ''यह तो समझ कि तू किनका लड़का है! क्या तू अपने धर्म की भाषा नहीं सीखेगा? तुझे जो कठिनाई हो, सो मुझे बता। मैं तो सब विद्यार्थियों को बढ़िया संस्कृत सिखाना चाहता हूँ। आगे चलकर उसमें रस के घूँट पीने को मिलेंगे। तुझे यों हारना नहीं चाहिए। तू फिर से मेरे वर्ग में बैठ।'' मैं शरमाया, शिक्षक के प्रेम की अवगणना न कर सका। आज मेरी आत्मा कृष्णशंकर मास्टर का उपकार मानती है।

अब तो मैं यह मानता हूँ कि भारतवर्ष की उच्च शिक्षा के पाठ्यक्रम में मातृभाषा के अतिरिक्त राष्ट्रभाषा हिंदी, संस्कृत, फारसी, अरबी और अंग्रेजी का स्थान होना चाहिए। भाषाओं की इस संख्या से किसी को डरना नहीं चाहिए। भाषा पद्धतिपूर्वक सिखाई जाए और सब विषयों को अंग्रेजी के माध्यम से सीखने-सोचने का बोझ हम पर न हो, तो भाषाएँ सीखना न सिर्फ बोझ रूप न होगा, बल्कि उसमें बहुत ही आनंद आएगा। असल में तो हिंदी, गुजराती, संस्कृत एक भाषा मानी जा सकती हैं। इसी तरह फारसी और अरबी एक मानी जाए। यद्यपि फारसी संस्कृत से मिलती-जुलती है और अरबी का हिब्रू से मेल है, फिर भी दोनों का विकास इसलाम के प्रकट होने के बाद हुआ है, इसलिए दोनों के बीच निकट का संबंध है।

बाल-विवाह

काठियावाड़ में विवाह का अर्थ लग्न है, सगाई नहीं। दो बालकों को ब्याहने के लिए माँ-बाप के बीच होनेवाला करार सगाई है। सगाई टूट सकती है। सगाई के रहते वर यदि मर जाए तो कन्या विधवा नहीं होती। सगाई में वर-कन्या के बीच कोई संबंध नहीं रहता। दोनों को पता भी नहीं होता। मेरी एक-एक करके तीन बार सगाई हुई थी। ये तीन सगाइयाँ कब हुईं, इसका मुझे कुछ पता नहीं।

हम तीन भाई थे। उनमें सबसे बड़े का विवाह हो चुका था। मझले भाई मुझसे दो या तीन साल बड़े थे। घर के बड़ों ने एक साथ तीन विवाह करने का निश्चय किया—मझले भाई का, मेरे काकाजी के छोटे लड़के का, जिनकी उमर मुझसे एकाध साल शायद अधिक रही होगी और मेरा।

हम दो भाइयों को राजकोट से पोरबंदर ले जाया गया। वहाँ हल्दी चढ़ाने आदि की जो विधि हुई, वह मनोरंजक होते हुए भी उसकी चर्चा छोड़ देने लायक है।

पिताजी दीवान थे, फिर भी थे तो नौकर ही, तिस पर राज-प्रिय थे, इसलिए अधिक पराधीन रहे। ठाकुर साहब ने आखिरी घड़ी तक उन्हें छोड़ा नहीं। अंत में जब छोड़ा तो विवाह के दो दिन पहले ही रवाना किया। उन्हें पहुँचाने के लिए खास डाक बैठाई गई। पर! पर विधाता ने कुछ और ही सोचा था। राजकोट से पोरबंदर साठ कोस है। बैलगाड़ी से पाँच दिन का रास्ता था। पिताजी तीन दिन में पहुँचे। आखिरी मंजिल में ताँगा उलट गया। पिताजी को कड़ी चोट आई। हाथ पर पट्टी, पीठ पर पट्टी। विवाह-विषयक उनका और हमारा आधा आनंद चला गया। फिर भी विवाह तो हुए ही। लिखे मुहूर्त कहीं टल सकते हैं? मैं विवाह के बाल-उल्लास में पिताजी का दुःख भूल गया।

मंडप में बैठे, फेरे फिरे, कंसार खाया-खिलाया और तभी से वर-वधू साथ में रहने लगे। वह पहली रात! दो निर्दोष बालक अनजाने संसार-सागर में कूद पड़े। भाभी

ने सिखलाया कि मुझे पहली रात में कैसा बरताव करना चाहिए। धर्मपत्नी को किसने सिखलाया, सो पूछने की बात मुझे याद नहीं। जहाँ संस्कार बलवान हैं, वहाँ सिखावन सब गैर-जरूरी बन जाती है। धीरे-धीरे हम एक-दूसरे को पहचानने लगे, बोलने लगे। हम दोनों बराबरी की उमर के थे। पर मैंने तो पति की सत्ता चलाना शुरू कर दिया। कस्तूरबाई में यह भावना थी या नहीं, इसका मुझे पता नहीं। वह निरक्षर थी। स्वभाव से सीधी, स्वतंत्र, मेहनती और मेरे साथ तो कम बोलने वाली थी। उसे अपने अज्ञान का असंतोष न था। अपने बचपन में मैंने कभी उसकी यह इच्छा नहीं जानी कि मेरी तरह वह भी पढ़ सके तो अच्छा हो। इससे मैं मानता हूँ कि मेरी भावना एकपक्षी थी। मेरा विषय-सुख एक स्त्री पर ही निर्भर था और मैं उस सुख का प्रतिघोष चाहता था। जहाँ प्रेम एक पक्ष की ओर से भी होता है, वहाँ सर्वांश में दुःख तो नहीं ही होता। मुझे कहना चाहिए कि मैं अपनी स्त्री के प्रति विषयासक्त था। शाला में भी उसके विचार आते रहते। कब रात पड़े और कब हम मिलें, यह विचार बना ही रहता। वियोग असह्य था। अपनी कुछ निकम्मी बकवासों से मैं कस्तूरबाई को जगाए ही रहता। मेरा खयाल है कि इस आसक्ति के साथ ही मुझमें कर्तव्य-परायणता न होती तो मैं व्याधिग्रस्त होकर मौत के मुँह में चला जाता, अथवा इस संसार में बोझरूप बनकर जिंदा रहता। 'सवेरा होते ही नित्यकर्म में तो लग ही जाना चाहिए, किसी को धोखा तो दिया ही नहीं जा सकता'—अपने इन विचारों के कारण मैं बहुत से संकटों से बचा हूँ।

दुःखद प्रसंग

हाईस्कूल में मेरे थोड़े ही विश्वासपात्र दो मित्र अलग-अलग समय में रहे। एक का संबंध लंबे समय तक नहीं टिका, यद्यपि मैंने उस मित्र को छोड़ा नहीं लेकिन मैंने दूसरे की सोहबत की, इसलिए पहले ने मुझे छोड़ दिया। दूसरी सोहबत मेरे जीवन का एक दुःखद प्रकरण है। यह सोहबत बहुत अर्षों तक रही। इस सोहबत को निभाने में मेरी दृष्टि सुधारक की थी। इन भाई की पहली मित्रता मेरे मझले भाई के साथ थी। वे मेरे भाई की कक्षा में थे। मैं देख सका था कि उनमें कई दोष हैं, पर मैंने उन्हें वफादार मान लिया था। मेरी माताजी, मेरे ज्येष्ठ भाई और मेरी धर्मपत्नी तीनों को यह सोहबत कड़वी लगती थी। पत्नी की चेतावनी को तो मैं अभिमानी पति क्यों मानने लगा? माता की आज्ञा का उल्लंघन मैं करता ही न था। बड़े भाई की बात मैं हमेशा सुनता था। पर उन्हें मैंने यह कहकर शांत किया, ''उसके जो दोष आप बताते हैं, उन्हें मैं जानता हूँ। उसके गुण तो आप जानते ही नहीं। वह मुझे गलत रास्ते नहीं ले जाएगा, क्योंकि उसके साथ मेरा संबंध उसे सुधारने के लिए ही है। मुझे यह विश्वास है कि अगर वह सुधर जाए तो बहुत अच्छा आदमी निकलेगा। मैं चाहता हूँ कि आप मेरे विषय में निर्भय रहें।'' मैं नहीं मानता कि मेरी इस बात से उन्हें

संतोष हुआ, पर उन्होंने मुझ पर विश्वास किया और मुझे मेरे रास्ते जाने दिया। बाद में मैं देख सका कि मेरा अनुमान ठीक नहीं था।

जिन दिनों मैं इन मित्र के संपर्क में आया, उन दिनों राजकोट में 'सुधार-पंथ' का जोर था। मुझे इन मित्र ने बताया कि कई हिंदू शिक्षक छिपे-छिपे मांसाहार और मद्यपान करते हैं। उन्होंने राजकोट के दूसरे प्रसिद्ध गृहस्थों के नाम भी दिए। मेरे सामने हाईस्कूल में कुछ विद्यार्थियों के नाम भी आए। मुझे तो आश्चर्य भी हुआ और दुःख भी। कारण पूछने पर यह दलील दी गई, "हम मांसाहार नहीं करते, इसलिए प्रजा के रूप में हम निर्वीर्य हैं। अंग्रेज हम पर इसीलिए राज्य करते हैं क्योंकि वे मांसाहारी हैं। मैं कितना मजबूत हूँ और कितना दौड़ सकता हूँ, सो तो तुम जानते ही हो। इसका कारण भी मांसाहार ही है। मांसाहारी को फोड़े नहीं होते, होने पर झट अच्छे हो जाते हैं। हमारे शिक्षक मांस खाते हैं, इतने प्रसिद्ध व्यक्ति खाते हैं, सो क्या बिना समझे खाते हैं? तुम्हें भी खाना चाहिए। खाकर देखो तो मालूम होगा कि तुममें कितनी ताकत आ जाती है।"

इसके अलावा मैं बहुत डरपोक था। चोर, भूत, साँप आदि के डर से घिरा रहता था। ये डर मुझे खूब हैरान भी करते थे। रात कहीं अकेले जाने की हिम्मत नहीं थी। अँधेरे में तो कहीं जाता ही न था। दीए के बिना सोना लगभग असंभव था। कहीं इधर से भूत न आ जाए, उधर से चोर न आ जाए और तीसरी जगह से साँप न निकल आए!

इन्हीं दिनों नर्मद* का नीचे लिखा पद स्कूलों में गाया जाता था—

अंग्रेजो राज्य करे, देशी रहे दबाई,
देशी रहे दबाई, जाने बेनां शरीर भाई
पेलो पाँच हाथ पूरो, पूरो पाँचसे ने,**

इन सब बातों का मेरे मन पर पूरा-पूरा असर हुआ। मैं पिघला। मैं यह मानने लगा कि मांसाहार अच्छी चीज है। उससे मैं बलवान और साहसी बनूँगा। समूचा देश मांसाहार करे तो अंग्रेजों को हराया जा सकता है। मांसाहार शुरू करने का दिन निश्चित हुआ।

निश्चित दिन आया। अपनी स्थिति का संपूर्ण वर्णन करना मेरे लिए कठिन है।

---

* गुजराती के प्रसिद्ध कवि नर्मद (१८३३-१८८६)। अर्वाचीन गद्य के निर्माता। गुजराती की नवीन काव्यधारा के एक प्रधान कवि।

** अंग्रेज राज्य करते हैं और हिंदुस्तानी दबे रहते हैं। दोनों के शरीर तो देखो। वे पूरे पाँच हाथ के हैं। एक-एक पाँच सौ के लिए काफी है।

एक तरफ सुधार का उत्साह था, जीवन में महत्त्व का परिवर्तन करने का कुतूहल था, और दूसरी तरफ चोर की तरह छिपकर काम करने की शरम थी। मुझे याद नहीं पड़ता कि इसमें मुख्य वस्तु क्या थी! हम नदी की तरफ एकांत की खोज में चले। दूर जाकर ऐसा कोना खोजा, जहाँ कोई देख न सके। और वहाँ मैंने कभी न देखी हुई वस्तु-मांस-देखी। साथ में भटियार खाने की डबल-रोटी थी। दोनों में से एक भी चीज मुझे भाती नहीं थी। मांस चमड़े-जैसा लगता था। खाना असंभव हो गया। मुझे कै होने लगी। खाना छोड़ देना पड़ा।

जब-जब ऐसा भोजन मिलता, तब-तब घर पर तो भोजन हो ही नहीं सकता था। जब माताजी भोजन के लिए बुलातीं, तब "आज भूख नहीं है, खाना हजम नहीं हुआ है" ऐसे बहाने बनाने पड़ते थे। ऐसा कहते समय हर बार मुझे भारी आघात पहुँचता था। यह झूठ, सो भी माँ के सामने! और अगर माता-पिता को पता चले कि लड़के मांसाहारी हो गए हैं, तब तो उनपर बिजली ही टूट पड़ेगी। ये विचार मेरे दिल को कुरेदते रहते थे।

माता-पिता को धोखा न देने के शुभ विचार से मैंने मांसाहार छोड़ा, पर वह मित्रता नहीं छोड़ी। मैं मित्र को सुधारने चला था, पर खुद ही गिर, और गिरावट का मुझे होश तक न रहा।

इसी सोहबत के कारण मैं व्यभिचार में भी फँस जाता। एक बार मेरे ये मित्र मुझे वेश्याओं की बस्ती में ले गए। वहाँ मुझे योग्य सूचनाएँ देकर एक स्त्री के मकान में भेजा। मुझे उसे पैसे वगैरा कुछ देना नहीं था। हिसाब हो चुका था। मुझे तो सिर्फ दिल-बहलाव की बातें करनी थीं। मैं घर में घुस तो गया, पर जिसे ईश्वर बचाना चाहता है, वह गिरने की इच्छा रखते हुए भी पवित्र रह सकता है। उस कोठरी में मैं तो बिलकुल अंधा बन गया। मुझे बोलने का भी होश न रहा। मारे शरम के सन्नाटे में आकर उस औरत के पास खटिया पर बैठा, पर मुँह से बोल न निकाल सका। औरत ने गुस्से में आकर मुझे दो-चार खरी-खोटी सुनाईं और दरवाजे की राह दिखाई।

उस समय तो मुझे जान पड़ा कि मेरी मर्दानगी को बट्टा लगा; और मैंने चाहा कि धरती जगह दे तो मैं उसमें समा जाऊँ। पर इस तरह बचने के लिए मैंने सदा ही भगवान् का आभार माना है। मेरे जीवन में ऐसे ही दूसरे चार प्रसंग और आए हैं। कहना होगा कि उनमें से अनेकों में, अपने प्रयत्न के बिना, केवल परिस्थिति के कारण मैं बचा हूँ।

चोरी और प्रायश्चित्त

अपने एक रिश्तेदार के साथ मुझे बीड़ी पीने का शौक लगा। मेरे काकाजी को बीड़ी पीने की आदत थी। उन्हें और दूसरों को धुआँ उड़ाते देखकर हमें भी बीड़ी फूँकने की इच्छा हुई। गाँठ में पैसे तो थे नहीं, इसलिए काकाजी पीने के बाद बीड़ी के जो 'ठूँठ' फेंक देते, हमने उन्हें चुराना शुरू किया।

बीड़ी के ये ठूँठ हर समय मिल नहीं सकते थे और उनमें से बहुत धुआँ भी नहीं निकलता था। इसलिए नौकर की जेब में पड़े दो-चार पैसों में से हमने एकाध पैसा चुराने की आदत डाली और हम बीड़ी खरीदने लगे। पर सवाल यह पैदा हुआ कि उसे सँभालकर रखें कहाँ? हम जानते थे कि बड़ों के देखते तो बीड़ी पी ही नहीं सकते। जैसे-तैसे दो-चार पैसे चुराकर कुछ हफ्ते काम चलाया। इस बीच सुना कि एक प्रकार का पौधा होता है (उसका नाम तो मैं भूल गया हूँ), जिसके डंठल बीड़ी की तरह जलते हैं और फूँके जा सकते हैं। हमने उन्हें प्राप्त किया और फूँकने लगे!

पर हमें संतोष नहीं हुआ। अपनी पराधीनता हमें अखरने लगी। हमें दुःख इस बात का था कि बड़ों की आज्ञा के बिना हम कुछ भी नहीं कर सकते थे। हम ऊब गए और हमने आत्महत्या करने का निश्चय कर लिया!

हमने सुना कि धतूरे के बीच खाने से मृत्यु होती है। हम जंगल में जाकर बीज ले आए। शाम का समय तय किया। केदारानाथजी के मंदिर की दीपमाला में घी चढ़ाया, दर्शन किए और एकांत खोज लिया। पर जहर खाने की हिम्मत न हुई। दोनों मौत से डरे और यह निश्चय किया कि रामजी के मंदिर में जाकर दर्शन करके शांत हो जाएँ और आत्महत्या की बात भूल जाएँ।

मेरी समझ में आया कि आत्महत्या का विचार करना सरल है, आत्महत्या करना सरल नहीं।

आत्महत्या के इस विचार का परिणाम यह हुआ कि हम दोनों जूठी बीड़ी चुराकर पीने की और नौकर के पैसे चुराकर बीड़ी खरीदने और फूँकने की आदत भूल गए।

दूसरी चोरी के समय मेरी उमर पंद्रह साल की रही होगी। यह चोरी मेरे मांसाहारी भाई के सोने के कड़े के टुकड़े की थी। उनपर मामूली सा, लगभग पच्चीस रुपए का, कर्ज हो गया था। उसकी अदायगी के बारे में हम दोनों भाई सोच रहे थे। मेरे भाई के हाथ में सोने का ठोस कड़ा था। उसमें से एक तोला सोना काट लेना मुश्किल न था।

कड़ा कटा, कर्ज अदा हुआ। पर मेरे लिए यह बात असह्य हो गई। मैंने निश्चय किया कि आगे कभी चोरी करूँगा ही नहीं। मुझे लगा कि पिताजी के सम्मुख अपना

दोष स्वीकार भी कर लेना चाहिए, पर जीभ न खुली। आखिर मैंने तय किया कि चिट्ठी लिखकर दोष स्वीकार किया जाए और क्षमा माँग ली जाए, मैंने चिट्ठी लिखकर हाथोहाथ दी। चिट्ठी में सारा दोष स्वीकार किया और सजा चाही।

मैंने काँपते हाथों चिट्ठी पिताजी के हाथ में दी। मैं उनके तख्त के सामने बैठ गया। उन दिनों वे भगंदर की बीमारी से पीड़ित थे, इस कारण बिस्तर पर ही पड़े रहते थे। खटिया के बदले लकड़ी का तख्त काम में लाते थे।

उन्होंने चिट्ठी पढ़ी, आँखों से मोती को बूँदें टपकीं। चिट्ठी भीग गई। उन्होंने क्षण भर के लिए आँखें मूँदी और फिर चिट्ठी फाड़ डाली और स्वयं पढ़ने के लिए उठ बैठे थे, सो वापस लेट गए।

मैं भी रोया, पिताजी का दु:ख समझ सका। अगर मैं चित्रकार होता तो वह चित्र आज संपूर्णता से खींच सकता। आज भी वह मेरी आँखों के सामने इतना स्पष्ट है।

मोती की बूँदों के उस प्रेमबाण ने मुझे बेध डाला। मैं शुद्ध बना। इस प्रेम को तो अनुभवी ही जान सकता है।

रामबांण वाग्यां रे होय ते जाणे।*

पिताजी की मृत्यु और मेरी दोहरी लज्जा

पिताजी भगंदर की बीमारी के कारण बिलकुल शय्यावश थे। उनकी सेवा में अधिकतर माताजी, घर का एक पुराना नौकर और मैं रहते थे। मेरे जिम्मे 'नर्स' का काम था। उनका घाव धोना, उसमें दवा डालना, मरहम लगाने के समय मरहम लगाना, उन्हें दवा पिलाना और जब घर पर दवा तैयार करनी हो तो तैयार करना—यह मेरा खास काम था। रात हमेशा उनके पैर दबाना और इजाजत देने पर अथवा उनके सो जाने पर सोना, यह मेरा नियम था। मुझे यह सेवा बहुत प्रिय थी। यद्यपि रोज रात को मैं पिताजी के पैर तो दबाता था, लेकिन उस समय मेरा मन शयन-गृह की ओर भटकता रहता था, और सो भी ऐसे समय जब स्त्री का संग धर्मशास्त्र, वैद्यक-शास्त्र और व्यवहार-शास्त्र के अनुसार त्याज्य था। जब मुझे सेवा के काम से छुट्टी मिलती तो मैं खुश होता और पिताजी के पैर छूकर सीधा शयन-गृह में पहुँच जाता।

अवसान की घोर रात्रि समीप आई। उन दिनों मेरे चाचाजी राजकोट में थे। रात के साढ़े दस या ग्यारह बजे होंगे। मैं पैर दबा रहा था। चाचाजी ने मुझसे कहा—"जा, अब मैं बैठूँगा।" मैं खुश हुआ और सीधा शयन-गृह में पहुँचा। पत्नी तो बेचारी गहरी नींद में थी। पर मैं सोने कैसे देता? मैंने उसे जगाया। पाँच-सात मिनट बीते

* राम की भक्ति का बाण जिसे लगा हो वही जान सकता है।

होंगे, इतने में जिस नौकर की मैं ऊपर चर्चा कर चुका हूँ, उसने आकर किवाड़ खटखटाया। मुझे धक्का-सा लगा। मैं चौंका। नौकर ने कहा, "उठो, बापू बहुत बीमार हैं।" मैं जानता था कि वे बहुत बीमार तो थे ही, इसलिए यहाँ 'बहुत बीमार' का विशेष अर्थ समझ गया। एकदम बिस्तर से कूद पड़ा।

"कह तो सही, बात क्या है?"

जवाब मिला, "बापू गुजर गए।"

मेरा पछताना किस काम आता? मैं बहुत शरमाया। बहुत दुःखी हुआ। दौड़कर पिताजी के कमरे में पहुँचा। बात मेरी समझ में आई कि अगर मैं विषयांध न होता तो इस अंतिम घड़ी में यह वियोग मुझे नसीब न होता!

इस काले दाग को मैं आज तक मिटा नहीं सका, भूल नहीं सका। और मैंने हमेश माना है कि यद्यपि माता-पिता के प्रति मेरी अपार भक्ति थी, उसके लिए मैं सबकुछ छोड़ सकता था, तथापि सेवा के समय भी मेरा मन विषय को छोड़ नहीं सकता था। यह उस सेवा में रह गई अक्षम्य त्रुटि थी। इसी से मैंने अपने को एक पत्नी-व्रत का पालन करनेवाला मानते हुए भी विषयांध माना है। इससे मुक्त होने में मुझे बहुत समय लगा और मुक्त होने से पहले कई धर्म-संकट सहने पड़े।

धार्मिक समभाव का विकास

मैं वैष्णव संप्रदाय में जन्मा था, इसलिए हवेली में जाने के प्रसंग बार-बार आते थे। हवेली का वैभव मुझे अच्छा नहीं लगा। हवेली में चलने वाली अनीति की बातें सुनकर मन उसके प्रति उदासीन बन गया। वहाँ से मुझे कुछ भी न मिला। जो हवेली से न मिला, वह मुझे अपनी धाय रंभा से मिला। मुझे भूत-प्रेत आदि से डर लगता था। रंभा ने मुझे समझाया कि इसकी दवा राम नाम है। मुझे तो राम नाम से भी अधिक श्रद्धा रंभा पर थी, इसलिए बचपन में भूत-प्रेतादि के भय से बचने के लिए मैंने राम नाम जपना शुरू किया। यह जप बहुत समय तक नहीं चला। पर बचपन में जो बीज बोया गया, वह नष्ट नहीं हुआ। आज राम नाम मेरे लिए अमोघ शक्ति है। मैं मानता हूँ कि उसके मूल में रंभाबाई का बोया हुआ बीज है।

जिस चीज का मेरे मन पर गहरा असर पड़ा, वह था रामायण का पारायण। पिताजी की बीमारी का थोड़ा समय पोरबंदर में बीता था। वहाँ वे रामजी के मंदिर में रोज रात के समय रामायण सुनते थे। सुनानेवाले बीलेश्वर के लाधा महाराज रामचंद्र जी के परम भक्त थे। वे दोहा-चौपाई गाते और अर्थ समझाते थे। स्वयं उसके रस में लीन हो जाते थे और श्रोताजनों को भी लीन कर देते थे। यह रामायण-श्रवण रामायण के प्रति मेरे अत्यधिक प्रेम की बुनियाद है। आज मैं तुलसीदास की रामायण

को भक्तिमार्ग का सर्वोत्तम ग्रंथ मानता हूँ।

राजकोट में मुझे अनायास ही सब संप्रदायों के प्रति समान भाव रखने की शिक्षा मिली। मैंने हिंदू धर्म के प्रत्येक संप्रदाय का आदर करना सीखा, क्योंकि माता-पिता वैष्णव-मंदिर में, शिवालय में और राम-मंदिर में भी जाते और हम भाइयों को भी साथ ले जाते या भेजते थे। फिर पिताजी के पास जैन धर्माचार्यों में से भी कोई-न-कोई हमेशा आते रहते थे। वे पिताजी के साथ धर्म और व्यवहार की बातें किया करते थे। इसके सिवा, पिताजी के मुसलमान और पारसी मित्र भी थे। वे अपने-अपने धर्म की चर्चा करते और पिताजी उनकी बातें सम्मानपूर्वक और अकसर रसपूर्वक सुना करते थे। 'नर्स' होने के कारण ऐसी चर्चा के समय मैं अकसर हाजिर रहता था। इस सारे वातावरण का प्रभाव मुझ पर यह पड़ा कि मुझमें सब धर्मों के लिए समान भाव पैदा हो गया।

एक ईसाई धर्म अपवादरूप था। उसके प्रति कुछ अरुचि थी। उन दिनों कुछ ईसाई हाईस्कूल के कोने पर खड़े होकर व्याख्यान दिया करते थे। वे हिंदू देवताओं की और हिंदू धर्म को माननेवालों की बुराई करते थे। मुझे यह असह्य मालूम हुआ। मैं एकाध बार ही व्याख्यान सुनने के लिए खड़ा रहा होऊँगा। दूसरी बार फिर वहाँ खड़े रहने की इच्छा ही न हुई। उन्हीं दिनों एक प्रसिद्ध हिंदू के ईसाई बनने की बात सुनी। गाँव में चर्चा थी कि उन्हें ईसाई धर्म की दीक्षा देते समय गोमांस खिलाया गया और शराब पिलाई गई। उनकी पोशाक भी बदल दी गई और ईसाई बनने के बाद वे भाई कोट-पतलून और अंग्रेजी टोपी पहनने लगे। इन बातों से मुझे पीड़ा पहुँची। जिस धर्म के कारण गोमांस खाना पड़े, शराब पीनी पड़े और अपनी पोशाक बदलनी पड़े, उसे धर्म कैसे कहा जाए? मेरे मन ने यह दलील की। फिर यह भी सुनने में आया कि जो भाई ईसाई बने थे, उन्होंने अपने पूर्वजों के धर्म की, रीति-रिवाजों की और देश की निंदा करना शुरू कर दिया था। इन सब बातों से मेरे मन में ईसाई धर्म के प्रति अरुचि उत्पन्न हो गई।

इस तरह यद्यपि दूसरे धर्मों के प्रति समभाव जागा, फिर भी यह नहीं कहा जा सकता कि मुझमें ईश्वर के प्रति आस्था थी।

पर एक चीज ने मन में जड़ जमा ली-यह संसार नीति पर टिका हुआ है। नीति मात्र का समावेश सत्य में है। सत्य को तो खोजना ही होगा। दिन-पर-दिन सत्य की महिमा मेरे निकट बढ़ती गई। सत्य की व्याख्या विस्तृत होती गई, और अभी भी हो रही है।

फिर नीति का एक छप्पय दिल में बस गया। अपकार का बदला अपकार नहीं, उपकार ही हो सकता है, यह एक जीवन-सूत्र ही बन गया। उसने मुझ पर साम्राज्य

चलाना शुरू किया। अपकारी का भला चाहना और करना, इसका मैं अनुरागी बन गया। इसके अनगिनत प्रयोग किए। वह चमत्कारी छप्पय यह है—

पाणी आपने पाय, भलुं भोजन तो दीजे;
आवी नमावे शीश, दंडवत कोडे कीजे।
आपण घासे दाम, काम महोरेनुं करीए;
आप उगारे प्राण, ते तणा दुःखमां मरीए।
गुण केडे तो गुण दश गणो, मन, वाचा, कर्मे करी;
अवगुण केडे जो गुण करे, ते जगमां जीत्यो सही।*

विलायत की तैयारी

सन् १८८७ में मैट्रिक की परीक्षा पास करने के बाद बड़ों की इच्छा थी कि पास हो जाने पर मुझे आगे कॉलेज की पढ़ाई करनी चाहिए। कॉलेज बंबई में भी था और भावनगर में भी। भावनगर का खर्च कम था, इसलिए भावनगर के शामलदास कॉलेज में भरती होने का निश्चय हुआ। कॉलेज में मुझे अध्यापकों के व्याख्यानों में न रस आता और न मैं उन्हें समझ पाता। इसमें दोष अध्यापकों का नहीं, मेरी कमजोरी का ही था। उस समय के शामलदास कॉलेज के अध्यापक तो प्रथम पंक्ति के माने जाते थे। पहला सत्र पूरा करके मैं घर आया।

कुटुंब के पुराने मित्र और सलाहकार एक विद्वान्, व्यवहार-कुशल ब्राह्मण मावजी दवे थे। पिताजी के स्वर्गवास के बाद भी उन्होंने कुटुंब के साथ संबंध बनाए रखा था। वे छुट्टी के इन दिनों में घर आए। माताजी और बड़े भाई के साथ बातचीत करते हुए उन्होंने मेरी पढ़ाई के बारे में पूछताछ की। जब सुना कि मैं शामलदास कॉलेज में हूँ तो बोले, "जमाना बदल गया है। तुम भाइयों में से कोई कबा गांधी की गद्दी सँभालना चाहे तो बिना पढ़ाई के वह नहीं होगा। यह लड़का अभी पढ़ रहा है, इसलिए गद्दी सँभालने का बोझ इससे उठवाना चाहिए। इसे चार-पाँच साल तो अभी बी.ए. होने में लग जाएँगे, और इतना समय देने पर भी इसे ५०-६० रुपए

* जो हमें पानी पिलाए, उसे हम अच्छा भोजन कराएँ। जो आकर हमारे सामने सिर नवाए, उसे हम उमंग से दंडवत् प्रणाम करें। जो हमारे लिए एक पैसा खर्च करे, उसका हम मुहरों की कीमत का काम कर दें। जो हमारे प्राण बचावे, उसका दुःख दूर करने के लिए हम अपने प्राण तक निछावर कर दें। जो हमारा उपकार करे, उसका तो हमें मन, वचन और कर्म से दस गुना उपकार करना ही चाहिए। लेकिन जग में सच्चा और सार्थक जीना उसी का है, जो अपकार करनेवाले के प्रति भी उपकार करता है।

की नौकरी मिलेगी, दीवानगीरी नहीं। और अगर उसके बाद इसे मेरे लड़के की तरह वकील बनाएँ तो थोड़े वर्ष और लग जाएँगे। और तब तक तो दीवानगीरी के लिए वकील भी बहुत से तैयार हो चुके होंगे। आपको इसे विलायत भेजना चाहिए। केवलराम (मावजी दवे के लड़के का नाम) कहता है कि वहाँ की पढ़ाई सरल है। तीन साल में पढ़कर लौट आएगा। खर्च भी चार-पाँच हजार से अधिक नहीं होगा। नए आए हुए बैरिस्टरों को देखो, वे कैसे ठाठ से रहते हैं! वे चाहें तो उन्हें दीवानगीरी आज मिल सकती है। मेरी तो सलाह है कि आप मोहनदास को इसी साल विलायत भेज दीजिए। विलायत में मेरे केवलराम के कई दोस्त हैं; वह उनके नाम सिफारिशी पत्र दे देगा तो इसे वहाँ कोई कठिनाई नहीं होगी।''

जोशीजी ने (मावजी दवे को हम इसी नाम से पुकारते थे) मेरी तरफ देखकर मुझसे ऐसे लहजे में पूछा, मानो उनकी सलाह के स्वीकृत होने में उन्हें कोई शंका ही न हो—

''क्यों, तुझे विलायत जाना अच्छा लगेगा या यहीं पढ़ते रहना?'' मुझे जो भाता था, मैंने वैद्य ने बता दिया। मैं कॉलेज की कठिनाइयों से डर तो गया ही था। मैंने कहा, ''मुझे विलायत भेजें, तो बहुत ही अच्छा है।''

माताजी की ओर मुड़कर उन्होंने कहा, ''आज तो मैं जाता हूँ। मेरी बात पर विचार कर देखिए। जब मैं लौटूँगा तो तैयारी के समाचार सुनने की आशा रखूँगा। कोई कठिनाई हो तो मुझसे कहिए।''

माताजी को कुछ सूझ न पड़ा। वियोग की बात उन्हें जँची ही नहीं।

बड़े भाई को दूसरा विचार सूझा—''पोरबंदर राज्य पर हमारा हक है। लेली साहब एडमिनिस्ट्रेटर हैं। हमारे परिवार के बारे में उनका अच्छा खयाल है। चाचाजी पर उनकी खास मेहरबानी है। संभव है, वे राज्य की तरफ से तुझे थोड़ी-बहुत मदद कर दें!''

मुझे यह सब अच्छा लगा। मैं पोरबंदर जाने के लिए तैयार हुआ।

मैं पोरबंदर पहुँचा। चाचाजी को साष्टांग प्रणाम किया। सारी बात सुनाई। उन्होंने सोचकर जवाब दिया—

''मैं नहीं जानता कि विलायत जाने पर हम धर्म की रक्षा कर सकते हैं या नहीं। जो बातें सुनता हूँ, उनसे तो शक पैदा होता है। मैं जब बड़े बैरिस्टरों से मिलता हूँ तो उनकी रहन-सहन में और साहबों की रहन-सहन में कोई भेद नहीं पाता। खाने-पीने का कोई बंधन उन्हें होता नहीं। सिगरेट तो कभी उनके मुँह से छूटती ही नहीं। पोशाक देखो तो वह भी नंगी! यह सब हमारे कुटुंब को शोभा न देगा। मैं बाधक नहीं बनूँगा। सच्ची इजाजत तो तेरी माँ की है। अगर वह तुझे इजाजत दे दे तो तू खुशी-खुशी जाना। इतना कहना कि मैं तुझे रोकूँगा नहीं। मेरे आशीर्वाद तो तुझे हैं ही।''

मैंने कहा, ''इससे अधिक की आशा तो मैं आपसे रख नहीं सकता। अब मुझे अपनी माँ को राजी करना होगा। पर लेली साहब के नाम आप मुझे सिफारिशी पत्र तो देंगे न?''

चाचाजी ने कहा—''सो मैं कैसे दे सकता हूँ? लेकिन साहब सज्जन हैं, तू पत्र लिख। कुटुंब का परिचय देना। वे जरूर तुझे मिलने का समय देंगे और उन्हें रुचेगा तो मदद भी करेंगे।''

मैंने लेली साहब को पत्र लिखा। उन्होंने अपने रहने के बँगले पर मुझे मिलने बुलाया। उस बँगले की सीढ़ियों पर चढ़ते-चढ़ते वे मुझसे मिले और मुझे यह कहकर ऊपर चले गए, ''तू बी.ए. कर ले, फिर मुझसे मिलना। अभी कोई मदद नहीं दी जा सकेगी।''

मेरी दृष्टि पत्नी के गहनों पर गई। बड़े भाई के प्रति मेरी अपार श्रद्धा थी। उनकी उदारता की सीमा न थी। उनका प्रेम पिता के समान था।

मैं पोरबंदर से विदा हुआ। राजकोट आकर सारी बातें उन्हें सुनाईं। जोशीजी के साथ सलाह की। उन्होंने कर्ज करके भी मुझे भेजने की सिफारिश की। मैंने अपनी पत्नी के हिस्से के गहने बेच डालने का सुझाव रखा। उनसे २-३ हजार रुपए से अधिक नहीं मिल सकते थे। भाई ने, जैसे भी बने, रुपयों का प्रबंध करने का बीड़ा उठाया।

माताजी कैसे समझतीं? उन्होंने सब तरह की पूछताछ शुरू कर दी थी। कोई कहता, 'नौजवान लोग विलायत जाकर बिगड़ जाते हैं;' कोई कहता, 'वे मांसाहार करने लगते हैं;' कोई कहता, 'वहाँ शराब के बिना तो चलता ही नहीं।' माताजी ने मुझे ये सारी बातें सुनाईं। मैंने कहा, ''पर तू मेरा विश्वास नहीं करेगी? मैं तुझे धोखा नहीं दूँगा। शपथपूर्वक कहता हूँ कि मैं इन तीनों चीजों से बचूँगा। अगर ऐसा खतरा होता, तो जोशीजी क्यों जाने देते?''

माताजी बोलीं, ''मुझे तेरा विश्वास है। पर दूर देश में क्या होगा? मेरी तो अक्ल काम नहीं करती। मैं बेचरजी स्वामी से पूछूँगी।''

बेचरजी स्वामी मोढ़ बनियों में से बने हुए एक जैन साधु थे। जोशीजी की तरह वे भी हमारे सलाहकार थे। उन्होंने मदद की। वे बोले, ''मैं इस लड़के से इन तीनों चीजों के व्रत लिवाऊँगा। फिर इसे जाने देने में कोई हानि नहीं होगी।'' उन्होंने प्रतिज्ञा लिवाई और मैंने मांस, मदिरा तथा स्त्री-संग से दूर रहने की प्रतिज्ञा की। माताजी ने आज्ञा दी।

बड़ों से आशीर्वाद लेकर मैं बंबई के लिए रवाना हुआ। बंबई की यह मेरी पहली यात्रा थी। बड़े भाई साथ आए।

अच्छे काम में सौ विघ्न आते हैं। बंबई का बंदरगाह जल्दी छूट न सका।

जाति बहिष्कृत

माताजी की आज्ञा और आशीर्वाद लेकर और पत्नी की गोद में कुछ महीनों का बालक छोड़कर मैं उमंगों के साथ बंबई पहुँचा।

बंबई में मेरे लिए दिन काटना मुश्किल हो गया। मुझे विलायत के ही सपने आते रहते थे।

इस बीच जाति में खलबली मची। जाति की सभा बुलाई गई। अभी तक कोई मोढ़ बनिया विलायत नहीं गया था। मुझे पंचायत में हाजिर रहने का हुक्म मिला। मैं गया, मैं नहीं जानता कि मुझमें अचानक हिम्मत कहाँ से आ गई। हाजिर रहने में मुझे न तो संकोच हुआ, न डर लगा। जाति के सरपंच के साथ दूर का कुछ रिश्ता भी था। पिताजी के साथ उनका संबंध अच्छा था। उन्होंने मुझसे कहा—

"जाति का खयाल है कि तूने विलायत जाने का जो विचार किया है, वह ठीक नहीं है। हमारे धर्म में समुद्र पार करने की मनाही है, तिस पर यह भी सुना जाता है कि वहाँ धर्म की रक्षा नहीं हो पाती। वहाँ साहब लोगों के साथ खाना-पीना पड़ता है।"

मैंने जवाब दिया, "मुझे तो लगता है कि विलायत जाने में लेशमात्र भी अधर्म नहीं है। मुझे तो वहाँ जाकर विद्याध्ययन ही करना है। फिर जिन बातों का आपको डर है, उनसे दूर रहने की प्रतिज्ञा मैंने अपनी माताजी के सम्मुख ली है, इसलिए मैं उनसे दूर रह सकूँगा।"

सरपंच बोले—"पर हम तुझसे कहते हैं कि वहाँ धर्म की रक्षा हो ही नहीं सकती। तू जानता है कि तेरे पिताजी के साथ मेरा कैसा संबंध था! तुझे मेरी बात माननी चाहिए।"

मैंने जवाब में कहा—"आपके साथ के संबंध को मैं जानता हूँ। आप पिता के समान हैं। पर इस बारे में मैं लाचार हूँ। विलायत जाने का अपना निश्चय मैं बदल नहीं सकता। जो विद्वान् ब्राह्मण मेरे पिताजी के मित्र और सलाहकार हैं, वे मानते हैं कि मेरे विलायत जाने में कोई दोष नहीं है। मुझे अपनी माताजी और अपने भाई की अनुमति भी मिल चुकी है।"

"पर तू जाति का हुक्म नहीं मानेगा?"

"मैं लाचार हूँ। मेरा खयाल है कि इसमें जाति को दखल नहीं देना चाहिए।"

इस जवाब से सरपंच गुस्सा हुए। मुझे दो-चार बातें सुनाईं। मैं निर्निमेष बैठा रहा। सरपंच ने आदेश दिया—

"यह लड़का आज से जातिच्युत माना जाएगा। जो कोई इसकी मदद करेगा अथवा इसे विदा करने जाएगा, पंच उससे जवाब-तलब करेंगे और उससे सवा रुपया दंड का लिया जाएगा।"

मुझ पर इस निश्चय का कोई असर नहीं हुआ। मैंने सरपंच से विदा ली।

सन् १८८८ के सितंबर महीने की ४ तारीख को मैंने बंबई का बंदरगाह छोड़ा।

आखिर लंदन पहुँचा!

जहाज में मुझे समुद्र का तो जरा भी कष्ट नहीं हुआ। जैसे-जैसे दिन बीतते जाते, वैसे-वैसे मैं अधिक परेशान होता जाता था। 'स्टुअर्ड' के साथ बातचीत करने में भी शरमाता था। अंग्रेजी में बातें करने की मुझे आदत ही न थी। मजूमदार को छोड़कर दूसरे सब मुसाफिर अंग्रेज थे। मैं उनके साथ बोल न पाता था।

दुःख-सुख सहते हुए यात्रा समाप्त करके हम साउथैंप्टन बंदरगाह पर पहुँचे। मेरे पास चार सिफारिशी पत्र थे—डॉ. प्राणजीवन मेहता के नाम, दलपतराम शुक्ल के नाम, प्रिंस रणजीतसिंहजी के नाम और दादाभाई नौरोजी के नाम। मैंने साउथैंप्टन से डॉ. मेहता को एक तार भेजा था। जहाज में किसी ने सलाह दी थी कि विक्टोरिया होटल में ठहरना चाहिए। इस कारण मजूमदार और मैं उस होटल में पहुँचे। मैं तो अपनी सफेद पोशाक की शरम से ही गड़ा जा रहा था। तिस पर होटल में पहुँचने पर पता चला कि अगले दिन रविवार होने से ग्रिंडले के यहाँ से सामान सोमवार तक नहीं आएगा। इससे मैं परेशान हुआ।

सात-आठ बजे डॉ. मेहता आए। उन्होंने प्रेमभरा विनोद किया। मैंने अनजाने रेशमी रोएँवाली उनकी टोपी देखने के खयाल से उठाई और उस पर उलटा हाथ फेरा। इससे टोपी के रोंए खड़े हो गए। डॉ. मेहता ने देखा, तो मुझे तुरंत ही रोका। पर अपराध तो हो चुका था। उनके रोकने का नतीजा तो यही निकल सकता था कि दुबारा वैसा अपराध न हो!

समझिए कि यहीं से यूरोप के रीति-रिवाजों के संबंध में मेरी शिक्षा का श्रीगणेश हुआ। डॉ. मेहता हँसते-हँसते बहुत सी बातें समझाते जाते थे। किसी की चीज छूनी नहीं चाहिए; किसी से जान-पहचान होने पर जो प्रश्न हिंदुस्तान में यों ही पूछे जा सकते हैं, वे यहाँ नहीं पूछे जा सकते; बातें करते समय ऊँची आवाज से नहीं बोल सकते; हिंदुस्तान में अंग्रेजों से बात करते सामय 'सर' कहने का जो रिवाज है, वह यहाँ अनावश्यक है; 'सर' तो नौकर अपने मालिक से अथवा अपने बड़े अफसर से कहता है। फिर उन्होंने होटल में रहने के खर्च की भी चर्चा की और सुझाया कि किसी निजी कुटुंब में रहने की जरूरत पड़ेगी। इस विषय में अधिक विचार सोमवार पर छोड़ा गया। कई सलाहें देकर डॉ. मेहता विदा हुए।

मेरी पसंद

डॉ. मेहता सोमवार को मुझसे मिलने विक्टोरिया होटल पहुँचे। वहाँ उन्हें हमारा नया पता मिला; इससे वे नई जगह आकर मिले।

मैंने आभारपूर्वक उनका सुझाव मान लिया। मैं मित्र के घर पहुँचा। उनके स्वागत-सत्कार में कोई कमी नहीं थी। उन्होंने मुझे अपने सगे भाई की तरह रखा, अंग्रेजी रीति-रिवाज सिखाए। यह कह सकता हूँ कि अंग्रेजी में थोड़ी बातचीत करने की आदत उन्हीं ने डलवाई।

मेरे भोजन का प्रश्न बहुत विकट हो गया। बिना नमक और मसालोंवाली साग-सब्जी रुचती नहीं थी। घर की मालकिन मेरे लिए कुछ बनावे तो क्या बनावे? सवेरे तो ओटमील* की लपसी बनती। उससे पेट कुछ भर जाता।

दोपहर को सिर्फ रोटी, पत्तोंवाली एक भाजी और मुरब्बे पर गुजर करता था। यही खुराक शाम के लिए भी थी। मैं देखता कि रोटी के तो दो-तीन टुकड़े ही लेने की रीत है। इससे अधिक माँगते शरम लगती थी। मुझे डटकर खाने की आदत थी। भूख तेज थी और खूब खुराक चाहती थी। दोपहर या शाम को दूध नहीं मिलता था। मेरी यह हालत देखकर एक दिन मित्र चिढ़ गए और बोले, ''अगर तुम मेरे सगे भाई होते तो मैं तुम्हें निश्चय ही वापस भेज देता। यहाँ की हालत जाने बिना निरक्षर माता के सामने की गई प्रतिज्ञा का मूल्य ही क्या? वह तो प्रतिज्ञा ही नहीं कही जा सकती। मैं तुमसे कहता हूँ कि कानून इसे प्रतिज्ञा नहीं मानेगा। ऐसी प्रतिज्ञा से चिपटे रहना तो निरा अंधविश्वास कहा जाएगा। और ऐसे अंधविश्वास में फँसे रहकर तुम इस देश से अपने देश में कुछ भी न ले जा सकोगे। तुम तो कहते हो कि तुमने मांस खाया है। तुम्हें वह अच्छा भी लगा है। जहाँ खाने की जरूरत नहीं थी, वहाँ खाया, और जहाँ खाने की खास जरूरत है, वहाँ छोड़ा। यह कैसा आश्चर्य है!'' मैं टस-से-मस नहीं हुआ।

एक दिन मित्र ने मेरे सामने बेंथम का ग्रंथ पढ़ना शुरू किया। उपयोगितावाद वाला अध्याय पढ़ा। मैं घबराया, भाषा ऊँची थी। मैं मुश्किल से समझ पाता। उन्होंने उसका विवेचन किया। मैंने उत्तर दिया—

''मैं आपसे माफी चाहता हूँ। मैं ऐसी सूक्ष्म बातें समझ नहीं पाता। मैं स्वीकार करता हूँ कि मांस खाना चाहिए, पर मैं अपनी प्रतिज्ञा का बंधन तोड़ नहीं सकता। उसके लिए मैं कोई दलील नहीं दे सकता। मुझे विश्वास है कि दलील में मैं आपको कभी जीत नहीं सकता पर मूर्ख समझकर अथवा हठी समझकर इस मामले में मुझे छोड़ दीजिए। मैं आपके प्रेम को समझता हूँ। आपका आशय समझता हूँ। आपको मैं अपना परम हितैषी

* जई का आटा।

मानता हूँ। मैं यह भी देख रहा हूँ कि आपको दु:ख होता है, इसी से आप इतना आग्रह करते हैं। पर मैं लाचार हूँ। मेरी प्रतिज्ञा नहीं टूट सकती।''

मित्र देखते रहे। उन्होंने पुस्तक बंद कर दी। ''बस, अब मैं बहस नहीं करूँगा,'' कहकर वे चुप हो गए। मैं खुश हुआ। इसके बाद उन्होंने बहस करना छोड़ दिया।

डॉ. मेहता और भाई दलपतराम शुक्ल ने सोचा कि अब मुझे किसी कुटुंब में रहना चाहिए। भाई शुक्ल ने वेस्ट केंसिग्टन में एक एंग्लो-इंडियन का घर खोज निकाला और मुझे वहाँ रखा। घर की मालाकिन एक विधवा थी। उससे मैंने मांस-त्याग की बात कही। बुढ़िया ने मेरी सार-सँभाल की जिम्मेदारी ली। मैं वहाँ रहने लगा।

वहाँ भी मुझे रोज भूखा रहना पड़ता था। मैंने घर से मिठाई वगैरा खाने की चीजें मँगाई थीं, पर वे अभी आई नहीं थीं। सबकुछ फीका लगता था। बुढ़िया हमेशा पूछती; पर वह करे क्या? तिस पर मैं अभी तक शरमाता था। बुढ़िया के दो लड़कियाँ थीं। वे आग्रह करके थोड़ी अधिक रोटी देतीं। पर वे बेचारी क्या जानें कि उनकी समूची रोटी खाने पर ही मेरा पेट भर सकता था!

लेकिन अब मैं होशियारी पकड़ने लगा था। अभी पढ़ाई शुरू नहीं हुई थी। मुश्किल से समाचार पत्र पढ़ने लगा था। यह भाई शुक्ल का प्रताप था। हिंदुस्तान में मैंने समाचार पत्र कभी पढ़े नहीं थे। पर बराबर पढ़ते रहने के अभ्यास से उन्हें पढ़ने का शौक मैं पैदा कर सका था। 'डेली न्यूज', 'डेली टेलीग्राफ' और 'पेलमेल गजेट'—इन पत्रों को सरसरी निगाह से देख जाता था। पर शुरू-शुरू में तो इसमें मुश्किल से एक घंटा खर्च होता होगा।

मैंने घूमना शुरू किया। मुझे निरामिष अर्थात् अन्नाहार देनेवाले भोजन-गृह की खोज करनी थी। घर की मालकिन ने भी कहा था कि खास लंदन में ऐसे गृह मौजूद हैं। मैं रोज़ दस-बारह मील चलता था। किसी मामूली से भोजन-गृह में जाकर पेट भर रोटी खा लेता था। पर उससे संतोष न होता था। इस तरह भटकता हुआ एक दिन मैं फैरिंग्डन स्ट्रीट पहुँचा और वहाँ 'वेजिटेरियन रेस्त्राँ' (अन्नाहारी भोजनालय) का नाम पढ़ा। मुझे वह आनंद हुआ, जो बालक को मनचाही चीज मिलने से होता है। हर्ष-विभोर होकर अंदर घुसने से पहले मैंने दरवाजे के पास की शीशेवाली खिड़की में बिक्री की पुस्तकें देखीं। उनमें मुझे सॉल्ट की 'अन्नाहार की हिमायत' नाम पुस्तक दीखी। एक शिलिंग में मैंने वह खरीद ली और फिर भोजन करने बैठा। विलायत आने के बाद यहाँ पहली बार भरपेट भोजन मिला। ईश्वर ने मेरी भूख मिटाई।

सॉल्ट की पुस्तक पढ़ी। मुझ पर उसकी अच्छी छाप पड़ी। इस पुस्तक को पढ़ने के दिन से मैं स्वेच्छापूर्वक, अर्थात् विचारपूर्वक, अन्नाहार में विश्वास करने लगा। माता के निकट की गई प्रतिज्ञा अब मुझे विशेष आनंद देने लगी।

'सभ्य' अंग्रेजी पोशाक में

अन्नाहार पर मेरी श्रद्धा दिन पर दिन बढ़ती गई। इस बीच मेरे उन मित्र को तो मेरी चिंता बनी ही रही। उन्होंने मुझे सुधारने का एक आखिरी प्रयत्न किया। उन्होंने मुझे नाटक दिखाने के लिए न्योता दिया। वहाँ जाने से पहले मुझे उनके साथ हॉबर्न भोजन-गृह में भोजन करना था। सैकड़ों के बीच हम दो मित्र एक मेज के सामने बैठे। मित्र ने पहली 'प्लेट' मँगाई। वह 'सूप' की थी। मैं परेशान हुआ। मित्र से क्या पूछता? मैंने परोसनेवाले को अपने पास बुलाया।

मित्र समझ गए। चिढ़कर मुझसे पूछा—

"क्या है?"

मैंने धीरे-से संकोचपूर्वक कहा—

"मैं जानना चाहता हूँ कि इसमें मांस है या नहीं?"

"ऐसे गृह में यह जंगलीपन नहीं चल सकता। अगर तुम्हें अब भी यही किच-किच करनी हो तो तुम बाहर जाकर किसी छोटे से भोजन-गृह में खा लो और बाहर ही मेरी राह देखो।"

मैं इस प्रस्ताव से खुश होकर उठा और दूसरे भोजनालय की खोज में निकला। पास ही एक अन्नाहार वाला भोजन-गृह था। पर वह तो बंद हो चुका था। मुझे समझ न पड़ा कि अब क्या करना चाहिए! मैं भूखा रहा, हम नाटक देखने गए। मित्र ने उक्त घटना के बारे में एक भी शब्द मुँह से न निकाला। मेरे पास तो कहने को था ही क्या?

अब तक मैं कुटुंबों में रहता था अब उसके बदले अपना ही कमरा लेकर रहने का मैंने निश्चय किया। और यह भी तय किया कि काम के अनुसार और अनुभव प्राप्त करने के लिए अलग-अलग मुहल्लों में घर बदलता रहूँगा। घर मैंने ऐसी जगह पसंद किए, जहाँ से काम की जगह पर आधे घंटे में पैदल पहुँचा जा सके और गाड़ी-भाड़ा बचे। इससे पहले जहाँ जाना होता, वहाँ का गाड़ी-भाड़ा हमेशा चुकाना पड़ता और घूमने के लिए अलग से समय निकालना पड़ता था। अब काम पर जाते हुए ही घूमने की व्यवस्था जम गई और इस व्यवस्था के कारण मैं रोज आठ-दस मील तक आसानी से घूम लेता था। खासकर इस एक आदत के कारण मैं विलायत में शायद ही कभी बीमार पड़ा होऊँगा। मेरा शरीर काफी कस गया। कुटुंब में रहना छोड़कर मैंने दो कमरे किराए पर लिये। एक सोने के लिए और दूसरा बैठक के रूप में। यह फेरफार की दूसरी मंजिल कही जा सकती है। तीसरा फेरफार अभी होना शेष था।

इस तरह आधा खर्च बचा। लेकिन समय का क्या हो? मैं जानता था कि बैरिस्टरी की परीक्षा के लिए बहुत पढ़ना जरूरी नहीं है; इसलिए मुझे बेफिक्री थी। पर मेरी कच्ची अंग्रेजी मुझे दुःख देती थी। लेली साहब के शब्द—'तुम बी.ए. हो जाओ, फिर आना' मुझे

चुभते थे। मैंने सोचा, 'मुझे बैरिस्टर बनने के अलावा कुछ और भी पढ़ना चाहिए।' ऑक्सफर्ड कैंब्रिज की पढ़ाई का पता लगाया, कई मित्रों से मिला। मैंने देखा कि वहाँ जाने से खर्च बहुत बढ़ जाएगा और पढ़ाई लंबी चलेगी। मैं तीन साल से अधिक रह नहीं सकता था। किसी मित्र ने कहा, ''अगर तुम्हें कोई कठिन परीक्षा ही देनी हो। तो तुम लंदन की मैट्रिकुलेशन पास कर लो। उसमें मेहनत काफी करनी पड़ेगी और साधारण ज्ञान बढ़ेगा। खर्च बिलकुल नहीं बढ़ेगा।'' मुझे यह सुझाव अच्छा लगा। पर परीक्षा के विषय देखकर मैं चौंका। लैटिन और दूसरी एक भाषा अनिवार्य थी। लैटिन कैसे सीखी जाए? पर मित्र ने सुझाया—''वकील के लिए लैटिन बहुत उपयोगी है। लैटिन जाननेवाले के लिए कानूनी किताबें समझना आसान हो जाता है और 'रोमन लॉ' की परीक्षा में एक प्रश्नपत्र तो केवल लैटिन भाषा में ही होता है। इसके सिवाय लैटिन जानने से अंग्रेजी भाषा पर प्रभुत्व बढ़ता है।'' इन सब दलीलों का मुझ पर असर हुआ। मैंने सोचा, 'मुश्किल हो चाहे न हो, पर लैटिन तो सीख ही लेनी है। फ्रेंच की शुरू की हुई पढ़ाई को पूरा करना है।' इसलिए निश्चय किया कि दूसरी भाषा फ्रेंच हो, मैट्रिकुलेशन का एक प्राइवेट वर्ग चलता था। उसमें भरती हो गया। वहाँ हर छठे महीने परीक्षा होती थी। मेरे पास मुश्किल से पाँच महीने का समय था। यह काम मेरे बूते के बाहर था। परिणाम यह हुआ कि सभ्य बनने की जगह मैं अत्यंत उद्यमी विद्यार्थी बन गया। समय-पत्रक बनाया, एक-एक मिनट का उपयोग किया। पर मेरी बुद्धि या स्मरण-शक्ति ऐसी नहीं थी कि दूसरे विषयों के अतिरिक्त लैटिन और फ्रेंच की तैयारी कर सकूँ। परीक्षा में बैठा, लैटिन में फेल हो गया। दु:ख तो हुआ, पर हिम्मत नहीं हारा। लैटिन में रुचि पैदा हो गई थी। मैंने सोचा कि दूसरी बार परीक्षा में बैठने से फ्रेंच अधिक अच्छी हो जाएगी और विज्ञान में नया विषय ले लूँगा। प्रयोगों के अभाव में रसायनशास्त्र मुझे रुचता ही न था। यद्यपि अब देखता हूँ कि उसमें खूब रस आना चाहिए था। देश में तो यह विषय सीखा ही था। इसलिए लंदन की मैट्रिक के लिए भी पहली बार इसी को पसंद किया था। इस बार प्रकाश और उष्णता (Light और Heat) का विषय लिया। यह विषय आसान माना जाता था। मुझे भी आसान प्रतीत हुआ।

पुन: परीक्षा देने की तैयारी के साथ ही रहन-सहन में अधिक सादगी लाने का प्रयत्न शुरू किया। मैंने अनुभव किया कि अभी मेरे कुटुंब की गरीबी के अनुरूप मेरा जीवन सादा नहीं बना है। भाई की तंगी के और उनकी उदारता के विचारों ने मुझे व्याकुल बना दिया। जो लोग हर महीने १५ पौंड ८ पौंड खर्च करते थे, उन्हें तो छात्रवृत्तियाँ मिलती थीं। मैं देखता था कि मुझसे भी अधिक सादगी से रहनेवाले लोग हैं। मैं ऐसे गरीब विद्यार्थियों के संपर्क में ठीक-ठीक आया था। एक विद्यार्थी लंदन की गरीब बस्ती में हफ्ते के दो शिलिंग देकर एक कोठरी में रहता था और लोकार्ट की कोकोकी सस्ती दुकान में दो पेनी

का कोको और रोटी खाकर अपना गुजारा करता था। उससे स्पर्धा करने की तो मेरी शक्ति नहीं थी, पर मैंने अनुभव किया कि मैं अवश्य ही दो के बदले एक कमरे में रह सकता हूँ और आधी रसोई अपने हाथ से भी बना सकता हूँ। इस प्रकार मैं हर महीने चार या पाँच पौंड में अना निर्वाह कर सकता हूँ। सादगी के रहन-सहन पर पुस्तकें भी पढ़ चुका था। दो कमरे छोड़ दिए और हफ्ते के आठ शिलिंग पर एक कमरा किराए पर लिया। एक अंगीठी खरीदी और सुबह का भोजन हाथ से बनाना शुरू किया। इसमें मुश्किल से बीस मिनट खर्च होते थे। ओटमील की लपसी बनाने और कोको के लिए पानी उबालने में कितना समय लगता? दोपहर का भोजन बाहर कर लेता औ शाम को फिर कोको बनाकर रोटी के साथ खा लेता। इस तरह मैं एक से सवा शिलिंग के अंदर रोज के अपने भोजन की व्यवस्था करना सीख गया। यह मेरा अधिक-से-अधिक पढ़ाई का समय था। जीवन सादा बन जाने से समय अधिक बचा। दूसरी बार परीक्षा में बैठा और पास हुआ।

लज्जाशीलता—मेरी ढाल

'अन्नाहारी मंडल' की कार्यकारिणी में मुझे चुन तो लिया गया था और उसमें मैं हर बार हाजिर भी रहता था, पर बोलने के लिए जीभ खुलती ही न थी। डॉ. ओल्डफील्ड मुझसे कहते, ''मेरे साथ तो तुम काफी बात कर लेते हो, पर समिति की बैठक में कभी जीभ ही नहीं खोलते! तुम्हें नर-मक्खी की उपमा दी जानी चाहिए।'' यह बड़ी अजीब बात थी कि जब दूसरे सब समिति में अपनी-अपनी सम्मति प्रकट करते, तब मैं गूँगा बनकर ही बैठा रहता था। मुझे बोलने की इच्छा न होती सो बात नहीं, पर बोलता क्या?

यह चीज बहुत समय तक चली। इस बीच समिति में एक गंभीर विषय उपस्थित हुआ। उसमें भाग न लेना मुझे अन्याय होने देने जैसा लगा। 'टेम्स आयर्न वर्क्स' के मालिक मि. हिल्स मंडल के सभापति थे। वे नीति के कट्टर हिमायती थे। कहा जा सकता है कि मंडल उनके पैसे से चल रहा था। समिति के कई सदस्य तो उनके ही आसरे निभ रहे थे। इस समिति में डॉ. एलिंसन भी थे। उन दिनों संतानोत्पत्ति पर कृत्रिम उपायों से अंकुश रखने का आंदोलन चल रहा था। डॉ. एलिंसन उन उपायों के समर्थक थे और मजदूरों में उनका प्रचार करते थे। मि. हिल्स को ये उपाय नीति-नाशक प्रतीत हुए। उनके विचार में 'अन्नाहारी मंडल' केवल आहार के ही सुधार के लिए नहीं था, बल्कि वह एक नीति-वर्धक मंडल भी था। इसलिए उनकी राय थी कि डॉ. एलिंसन के समान समाज-घातक विचार रखनेवाले लोग उस मंडल में नहीं रहने चाहिए। इसलिए डॉ. एलिंसन को समिति से हटाने का एक प्रस्ताव आया। मैं चर्चा में दिलचस्पी रखता था। डॉ. एलिंसन के कृत्रिम उपायों संबंधी विचार मुझे भयंकर मालूम हुए थे। उनके खिलाफ मि. हिल्स के विरोध को मैं शुद्ध नीति मानता था। मेरे मन में उनके प्रति बड़ा आदर था। उनकी उदारता के प्रति भी

आदरभाव था। पर एक अन्नाहार-संवर्धक मंडल में से शुद्ध नीति के नियमों को न माननेवाले का, उसकी अश्रद्धा के कारण, बहिष्कार किया जाए, इसमें मुझे साफ अन्याय दिखाई दिया। मेरा खयाल था कि 'अन्नाहारी मंडल' के स्त्री-पुरुष-संबंध-विषयक मि. हिल्स के विचार उनके अपने विचार थे। मंडल के सिद्धांत के साथ उनका कोई संबंध न था। मंडल का उद्‌देश्य केवल अन्नाहार का प्रचार करना था; दूसरी नीति का नहीं। इसलिए मेरी यह राय थी कि दूसरी अनेक नीतियों का अनादर करनेवाले के लिए भी 'अन्नाहारी मंडल' में स्थान हो सकता है।

समिति में मेरे विचार के दूसरे सदस्य भी थे। पर मुझे अपने विचार व्यक्त करने का जोश चढ़ा था। उन्हें कैसे व्यक्त किया जाए, यह एक महान् प्रश्न बन गया। मुझमें बोलने की हिम्मत नहीं थी, इसलिए मैंने अपने विचार लिखकर सभापति के सम्मुख रखने का निश्चय किया। मैं अपना लेख ले गया। जैसाकि मुझे याद है, मैं उसे पढ़ जाने की हिम्मत भी नहीं कर सका। सभापतिजी ने उसे दूसरे सदस्य से पढ़वाया। डॉ. एलिंसन का पक्ष हार गया। अतएव, इस प्रकार के अपने इस पहले युद्ध में मैं पराजित पक्ष में रहा। पर चूँकि मैं उस पक्ष को सच्चा मानता था, इसलिए मुझे संपूर्ण संतोष रहा। मेरा कुछ ऐसा खयाल है कि उसके बाद मैंने समिति से इस्तीफा दे दिया था।

मेरा शरमीला स्वभाव दक्षिण अफ्रीका पहुँचने पर ही दूर हुआ। बिलकुल दूर हो गया, ऐसा तो आज भी नहीं कहा जा सकता। नए समाज के सामने बोलते हुए मैं सकुचाता हूँ। बोलने से बचा जा सके तो जरूर बच जाता हूँ। और यह स्थिति तो आज भी नहीं है कि मित्र-मंडली के बीच बैठा होने पर कोई खास बात कर ही सकूँ अथवा बात करने की इच्छा होती हो! अपने इस शरमीले स्वभाव के कारण मेरी फजीहत तो हुई, पर मेरा कोई नुकसान नहीं हुआ; बल्कि अब तो मैं देख सकता हूँ कि मुझे फायदा हुआ है। पहले बोलने का यह संकोच मेरे लिए दुःखकर था, अब वह सुखकर हो गया है। एक बड़ा फायदा तो यह हुआ कि मैंने शब्दों का मितव्यय करना सीखा। मुझे अपने विचारों पर काबू रखने की आदत सहज ही पड़ गई। मैं अपने-आपको यह प्रमाण-पत्र दे सकता हूँ कि मेरी जबान या कलम से बिना सोचे-विचारे या बिना तौले शायद ही कोई शब्द कभी निकलता है! याद नहीं पड़ता कि अपने भाषण या लेख के किसी अंश के लिए मुझे कभी शरमाना या पछताना पड़ा हो! मैं अनेक संकटों से बच गया हूँ, और मुझे अपना बहुत-सा समय बचा लेने का लाभ मिला है।

अनुभव ने मुझे यह भी सिखाया है कि सत्य के प्रत्येक पुजारी के लिए मौन का सेवन इष्ट है। मनुष्य जाने-अनजाने भी प्रायः अतिशयोक्ति करता है, कम बोलनेवाला बिना विचारे नहीं बोलेगा। वह अपने प्रत्येक शब्द को तौलेगा।

असत्य रूपी विष

मैं जितना शरमीला था, उतना ही डरपोक भी था। वेंटनर में जिस परिवार में मैं रहता था, वैसे परिवार में घर की बेटी हो तो वह, सभ्यता के विचार से ही सही, मेरे समान विदेशी को घुमाने ले जाती। सभ्यता के इस विचार से प्रेरित होकर इस घर की मालकिन की लड़की मुझे वेंटनर के आस-पास की सुंदर पहाड़ियों पर ले गई। वैसे मेरी चाल कुछ धीमी नहीं थी, पर उसकी चाल मुझसे भी तेज थी। इसलिए मुझे उसके पीछे-पीछे घिसटना पड़ा। वह तो रास्ते भर बातों के फव्वारे उड़ाती चली, जबकि मेरे मुँह से कभी 'हाँ' या कभी 'ना' की आवाज भर निकलती थी। बहुत हुआ तो 'कितना सुंदर है!' कह देता। इससे ज्यादा बोल न पाता। वह तो हवा में उड़ती जाती, और मैं यह सोचता रहता कि वापस घर कब पहुँचूँगा! फिर भी यह कहने की हिम्मत न पड़ती कि 'चलो, अब लौट चलें।' इतने में हम एक पहाड़ी की चोटी पर जा खड़े हुए। पर अब उतरा कैसे जाए? अपने ऊँची एड़ीवाले बूटों के बावजूद बीच-पचीस साल की वह रमणी बिजली की तरह ऊपर से नीचे उतर गई, जबकि मैं शर्मिंदा होकर अभी यही सोच रहा था कि ढाल कैसे उतरा जाए! वह नीचे खड़ी हँसती है; मुझे हिम्मत बँधाती है; ऊपर आकर हाथ का सहारा देकर नीचे ले जाने को कहती है! मैं इतना पस्तहिम्मत तो कैसे बनता? मुश्किल से पैर जमाता हुआ, कहीं कुछ बैठता हुआ, मैं नीचे उतरा। उसने मजाक में 'शा···ब्बा···श!' कहकर मुझ शरमाए हुए को और अधिक शर्मिंदा किया। इस तरह के मजाक से मुझे शर्मिंदा करने का उसे हक था।

लेकिन हर जगह मैं इस तरह कैसे बच पाता? ईश्वर मेरे अंदर से असत्य का विष निकालना चाहता था। वेंटनर की तरह की ब्राइटन भी समुद्र किनारे हवाखोरी का मुकाम है। एक बार मैं वहाँ गया था। जिस होटल में मैं ठहरा था, उसमें साधारण खुशहाल स्थिति की एक विधवा बुढ़िया भी हवाखोरी के लिए आकर टिकी थी। यह मेरा पहले वर्ष का समय था-वेंटनर के पहले का। यहाँ सूची में खाने की सभी चीजों के नाम फ्रेंच भाषा में लिखे थे। मैं उन्हें समझता न था। मैं बुढ़ियावाली मेज पर ही बैठा था। बुढ़िया ने देखा कि मैं अजनबी हूँ और कुछ परेशानी में भी हूँ। उसने बातचीत शुरू की।

"तुम अजनबी-से मालूम होते हो। किसी परेशानी में भी हो। अभी तक कुछ खाने को भी नहीं मंगाया है!"

मैं भोजन के पदार्थों की सूची पढ़ रहा था और परोसनेवाले से पूछने की तैयारी कर रहा था। इसलिए मैंने उस भद्र महिला को धन्यवाद दिया और कहा, "यह सूची मेरी समझ में नहीं आ रही है। मैं अन्नाहारी हूँ। इसलिए यह जानना जरूरी है कि इनमें से कौन सी चीजें निर्दोष हैं।"

उस महिला ने कहा, "तो लो, मैं तुम्हारी मदद करती हूँ और सूची समझा देती हूँ। तुम्हारे खाने लायक चीजें मैं तुम्हें बता सकूँगी।"

मैंने धन्यवादपूर्वक उसकी सहायता स्वीकार की। यहाँ से हमारा जो संबंध जुड़ा, वो मेरे विलायत में रहने तक और उसके बाद भी बरसों तक बना रहा। उसने मुझे लंदन का अपना पता दिया और हर रविवार को अपने घर भोजन के लिए आने को न्योता। वह दूसरे अवसरों पर भी मुझे अपने यहाँ बुलाती थी, प्रयत्न करके मेरा शर्मीलापन छुड़ाती थी, जवान स्त्रियों से जान-पहचान कराती थी और उनसे बातचीत करने को ललचाती थी। वह अपने घर रहनेवाली एक स्त्री के साथ बहुत बातें करवाती थी। कभी-कभी हमें अकेला भी छोड़ देती थी।

आरंभ में मुझे यह सब बहुत कठिन लगा। बात करना सूझता न था। विनोद भी क्या किया जाए? पर वह बुढ़िया मुझे प्रवीण बनाती रही। मैं तालीम पाने लगा, हर रविवार की राह देखने लगा। उस स्त्री के साथ बातें करना भी मुझे अच्छा लगने लगा।

बुढ़िया भी मुझे लुभाती जाती। उसे इस संग में रस आने लगा। उसने तो हम दोनों का हित ही चाहा होगा!

अब मैं क्या करूँ? मैंने सोचा—'क्या ही अच्छा होता, अगर मैं इस भद्र महिला से अपने विवाह की बात कह देता? उस दशा में क्या वह चाहती कि किसी के साथ मेरा ही ब्याह हो? अब भी देर नहीं हुई है। मैं सच-सच कह दूँ तो अधिक संकट से बच जाऊँगा।' यह सोचकर मैंने उसे एक पत्र लिखा। अपनी स्मृति के आधार पर नीचे उसका सार देता हूँ—

"जब से हम ब्राइटन में मिले, आप मुझे पर प्रेम रखती रही हैं। माँ जिस तरह अपने बेटे की चिंता रखती है, उसी तरह आप मेरी चिंता रखती हैं। आप तो यह भी मानती हैं कि मुझे ब्याह करना चाहिए, और इसी खयाल से आप मेरा परिचय युवतियों से कराती हैं। ऐसे संबंध के अधिक आगे बढ़ने से पहले ही मुझे आपसे यह कहना चाहिए कि मैं आपके प्रेम के योग्य नहीं हूँ। मैं आपके घर आने लगा, तभी मुझे आपसे यह कह देना चाहिए था कि कि मैं विवाहित हूँ। मैं जानता हूँ कि हिंदुस्तान के जो विद्यार्थी विवाहित होते हैं, वे इस देश में अपने ब्याह की बात प्रकट नहीं करते। इससे मैंने भी उस रिवाज का अनुकरण किया। पर अब मैं देखता हूँ कि मुझे अपने विवाह की बात बिलकुल छिपानी नहीं चाहिए थी। मुझे साथ में यह भी कह देना चाहिए कि मेरा ब्याह बचपन में हुआ है और मेरे एक लड़का भी है। आपसे इस बात को छिपाने का अब मुझे बहुत दु:ख होता है; पर अब भगवान् ने सच कह देने की हिम्मत दी है, इससे मुझे आनंद होता है। क्या आप मुझे माफ करेंगी? जिस बहन के साथ आपने मेरा परिचय कराया है, उसके साथ मैंने कोई अनुचित छूट नहीं ली, इसका विश्वास मैं आपको दिलाता हूँ। मुझे इस बात का पूरा-पूरा खयाल है कि मुझे ऐसी छूट नहीं लेनी चाहिए। पर आप तो स्वाभाविक रूप से यह चाहती हैं कि किसी के साथ मेरा संबंध जुड़ जाए। आपके मन में यह बात आगे न बढ़े, इसके

लिए भी मुझे आपके सामने सत्य प्रकट कर देना चाहिए।''

''यदि इस पत्र के मिलने पर आप मुझे अपने यहाँ आने के लिए अयोग्य समझेंगी तो मुझे उससे जरा भी बुरा नहीं लगेगा। आपकी ममता के लिए तो मैं आपका चिरऋणी बन चुका हूँ। मुझे स्वीकार करना चाहिए कि अगर आप मेरा त्याग न करेंगी तो मुझे खुशी होगी। यदि अब भी आप मुझे अपने घर आने योग्य मानेंगी तो उसे मैं आपके प्रेम की एक नई निशानी समझूँगा, और उस प्रेम के योग्य बनने का सदा प्रयत्न करता रहूँगा।''

लगभग लौटती डाक से मुझे उस विधवा बहन का उत्तर मिला। उसने लिखा था—

''खुले दिल से लिखा तुम्हारा पत्र मिला। हम दोनों खुश हुईं और खूब हँसीं। तुमने जिस असत्य से काम लिया, वह तो क्षमा के योग्य ही है। पर तुमने अपनी सही स्थिति प्रकट कर दी, यह अच्छा ही हुआ। मेरा न्योता कायम है। अगले रविवार को हम अवश्य तुम्हारी राह देखेंगी, तुम्हारे बाल-विवाह की बातें सुनेंगी और तुम्हारा मजाक उड़ाने का आनंद भी लूटेंगी। विश्वास रखो कि हमारी मित्रता तो जैसी थी, वैसी ही रहेगी।''

इस प्रकार मैंने अपने अंदर घुसे हुए असत्य के विष को बाहर निकाल दिया, और फिर तो अपने विवाह आदि की बात करने में मुझे कहीं घबराहट नहीं हुई।

विभिन्न धर्मों से परिचय

विलायत में रहते हुए दो थियॉ-ससॉफिस्ट मित्रों से मेरी पहचान हुई। दोनों सगे भाई थे और अविवाहित थे। उन्होंने मुझसे 'गीता' की चर्चा की। वे एडविन आर्नल्ड का गीता का अनुवाद पढ़ रहे थे। उन्होंने मुझे अपने साथ संस्कृत में 'गीता' पढ़ने के लिए न्योता दिया। मैंने 'गीता' संस्कृत में या मातृभाषा में पढ़ी ही नहीं थी। मुझे उनसे कहना पड़ा कि मैंने 'गीता' पढ़ी ही नहीं है, पर मैं उसे आपके साथ पढ़ने को तैयार हूँ। इस प्रकार मैंने उन भाइयों के साथ 'गीता' पढ़ना शुरू किया—

ध्यायतो विषयान्पुंसः संगस्तेषूपजायते।
संगात्संजायते कामः कामात्क्रोधोऽभिजायते॥
क्रोधाद् भवति सम्मोहः सम्मोहात्स्मृतिविभ्रमः।
स्मृतिभ्रंशाद् बुद्धिनाशो बुद्धिनाशात्प्रणश्यति॥*

इन श्लोकों का मेरे मन पर गहरा असर पड़ा। उनकी भनक मेरे कान में गूँजती ही

* विषयों का चिंतन करनेवाले पुरुष को उन विषयों में आसक्ति पैदा होती है। फिर आसक्ति से कामना पैरा होती है और कामना से क्रोध पैदा होता है। कोध से मूढ़ता होती है, मूढ़ता से स्मृति-लोप होता है और जिसकी बद्धि नष्ट होती है। और जिसकी बुद्धि नष्ट हो जाती है, उसका खुद का नाश हो जाता है।

रही। उस समय मुझे लगा कि 'भगवद्गीता' अमूल्य ग्रंथ है। यह मान्यता धीरे-धीरे बढ़ती गई और आज तत्त्वज्ञान के लिए मैं उसे सर्वोत्तम ग्रंथ मानता हूँ। निराशा के समय में इस ग्रंथ ने मेरी अमूल्य सहायता की है। मैं इसके लगभग सभी अंग्रेजी अनुवाद पढ़ गया हूँ पर एडविन आर्नल्ड का अनुवाद मुझे श्रेष्ठ प्रतीत होता है। उसमें मूल ग्रंथ के भाव की रक्षा की गई है, फिर भी वह ग्रंथ अनुवाद-जैसा नहीं लगता। इस बार मैंने 'भगवद्गीता' का अध्ययन किया, ऐसा तो मैं कह ही नहीं सकता। मेरे नित्यपाठ का ग्रंथ तो वह कई वर्षों के बाद बना।

इन्हीं दिनों एक अन्नाहारी छात्रावास में मुझे मैनचेस्टर के एक ईसाई सज्जन मिले। उन्होंने मुझसे ईसाई धर्म की चर्चा की। मैंने उन्हें राजकोट का अपना संस्मरण सुनाया। वे सुनकर दुःखी हुए। उन्होंने कहा, "मैं स्वयं अन्नाहारी हूँ। मद्यपान भी नहीं करता। यह सच है कि बहुत से ईसाई मांस खाते हैं और शराब पीते हैं, पर इस धर्म में दो में से एक भी वस्तु का सेवन करना कर्तव्य-रूप नहीं है। मेरी सलाह है कि आप बाइबिल पढ़ें।" मैंने उनकी यह सलाह मान ली। उन्होंने बाइबिल खरीद कर मुझे दी। मेरा कुछ ऐसा खयाल है कि वे भाई खुद ही बाइबिल बेचते थे। उन्होंने नक्शों और विषय-सूची आदि से युक्त बाइबिल मुझे बेची। मैंने उसे पढ़ना शुरू किया, पर मैं 'पुराना इकरार' (ओल्ड टेस्टामेण्ड) तो पढ़ ही न सका। 'जेनेसिस'-सृष्टि-रचना-के प्रकरण के बाद तो पढ़ते समय मुझे नींद ही आ जाती। मुझे याद है कि 'मैंने बाइबिल पढ़ी है' यह कह सकने के लिए मैंने बिना रस के और बिना समझे दूसरे प्रकरण बहुत कष्टपूर्वक पढ़े। 'नंबर्स' नामक प्रकरण पढ़ते-पढ़ते मेरा जी उचट गया था।

पर जब 'नए इकरार' (न्यू टेस्टामेंड) पर आया तो कुछ और ही असर हुआ। ईसा के 'गिरि-प्रवचन' का मुझ पर बहुत अच्छा प्रभाव पड़ा। उसे मैंने हृदय में बसा लिया। बुद्धि ने 'गीता' के साथ उसकी तुलना की। 'जो तुझसे कुरता माँगे, उसे अंगरखा भी दे दे', 'जो तेरे दाहिने गाल पर तमाचा मारे, बायाँ गाल भी उसके सामने कर दे'—यह पढ़कर मुझे अपार आनंद हुआ। शामल भट्ट* के छप्पय की याद आ गई। मेरे बालमन ने 'गीता', आर्नल्ड-कृत 'बुद्ध-चरित' और ईसा के वचनों का एकीकरण किया। मन को यह बात जाँच गई कि त्याग में धर्म है।

इस वाचन से दूसरे धर्माचार्यों की जीवनियाँ पढ़ने की इच्छा हुई। किसी मित्र ने कार्लाइल की 'विभूतियाँ और विभूति-पूजा' (हीरोज एंड हीरो-वर्शिप) पड़ने की सलाह

---

* यह छप्पय प्रकरण १० के अंत में दिया गया है। शामळ भट्ट १०वीं सदी में गुजराती के एक प्रसिद्ध कवि हो गए हैं। छप्पय पर उनका जो प्रभुत्व था, उसके कारण गुजरात में यह कहावत प्रचलित हो गई है कि 'छप्पय तो शामळ के'।

दी। उसमें से मैंने पैगंबर (हजरत मुहम्मद) का प्रकरण पढ़ा और मुझे उनकी महानता, वीरता और तपश्चर्या का पता चला।

मैं धर्म के इस परिचय से आगे न बढ़ सका। अपनी परीक्षा की पुस्तकों के अलावा दूसरा कुछ पढ़ने की फुरसत मैं नहीं निकाल सका। पर मेरे मन ने यह निश्चय किया कि मुझे धर्म-पुस्तकें पढ़नी चाहिए और सब मुख्य धर्मों का परिचय प्राप्त कर लेना चाहिए।

निर्बल के बल राम

बौद्धिक धर्मज्ञान के इस मिथ्यापन का अनुभव मुझे विलायत में हुआ। पहले भी मैं ऐसे संकटों में से बच गया था, पर उनका पृथक्करण नहीं किया जा सकता। कहना होगा कि उस समय मेरी उमर बहुत छोटी थी।

अब तो मेरी उमर २० साल की थी। मैं गृहस्थाश्रम का ठीक-ठीक अनुभव ले चुका था।

बहुत करके मेरे विलायत-निवास के आखिरी साल में, यानी १८९० के साल में पोर्टस्मथ में अन्नाहारियों का एक सम्मेलन हुआ था। उसमें मुझे और एक हिंदुस्तानी मित्र को निमंत्रित किया गया था। हम दोनों वहाँ पहुँचे। हमें एक महिला के घर ठहराया गया था।

पोर्टस्मथ खलासियों का बंदरगाह कहलाता है। वहाँ बहुतेरे घर दुराचारिणी स्त्रियों के होते हैं। वे स्त्रियाँ वेश्या नहीं होतीं, न निर्दोष ही होती हैं। ऐसी ही एक घर में हम लोग टिके थे। इसका यह मतलब नहीं कि स्वागत-समिति ने जान-बूझकर ऐसे घर ठीक किए थे।

रात पड़ी। हम सभा से घर लौटे। भोजन के बाद ताश खेलने बैठे। विलायत में अच्छे भले घरों में भी इस तरह गृहिणी मेहमानों के साथ ताश खेलने बैठती हैं। ताश खेलते हुए निर्दोष विनोद तो सब कोई करते हैं। लेकिन यहाँ तो वीभत्स विनोद शुरू हुआ। मैं नहीं जानता था कि मेरे साथी इसमें निपुण हैं। मुझे इस विनोद में रस आने लगा। मैं भी इसमें शरीक हो गया। वाणी में से क्रिया में उतरने की तैयारी थी। ताश एक तरफ धरे ही जा रहे थे। लेकिन मेरे भले साथी के मन में राम बसे। उन्होंने कहा, "अरे, तुममें यह कलियुग कैसा! तुम्हारा यह काम नहीं है। तुम यहाँ से भागो।"

मेरा खयाल है कि पर-स्त्री को देखकर विकारवश होने और उसके साथ रंगरेलियाँ करने की इच्छा पैदा होने का मेरे जीवन में यह पहला प्रसंग था। उस रात मैं सो नहीं सका। अनेक प्रकार के विचारों ने मुझ पर हमला किया। घर छोड़ दूँ? भाग जाऊँ? मैं कहाँ हूँ? अगर मैं सावधान न रहूँ तो मेरी क्या गत हो? मैंने खूब चौकन्ना रहकर बरतने का निश्चय किया। यह सोच लिया कि घर तो नहीं छोड़ना है, पर जैसे भी बने, पोर्टस्मथ जल्दी छोड़ देना है। सम्मेलन दो दिन से अधिक चलने वाला न था। इसलिए, जैसाकि मुझे याद है, मैंने दूसरे ही दिन पोर्टस्मथ छोड़ दिया। मेरे साथी पोर्टस्मथ में कुछ दिन के लिए रुके।

उन दिनों मैं यह बिलकुल नहीं जानता था कि धर्म क्या है, ईश्वर क्या है, और वह हममें किस प्रकार काम करता है! उस समय तो लौकिक दृष्टि से मैं यही समझा कि ईश्वर ने मुझे बचा लिया है। पर मुझे विविध क्षेत्रों में ऐसे अनुभव हुए हैं। मैं जानता हूँ कि 'ईश्वर ने बचाया' वाक्य का अर्थ आज मैं अच्छी तरह समझने लगा हूँ।

बैरिस्टर के रूप में भारत वापसी

परीक्षाएँ पास करके मैं १० जून, १८९१ के दिन बैरिस्टर कहलाया। ११ जून को ढाई शिलिंग देकर इंग्लैंड के हाईकोर्ट में अपना नाम दर्ज कराया और १२ जून को हिंदुस्तान के लिए रवाना हुआ।

पर मेरी निराशा और मेरे भय की कोई सीमा न थी। मैंने अनुभव किया कि कानून तो मैं निश्चय ही पढ़ चुका हूँ, पर ऐसी कोई भी चीज मैंने सीखी नहीं है, जिससे मैं वकालत कर सकूँ।

'बैरिस्टर' कहलाना आसान मालूम हुआ, पर बैरिस्टरी करना मुश्किल लगा। कानून पढ़ा, पर वकालत करना न सीखा। कानून में मैंने कई धर्म-सिद्धांत पढ़े, जो अच्छे लगे। पढ़े हुए कानूनों में हिंदुस्तान के कानून का तो नाम तक न था। मैं यह जान ही न पाया कि हिंदू शास्त्र और इसलामी कानून कैसे हैं! न मैंने अरजी-दावा तैयार करना सीखा। मैं बहुत परेशान हुआ। फिरोजशाह मेहता का नाम मैंने सुना था। वे अदालतों में सिंह की तरह गर्जना करते थे। विलायत में उन्होंने यह कला कैसे सीखी होगी? दादाभाई नौरोजी के नाम एक पत्र मेरे पास था। उस पत्र का उपयोग मैंने देर में किया। ऐसे महान् पुरुष से मिलने जाने का मुझे क्या अधिकार था? आखिर मैंने उन्हें अपने पास का सिफारिशी-पत्र देने की हिम्मत की। मैं उनसे मिला। उन्होंने मुझसे कहा था, "तुम मुझसे मिलना चाहो और कोई सलाह लेना चाहो तो जरूर मिलना।" पर मैंने उन्हें कभी कोई कष्ट नहीं दिया। किसी भारी कठिनाई के सिवा उनका समय लेना मुझे पाप जान पड़ा। इसलिए उक्त मित्र की सलाह मानकर दादाभाई के सम्मुख अपनी कठिनाइयाँ रखने की मेरी हिम्मत न पड़ी। निराशा में तनिक सी आशा का पुट लेकर मैं काँपते पैरों 'आसाम' जहाज से बंबई के बंदरगाह पर उतरा। उस समय बंदरगाह में समुद्र क्षुब्ध था, इस कारण लांच (बड़ी नाव) में बैठकर किनारे पर आना पड़ा।

□

दूसरा भाग

रायचंदभाई

मैं माँ के दर्शनों के लिए अधीर हो रहा था। जब हम घाट पर पहुँचे, मेरे बड़े भाई वहाँ मौजूद थे ही। उन्होंने डॉ. मेहता से और उनके बड़े भाई से पहचान कर ली थी। डॉ. मेहता का आग्रह था कि मैं उनके घर ही ठहरूँ, इसलिए मुझे वहीं ले गए। इस प्रकार जो संबंध विलायत में जुड़ा था, वह देश में कायम रहा और अधिक दृढ़ बनकर दोनों कुटुंबों में फैल गया।

माता के स्वर्गवास का मुझे कुछ पता न था। घर पहुँचने पर इसकी खबर मुझे दी गई और स्नान कराया गया। मुझे यह खबर विलायत में ही मिल सकती थी, पर आघात को हलका करने के विचार से बंबई पहुँचने तक मुझे इसकी कोई खबर न देने का निश्चय बड़े भाई ने कर रखा था।

सांसारिक जीवन-प्रवेश

मेरी समुद्र-यात्रा को लेकर जाति का झगड़ा मौजूद ही था। उसमें दो तड़ें पड़ गई थीं। एक पक्ष ने मुझे तुरंत जाति में ले लिया। दूसरा पक्ष न लेने पर डटा रहा।

जाति की जिस तड़ से मैं बहिष्कृत रहा, उसमें प्रवेश करने का प्रयत्न मैंने कभी नहीं किया। न मैंने जाति के किसी मुखिया के प्रति मन में कोई रोष रखा। उनमें मुझे तिरस्कार से देखनेवाले लोग भी थे। उनके साथ मैं नम्रता का बरताव करता था। जाति के बहिष्कार संबंधी कानून का मैं संपूर्ण आदर करता था। अपने सास-ससुर के घर अथवा अपनी बहन के घर मैं पानी तक न पीता था। वे छिपेतौर पर पिलाने को तैयार भी होते, पर जो काम खुलेतौर से न किया जा सके, उसे छिपकर करने के लिए मेरा मन ही तैयार न होता था।

मेरे इस व्यवहार का परिणाम यह हुआ कि जाति की ओर से मुझे कभी कोई

कष्ट नहीं दिया गया। यही नहीं, बल्कि आज तक मैं जाति के एक विभाग में विधिवत् बहिष्कृत माना जाता हूँ, फिर भी उनकी ओर से मैंने सम्मान और उदारता का ही अनुभव किया है। उन्होंने मेरे कार्य में मुझे मदद भी दी है और मुझसे यह आशा तक नहीं रखी कि जाति के लिए मैं कुछ-न-कुछ करूँ। मैं ऐसा मानता हूँ कि यह मधुर फल मेरे अप्रतिकार का ही परिणाम है। यदि मैंने जाति में सम्मिलित होने की खट-पट की होती, अधिक तड़ें पैदा करने का प्रयत्न किया होता, जातिवालों को छेड़ा-चिढ़ाया होता, तो वे अवश्य मेरा विरोध करते और मैं विलायत से लौटते ही उदासीन और अलिप्त रहने के स्थान पर खट-पट के फंदे में फँस जाता और केवल मिथ्यात्व का पोषण करनेवाला बन जाता।

पत्नी के साथ मेरा संबंध अब भी जैसा मैं चाहता था, वैसा बना नहीं था। विलायत जाकर भी मैं अपने ईर्ष्यालु स्वभाव को छोड़ नहीं पाया था। हर बात में मेरा छिद्रान्वेषण और मेरा संशय वैसा ही बना रहा। इससे मैं अपनी मनोकामनाएँ पूरी न कर सका। पत्नी को अक्षर-ज्ञान तो होना ही चाहिए। मैंने सोचा था कि यह काम मैं स्वयं करूँगा, पर मेरी विषयासक्ति ने मुझे यह काम करने ही न दिया और अपनी इस कमजोरी का गुस्सा मैंने पत्नी पर उतारा। राजकोट में तुरंत धंधा शुरू करता हूँ तो हँसी होती है। मेरे पास ज्ञान तो इतना भी न था कि राजकोट में पास हुए वकील के मुकाबले मैं खड़ा हो सकूँ, तिस पर फीस उससे दस गुनी लेने का दावा! कौन मूर्ख मुवक्किल मुझे काम देता? अथवा कोई ऐसा मुर्ख मिल भी जाए तो क्या मैं अपने अज्ञान में धृष्टता और विश्वासघात की वृद्धि करके अपने ऊपर संसार का ऋण और बढ़ा लूँ?

मित्रों की सलाह यह रही कि मुझे कुछ समय के लिए बंबई जाकर हाईकोर्ट की वकालत का अनुभव प्राप्त करना और हिंदुस्तान के कानून का अध्ययन करना चाहिए। और कोई मुकदमा मिल सके तो उसके लिए कोशिश करनी चाहिए। मैं बंबई के लिए रवाना हुआ। लेकिन मैं चार-पाँच महीने से अधिक बंबई में रह ही न सकता था, क्योंकि खर्च बढ़ता जाता था और आमदनी कुछ भी न थी।

इस तरह मैंने सांसारिक जीवन में प्रवेश किया। बैरिस्टरी मुझे अखरने लगी। आडंबर अधिक, कुशलता कम! जवाबदारी का खयाल मुझे दबोच रहा था।

पहला मुकदमा

इतने में मुझे ममीबाई का मुकदमा मिला। स्मॉल कॉज कोर्ट (छोटी अदालत) में जाना था। मुझसे कहा गया, ''दलाल को कमीशन देना!'' मैंने साफ इनकार कर दिया। ''पर फौजदारी अदालत के सुप्रसिद्ध वकील, जो हर महीने तीन-चार हजार कमाते हैं, वह भी कमीशन तो देते हैं।'' ''मुझे कौन उनकी बराबरी करनी है? मुझको तो हर

महीने ३०० रुपए मिल जाएँ तो काफी है। पिताजी को कौन इससे अधिक मिलते थे?"
"पर वह जमाना लद गया। बंबई का खर्च बड़ा है। तुम्हें व्यवहार की दृष्टि से भी सोचना चाहिए।" मैं टस-से-मस न हुआ। कमीशन मैंने नहीं ही दिया। फिर भी ममीबाई का मुकदमा तो मुझे मिला, मुकदमा आसान था! मुझे ब्रीफ के (मेहनताने के) ३० रु. मिले। मुकदमा एक दिन से ज्यादा चलने वाला न था। मैंने पहली बार स्मॉल कॉज कोर्ट में प्रवेश किया। मैं प्रतिवादी की तरफ से था, इसलिए मुझे जिरह करनी थी। मैं खड़ा तो हुआ, पर पैर काँपने लगे। सिर चकराने लगा। मुझे ऐसा लगा, मानो अदालत घूम रही है! सवाल कुछ सूझते ही न थे। जज हँसा होगा! वकीलों को तो मजा आया ही होगा! पर मेरी आँखों के सामने तो अँधेरा था—मैं देखता क्या?

मैं बैठ गया। दलाल से कहा, "मुझसे यह मुकदमा नहीं चल सकेगा। आप पटेल को सौंपिए। मुझे दी हुई फीस वापस ले लीजिए।" पटेल को उसी दिन के ५१ रुपए देकर वकील किया गया। उनके लिए तो वह एक बच्चों का खेल था।

मैंने सोचा कि मैं शिक्षक का काम तो अवश्य ही कर सकता हूँ। मैंने अंग्रेजी का अभ्यास काफी किया था। अतएव, मैंने सोचा कि यदि किसी हाईस्कूल में मैट्रिक की कक्षा में अंग्रेजी सिखाने का काम मिल जाए तो कर लूँ! खर्च का गड्ढ़ा कुछ तो भरे!

मैंने अखबारों में विज्ञापन पढ़ा—'आवश्यकता है, अंग्रेजी शिक्षक की! प्रतिदिन एक घंटे के लिए। वेतन ७५ रु.।' यह एक प्रसिद्ध हाईस्कूल का विज्ञापन था। मैंने प्रार्थना-पत्र भेजा। मुझे प्रत्यक्ष मिलने की आज्ञा हुई। मैं बड़ी उमंगों के साथ मिलने गया। पर जब आचार्य को पता चला कि मैं बी.ए. नहीं हूँ तो उन्होंने मुझे खेदपूर्वक विदा कर दिया।

पहला आघात

बंबई से निराश होकर मैं राजकोट पहुँचा। वहाँ अलग दफ्तर खोला। गाड़ी कुछ चली। अर्जियाँ लिखने का काम मिलने लगा और हर महीने औसत ३०० रु. की आदमनी होने लगी। अरजी-दावे लिखने का यह काम मुझे मेरी होशियारी के कारण नहीं मिलने लगा था, कारण था वसीला! बड़े भाई के साथ काम करनेवाले वकील की वकालत जमी हुई थी। उनके पास जो बहुत महत्त्व के अरजी-दावे आते अथवा जिन्हें वे महत्त्व का मानते, उनका काम तो बड़े बैरिस्टर के पास ही जाता था। उनके गरीब मुवक्किलों के अरजी-दावे लिखने का काम मुझे मिलता था।

पोरबंदर के भूतपूर्व राणा साहब को गद्दी मिलने से पहले मेरे भाई उनके मंत्री और सलाहकार थे। उनपर इस आशय का आरोप लगाया गया था कि उन दिनों उन्होंने राणा साहब को गलत सलाह दी थी। उस समय के 'पोलिटिकल एजेंट' के पास यह

शिकायत पहुँची थी, और मेरे भाई के बारे में उनका खयाल खराब हो गया था। इस अधिकारी से मैं विलायत में मिला था। कह सकता हूँ कि वहाँ उन्होंने मुझसे अच्छी दोस्ती कर ली थी। भाई ने सोचा कि इस परिचय का लाभ उठाकर मुझे 'पोलिटिकल एजेंट' से दो शब्द कहने चाहिए और उनपर जो खराब असर पड़ा है, उसे मिटाने की कोशिश करनी चाहिए। मुझे यह बात बिलकुल अच्छी न लगी। मैंने सोचा—मुझको विलायत के न-कुछ-से परिचय का लाभ नहीं उठाना चाहिए। अगर मेरे भाई ने कोई बुरा काम किया है तो सिफारिश से क्या होगा? अगर नहीं किया है तो वे विधिवत् प्रार्थना-पत्र भेजें अथवा अपनी निर्दोषता पर विश्वास रखकर निर्भय रहें। यह दलील भाई के गले न उतरी। उन्होंने कहा, "तुम काठियावाड़ को नहीं जानते! दुनियादारी अभी तुम्हें सीखनी है। यहाँ तो 'वसीले' से सारे काम चलते हैं। तुम्हारे समान भाई परिचित अधिकारी से सिफारिश के दो शब्द कहने का मौका आने पर दूर हट जाए तो यह उचित नहीं कहा जाएगा।"

मैं भाई की इच्छा को टाल नहीं सका। अपनी मरजी के खिलाफ मैं गया। अफसर के पास जाने का मुझे कोई अधिकार न था। मुझे इसका खयाल था कि जाने में मेरा स्वाभिमान नष्ट होगा। फिर भी मैंने उससे मिलने का समय माँगा। मुझे समय मिला और मैं मिलने गया। पुराने परिचय का स्मरण कराया, पर मैंने तुरंत ही देखा कि विलायत और काठियावाड़ में फर्क है। अपनी कुरसी पर बैठे हुए अफसर और छुट्टी पर गए हुए अफसर में भी फर्क होता है। अधिकारी ने परिचय की बात मान ली, पर इसके साथ ही वह अधिक अकड़ गया। मैंने उसकी अकड़ में देखा और आँखों में पढ़ा, मानो वे कह रही हों कि 'उस परिचय का लाभ उठाने के लिए तो तुम नहीं आए हो न?' यह समझते हुए भी मैंने अपनी बात शुरू की। साहब अधीर हो गए। बोले "तुम्हारे भाई प्रपंची हैं। मैं तुमसे ज्यादा बातें सुनना नहीं चाहता। मुझे समय नहीं है। तुम्हारे भाई को कुछ कहना हो तो वे विधिवत् प्रार्थना-पत्र दें।" यह उत्तर पर्याप्त था, यथार्थ था। पर गरज तो बावली होती है न? मैं अपनी बात कहे जा रहा था। साहब उठे, "अब तुम्हें जाना चाहिए।"

मैंने कहा, "पर मेरी बात तो पूरी सुन लीजिए।"

साहब खूब चिढ़ गए। बोले, "चपरासी, इसे दरवाजा दिखाओ।"

'हजूर' कहता हुआ चपरासी दौड़ा आया। मैं तो अब भी कुछ बड़बड़ा ही रहा था। चपरासी ने मुझे हाथ से धक्का देकर दरवाजे के बाहर कर दिया।

साहब गए। चपरासी गया। मैं चला, अकुलाया, खीझा। मैंने तुरंत एक पत्र घसीटा 'आपने मेरा अपमान किया है। चपरासी के जरिए मुझ पर हमला किया है। आप माफी नहीं मागेंगे तो मैं आप पर मानहानि का विधिवत् दावा करूँगा।' मैंने यह चिट्ठी भेजी।

थोड़ी ही देर में साहब का सवार जवाब दे गया। उसका सार यह था—

"तुमने मेरे साथ असभ्यता का व्यवहार किया। जाने के लिए कहने पर भी तुम नहीं गए, इससे मैंने जरूर अपने चपरासी को तुम्हें दरवाजा दिखाने के लिए कहा। चपरासी के कहने पर भी तुम दफ्तर से बाहर नहीं गए, तब उसने तुम्हें दफ्तर से बाहर कर देने के लिए आवश्यक बल का उपयोग किया। तुम्हें जो करना हो सो करने के लिए तुम स्वतंत्र हो।"

यह जवाब जेब में डालकर मैं मुँह लटकाए घर लौटा। भाई को सारा हाल सुनाया। वे दु:खी हुए। पर वे मुझे क्या तसल्ली देते? मैंने वकील मित्रों से चर्चा की। मैं कौन दावा दायर करना जानता था? उन दिनों सर फिरोजशाह मेहता अपने किसी मुकदमे के सिलसिले में राजकोट आए हुए थे। मेरे जैसा नया बैरिस्टर उनसे कैसे मिल सकता था? पर उन्हें बुलानेवाले वकील के द्वारा पत्र भेजकर मैंने उनकी सलाह पुछवाई। उनका उत्तर था—
"गांधी से कहिए, ऐसे अनुभव तो सब वकील-बैरिस्टरों को हुए होंगे। तुम अभी नए ही हो। विलायत की खुमारी अभी तुम पर सवार है। तुम अंग्रेज अधिकारियों को पहचानते नहीं हो, अगर तुम्हें सुख से रहना हो और दो पैसे कमाने हों, तो मिली हुई चिट्ठी फाड़ डालो और जो अपमान हुआ है उसे पी जाओ। मामला चलाने से तुम्हें एक पाई का भी लाभ न होगा। उलटे तुम बरबाद हो जाओगे। तुम्हें अभी जीवन का अनुभव प्राप्त करना है।"

मुझे यह सिखावन जहर की तरह कड़वी लगी, पर उस कड़वी घूँट को पी जाने के सिवा मेरे पास और कोई उपाय न था। मैं अपमान को भूल तो न सका, पर मैंने उसका सदुपयोग किया। मैंने नियम बना लिया—'मैं फिर कभी अपने को ऐसी स्थिति में नहीं पड़ने दूँगा, इस तरह किसी की सिफारिश न करूँगा।' इस नियम का मैंने कभी उल्लंघन नहीं किया। इस आघात ने मेरे जीवन की दिशा ही बदल दी।

दक्षिण अफ्रीका जाने की तैयारी

इस बीच मुझे काठियावाड़ के रियासती षड्यंत्रों का भी कुछ अनुभव हुआ। काठियावाड़ अनेक छोटे-छोटे राज्यों का प्रदेश है। यहाँ मुत्सद्दियों का बड़ा समाज होना स्वाभाविक ही था। राज्यों के बीच सूक्ष्म षड्यंत्र चलते, पदों की प्राप्ति के लिए साजिशें होतीं, राजा कच्चे कान का और परवश रहता। साहबों के अर्दलियों तक की खुशामद की जाती। स-रिश्तेदार तो साहब से भी सवाया होता; क्योंकि वही तो साहब की आँख, कान और दुभाषिए का काम करता था। स-रिश्तेदार की इच्छा ही कानून थी। स-रिश्तेदार की आमदनी साहब की आमदनी से ज्यादा मानी जाती थी। संभव है, इसमें अतिशयोक्ति हो, पर स-रिश्तेदार के अल्प वेतन की तुलना में उसका खर्च अवश्य ही अधिक होता था।

यह वातावरण मुझे विष-सा प्रतीत हुआ। मैं अपनी स्वतंत्रता की रक्षा कैसे कर

सकूँगा, इसकी चिंता बराबर बनी रहती। मैं उदासीन हो गया। भाई ने मेरी उदासीनता देखी। एक विचार यह आया कि कहीं नौकरी कर लूँ, तो मैं इन खट-पटों से मुक्त रह सकता हूँ! पर बिना खट-पट के दीवान का या न्यायाधीश का पद कैसे मिल सकता था?

वकालत करने में साहब के साथ झगड़ा का बाधक बनता था।

इसी बीच भाई के पास पोरबंदर की एक मेमन फर्म का संदेशा आया—"दक्षिण अफ्रीका में हमारा व्यापार है। हमारी फर्म बड़ी है। वहाँ हमारा एक बड़ा मुकदमा चल रहा है। चालीस हजार पौंड का दावा है। मामला बहुत लंबे समय से चल रहा है। हमारे पास अच्छे-से-अच्छे वकील-बैरिस्टर हैं। अगर आप अपने भाई को भेजें तो वे हमारी मदद करें और उन्हें भी कुछ मदद मिल जाए। वे हमारा मामला हमारे वकील को अच्छी तरह समझा सकेंगे। इसके सिवा, वे नया देश देखेंगे और कई नए लोगों से उनकी जान-पहचान होगी।"

मैंने पूछा, "आप मेरी सेवाएँ कितने समय के लिए चाहते हैं? आप मुझे वेतन क्या देंगे?"

"हमें एक साल से अधिक आपकी जरूरत नहीं रहेगी। आपको पहले दर्जे का मार्ग-व्यय देंगे और निवास तथा भोजन-खर्च के अलावा १०५ पौंड देंगे।"

इसे वकालत नहीं कह सकते। यह नौकरी थी। पर मुझे तो जैसे भी बने, हिंदुस्तान छोड़ना था। नया देश देखने को मिलेगा और अनुभव प्राप्त होगा सो अलग। भाई को १०५ पौंड भेजूँगा तो घर का खर्च चलाने में कुछ मदद होगी। यह सोचकर मैंने वेतन के बारे में बिना कुछ झिक-झिक किए ही सेठ अब्दुल करीम का प्रस्ताव स्वीकार कर लिया और मैं दक्षिण अफ्रीका जाने के लिए तैयार हो गया।

दक्षिण अफ्रीका में

नेटाल के बंदरगाह को 'डरबन' कहते हैं और 'नेटाल बंदरगाह' के नाम से भी पहचाना जाता है। मुझे लेने के लिए अब्दुल्ला सेठ आए थे। स्टीमर के घाट (डक) पर पहुँचने पर जब नेटाल के लोग अपने मित्रों को लेने स्टीमर पर आए, तभी मैं समझ गया कि यहाँ हिंदुस्तानियों की अधिक इज्जत नहीं है। अब्दुल्ला सेठ को पहचाननेवाले उनके साथ जैसा बरताव करते थे, उसमें भी मुझे एक प्रकार की असभ्यता दिखाई पड़ी थी, जो मुझे व्यथित करती थी। अब्दुल्ला सेठ इस असभ्यता को सह लेते थे। वे उसके आदी बन गए थे। मुझे जो देखते, वे कुछ कुतूहल की दृष्टि से देखते थे। अपनी पोशाक के कारण मैं दूसरे हिंदुस्तानियों से कुछ अलग पड़ जाता था। मैंने उस समय 'फ्रॉक कोट' वगैरा पहने था और सिर पर बंगाली ढंग की पगड़ी पहनी थी।

अब्दुल्ला सेठ मुझे घर ले गए। उनके कमरे की बगल में एक कमरा था, वह

उन्होंने मुझे दिया। न वे मुझे समझते और न मैं उन्हें समझता! उन्होंने अपने भाई के दिए हुए पत्र पढ़े और वे ज्यादा घबराए। उन्हें जान पड़ा कि भाई ने तो उनके घर एक सफेद हाथी ही बाँध दिया है। मेरा साहबी रहन-सहन उन्हें खर्चीला मालूम हुआ। उस समय मेरे लिए कोई खास काम न था। उनका मुकदमा तो ट्रांसवाल में चल रहा था। मुझे तुरंत वहाँ भेजकर क्या करते? इसके अलावा मेरी होशियारी या ईमानदारी का विश्वास भी किस हद तक किया जाए? प्रिटोरिया में वे मेरे साथ रह नहीं सकते थे। प्रतिवादी प्रिटोरिया में रहता था। मुझ पर उसका अनुचित प्रभाव पड़ जाए तो क्या हो? यदि वे मुझे इस मुकदमे का काम न सौंपें तो दूसरे काम तो उनके कारकून मुझसे बहुत अच्छा कर सकते थे। कारकूनों से गलती हो तो उन्हें उलाहना दिया जा सकता था, पर मैं गलती करूँ तो? काम या तो मुकदमे का था या फिर मुहर्रिर का था। इनके अलावा तीसरा कोई काम न था। अतएव, यदि मुकदमे का काम न सौंपा जाता तो मुझे घर बैठे खिलाने की नौबत आती।

अब्दुल्ला सेठ बहुत कम पढ़े-लिखे थे, पर उनके पास अनुभव का ज्ञान बहुत था। उनकी बुद्धि तीव्र थी और स्वयं उन्हें इसका भान था। रोज के अभ्यास से उन्होंने सिर्फ बातचीत करने लायक अंग्रेजी का ज्ञान प्राप्त कर लिया था। पर अपनी इस अंग्रेजी के द्वारा वे अपना सब काम निकाल लेते थे। वे बैंक के मैनेजरों से बातचीत करते थे, यूरोपीयन व्यापारियों के साथ सौदे कर लेते थे और वकीलों को अपने मामले समझा सकते थे। हिंदुस्तानी उनकी बहुत इज्जत करते थे। उन दिनों उनकी फर्म हिंदुस्तानियों की फर्मों में सबसे बड़ी अथवा बड़ी फर्मों में एक तो थी ही। अब्दुल्ला सेठ का स्वभाव वहमी था।

उन्हें इसलाम का अभिमान था। वे तत्त्वज्ञान की चर्चा के शौकीन थे। अरबी नहीं जानते थे, फिर कहना होगा कि उन्हें 'कुरानशरीफ' की और आमतौर पर इसलाम के धार्मिक साहित्य की अच्छी जानकारी थी। दृष्टांत तो उन्हें कंठाग्र ही थे। उनके साथ रहने से मुझे इसलाम का काफी व्यावहारिक ज्ञान हो गया। हम एक-दूसरे को पहचानने लगे। उसके बाद तो वे मेरे साथ खूब धर्म-चर्चा करते थे।

वे दूसरे या तीसरे दिन मुझे डरबन की अदालत दिखाने ले गए। वहाँ कुछ जान-पहचान कराई। अदालत में मुझे अपने वकील के पास बैठाया। मजिस्ट्रेट मुझे बार-बार देखता रहा। उसने मुझे पगड़ी उतारने के लिए कहा। मैंने इनकार किया और अदालत छोड़ दी।

मेरे भाग्य में यहाँ भी लड़ाई ही बदी थी।

अब्दुल्ला सेठ ने मुझे पगड़ी उतारने का रहस्य समझाया—मुसलमानी पोशक पहना हुआ आदमी अपनी मुसलमानी पगड़ी पहन सकता है। पर दूसरे हिंदुस्तानियों को अदालत में पैर रखते ही अपनी पगड़ी उतार लेनी चाहिए।

इस सूक्ष्म भेद को समझाने के लिए मुझे कुछ तथ्यों की जानकारी देनी होगी।

इन दो-तीन दिनों में ही मैंने देख लिया था कि हिंदुस्तानी अफ्रीका में अपने-अपने गुट बनाकर बैठ गए थे। एक भाग मुसलमान व्यपारियों का था—वे अपने को 'अरब' कहते थे। दूसरा भाग हिंदू या पारसी कारकूनों, मुनीमों या गुमाश्तों का था। हिंदू कारकून अधर में लटकते थे। कोई 'अरब' में मिल जाते थे। पारसी अपना परिचय 'परसियन' के नाम से देते थे। व्यापार के अलावा भी इन तीनों का आपस में थोड़ा-बहुत संबंध अवश्य था। एक चौथा और बड़ा समुदाय तमिल, तेलुगु और उत्तरी हिंदुस्तान के गिरमिटिया तथा गिरमिट-मुक्त हिंदुस्तानियों का था। गिरमिट का अर्थ है वह इकरार-यानी 'ऐग्रीमेंट'। जिसके अनुसार उन दिनों गरीब हिंदुस्तानी पाँच साल तक मजदूरी करने के लिए नेटाल जाते थे। गिरमिट 'एग्रीमेंट' का ही अपभ्रंश है और उसी से 'गिरमिटिया' शब्द बना है। इस वर्ग के साथ दूसरों का व्यवहार केवल काम की दृष्टि से ही रहता था। अंग्रेज इन गिरमिटवालों को 'कुली' के नाम से पहचानते थे; और चूँकि वे संख्या में अधिक थे, इसलिए दूसरे हिंदुस्तानियों को भी 'कुली' कहते थे। कुली के बदले 'सामी' भी कहते थे। 'सामी' ज्यादातर तमिल नामों के अंत में लगने वाला प्रत्यय है—सामी अर्थात् स्वामी। 'स्वामी' का मतलब तो 'मालिक' हुआ। इसलिए जब कोई हिंदुस्तानी सामी शब्द से चिढ़ता और उसमें कुछ हिम्मत होती तो वह अपने को 'सामी' कहनेवाले अंग्रेज से कहता, ''तुम मुझे 'सामी' कहते हो, पर जानते हो कि 'सामी' का मतलब मालिक होता है? मैं तुम्हारा मालिक तो हूँ नहीं।'' यह सुनकर कोई अंग्रेज शरमा जाता, कोई चिढ़कर ज्यादा गालियाँ देता और कोई-कोई मारता भी; क्योंकि उसकी दृष्टि से तो 'सामी' शब्द निंदासूचक ही हो सकता था। उसका अर्थ 'मालिक' कहना तो उसे अपनानित करने के बराबर ही हो सकता था।

इसलिए मैं 'कुली बैरिस्टर' कहलाया। व्यापारी 'कुली व्यापारी' कहलाते थे। 'कुली' का मूल अर्थ 'मजदूर' तो भुला दिया गया। मुसलमान व्यापारी यह शब्द सुनकर गुस्सा होता और कहता—''मैं कुली नहीं हूँ, मैं तो अरबी हूँ।'' अथवा ''मैं व्यापारी हूँ।'' कोई थोड़ा विनयशील अंग्रेज होता तो यह सुनकर माफी भी माँग लेता।

ऐसी दशा में पगड़ी पहनने का प्रश्न एक महत्त्व का प्रश्न बन गया। पगड़ी उतारने का मतलब था—अपमान सहन करना। मैंने तो सोचा कि मैं हिंदुस्तानी पगड़ी को विदा कर दूँ और अंग्रेजी टोपी पहन लूँ, ताकि उसे उतारने में अपमान न जान पड़े और मैं झगड़े से बच जाऊँ!

पर अब्दुला सेठ को यह सुझाव अच्छा न लगा। उन्होंने कहा—''अगर आप इस वक्त यह फेर-फार करेंगे तो उससे अनर्थ होगा। जो दूसरे लोग देश की ही पगड़ी पहनना चाहेंगे, उनकी स्थिति नाजुक बन जाएगी। इसके अलावा आपको तो देशी पगड़ी ही शोभा देगी। आप अंग्रेजी टोपी पहनेंगे तो आपकी गिनती 'वेटरों' में होगी।''

इन वाक्यों में दुनियावी समझदारी थी, देशाभिमान था और थोड़ी संकुचितता भी थी। दुनियावी समझदारी तो स्पष्ट ही है। देशाभिमान के बिना पगड़ी का आग्रह नहीं हो सकता; और संकुचितता के बिना 'वेटर' का टीका संभव नहीं। 'गिरमिटिया हिंदुस्तानी' हिंदू, मुसलमान और ईसाई इन तीन भागों में बँटे हुए थे। जो 'गिरमिटिया हिंदुस्तानी' ईसाई बन गए, उनकी संतान 'ईसाई' कहलाई। सन् १८९३ में भी ये बड़ी संख्या में थे। वे सब अंग्रेजी पोशाक ही पहनते थे। उनका एक खासा हिस्सा होटलों में नौकरी करके अपनी आजीविका चलाता था। अब्दुल्ला सेठ के वाक्यों में अंग्रेजी टोपी की जो टीका थी, वह इन्हीं लोगों को लक्ष्य में रखकर की गई थी। इसके मूल में मान्यता यह थी कि होटल में 'वेटर' का काम करना बुरा है। आज भी यह भेद बहुतों के मन में बसा हुआ है।

कुछ मिलाकर अब्दुल्ला सेठ की दलील मुझे अच्छी लगी। मैंने पगड़ी के किस्से को लेकर अपने और पगड़ी के बचाव में समाचार-पत्रों के नाम एक पत्र लिख। अखबारों में मेरी पगड़ी की खूब चर्चा हुई। 'अनवेलकम विजिटर'—'अवांछित अतिथि'—शीर्षक से अखबारों में मेरी चर्चा हुई और तीन-चार दिन के अंदर ही मैं अनायास दक्षिण अफ्रीका में प्रसिद्धि पा गया। किसी ने मेरा पक्ष लिया और किसी ने मेरी धृष्टता की खूब निंदा की।

मेरी पगड़ी तो लगभग अंत तक बनी रही।

प्रिटोरिया जाते हुए

मैं डरबन में रहनेवाले ईसाई हिंदुस्तानियों के संपर्क में भी तुरंत आ गया। वहाँ की अदालत के दुभाषिया मि. पॉल रोमन कैथोलिक थे। उनसे परिचय किया और प्रोटेस्टेंट मिशन के शिक्षक स्व. मि. सुभान गॉडफ्रे से भी परिचित हुआ।

मैं इस प्रकार जान-पहचान कर रहा था कि इतने में फर्म के वकील की तरफ से पत्र मिला कि मुकदमे की तैयारी की जानी चाहिए और खुद अब्दुल्ला सेठ को प्रिटोरिया जाना चाहिए अथवा किसी को वहाँ भेजना चाहिए।

अब्दुल्ला सेठ ने वह पत्र मुझे पढ़ने को दिया और पूछा, "आप प्रिटोरिया जाएँगे?" मैंने कहा, "मुझे मामला समझाइए, तभी कुछ कह सकूँगा। अभी तो मैं नहीं जानता कि मुझे वहाँ क्या करना होगा!" उन्होंने अपने मुनीमों से कहा कि वे मुझे मामला समझा दें।

मैं सातवें या आठवें दिन डरबन से रवाना हुआ। मेरे लिए पहले दर्जे का टिकट कटाया गया। वहाँ रेल में सोने की सुविधा के लिए विस्तर के लिए पाँच शिलिंग का अलग टिकट कटाना होता था। अब्दुल्ला सेठ ने उसे कटाने का आग्रह किया, पर मैंने

हठवश, अभिमानवश और पाँच शिलिंग बचाने के विचार से बिस्तर का टिकट कटाने से इनकार कर दिया।

अब्दुल्ला सेठ ने मुझे चेताया, "देखिए, यह देश दूसरा है, हिस्दुस्तान नहीं है। खुदा की मेहरबानी है। आप पैसे की कंजूसी न कीजिए। आवश्यक सुविधा प्राप्त कर लीजिए।"

मैंने उन्हें धन्यवाद दिया और निश्चिंत रहने को कहा।

ट्रेन लगभग नौ बजे नेटाल की राजधानी मेरित्सबर्ग पहुँची। यहाँ बिस्तर दिया जाता था। रेलवे के किसी नौकर ने आकर पूछा, "आपको बिस्तर की जरूरत है?"

मैंने कहा, "मेरे पास अपना बिस्तर है।"

वह चला गया। इस बीच एक यात्री आया। उसने मेरी तरफ देखा। मुझे भिन्न वर्ण का पाकर वह परेशान हुआ, बाहर निकला और एक-दो अफसरों को लेकर आया। किसी ने मुझे कुछ न कहा। आखिर एक अफसर आया। उसने कहा, "इधर आओ, तुम्हें आखिरी डिब्बे में जाना है।"

मैंने कहा, "मेरे पास पहले दर्जे का टिकट है।"

उसने जवाब दिया, "इसकी कोई बात नहीं। मैं तुमसे कहता हूँ कि तुम्हें आखिरी डिब्बे में जाना है।"

"मैं कहता हूँ कि मुझे इस डिब्बे में डरबन से बैठाया गया है और मैं इसी में जाने कर इरादा रखता हूँ।"

अफसर ने कहा, "यह नहीं हो सकता। तुम्हें उतरना पड़ेगा और न उतरे तो सिपाही उतारेगा।"

मैंने कहा, "तो फिर सिपाही भले उतारे, मैं खुद तो नहीं उतरूँगा।"

सिपाही आया, उसने मेरा हाथ पकड़ा और मुझे धक्का देकर नीचे उतारा। मेरा सामान उतार लिया। मैंने दूसरे डिब्बे में जाने से इनकार कर दिया। ट्रेन चल दी। मैं वेटिंग रूम में बैठ गया। अपना 'हैंड-बैग' साथ में रखा। बाकी सामान को हाथ न लगाया। रेलवेवालों ने उसे कहीं रख दिया। सरदी का मौसम था। दक्षिण अफ्रीका की सरदी ऊँचाईवाले प्रदेशों में बहुत तेज होती है। मेरित्सबर्ग इसी प्रदेश में था। इससे ठंड खूब लगी। मेरा ओवरकोट मेरे सामान में था। पर सामान माँगने की हिम्मत न हुई। फिर अपमान हो तो? ठंड से मैं काँपता रहा । कमरे में दीया न था। आधी रात के करीब एक यात्री आया। जान पड़ा कि वह कुछ बात करना चाहता है, पर मैं बात करने की मन:स्थिति में नहीं था। मैंने अपने धर्म का विचार किया—'या तो मुझे अपने अधिकारों के लिए लड़ना चाहिए या लौट जाना चाहिए, नहीं तो जो अपमान हो, उसे सहकर प्रिटोरिया पहुँचना चाहिए और मुकदमा खत्म करके देश लौट जाना चाहिए।

मुकदमा अधूरा छोड़कर भागना तो नामर्दी होगी। मुझे जो कष्ट सहना पड़ा है, सो तो ऊपरी कष्ट है। वह गहराई तक पैठे हुए महारोग का लक्षण है। यह महारोग है रंग-द्वेष! यदि मुझमें इस गहरे रोग को मिटाने की शक्ति हो तो उस शक्ति का उपयोग मुझे करना चाहिए। ऐसा करते हुए स्वयं जो कष्ट सहने पड़े सो सब सहने चाहिए और उनका विरोध रंग-द्वेष को मिटाने की दृष्टि से ही करना चाहिए।'

यह निश्चय करके मैंने दूसरी ट्रेन में, जैसे भी हो, आगे ही जाने का फैसला किया।

सवेरे ही सवेरे मैंने जनरल मैनेजर को शिकायत का लंबा तार भेजा। दादा अब्दुल्ला को भी खबर भेजी। अब्दुल्ला सेठ तुरंत जनरल मैनेजर से मिले। जनरल मैनेजर ने अपने आदमियों के व्यवहार का बचाव किया, पर बतलाया कि मुझे बिना किसी रुकावट के मेरे स्थान तक पहुँचाने के लिए स्टेशन-मास्टर को कह दिया गया है। अब्दुल्ला सेठ ने मेरित्सबर्ग के हिंदू व्यापारियों को भी मुझसे मिलने और मेरी सुख-सुविधा का खयाल रखने का तार भेजा और दूसरे स्टेशनों पर भी इसी आशय के तार रवाना किए। इससे व्यापारी मुझे मिलने स्टेशन पर आए। उन्होंने अपने ऊपर पड़नेवाले कष्टों की कहानी मुझे सुनाई और मुझसे कहा कि आप पर जो बीती है, उसमें आश्चर्य की कोई बात नहीं है। जब हिंदुस्तानी लोग पहले या दूसरे दर्जे में सफर करते हैं तो अधिकारियों और यात्रियों की तरफ से रुकावट खड़ी होती ही हैं। दिन ऐसी ही बातें सुनने में बीता। रात पड़ी, ट्रेन आई। मेरे लिए जगह तैयार ही थी। बिस्तर का जो टिकट मैंने डरबन में कटाने से इनकार किया था, वह मेरित्सबर्ग में कटाया। ट्रेन मुझे चार्ल्स टाउन की ओर ले चली।

ट्रेन सुबह चार्ल्स टाउन पहुँचती थी। उन दिनों चार्ल्स टाउन से जोहानिस्बर्ग पहुँचने के लिए ट्रेन नहीं थी, घोड़ों की सिकरम थी, और बीच में एक रात स्टैंडरटन में रुकना पड़ता था। मेरे पास सिकरम का टिकट था। मेरे एक दिन देर से पहुँचने के कारण वह टिकट रद्द नहीं होता था। इसके सिवा, अब्दुल्ला सेठ ने सिकरमवाले के नाम चार्ल्स टाउन के पते पर तार भी कर दिया था। पर उसे तो बहाना ही खोजना था, इसलिए मुझे निरा अजनबी समझकर उसने कहा, "आपका टिकट तो रद्द हो चुका है।" मैंने उचित उत्तर दिया। पर टिकट रद्द होने की बात तो मुझे दूसरे ही कारण से कही गई थी। यात्री सब सिकरम के अंदर ही बैठते थे। लेकिन मैं तो 'कुली' की गिनती में था। अजनबी दिखाई पड़ता था। इसलिए सिकरमवाले की नीयत यह थी कि मुझे गोरे यात्रियों के पास न बैठाना पड़े तो अच्छा हो। सिकरम के बाहर, अर्थात् कोचवान की बगल में दाएँ-बाएँ, दो बैठकें थीं। उनमें से एक पर सिकरम-कंपनी का एक गोरा मुखिया बैठता था। वह अंदर बैठा और मुझे कोचवान की बगल में

बैठाया। मैं समझ गया कि यह निरा अन्याय है—अपमान है। पर मैंने इस अपमान को पी जाना उचित समझा। मैं जोर-जबरदस्ती से अंदर बैठ सकूँ, ऐसी स्थिति थी ही नहीं। अगर तकरार में पड़ूँ तो सिकरम चली जाए और मेरा एक दिन और टूट जाए; और फिर दूसरे दिन क्या हो, सो तो दैव ही जाने! इसलिए मैं समझदारी से काम लेकर बाहर बैठ गया। पर मन में तो बहुत झुंझलाया।

लगभग तीन बजे सिकरम मारडीकोप पहुँची। अब उस गोरे मुखिया ने चाहा कि जहाँ मैं बैठा था, वहाँ वह बैठे। उसे सिगरेट पीनी थी। थोडी हवा भी खानी होगी। इसलिए उसने एक मैला-सा बोरा, जो वहीं कोचवान के पास पड़ा था, उठा लिया और पैर रखने के पटिए पर बिछाकर मुझसे कहा, ''सामी, तू यहाँ बैठ। मुझे कोचवान के पास बैठना है'' मैं इस अपमान को सहने में असमर्थ था। इसलिए मैंने डरते-डरते उससे कहा, ''तुमने मुझे यहाँ बैठाया और मैंने वह अपमान सह लिया। मेरी जगह तो अंदर थी, पर तुम अंदर बैठ गए और मुझे यहाँ बैठाया। अब तुम्हें बाहर बैठने की इच्छा हुई है और सिगरेट पीनी है, इसलिए तुम मुझे अपने पैरों के पास बैठाना चाहते हो। मैं अंदर जाने को तैयार हूँ,पर तुम्हारे पैरों के पास बैठने को तैयार नहीं।''

मैं मुश्किल से इतना कह पाया था कि मुझ पर तमाचों की वर्षा होने लगी और वह गोरा मेरी बाँह पकड़कर मुझे नीचे खींचने लगा। बैठक के पास ही पीतल के सींखचे थे। मैंने भूत की तरह उन्हें पकड़ लिया और निश्चय किया कि कलाई चाहे उखड़ जाए, पर सींखचे न छोड़ूँगा। मुझ पर जो बीत रही थी, उसे अंदर बैठे हुए यात्री देख रहे थे। वह गोरा मुझे गालियाँ दे रहा था, खींच रहा था, मार भी रहा था। पर मैं चुप था। वह बलवान था और मैं बलहीन। यात्रियों में से कइयों को दया आई और उनमें से कुछ बोल उठे—''अरे भाई, उस बेचारे को वहाँ बैठा रहने दो। उसे नाहक मारो मत। उसकी बात सच है, वहाँ नहीं तो उसे हमारे पास अंदर बैठने दो।'' गोरे ने कहा—''हरगिज नहीं।'' पर थोड़ा शर्मिंदा वह जरूर हुआ। अतएव, उसने मुझे मारना बंद कर दिया और मेरी बाँह छोड़ दी। दो-चार गालियाँ तो ज्यादा दीं। पर एक होटेंटाट नौकर दूसरी तरफ बैठा था, उसे अपने पैरों के सामने बैठाकर खुद बाहर बैठा। यात्री अंदर बैठ गए। सीटी बजी। सिकरम चली। मेरी छाती तो धड़क ही रही थी। मुझे शक हो रहा था कि मैं जिंदा मुकाम पर पहुँच सकूँगा या नहीं! वह गोरा मेरी ओर बराबर घूरता ही रहा। उँगुली दिखाकर बड़बड़ाता रहा—''याद रख, स्टैंडरटन पहुँचने दे, फिर तुझे मजा चखाऊँगा!'' मैं तो गूँगा ही बैठा रहा और भगवान् से अपनी रक्षा के लिए प्रार्थना करता रहा।

रात हुई। स्टैंडरटन पहुँचे। कई हिंदुस्तानी चेहरे दिखाई। मुझे कुछ तसल्ली हुई। नीचे उतरते ही हिंदुस्तानी भाइयों ने कहा—''हम आपको ईसा सेठ की दुकान पर ले

जाने के लिए ही खड़े हैं। हमें दादा अब्दुल्ला का तार मिला है।'' मैं बहुत खुश हुआ। उनके साथ सेठ ईसा हाजी सुमार की दुकान पर पहुँचा। सेठ और उनके मुनीम-गुमाश्तों ने मुझे चारों ओर से घेर लिया। मैंने अपनी बीती उन्हें सुनाई। वे बहुत दु:खी हुए और अपने कड़वे अनुभवों का वर्णन करके उन्होंने मुझे आश्वस्त किया। मैं सिकरम कंपनी के एजेंट को अपने साथ हुए व्यवहार की जानकारी देना चाहता था। मैंने एजेंट के नाम चिट्ठी लिखी। उस गोरे ने जो धमकी दी थी, उसकी चर्चा की और यह आश्वासन चाहा कि सुबह आगे की यात्रा शुरू होने पर मुझे दूसरे यात्रियों के पास अंदर ही जगह दी जाए। चिट्ठी एजेंट को भेज दी। एजेंट ने मुझे संदेशा भेजा—''स्टैंडरटन से बड़ी सिकरम जाती है और कोचवान वगैरा बदल जाते हैं। जिस आदमी के खिलाफ आपने शिकायत की है, वह कल नहीं रहेगा। आपको दूसरे यात्रियों के पास ही जगह मिलेगी।'' इस संदेश से मुझे थोड़ी बेफिक्री हुई। मुझे मारनेवाले उस गोरे पर किसी तरह का कोई मुकदमा चलाने का तो मैंने विचार ही नहीं किया था। इसलिए मार का यह प्रकरण यहीं समाप्त हो गया। सवेरे ईसा सेठ के लोग मुझे सिकरम पर ले गए। मुझे मुनासिब जगह मिली और बिना किसी परेशानी के मैं उस रात जोहानिस्बर्ग पहुँच गया।

स्टैंडरटन छोटा सा गाँव है। जोहिनिस्बर्ग विशाल नगर है। अब्दुल्ला सेठ ने तार तो वहाँ भी दे ही दिया था। मुझे मुहम्मद कासिम कमरुद्दीन की दुकान का नाम-पता भी दिया था। उनका आदमी सिकरम के पड़ाव पर पहुँचा था, पर न मैंने उसे देखा और न वह मुझे पहचान सका। मैंने होटल में जाने का विचार किया। दो-चार होटलों के नाम जान लिये थे। गाड़ी की, गाड़ीवाले से कहा कि 'ग्रांड नेशनल' होटल में ले चलो। वहाँ पहुँचने पर मैनेजर के पास गया। जगह माँगी। मैनेजर ने क्षणभर मुझे निहारा, फिर शिष्टाचार की भाषा में कहा, 'मुझे खेद है, सब कमरे भरे पड़े हैं,' और मुझे विदा किया। इसलिए मैंने गाड़ीवाले से मुहम्मद कासिम कमरुद्दीन की दुकान पर ले चलने को कहा। वहाँ अब्दुलगनी सेठ मेरी राह देख रहे थे। उन्होंने मेरा स्वागत किया। मैंने होटल की अपनी बीती उन्हें सुनाई। वे खिलखिलाकर हँस पड़े। बोले, ''वे हमें होटल में कैसे ठहरने देंगे?''

मैंने पूछा—''क्यों नहीं?''

''सो तो आप कुछ दिन रहने के बाद जान जाएँगे। इस देश में तो हमीं रह सकते हैं, क्योंकि हमें पैसे कमाने हैं। इसलिए नाना प्रकार के अपमान सहन करते हैं और पड़े हुए हैं।'' यों कहकर उन्होंने ट्रांसवाल में हिंदुस्तानियों पर गुजरने वाले कष्टों का इतिहास कह सुनाया।

इन अब्दुलगनी सेठ का परिचय हमें आगे और भी करना होगा। उन्होंने कहा,

"यह देश आपके समान लोगों के लिए नहीं है। देखिए, कल आपको प्रिटोरिया जाना है। वहाँ आपको तीसरे दर्जे में ही जगह मिलेगी। ट्रांसवाल में नेटाल से अधिक कष्ट हैं। यहाँ हमारे लोगों को पहले या दूसरे दर्जे का टिकट दिया ही नहीं जाता।"

मैंने कहा, "आपने इसके लिए पूरी कोशिश नहीं की होगी?"

अब्दुलगनी सेठ बोले, "हमने पत्र-व्यवहार तो किया है, पर हमारे अधिकतर लोग पहले-दूसरे दर्जे में बैठना भी कहाँ चाहते हैं?"

मैंने रेलवे के नियम माँगे। उन्हें पढ़ा। उनमें इस बात की गुँजाइश थी। ट्रांसवाल के मूल कानून सूक्ष्मतापूर्वक नहीं बनाए जाते थे। रेलवे के नियमों का तो पूछना ही क्या था? मैंने सेठ से कहा, "मैं तो फर्स्ट क्लास में ही जाऊँगा। और वैसे न जा सका तो प्रिटोरिया यहाँ से ३७ मील ही तो है। मैं वहाँ घोड़ागाड़ी करके चला जाऊँगा।"

अब्दुलगनी सेठ ने उसमें लगनेवाले खर्च और समय की तरफ मेरा ध्यान खींचा। पर मेरे विचार से वे सहमत हुए। मैंने स्टेशन-मास्टर को पत्र भेजा। उसमें मैंने अपने बैरिस्टर होने की बात लिखी। साथ ही यह भी सूचित किया कि मैं हमेशा पहले दर्जे में ही सफर करता हूँ। प्रिटोरिया तुरंत पहुँचने की आवश्यकता की तरफ भी उनका ध्यान खींचा और उन्हें लिखा कि उनके उत्तर की प्रतीक्षा करने जितना समय मेरे पास नहीं रहेगा, अतएव, पत्र का जवाब पाने के लिए मैं खुद ही स्टेशन पर पहुँचूँगा और पहले दर्जे का टिकट पाने की आशा रखूँगा।

इसमें मेरे मन में थोड़ा पेच था। मेरा यह खयाल था कि स्टेशन-मास्टर लिखित उत्तर तो 'ना' का ही देगा। फिर 'कुली बैरिस्टर' कैसे रहते होंगे, इसकी भी वह कोई कल्पना न कर सकेगा। इसलिए अगर मैं पूरे साहबी ठाठ में उसके सामने जाकर खड़ा रहूँगा और उससे बात करूँगा तो वह समझ जाएगा और शायद मुझे टिकट दे देगा। अतएव, मैं फ्रॉक कोट, नेक टाई वगैरा डालकर पहुँचा। स्टेशन-मास्टर के सामने मैंने गिन्नी निकालकर रखी और पहले दर्जे का टिकट माँगा।

उसने कहा, "आपने ही मुझे चिट्ठी लिखी है?"

मैंने कहा, "जी हाँ। यदि आप मुझे टिकट देंगे तो मैं आपका एहसान मानूँगा। मुझे आज प्रिटोरिया पहुँचना ही चहिए।"

स्टेशन-मास्टर हँसा, उसे दया आई। वह बोला, "मैं ट्रांसवालर नहीं हूँ। मैं हॉलैंडर हूँ। आपकी भावना को मैं समझ सकता हूँ। आपके प्रति मेरी सहानुभूति है। मैं आपको टिकट देना चाहता हूँ। पर एक शर्त है—अगर रास्ते में गार्ड आपको उतार दे और तीसरे दर्जे में बैठाए तो आप मुझे फाँसिए नहीं; यानी आप रेलवे कंपनी पर दावा न कीजिए। मैं चाहता हूँ कि आपकी यात्रा निर्विघ्न पूरी हो। आप सज्जन हैं, यह तो मैं देख ही सकता हूँ।" यों कहकर उसने टिकट काट दिया। मैंने उसका उपकार

माना और उसे निश्चिंत किया। अब्दुलगनी सेठ मुझे विदा करने आए थे। यह कौतुक देखकर वे प्रसन्न हुए। उन्हें आश्चर्य हुआ। पर मुझे चेताया—''आप भली-भाँति प्रिटोरिया पहुँच जाएँ। तो समझँगा कि बेड़ा पार हुआ। मुझे डर है कि गार्ड आपको पहले दर्जे में आराम से बैठने नहीं देगा; और गार्ड ने बैठने भी दिया, तो यात्री नहीं बैठने देंगे।''

मैं तो पहले दर्जे के डिब्बे में बैठा, ट्रेन चली। जर्मिस्टन पहुँचने पर गार्ड टिकट जाँचने आया। मुझे देखते ही खीझ उठा। उँगुली से इशारा करके मुझसे कहा, ''तीसरे दर्जे में जाओ!'' मैंने पहले दर्जे का अपना टिकट दिखाया। उसने कहा, ''कोई बात नहीं, जाओ, तीसरे दर्जे में।''

इस डिब्बे में एक ही अंग्रेज यात्री था। उसने गार्ड को आड़े हाथों लिया—''तुम इन भले आदमी को क्यों परेशान करते हो? देखते नहीं हो, इनके पास पहले दर्जे का टिकट है? मुझे इनके बैठने से तनिक भी कष्ट नहीं है।''

यों कहकर उसने मेरी तरफ देखा और कहा—''आप इत्मीनान से बैठे रहिए।''

गार्ड बड़बड़ाया—''आपको कुली के साथ बैठना है तो मेरा क्या बिगड़ता है? और चल दिया।''

रात करीब आठ बजे ट्रेन प्रिटोरिया पहुँची।

प्रिटोरिया में पहला दिन

मुझे आशा थी कि प्रिटोरिया स्टेशन पर दादा अब्दुल्ला के वकील की ओर से कोई आदमी मुझे मिलेगा। मैं जानता था कि कोई हिंदुस्तानी तो मुझे लेने आया ही न होगा, और किसी भी हिंदुस्तानी के घर न रहने के वचन से मैं बँधा हुआ था। वकील ने किसी आदमी को स्टेशन पर भेजा न था। बाद में मुझे पता चला कि मेरे पहुँचने का दिन रविवार था, इसलिए थोड़ी असुविधा उठाए बिना वे किसी को भेज नहीं सकते थे। मैं परेशान हुआ। सोचने लगा, 'कहाँ जाऊँ?' डर था कि कोई होटल मुझे जगह देगा?

स्टेशन खाली हुआ। मैंने टिकट-कलेक्टर को टिकट देकर पूछताछ शुरू की। उसने सभ्यता से उत्तर दिए, पर मैंने देखा कि वह मेरी अधिक मदद नहीं कर सकता था। उसकी बगल में एक अमेरिकन हब्शी सज्जन खड़े थे। उन्होंने मुझसे बातचीत शुरू की—''मैं देख रहा हूँ कि आप बिलकुल अजनबी हैं और यहाँ आपका कोई मित्र नहीं है। अगर आप मेरे साथ चलें तो मैं आपको एक छोटे से होटल में ले चलूँगा। उसका मालिक अमेरिकन है और मैं उसे अच्छी तरह जानता हूँ! मेरा खयाल है कि वह आपको टिका लेगा।''

मुझे थोड़ा शक तो हुआ, पर मैंने इन सज्जन का उपकार माना और उनके साथ जाना स्वीकार किया। वे मुझे जॉन्स्टन के 'फैमिली होटल' में ले गए। पहले उन्होंने मि. जॉन्सटन को एक ओर ले जाकर थोड़ी बात की। मि. जॉन्स्टन ने मुझे एक रात के लिए टिकाना कबूल किया, और वह भी इस शर्त पर कि भोजन मेरे कमरे में पहुँचा देंगे।

मि. जॉन्स्टन ने कहा, ''मैं आपको विश्वास दिलाता हूँ कि मेरे मन में तो काले-गोरे का कोई भेद नहीं है, पर मेरे सब ग्राहक गोरे ही हैं। यदि मैं आपको भोजन-गृह में भोजन कराऊँ तो मेरे ग्राहक बुरा मानेंगे और शायद वे चले जाएँगे।''

मैंने जवाब दिया, ''आप मुझे एक रात के लिए रहने दे रहे हैं, इसे भी मैं आपका उपकार मानता हूँ। इस देश की स्थिति से मैं कुछ-कुछ परिचित हो चुका हूँ। मैं आपकी कठिनाई को समझ सकता हूँ। आप मुझे खुशी से मेरे कमरे में खाना दीजिए। कल तक मैं दूसरा प्रबंध कर लेने की आशा रखता हूँ।''

मुझे कमरा दिया गया। मैंने उसमें प्रवेश किया। एकांत मिलने पर भोजन की राह देखता हुआ मैं विचारों में डूब गया। इस होटल में अधिक यात्री नहीं रहते थे। कुछ देर बाद भोजन के साथ वेटर को आता देखने के बदले मैंने मि. जॉन्सन को देखा। उन्होंने कहा, ''मैंने आपको कमरे में खाना देने की बात कही थी। पर मैंने उसमें शर्म महसूस की, इसलिए अपने ग्राहकों से आपके विषय में बातचीत करके करके उनकी राय जानी। आप भोजन-गृह में बैठकर भोजन करें तो उन्हें कोई आपत्ति नहीं है। इसके अलावा आप यहाँ जितने दिन भी रहना चाहें रहें, उनकी ओर से कोई रुकावट नहीं होगी। इसलिए अब आप चाहें तो भोजन-गृह में आइए और जब तक जी चाहे, यहाँ रहिए।''

मैंने फिर उनका उपकार माना और मैं भोजन-गृह में गया। निश्चिंत होकर भोजन किया। दूसरे दिन सवेरे मैं वकील के घर गया। उनका नाम था—ए.डब्ल्यू. बेकर। उनसे मिला। अब्दुल्ला सेठ ने मुझे उनके बारे में कुछ बता दिया था। इसलिए हमारी पहली मुलाकात से मुझे कोई आश्चर्य न हुआ। वे मुझसे प्रेमपूर्वक मिले और मेरे बारे में कुछ बातें पूछीं, जो मैंने उन्हें बतला दीं। उन्होंने कहा, ''बैरिस्टर के नाते तो आपका यहाँ कोई उपयोग हो ही न सकेगा। इस मुकदमे के लिए हमने अच्छे-से-अच्छे बैरिस्टर कर रखे हैं। मुकदमा लंबा है और गुत्थियों से भरा हुआ है। इसलिए आप से मैं आवश्यक तथ्य आदि प्राप्त करने का ही काम ले सकूँगा। पर इतना फायदा अवश्य होगा कि अपने मुवक्किल के साथ पत्र-व्यवहार करने में मुझे अब आसानी हो जाएगी, और तथ्यादि की जो जानकारी मुझे प्राप्त करनी होगी, वह मैं आपके द्वारा मँगवा सकूँगा। आपके लिए अभी तक मैंने कोई मकान तो तलाश नहीं किया है। सोचा था कि आपको देखने के बाद खोज लूँगा।

यहाँ रंगभेद बहुत है, इसलिए घर मिलना आसान नहीं है। पर मैं एक बहन को जानता हूँ, वह गरीब है, भटियारे की स्त्री है। मेरा खयाल है कि वह आपको टिका लेगी। उसे भी कुछ मदद हो जाएगी। चलिए, हम उसके यहाँ चलें।''

यों कहकर वे मुझे वहाँ ले गए। मि. बेकर ने उस बहन को एक ओर ले जाकर उससे कुछ बातें कीं और उसने मुझे टिकाना स्वीकार किया। हफ्ते के पैंतीस शिलिंग देने का निश्चय हुआ।

हमारी पहली ही मुलाकात में मि. बेकर ने धर्म-संबंधी मेरी मन:स्थिति जान ली। मैंने उन्हें बतला दिया—''मैं जन्म से हिंदू हूँ। इस धर्म का भी मुझे अधिक ज्ञान नहीं है। दूसरे धर्मों का ज्ञान भी कम ही है। मैं कहाँ हूँ, क्या मानता हूँ, मुझे क्या मानना चाहिए, यह सब मैं नहीं जानता। अपने धर्म का अध्ययन मैं गंभीरता से करना चाहता हूँ। दूसरे धर्मों का अध्ययन भी यथाशक्ति करने का मेरा इरादा है।''

यह सब सुनकर मि. बेकर खुश हुए और बोले, ''मैं स्वयं 'साउथ अफ्रीका जनरल मिशन' का एक डायरेक्टर हूँ। मैंने अपने खर्च से एक गिरजाघर बनवाया है। उसमें समय-समय पर धर्म-संबंधी व्याख्यान दिया करता हूँ। मैं रंगभेद को नहीं मानता। मेरे साथ काम करनेवाले कुछ साथी भी हैं। हम प्रतिदिन एक बजे कुछ मिनट के लिए मिलते हैं और आत्मा की शांति तथा प्रकाश (ज्ञान के उदय) के लिए प्रार्थना करते हैं। उसमें आप आएँगे तो मुझे खुशी होगी। वहाँ मैं अपने साथियों से भी आपकी पहचान करा दूँगा। वे सब आपसे मिलकर प्रसन्न होंगे, और मुझे विश्वास है कि उनका समागम आपको भी अच्छा लगेगा। मैं आपको कुछ धार्मिक पुस्तकें भी पढ़ने के लिए दूँगा, पर सच्ची पुस्तक तो बाइबिल ही है। मेरी सलाह है कि आप उसे अवश्य पढ़िए।''

मैंने मि. बेकर को धन्यवाद दिया और अपने बस भर रोज एक बजे उनके मंडल में प्रार्थना के लिए पहुँचना स्वीकार किया।

मैं मि. जॉन्सटन के पास गया। बिल चुकाया। नए घर में पहुँचा। वहाँ भोजन किया। घर-मालकिन भली स्त्री थी। उसने मेरे लिए अन्नाहार तैयार किया था। इस कुटुंब से घुल-मिल जाने में मुझे देर न लगी। भोजन से निबटकर मैं उन मित्र से मिलने गया, जिनके नाम दादा अब्दुल्ला ने मुझे पत्र दिया था। उससे जान-पहचान हुई। हिंदुस्तानियों की दुर्दशा की विशेष बातें उनसे जानने को मिलीं। उन्होंने मुझसे अपने घर रहने का आग्रह किया। मैंने उन्हें धन्यवाद दिया और मेरे लिए जो व्यवस्था हो चुकी थी, उसकी बात कही। उन्होंने मुझसे आग्रहपूर्वक कहा कि जिस चीज की आवश्यकता हो, मैं उनसे माँग लूँ।

शाम हुई और मैं तो अपने कमरे में जाकर विचारों के चक्कर में पड़ गया—मैंने अपने लिए तुरंत कोई काम नहीं देखा। अब्दुल्ला सेठ को इसकी सूचना भेज दी। मि.

बेकर की मित्रता का क्या अर्थ हो सकता है? उनके धर्म-बंधुओं से मुझे क्या मिल सकेगा? ईसाई धर्म का अध्ययन मुझे किस हद तक करना चाहिए? हिंदू धर्म का साहित्य कहाँ से प्राप्त किया जाए? उसे समझे बिना मैं ईसाई धर्म के स्वरूप को कैसे समझ सकता हूँ? मैं एक ही निर्णय कर सका—मुझे जो भी पढ़ने को मिले, उसे मैं निष्पक्ष भाव से पढ़ूँ और मि. बेकर के समुदाय को, भगवान् जिस समय जो सुझा दे, सो जवाब दूँ। जब तक मैं अपने धर्म को पूरी तरह समझ न लूँ, तब तक मुझे दूसरे धर्मों को अपनाने का विचार नहीं करना चाहिए। इस तरह सोचता हुआ मैं निद्रावश हो गया।

ईसाइयों से संपर्क

दूसरे दिन एक बजे मैं मि. बेकर के प्रार्थना-समाज में गया। वहाँ मिस हेरिस, मिस गेब, मि. कोट्स आदि से परिचय हुआ। सबने घुटनों के बल बैठकर प्रार्थना की। मैंने भी उनका अनुकरण किया। प्रार्थना में जिसकी जो इच्छा होती, सो ईश्वर से माँगता। दिन शांति से बीते, ईश्वर हमरे हृदय के द्वार खोले इत्यादि बातें तो होती ही थीं।

मिस हेरिस और मिस गेब दोनों प्रौढ़ अवस्था की कुमारिकाएँ थीं। मि. कोट्स क्वेकर थे। ये दोनों कुमारिकाएँ साथ रहती थीं। उन्होंने मुझे हर रविवार को चार बजे की चाय के लिए अपने घर आने का निमंत्रण दिया। मि. कोट्स जब मिलते तो मुझे हर रविवार को उन्हें हफ्ते भर की अपनी धार्मिक डायरी सुनानी पड़ती। कौन-कौन सी पुस्तकें मैंने पढ़ीं, मेरे मन पर उनका क्या प्रभाव पड़ा—इसकी चर्चा होती। वे दोनों बहनें अपने मीठे अनुभव सुनातीं और अपने को प्राप्त हुई परम शांति की बातें करतीं।

मि. कोट्स एक साफ दिलवाले चुस्त नौजवान क्वेकर थे। उनके साथ मेरा प्रगाढ़ संबंध हो गया था। हम बहुत बार एक साथ घूमने भी जाया करते थे। वे मुझे दूसरे ईसाइयों के घर भी ले जाते थे।

मि. कोट्स ने मुझे पुस्तकों से लाद दिया। जैसे-जैसे वे मुझे पहचानते जाते, वैसे-वैसे उन्हें अच्छी लगनेवाली पुस्तकें मुझे पढ़ने को देते रहते। मैंने भी केवल श्रद्धावश ही उन पुस्तकों को पढ़ना स्वीकार किया। इन पुस्तकों की हम आपस में भी चर्चा किया करते थे। मि. कोट्स हारनेवाले आदमी नहीं थे। उनके प्रेम का पार न था। उन्होंने मेरे गले में वैष्णवी कंठी देखी। उन्हें यह वहम जान पड़ा और वे दु:खी हुए। बोले, ''यह वहम तुम जैसों को शेभा नहीं देता। लाओ, इसे तोड़ दूँ।''

''यह कंठी नहीं टूट सकती; माताजी की प्रसादी है।''

''पर क्या तुम इसमें विश्वास करते हो?''

''मैं इसका गूढ़ार्थ नहीं जानता। इसे न पहनने से मेरा अकल्याण होगा, ऐसा मुझे प्रतीत नहीं होता। पर माताजी ने जो माला मुझे प्रेमपूर्वक पहनाई है, जिसे पहनाने में उन्होंने

मेरा कल्याण माना है, उसका त्याग मैं बिना कारण नहीं करूँगा। समय पाकर यह जीर्ण हो जाएगी और टूट जाएगी तो दूसरी प्राप्त करके पहनने का लोभ मुझे नहीं रहेगा। पर यह कंठी टूट नहीं सकती।''

मि. कोट्स मेरी इस दलील की कद्र नहीं कर सके; क्योंकि उन्हें तो मेरे धर्म के प्रति ही अनास्था थी। वे मुझे अज्ञान-कूप में से उबार लेने की आशा रखते थे। वे मुझे यह बताना चाहते थे कि दूसरे धर्मों में भले ही कुछ सत्य हो, पर पूर्ण सत्यरूप ईसाई धर्म को स्वीकार किए बिना मोक्ष मिल ही नहीं सकता; ईसा की मध्यस्थता के बिना पाप धुल ही नहीं सकते, और सारे पुण्य-कर्म निरर्थक हो जाते हैं।

इन परिचयों में एक परिचय 'प्लीमथ ब्रदर' से संबंधित एक कुटुंब का था। 'प्लीमथ ब्रदर' नाम का एक ईसाई संप्रदाय है। कोट्स के कराए हुए बहुत से परिचय मुझे अच्छे लगे। वे लोग मुझे ईश्वर से डरनेवाले जान पड़े। पर इस कुटुंब में एक भाई ने मुझसे यह दलील की—''आप हमारे धर्म की खूबी नहीं समझ सकते। आपकी बातों से हम देखते हैं कि आपको क्षण-क्षण में अपनी भूलों का विचार करना होता है। उन्हें सदा सुधारना होता है। न सुधारने पर आपको पश्चात्ताप करना पड़ता है, प्रायश्चित्त करना होता है। इस कर्मकांड से आपको मुक्ति कब मिल सकती है ? शांति तो आपको मिल ही नहीं सकती। आप यह तो स्वीकार करते ही हैं कि हम पापी हैं। अब हमारे विश्वास की परिपूर्णता देखिए। हमारा प्रयत्न व्यर्थ है। फिर भी मुक्ति की आवश्यकता तो है ही। पाप का बोझ कैसे उठे ? हम उसे ईसा पर डाल दें। वह ईश्वर का एकमात्र निष्पाप पुत्र है। उसका वरदान है कि जो ईश्वर को मानते हैं, उनके पाप वह धो देता है। ईश्वर की यह अगाध उदारता है। ईसा की इस मुक्ति-योजना को हमने स्वीकार किया है, इसलिए हमारे पाप हमसे चिपटते नहीं। पाप तो मनुष्य से होते ही हैं। इस दुनिया में निष्पाप कैसे रहा जा सकता है ? इसी से ईसा ने सारे संसार के पापों का प्रायश्चित्त एक ही बार में कर डाला। जो उनके महा बलिदान को स्वीकार करना चाहते हैं, वे वैसा करके शांति प्राप्त कर सकते हैं। कहाँ आपकी अशांति और कहाँ हमारी शांति ?''

यह दलील मेरे गले बिलकुल न उतरी। मैंने नम्रतापूर्वक उत्तर दिया—''यदि सर्वमान्य ईसाई धर्म यही है तो वह मेरे काम का नहीं है। मैं पाप के परिणाम से मुक्ति नहीं चाहता, मैं तो पाप-वृत्ति से, पाप-कर्म से मुक्ति चाहता हूँ। जब तक वह मुक्ति नहीं मिलती, तब तक अपनी यह अशांति मुझे प्रिय रहेगी।''

प्लीमथ ब्रदर ने उत्तर दिया—''मैं आपको विश्वास दिलाता हूँ कि आपका प्रयत्न व्यर्थ है। मेरी बात पर आप फिर सोचिएगा।''

और इन भाई ने जैसा कहा, वैसा अपने व्यवहार द्वारा करके भी दिखा दिया-जान-बूझकर अनीति कर दिखाई।

पर सब ईसाइयों की ऐसी मान्यता नहीं होती, यह तो मैं इन परिचयों से पहले ही जान चुका था। मि. कोट्स स्वयं ही पाप से डरकर चलनेवाले थे। उनका हृदय निर्मल था। वे हृदय-शुद्धि की शक्यता में विश्वास रखते थे। उक्त बहनें भी वैसी ही थीं। मेरे हाथ पड़नेवाली पुस्तकों में से कई भक्तिपूर्ण थीं। अतएव, इस परिचय से मि. कोट्स को जो घबराहट हुई, उसे मैंने शांत किया, और उन्हें विश्वास दिलाया कि एक 'प्लीमथ ब्रदर' की अनुचित धारणा के कारण मैं ईसाई धर्म के बारे में गलत राय नहीं बना सका। मेरी कठिनाइयाँ तो बाइबिल के बारे में और उसके रूढ़ अर्थ के बारे में थीं।

हिंदुस्तानियों से परिचय

नेटाल में जो स्थान दादा अब्दुल्ला का था, प्रिटोरिया में वही स्थान सेठ तैयब हाजी खान मोहम्मद का था। उनके बिना एक भी सार्वजनिक काम चल नहीं सकता था। उनसे मैंने पहले ही हफ्ते में जान-पहचान कर ली। मैंने उन्हें बताया कि मैं प्रिटोरिया के प्रत्येक हिंदुस्तानी के संपर्क में आना चाहता हूँ। मैंने हिंदुस्तानियों की स्थिति का अध्ययन करने की अपनी इच्छा प्रकट की, और इन सारे कामों में उनकी मदद चाही। उन्होंने खुशी से मदद देना कबूल किया। मेरा पहला कदम तो सब हिंदुस्तानियों की एक सभा करके उनके सामने सारी स्थिति का चित्र खड़ा कर देना था।

अंत में मैंने यह सुझाया कि एक मंडल की स्थापना करके हिंदुस्तानियों के कष्टों और कठिनाइयों का इलाज अधिकारियों से मिलकर और अर्जियाँ भेजकर करना चाहिए और यह भी सूचित किया कि मुझे जितना समय मिलेगा, उतना इस काम के लिए मैं बिना वेतन के दूँगा। मैंने देखा कि सभा पर मेरी बातों का अच्छा प्रभाव पड़ा।

सभा के परिणाम से मुझे संतोष हुआ। निश्चय हुआ कि ऐसी सभा हर महीने या हर हफ्ते की जाए। यह सभा न्यूनाधिक नियमित रूप से होती थी और उसमें विचारों का आदान-प्रदान होता रहता था। नतीजा यह हुआ कि प्रिटोरिया में शायद ही कोई ऐसा हिंदुस्तानी रहा होगा, जिसे मैं पहचानने न लगा होऊँ अथवा जिसकी स्थिति से मैं परिचित न हो गया होऊँ। हिंदुस्तानियों की स्थिति का ऐसा ज्ञान प्राप्त करने का परिणाम यह आया कि मुझे प्रिटोरिया में रहनेवाले ब्रिटिश एजेंट से परिचय करने की इच्छा हुई। मैं मि. जेकोब्स डि-वेट से मिला। उनकी सहानुभूति हिंदुस्तानियों के साथ थी। उनका प्रभाव कम था, पर उन्होंने यथासंभव मदद करने और जब मिलना हो, तब आकर मिल जाने के लिए कहा। रेलवे के अधिकारियों से मैंने पत्र-व्यवहार शुरू किया और बतलाया कि उन्हीं के कायदों के अनुसार हिंदुस्तानियों को ऊँचे दर्जे में यात्रा करने से रोका नहीं जा सकता। इसके परिणामस्वरूप यह पत्र मिला कि अच्छे कपड़े पहने हुए हिंदुस्तानियों को ऊँचे दर्जे के टिकट दिए जाएँगे। इससे पूरी सुविधा नहीं मिली; क्योंकि अच्छे कपड़े किसने पहने हैं,

इसका निर्णय तो स्टेशन-मास्टर को ही करना था न!

ब्रिटिश एजेंट ने मुझे हिंदुस्तानियों के बारे में हुए पत्र-व्यवहार-संबंधी कई कागज पढ़ने को दिए। तैयब सेठ ने भी दिए थे। उनसे मुझे पता चला कि 'ऑरेंज फ्री स्टेट' से हिंदुस्तानियों को किस निर्दयता के साथ निकाल बाहर किया गया था। सारांश यह कि ट्रांसवाल और 'ऑरेंज फ्री स्टेट' के हिंदुस्तानियों की आर्थिक, सामाजिक और राजनीतिक स्थिति का गहरा अध्ययन मैं प्रिटोरिया में कर सका। इस अध्ययन का आगे चलकर मेरे लिए पूरा उपयोग होनेवाला है, इसकी मुझे जरा भी कल्पना नहीं थी। मुझे तो एक साल के अंत में अथवा मुकदमा पहले समाप्त हो जाए तो उससे पहले ही स्वदेश लौट जाना था।

पर ईश्वर ने कुछ और ही सोच रखा था!

कुली समझे जाने का अनुभव

ट्रांसवाल में सन् १८८५ में एक कड़ा काननू बना। १८८६ में उसमें कुछ सुधार हुआ। उसके फलस्वरूप यह तय हुआ कि हर एक हिंदुस्तानी को 'प्रवेश-फीस' के रूप में तीन पौंड जमा कराने चाहिए। उनके लिए अलग छोड़ी गई जगह में ही वे जमीन-मालिक हो सकते थे। पर वहाँ भी उन्हें व्यवहार में जमीन का स्वामित्व नहीं मिला। उन्हें मताधिकार भी नहीं दिया गया था। ये तो खास एशिया-वासियों के लिए बने कानून थे। इसके अलावा जो कानून काले रंग के लोगों पर लागू होते थे, वे भी एशियावासियों पर लागू होते थे। उनके अनुसार हिंदुस्तानी लोग पटरी (फुटपाथ) पर अधिकारपूर्वक चल नहीं सकते थे और रात ९ बजे के बाद परवाने के बिना नहीं निकल सकते थे। इस अंतिम कानून का अमल हिंदुस्तानियों पर न्यूनाधिक प्रमाण में होता था। जिनकी गिनती अरबों में होती थी, वे बतौर मेहरबानी के इस नियम से मुक्त समझे जाते थे। मैं अकसर मि. कोट्स के साथ रात को घूमने जाया करता था। कभी-कभी घर पहुँचने में १० भी बज जाते थे। अतएव, पुलिस मुझे पकड़े तो? यह डर जितना स्वयं मुझे था, उससे अधिक मि. कोट्स को था। अपने हब्शियों को तो वे ही परवाने देते थे। लेकिन मुझे परवाना कैसे दे सकते थे? मालिक अपने नौकर को ही परवाना देने का अधिकारी था। मैं लेना चाहूँ और मि. कोट्स देने को तैयार हो जाएँ, तो भी वह नहीं दिया जा सकता था; क्योंकि वैसा करना विश्वासघात माना जाता।

इसलिए मि. कोट्स या उनके कोई मित्र मुझे वहाँ के सरकारी वकील डॉ. क्राउजे के पास ले गए। हम दोनों एक ही 'इन' के बैरिस्टर निकले। उन्हें यह बात असह्य जान पड़ी कि रात ९ बजे के बाद बाहर निकलने के लिए मुझे परवाना लेना चाहिए। उन्होंने मेरे प्रति सहानुभूति प्रकट की। मुझे परवाना देने के बदले उन्होंने अपनी तरफ से एक पत्र दिया। उसका आशय यह था कि मैं चाहे जहाँ जाऊँ, पुलिस को उसमें दखल नहीं देना

चाहिए। मैं इस पत्र को हमेशा अपने साथ रखकर घूमने निकलता था। हालाँकि कभी उसका उपयोग नहीं करना पड़ा, लेकिन इसे तो केवल संयोग ही समझना चाहिए।

पटरी पर चलने का प्रश्न मेरे लिए कुछ गंभीर परिणामवाला सिद्ध हुआ। मैं हमेशा 'प्रेसीडेंट स्ट्रीट' के रास्ते एक खुले मैदान में घूमने जाया करता था। इस मुहल्ले में प्रेसीडेंट क्रूगर का घर था। यह घर सब तरह के आडंबरों से रहित था। इसके चारों ओर कोई अहाता भी नहीं था। आस-पास के दूसरे घरों में और इसमें कोई फर्क नहीं मालूम होता था। प्रिटोरिया में कई लखपतियों के घर इसकी तुलना में बहुत बड़े, शानदार और अहाते वाले थे। प्रेसिडेंट की सादगी प्रसिद्ध थी। घर के सामने पहरा देनेवाले संतरी को देखकर ही पता चलता था कि यह किसी अधिकारी का घर है। मैं प्राय: हमेशा ही इस सिपाही के बिलकुल पास से होकर निकलता था, पर वह मुझे कुछ नहीं कहता था। सिपाही समय-समय पर बदला करते थे। एक बार एक सिपाही ने बिना चेताए, बिना पटरी पर से उतर जाने को कहे, मुझे धक्का मारा, लात मारी और नीचे उतार दिया। मैं तो गहरे सोच में पड़ गया। लात मारने का कारण पूछने से पहले ही मि. कोट्स ने, जो उसी समय घोड़े पर सवार होकर उधर से गुजर रहे थे, मुझे पुकारा और कहा—"गांधी, मैंने सब देखा है। आप मुकदमा चलाना चाहें तो मैं गवाही दूँगा। मुझे इस बात का बहुत खेद है कि आप पर इस तरह हमला किया गया।"

मैंने कहा—"इसमें खेद का कोई कारण नहीं। सिपाही बेचारा क्या जाने ? उसके लिए तो काले-काले सब एक से ही हैं। वह हब्शियों को इसी तरह पटरी पर से उतारता होगा। इसलिए उसने मुझे ही धक्का मारा। मैंने तो नियम ही बना लिया है कि मुझ पर जो बीतेगी, उसके लिए मैं कभी अदालत में नहीं जाऊँगा। इसलिए मुझे मुकदमा नहीं चलाना है।"

"यह तो आपने अपने स्वभाव के अनुरूप ही बात कही है। पर आप इस पर फिर से सोचिए। ऐसे आदमी को कुछ सबक तो देना ही चाहिए।"

इतना कहकर उन्होंने उस सिपाही से बात की और उसे उलाहना दिया। मैं सारी बात तो समझ नहीं सका। सिपाही डच था और उसके साथ उनकी बातें डच भाषा में ही हुईं। इसके बाद सिपाही ने मुझसे माफी माँगी। मैं तो उसे पहले ही माफ कर चुका था।

लेकिन उस दिन से मैंने वह रास्ता छोड़ दिया। दूसरे सिपाहियों को इस घटना का क्या पता होगा ? मैं खुद निर्दोष होकर फिर लात किसलिए खाऊँ ? इसलिए मैंने घूमने जाने के लिए दूसरा रास्ता पसंद कर लिया।

इस तरह मैंने हिंदुस्तानियों की दुर्दशा का ज्ञान पढ़कर, सुनकर और अनुभव करके प्राप्त किया। मैंने देखा कि स्वाभिमान की रक्षा चाहनेवाले हिंदुस्तानियों के लिए दक्षिण अफ्रीका उपयुक्त देश नहीं है। यह स्थिति किस तरह बदली जा सकती है, इसके विचार

में मेरा मन अधिकाधिक व्यस्त रहने लगा। किंतु अभी मेरा मुख्य धर्म तो दादा अब्दुल्ला के मुकदमे को ही सँभालने का था।

मुकदमे की तैयारी

दादा अब्दुल्ला के केस की तैयारी करते समय मैं तथ्य की महिमा को इस हद तक नहीं पहचान सका था। तथ्य का अर्थ है—सच्ची बात। सच्चाई पर डटे रहने से कानून अपने-आप हमारी मदद पर आ जाते हैं।

अंत में मैंने दादा अब्दुल्ला के केस में यह देख लिया कि उनका पक्ष मजबूत है। कानून को उनकी मदद करनी ही चाहिए।

पर मैंने देखा कि मुकदमा लड़ने में दोनों पक्ष, जो आपस में रिश्तेदार हैं और एक ही नगर के निवासी हैं, बरबाद हो जाएँगे। कोई कह नहीं सकता था कि मुकदमे का अंत कब होगा! अदालत में चलता रहे तो उसे जितना चाहो, उतना लंबा किया जा सका था। मुकदमे को लंबा करने में दो में से किसी एक पक्ष का भी लाभ न होता। इसलिए संभव हो तो दोनों पक्ष मुकदमे का शीघ्र अंत चाहते थे।

मैंने तैयब सेठ से विनती की। झगड़े को आपस में ही निबटा लेने की सलाह दी। उन्हें अपने वकील से मिलने को कहा। यदि दोनों पक्ष अपने विश्वास के किसी व्यक्ति को पंच चुन लें तो मामला झटपट निबट जाए। वकीलों का खर्च इतना अधिक बढ़ता जा रहा था कि उसमें उनके जैसे बड़े व्यापारी भी बरबाद हो जाते। दोनों इतनी चिंता के साथ मुकदमा लड़ रहे थे कि एक भी निश्चिंत होकर दूसरा कोई काम नहीं कर सकता था।

इस बीच आपस में बैर भी बढ़ता ही जा रहा था। मैंने समझौते के लिए जी-तोड़ मेहनत की। तैयब सेठ मान गए। आखिर पंच नियुक्त हुए। उनके सामने मुकदमा चला। मुकदमे में दादा अब्दुल्ला जीते।

पर इतने से मुझे संतोष नहीं हुआ। यदि पंच के फैसले पर अमल होता तो तैयब हाजी खान मोहम्मद इतना रुपया एक साथ दे नहीं सकते थे। दक्षिण अफ्रीका में बसे हुए पोरबंदर के मेमनों में आपस का ऐसा एक अलिखित नियम था कि 'खुद चाहे मर जाएँ, पर दिवाला न निकालें।' तैयब सेठ सैंतीस हजार पौंड और मुकदमे का खर्च एकमुश्त दे ही नहीं सकते थे। उन्हें न तो एक दमड़ी कम देनी थी और न दिवाला ही निकालना था। रास्ता एक ही था कि दादा अब्दुल्ला उन्हें काफी लंबी मोहलत दें। दादा अब्दुल्ला ने उदारता से काम लिया और खूब लंबी मोहलत दे दी। पंच नियुक्त कराने में मुझे जितनी मेहनत पड़ी, उससे अधिक मेहनत यह लंबी अवधि निश्चित कराने में पड़ी। दोनों पक्षों को प्रसन्नता हुई। दोनों की प्रतिष्ठा बढ़ी। मेरे संतोष

की सीमा न रही। मैं सच्ची वकालत सीखा, मनुष्य के अच्छे पहलू को खोजना सीखा और मनुष्य-हृदय में प्रवेश करना सीखा। मैंने देखा कि वकील का कर्त्तव्य दोनों पक्षों के बीच खुदी हुई खाई को पाटना है। इस शिक्षा ने मेरे मन में ऐसी जड़ जमाई कि बीस साल की अपनी वकालत का मेरा अधिकांश समय अपने दफ्तर में बैठकर सैकड़ों मामलों को आपस में सुलझाने में ही बीता। उसमें मैंने कुछ खोया नहीं। यह भी नहीं कहा जा सकता कि मैंने पैसा खोया! आत्मा तो खोई ही नहीं।

ईश्वर-इच्छा सर्वोपरि

"खबर नहीं इस जुग में पल की
समझ मन! को जाने कल की?"

मुकदमे के खत्म होने पर मेरे लिए प्रिटोरिया में रहने का कोई कारण न रहा। मैं डरबन गया। वहाँ पहुँचकर मैंने हिंदुस्तान लौटने की तैयारी की। अब्दुल्ला सेठ मुझे बिना मान-सम्मान के जाने दें, यह संभव न था। उन्होंने मेरे निमित्त से 'सिडन हैम' में एक सामूहिक भोजन का आयोजन किया। पूरा दिन वहीं बिताना था।

मेरे पास कुछ अखबार पड़े थे। मैं उन्हें पढ़ रहा था। एक अखबार के एक कोने में मैंने एक छोटा सा संवाद देखा। उसका शीर्षक था—'इंडियन फ्रेंचाइज' यानी हिंदुस्तानी मताधिकार। इस संवाद का आशय यह था कि हिंदुस्तानियों को नेटाल की धारासभा के लिए सदस्य चुनने को जो अधिकार है, वह छीन लिया जाए। धारासभा में इससे संबंध रखनेवाले कानून पर बहस चल रही थी। मैं इस कानून से अपरिचित था। भोज में सम्मिलित सदस्यों में किसी को भी हिस्दुस्तानियों का अधिकार छीननेवाले इस बिल की कोई खबर न थी।

मैंने अब्दुल्ला सेठ से पूछा। उन्होंने कहा, "इन बातों को हम क्या जानें? व्यापार पर कोई संकट आवे तो हमें उसका पता चलता है। देखिए न, 'ऑरेंज फ्री स्टेट' में हमारे व्यापार की जड़ उखड़ गई। उसके लिए हमने मेहनत की, पर हम तो अपंग ठहरे! अखबार पढ़ते हैं तो उसमें भी सिर्फ भाव-ताव की बातें ही समझ पाते हैं। कानूनी बातों का हमें क्या पता चले? हमारे आँख-कान तो हमारे गोरे वकील हैं।"

मैंने पूछा, "पर यहाँ पैदा हुए और अंग्रेजी जाननेवाले इतने सारे नौजवान हिंदुस्तानी यहाँ हैं, वे क्या करते हैं?"

अब्दुल्ला सेठ ने माथे पर हाथ रखकर कहा, "अरे भाई, उनसे हमें क्या मिल सकता है? वे बेचारे इसमें क्या समझें? वे तो हमारे पास भी नहीं फटकते। और सच पूछो तो हम भी उन्हें नहीं पहचानते। वे ईसाई हैं, इसलिए पादरियों के पंजे में हैं और

पादरी सब गोरे हैं जो सरकार के अधीन हैं!"

मेरी आँखें खुल गईं। इस समाज को अपनाना चाहिए। क्या ईसाई धर्म का यही अर्थ है? वे ईसाई हैं, इससे क्या हिंदुस्तानी नहीं रहे? और परदेशी बन गए?

किंतु मुझे तो वापस स्वदेश जाना था, इसलिए मैंने उपर्युक्त विचारों को प्रकट नहीं किया। मैंने अब्दुल्ला सेठ से कहा, "लेकिन अगर यह कानून इसी तरह पास हो गया तो आप सबको बड़ी मुश्किल में डाल देगा। यह तो हिंदुस्तानियों की आबादी को मिटाने का पहला कदम है। इसमें हमारे स्वाभिमान की हानि है।"

दूसरे मेहमान इन चर्चा को ध्यानपूर्वक सुन रहे थे। उनमें से एक ने कहा, "मैं आपसे सच बात कहूँ? अगर आप इस स्टीमर में न जाएँ और एकाध महीना रुक जाएँ तो आप जिस तरह कहेंगे, हम लड़ेंगे।"

दूसरे सब एक साथ बोल उठे—

"यह बात सच है। अब्दुल्ला सेठ, आप गांधी भाई को रोक लीजिए।"

मैंने मन में लड़ाई की रूपरेखा तैयार कर ली। मताधिकार कितनों को प्राप्त है, सो जान लिया। और फिर मैंने एक महीना रुक जाने का निश्चय किया।

इस प्रकार ईश्वर ने दक्षिण अफ्रीका में मेरे स्थायी निवास की नींव डाली और स्वाभिमान की लड़ाई का बीज रोपा गया।

नेटाल में बस गया

पहला काम तो यह सोचा गया कि धारासभा के अध्यक्ष को ऐसा तार भेजा जाए कि वे बिल पर अधिक विचार करना मुल्तवी कर दें। इसी आशय का तार मुख्यमंत्री सर जॉन रॉबिंसन को भेजा और दूसरा दादा अब्दुल्ला के मित्र के नाते मि. एस्कंब को भेजा गया। इस तार के जवाब में अध्यक्ष का तार मिला कि बिल की चर्चा दो दिन तक मुल्तवी रहेगी। सब खुश हुए।

सब जानते थे कि यही नतीजा निकलेगा, पर कौम में नवजीवन का संचार हुआ। सब कोई यह समझे कि हम एक कौम हैं, केवल व्यापार-संबंधी अधिकारों के लिए ही नहीं, बल्कि कौम के अधिकारों के लिए भी लड़ना हम सबका धर्म है।

उन दिनों लॉर्ड रिपन उपनिवेश-मंत्री थे। उन्हें एक बहुत बड़ी अरजी भेजने का निश्चय किया गया। इस अरजी पर यथासंभव अधिक-से-अधिक लोगों की सहियाँ लेनी थीं। यह काम एक दिन में तो हो ही नहीं सकता था। अतः स्वयंसेवक नियुक्त हुए और सबने काम निबटाने का जिम्मा लिया।

अरजी लिखने में मैंने बहुत मेहनत की। जो साहित्य मुझे मिला, सो सब मैं पढ़ गया। हिंदुस्तान में हम एक प्रकार के मताधिकार का उपभोग करते हैं, सिद्धांत

की इस दलील को और हिंदुस्तानियों की आबादी कम है, इस व्यावहारिक दलील का मैंने केंद्र बिंदु बनाया।

अरजी पर दस हजार सहियाँ हुईं। एक पखवाड़े में अरजी भेजने लायक सहियाँ प्राप्त हो गईं। इतने समय में नेटाल में दस हजार सहियाँ प्राप्त की गईं, इसे पाठक छोटी-मोटी बात न समझें। सहियाँ समूचे नेटाल से प्राप्त करनी थीं। लोग ऐसे काम से अपरिचित थे। निश्चय यह था कि सही करनेवाला किस बात पर सही कर रहा है, इसे जब तक वह समझ न ले, तब तक सही न ली जाए। इसलिए खास तौर पर स्वयंसेवकों को भेजकर ही सहियाँ प्राप्त की जा सकती थीं।

अरजी गई। उसकी एक हजार प्रतियाँ छपवाई थीं। उस अरजी के कारण हिंदुस्तान के आम लोगों को नेटाल का पहली बार परिचय हुआ। मैं जितने अखबारों और सार्वजनिक नेताओं के नाम जानता था, उतनों को अरजी की प्रतियाँ भेजीं।

'टाइम्स ऑफ इंडिया' ने उस पर अग्रलेख लिखा और हिंदुस्तानियों की माँग का अच्छा समर्थन किया। विलायत में भी अरजी की प्रतियाँ सब पक्षों के नेताओं को भेजी गई थीं। वहाँ लंदन के 'टाइम्स' का समर्थन प्राप्त हुआ। इससे आशा बँधी कि बिल मंजूर न हो सकेगा।

अब मैं नेटाल छोड़ सकूँ, ऐसी मेरी स्थिति नहीं रही। लोगों ने मुझे चारों तरफ से घेर लिया और नेटाल में ही स्थायी रूप से रहने का अत्यंत आग्रह किया। मैंने अपनी कठिनाइयाँ बताईं। मैंने अपने मन में निश्चय कर लिया था कि मुझे सार्वजनिक खर्च पर नहीं रहना चाहिए। मुझे अलग घर बसाने की आपश्यकता जान पड़ी। उस समय मैंने यह माना था कि घर भी अच्छा और अच्छी बस्ती में लेना चाहिए।

मैंने सोचा कि दूसरे बैरिस्टरों की तरह मेरे रहने से हिंदुस्तानी समाज की इज्जत बढ़ेगी। मुझे लगा कि ऐसा घर मैं साल में ३०० पौंड के खर्च के बिना चला ही नहीं सकूँगा। मैंने निश्चय किया कि इतनी रकम की वकालत की गारंटी मिलने पर ही मैं रह सकता हूँ, और वहाँ रहनेवालों को इसकी सूचना दे दी।

इस चर्चा का परिणाम यह निकला कि कोई बीस व्यापरियों ने मेरे लिए वर्ष का वर्षासन बाँध दिया। इसके उपरांत दादा अब्दुल्ला विदाई के समय मुझे जो भेंट देनेवाले थे, उसके बदले उन्होंने मेरे लिए आवश्यक फर्नीचर खरीद दिया, और मैं नेटाल में बस गया।

नेटाल इंडियन कांग्रेस

भारतीय मताधिकार प्रतिबंधक कानून के विरुद्ध केवल प्रार्थना-पत्र भेजकर ही बैठा नहीं जा सकता था। उसके बारे में आंदोलन चलते रहने से उपनिवेश-मंत्री पर उसका

असर पड़ सकता था। इसके लिए एक संस्था की स्थापना करना आवश्यक मालूम हुआ। इस संबंध में मैंने अब्दुल्ला सेठ से सलाह की, दूसरे साथियों से मिला और हमने एक सार्वजनिक संस्था खड़ी करने का निश्चय किया।

उसके नामकरण में थोड़ा, धर्म-संकट था। इस संस्था को किसी पक्ष के साथ पक्षपात नहीं करना था। अतएव, मैंने अपनी दलीलें पेश करके संस्था का नाम 'कांग्रेस' ही रखने का सुझाव दिया, और सन् १८९४ के मई महीने की २२ तारीख को 'नेटाल इंडियन कांग्रेस' का जन्म हुआ।

सदस्य बनाने में साथियों ने असीम उत्साह का परिचय दिया था। इसमें उन्हें आनंद आता था। अनमोल अनुभव प्राप्त होते थे। बहुतेरे लोग खुश होकर नाम लिखाते और तुरंत पैसे दे देते थे। दूर-दूर के गाँवों में थोड़ी कठिनाई होती थी। लोग सार्वजनिक काम का अर्थ नहीं समझते थे। बहुत सी जगहों में तो लोग अपने यहाँ आने का न्योता भेजते और प्रमुख व्यापारी के यहाँ ठहरने की व्यवस्था करते। पर इन यात्राओं में एक जगह शुरू में ही हमें मुश्किल का सामना करना पड़ा। वहाँ एक व्यापारी से छः पौंड मिलने चाहिए थे, पर वह तीन से आगे बढ़ता ही न था। अगर इतनी रकम हम ले लेते तो फिर दूसरों से अधिक न मिलती। पड़ाव उन्हीं के घर था। हम सब भूखे थे। पर जब तक चंदा न मिले, भोजन कैसे करें? उन भाई को खूब समझाया-मनाया, पर वे टस-से-मस न होते थे। गाँव के दूसरे व्यापारियों ने भी उन्हें समझाया। सारी रात झक-झक में बीत गई। गुस्सा तो कई साथियों को आया, पर किसी ने विनय का त्याग न किया। ठेठ सवेरे वे भाई पिघले और उन्होंने छः पौंड दिए। हमें भोजन कराया। यह घटना टोंगाट में घटी थी। इसका प्रभाव उत्तरी किनारे पर ठेठ स्टेंगर तक और अंदर की ओर ठेठ चार्ल्स टाउन तक पड़ा। इससे चंदा-वसूली का हमारा काम आसान हो गया।

पर हमारा हेतु केवल पैसे इकट्ठे करने का ही न था। आवश्यकता से अधिक पैसा न रखने का तत्त्व भी मैं समझ चुका था।

'नेटाल इंडियन कांग्रेस' में उपनिवेशों में पैदा हुए हिंदुस्तानियों ने प्रवेश किया था और मुहर्रिरों का समाज उसमें दाखिल हुआ था। फिर भी मजदूरों ने, गिरमिटिया समाज के लोगों ने उसमें प्रवेश नहीं किया था। कांग्रेस उनकी नहीं हुई थी। वे उसमें चंदा देकर और दाखिल होकर उसे अपना नहीं सके थे। उनके मन में कांग्रेस के प्रति प्रेम तो तभी पैदा हो सकता था, जब कांग्रेस उनकी सेवा करे। ऐसा प्रसंग अपने-आप आ गया और वह भी ऐसे समय, जबकि मैं स्वयं अथवा कांग्रेस उसके लिए शायद ही तैयार थी। मुझे वकालत शुरू किए अभी मुश्किल से दो-चार महीने हुए थे। कांग्रेस का भी बचपन था। इतने में एक दिन बालासुंदरम् नाम का एक मद्रासी हिंदुस्तानी हाथ में साफा लिए रोता-रोता मेरे सामने आकर खड़ा हो गया। उसके कपड़े फटे हुए थे, वह

थर-थर काँप रहा था, उसके मुँह से खून बह रहा था और उसके आगे के दो दाँत टूटे हुए थे। उसके मालिक ने उसे बुरी तरह मारा था। मालिक किसी वजह से गुस्सा हुआ होगा। उसे होश न रहा और उसने बालासुंदरम् की खूब जमकर पिटाई की। परिणाम-स्वरूप बालासुंदरम् के दो दाँत टूट गए।

मैंने उसे डॉक्टर के यहाँ भेजा। उन दिनों गोरे डॉक्टर ही मिलते थे। मुझे चोट-संबंधी प्रमाण-पत्र की आवश्यकता थी। उसे प्राप्त करके मैं बालासुंदरम् को मजिस्ट्रेट के पास ले गया। वहाँ बालासुंदरम् का शपथ-पत्र प्रस्तुत किया। उसे पढ़कर मजिस्ट्रेट मालिक पर गुस्सा हुआ। उसने मालिक के नाम सम्मन जारी करने का हुक्म दिया।

मेरी नीयत मालिक को सजा कराने की नहीं थी। मुझे तो बालासुंदरम् को उसके पंजे से छुड़ाना था। मैंने गिरमिटियों से संबंध रखनेवाले कानून की छानबीन कर ली। यदि साधारण नौकर छोड़ता तो मालिक उसके खिलाफ दीवानी दावा दायर कर सकता था, पर उसे फौजदारी में नहीं ले जा सकता था। गिरमिट में और साधारण नौकर में बहुत फर्क था। पर खास फर्क यह था कि अगर गिरमिटिया मालिक को छोड़े तो वह फौजदारी गुनाह माना जाता था और उसके लिए उसे कैद भुगतनी होती थी। इसीलिए सर विलियम विल्सन हंटर ने इस स्थिति को लगभग गुलामी की-सी स्थिति माना था। गुलाम की तरह गिरमिटिया मालिक की मिल्कियत माना जाता था। बालासुंदरम् को छुड़ाने के केवल दो उपाय थे—या तो गिरमिटियों के लिए नियुक्त अधिकारी, जो कानून की दृष्टि से उनका रक्षक कहा जाता था, उसका गिरमिट रद्द करे या दूसरे के नाम लिखवा दे; अथवा मालिक स्वयं उसे छोड़ने को तैयार हो जाए। मैं मालिक से मिला। उससे मैंने कहा, ''मैं आपको सजा नहीं कराना चाहता। इस आदमी को सख्त मार पड़ी है, सो तो आप जानते ही हैं। आप इसका गिरिमिट दूसरे के नाम लिखाने को राजी हो जाएँ तो मुझे संतोष होगा।'' मालिक तो यही चाहता था। फिर मैं रक्षक से मिला, उसने भी सहमत होना स्वीकार किया, पर शर्त यह रखी कि मैं बालासुंदरम् के लिए नया मालिक खोज दूँ।

मुझे नए अंग्रेज मालिक की खोज करनी थी। हिंदुस्तानियों को गिरमिटिया मजदूर रखने की इजाजत नहीं थी। मैं अभी कुछ ही अंग्रेजों का पहचानता था। उनमें से एक को मिला। उन्होंने मुझ पर मेहरबानी करके बालासुंदरम् को रखना मंजूर कर लिया। मैंने उनकी कृपा को साभार स्वीकार किया। मजिस्ट्रेट ने मालिक को अपराधी ठहराकर यह लिख दिया कि उसने बालासुंदरम् का गिरमिट दूसरे के नाम लिखाना स्वीकार किया है।

बालासुंदरम् के मामले की बात गिरमिटियों में चारों तरफ फैल गई और मैं उनका 'बंधु' मान लिया गया। मुझे यह बात अच्छी लगी। मेरे दफ्तर में गिरमिटियों का ताँता-सा लग गया, और मुझे उनके सुख-दुःख जानने की बड़ी सुविधा हो गई।

तीन पौंड का कर

बालासुंदरम् के किस्से ने गिरमिटिया हिंदुस्तानियों के साथ मेरा संबंध जोड़ दिया। परंतु उनपर कर लगाने का जो आंदोलन चला, उसके परिणामस्वरूप मुझे उनकी स्थिति का गहरा अध्ययन करना पड़ा।

लगभग सन् १८६० में जब नेटाल में बसे हुए गोरों ने देखा कि वहाँ ईख की फसल अच्छी हो सकती है तो उन्होंने मजदूरों की खोज शुरू की। मजदूर न मिलें, तो न ईख पैदा हो सकती थी और न चीनी ही बन सकती थी। नेटाल के हब्शी यह मजदूरी नहीं कर सकते थे। इसलिए नेटाल-निवासी गोरों ने भारत सरकार के साथ विचार-विमर्श करके हिंदुस्तानी मजदूरों को नेटाल जाने देने की अनुमति प्राप्त की। उन्हें यह लालच दिया गया कि पाँच साल तक मजदूरी करने का बंधन रहेगा और पाँच साल के बाद उन्हें स्वतंत्र रीति से नेटाल में बसने की छूट रहेगी। उनको जमीन का मालिक बनने का पूरा अधिकार भी दिया गया था। उस समय गोरे चाहते थे कि हिंदुस्तानी मजदूर अपने पाँच साल पूरे होने के बाद जमीन जोतें और अपने उद्यम का लाभ नेटाल को दें।

हिंदुस्तानी मजदूरों ने यह लाभ आशा से अधिक दिया। साग-सब्जी खूब बोई। हिंदुस्तान की अनेक उत्तम तरकारियाँ पैदा कीं। जो साग-सब्जियाँ वहाँ पहले से पैदा होती थीं, उनके दाम सस्ते कर दिए। हिंदुस्तान से आम लाकर लगाए। पर इसके साथ ही उन्होंने व्यापार भी शुरू कर दिया। घर बनाने के लिए जमीनें खरीद लीं और बहुतेरे लोग मजदूर न रहकर अच्छे जमींदार और मकान-मालिक बन गए। इस तरह मजदूरों से मकान-मालिक बन जानेवालों के पीछे-पीछे वहाँ स्वतंत्र व्यापारी भी पहुँचे। स्व. सेठ अबूबकर आमद उनमें सबसे पहले पहुँचनेवाले व्यापारी थे। उन्होंने वहाँ अपना कारोबार खूब जमाया।

गोरे व्यापारी चौंके। जब पहले-पहल उन्होंने हिंदुस्तानी मजदूरों का स्वागत किया था, तब उन्हें उनकी व्यापार करने की शक्ति का कोई अंदाज न था। वे किसान के नाते स्वतंत्र रहें, इस हद तक तो गोरों को उस समय कोई आपत्ति नहीं थी, पर व्यापार में उनकी प्रतिद्वंद्विता उन्हें असह्य जान पड़ी।

हिंदुस्तानियों के साथ उनके विरोध के मूल में यह चीज थी।

उसमें दूसरी चीजें और मिल गईं। हमारा अलग रहन-सहन, हमारी सादगी, हमारा कम नफे से संतुष्ट रहना, आरोग्य के नियमों के बारे में हमारी लापवाही, घर-आँगन को साफ रखने का आलस्य, उनकी मरम्मत में कँजूसी, हमारे अलग-अलग धर्म—ये सारी बातें विरोध को भड़कानेवाली सिद्ध हुईं।

यह विरोध प्राप्त मताधिकार को छीन लेने के रूप में और गिरमिटियों पर कर

लगाने के कानून के रूप में प्रकट हुआ। कानून के बाहर तो अनेक प्रकार से उन्हें परेशान करना शुरू हो ही चुका था।

पहला सुझाव तो यह था कि गिरमिट पूरा होने के कुछ दिन पहले ही हिंदुस्तानियों को जबरदस्ती वापस भेज दिया जाए, ताकि उनके इकरारनामे की मुद्दत हिंदुस्तान में पूरी हो। पर इस सुझाव को भारत-सरकार माननेवाली नहीं थी। इसलिए यह सुझाव दिया गया कि—

१. मजदूरी का इकरार पूरा हो जाने पर गिरमिटिया वापस हिंदुस्तान चला जाए; अथवा
२. हर दूसरे साल नया गिरमिट लिखवाए और उस हालत में हर बार उसके वेतन में कुछ बढ़ोतरी की जाए;
३. अगर वह वापस न जाए और मजदूरी का नया इकरारनामा भी न लिखे, तो हर साल २५ पौंड का कर दे।

इस सुझावों को स्वीकार कराने के लिए सर हेनरी बींस और मि. मेसन का डेपुटेशन हिंदुस्तान भेजा गया। तब लॉर्ड एलविन वायसराय थे। उन्होंने २५ पौंड का कर तो नामंजूर कर दिया; पर वैसे हर एक हिंदुस्तानी से ३ पौंड का कर लेने की स्वीकृति दे दी। मुझे उस समय ऐसा लगा था और अब तक लगता है कि वायसराय की यह गंभीर भूल थी। इसमें उन्होंने हिंदुस्तान के हित का तनिक भी विचार नहीं किया। नेटाल के गोरों के लिए ऐसी सुविधा कर देना उनका कोई धर्म नहीं था। तीन-चार साल के बाद यह कर हर वैसे (गिरमिट-मुक्त) हिंदुस्तानी की स्त्री से और उसके हर १६ साल और उससे बड़ी उमर के लड़के और १३ साल या उससे बड़ी उमर की लड़की से भी लेने का निश्चय किया गया। पति-पत्नी और दो बच्चोंवाले कुटुंब से, जिसमें पति को अधिक-से-अधिक १४ शिलिंग प्रतिमास मिलते हों, १२ पौंड अर्थात् १८० रुपए का कर लेना भारी जुल्म माना जाएगा। दुनिया में कहीं भी इस स्थिति के गरीब लोगों से ऐसा भारी कर नहीं लिया जाता था।

इस कर के विरुद्ध जोरों की लड़ाई छिड़ी। यदि 'नेटाल इंडियन कांग्रेस' की ओर से कोई आवाज ही न उठाई जाती तो शायद वायसराय २५ पौंड भी मंजूर कर लेते। २५ पौंड के बदले ३ पौंड होना भी कांग्रेस के आंदोलन का ही प्रताप हो, यह पूरी तरह संभव है। पर इस कल्पना में मेरी भूल हो सकती है। संभव है कि भारत-सरकार ने २५ पौंड के प्रस्ताव को शुरू से ही अस्वीकार कर दिया हो और हो सकता है कि कांग्रेस के विरोध न करने पर भी वह ३ पौंड का कर ही स्वीकार करती! तो भी उसमें हिंदुस्तान के हित की हानि तो थी ही। हिंदुस्तान के हित-रक्षक के नाते वायसराय को ऐसा अमानुषी कर कभी स्वीकार नहीं करना चाहिए था।

पर अंत में सत्य की जय हुई। हिंदुस्तानियों की तपस्या में सत्य मूर्तिमान हुआ। इसके लिए अटल श्रद्धा की, अकूट धैर्य की और सतत कार्य करते रहने की आवश्यकता थी। यदि कौम हारकर बैठ जाती, कांग्रेस लड़ाई को भूल जाती और कर को अनिवार्य समझकर उसके आगे झुक जाती तो वह कर आज तक गिरमिटिया हिंदुस्तानियों से वसूल होता रहता, और इसका कलंक स्थानीय हिंदुस्तानियों को और समूचे हिंदुस्तान को लगता।

हिंदुस्तान में

कलकत्ते से बंबई जाते हुए प्रयाग बीच में पड़ता था। वहाँ ट्रेन ४५ मिनट रुकती थी। इस बीच मैंने शहर का एक चक्कर लगा आने का विचार किया। मुझे कैमिस्ट की दुकान से दवा भी खरीदनी थी। कैमिस्ट ऊँघता हुआ बाहर निकला। दवा देने में उसने काफी देर कर दी। मैं स्टेशन पर पहुँचा तो गाड़ी चलती दिखाई पड़ी। भले स्टेशन-मास्टर ने मेरे लिए गाड़ी एक मिनट रोकी थी, पर मुझे वापस आते न देखकर उसने मेरा सामान उतरवा लेने की सावधानी बरती।

बंबई में रुके बिना मैं सीधा राजकोट गया और वहाँ एक पुस्तिका लिखने की तैयारी में लगा। पुस्तिका को लिखने और छपाने में लगभग एक महीना बीत गया। उसका आवरण हरा था, इसलिए बाद में वह 'हरी पुस्तिका' के नाम से प्रसिद्ध हुई। उसमें दक्षिण अफ्रीका के हिंदुस्तानियों की स्थिति का चित्रण मैंने जान-बूझकर नरम भाषा में किया था। नेटाल में लिखी हुई दो पुस्तिकाओं में, जिनका जिक्र मैं पहले कर चुका हूँ, मैंने जिस भाषा का प्रयोग किया था, उससे भी नरम भाषा का प्रयोग इसमें किया था; क्योंकि मैं जानता था कि छोटा दुःख भी दूर से देखने पर बड़ा मालूम होता है।

'हरी पुस्तिका' की मैंने दस हजार प्रतियाँ छपाई थीं और उन्हें सारे हिंदुस्तान के अखबारों और सब पक्षों के प्रसिद्ध लोगों को भेजा था। 'पायनियर' में उस पर सबसे पहले लेख निकला। उसका सारांश विलायत गया और उस सारांश का सारांश फिर 'रायटर' के द्वारा नेटाल पहुँचा। वह तार तो तीन पंक्तियों में था। नेटाल में हिंदुस्तानियों के साथ होनेवाले व्यवहार का जो चित्र मैंने खींचा था, उसका वह लघु संस्करण था। वह मेरे शब्दों में नहीं था। उसका जो असर हुआ उसे हम आगे देखेंगे। धीरे-धीरे सब प्रमुख पत्रों में इस प्रश्न की विस्तृत चर्चा हुई।

इस पुस्तिका को डाक से भेजने के लिए इसके पैकेट तैयार कराने का काम मुश्किल था, और पैसा देकर कराना खर्चीला था। मैंने सरल युक्ति खोज ली। मुहल्ले के सब लड़कों को मैंने इकट्ठा किया और उनसे सवेरे के दो-तीन घंटों में से जितना

समय वे दे सकें, उतना देने के लिए कहा। लड़कों ने इतनी सेवा करना खुशी से स्वीकार किया। अपनी तरफ से मैंने उन्हें अपने पास जमा होनेवाले काम में आए हुए डाक के टिकट और आशीर्वाद देना कबूल किया। लड़कों ने हँसते-खेलते मेरा काम पूरा कर दिया। इस प्रकार छोटे बच्चों को स्वयंसेवक बनाने का यह मेरा पहला प्रयोग था। इन बालकों में से दो आज मेरे साथी हैं।

राजकोट में मेरा दक्षिण अफ्रीका का काम चल रहा था, इसी बीच मैं बंबई हो आया। मेरा इरादा खास-खास शहरों में सभाएँ करके विशेष रूप से लोकमत तैयार करने का था। इस खयाल से मैं वहाँ गया था। पहले मैं न्यायमूर्ति रानडे से मिला। उन्होंने मेरी बात ध्यान से सुनी और मुझे सर फिरोजशाह मेहता से मिलने की सलाह दी। बाद में मैं जस्टिस बदरुद्दीन तैयबजी से मिला। उन्होंने मेरी बात सुनकर वही सलाह दी।

सर फिरोजशाह से तो मुझे मिलना ही था। पर इन दो गुरुजनों के मुँह से उनकी सलाह के अनुसार चलने की बात सुनकर मुझे इस बात का विशेष बोध हुआ कि सर फिरोजशाह का जनता पर कितना प्रभुत्व था!

मैं सर फिरोजशाह से मिला। उनके तेज से चकाचौंध हो जाने को तो मैं तैयार था ही। उनके लिए प्रयुक्त होनेवाले विश्लेषणों को मैं सुन चुका था। मुझे 'बंबई के शेर' और बंबई के 'बेताज के बादशाह' से मिलना था। पर बादशाह ने मुझे डराया नहीं। पिता जिस प्रेम से अपने नौजवान बेटे से मिलता है, उसी तरह वे मुझसे मिले। उनसे मुझे उनके 'चैंबर' में मिलना था। उनके पास उनके अनुयायियों का दरबार तो भरा ही रहता था। वाच्छा थे, कामा था। इनसे उन्होंने मेरी पहचान कराई। वाच्छा का नाम मैं सुन चुका था। वे सर फिरोजशाह के दाहिने हाथ माने जाते थे। वीरचंद गांधी ने अंकशास्त्री के रूप में मुझे उनका परिचय दिया था। उन्होंने कहा, "गांधी, हम फिर मिलेंगे।"

इस सारी बातचीत में मुश्किल से दो मिनट लगे होंगे। सर फिरोजशाह ने मेरी बात सुन ली। न्यायमूर्ति रानडे और तैयबजी से मिल चुकने की बात भी मैंने उन्हें बात दी। उन्होंने कहा—"गांधी, तुम्हारे लिए मुझे आम सभा करनी होगी। मुझे तुम्हारी मदद करनी चाहिए।" फिर अपने मुंशी की ओर मुड़े और उसे सभा का दिन निश्चित करने को कहा। दिन निश्चित करके मुझे विदा किया। सभा से एक दिन पहले आकर मिलने की आज्ञा की। मैं निर्भय होकर मन-ही-मन खुश होता हुआ घर लौटा।

बंबई की इस यात्रा में मैं वहाँ रहनेवाले अपने बहनोई से मिलने गया। वे बीमार थे। घर में गरीबी थी। अकेली बहन से उनकी सेवा-शुश्रूषा हो नहीं पाती थी। बीमारी गंभीर थी। मैंने उन्हें अपने साथ राजकोट चलने को कहा। वे राजी हो गए। बहन-

बहनोई को लेकर मैं राजकोट पहुँचा। बीमारी अपेक्षा से अधिक गंभीर हो गई। मैंने उन्हें अपने कमरे में रखा। मैं सारा दिन उनके पास ही रहता था। रात में भी जागना पड़ता था। उनकी सेवा करते हुए मैं दक्षिण अफ्रीका का काम कर रहा था। बहनोई का स्वर्गवास हो गया। पर उनके अंतिम दिनों में उनकी सेवा करने का अवसर मुझे मिला, इससे मुझे बड़ा संतोष हुआ।

बहनोई के देहांत के दूसरे ही दिन मुझे बंबई की सभा के लिए जाना था। सार्वजनिक सभा के लिए भाषण की बात सोचने जितना समय भी मुझे मिला नहीं था। लंबे जागरण की थकावट मालूम हो रही थी। आवाज भारी हो गई थी। ईश्वर जैसे-तैसे मुझे निबाह लेगा, यह सोचता हुआ मैं बंबई पहुँचा।

'फरामजी कावसजी इंस्टीट्यूट' के हॉल में सभा थी। मैंने सुन रखा था कि जिस सभा में सर फिरोजशाह बोलनेवाले हों, उस सभा में खड़े रहने को जगह नहीं मिलती। ऐसी सभाओं में विद्यार्थी-समाज खास रस लेता था। ऐसी सभा का मेरा यह पहला अनुभव था।

सर फिरोजशाह को मेरा भाषण अच्छा लगा। मुझे गंगा नहाने का-सा संतोष हुआ। इस सभा के परिणामस्वरूप देशपांडे और एक पारसी सज्जन पिघले और दोनों ने मेरे साथ दक्षिण अफ्रीका जाने का अपना निश्चय प्रकट किया।

सर फिरोजशाह मेहता ने मेरा मार्ग सरल कर दिया था। बंबई से मैं पूना गया। मुझे मालूम था कि पूना में दो दल थे। मुझे तो सबकी मदद की जरूरत थी। मैं लोकमान्य तिलक से मिला। उन्होंने कहा—"सब पक्षों की मदद लेने का आपका विचार बिलकुल ठीक है। आपके मामले में कोई मतभेद हो ही नहीं सकता। लेकिन आपके लिए तटस्थ सभापति चाहिए। आप प्रो. भांडारकर से मिलिए। वे आजकल किसी आंदोलन में सम्मिलित नहीं होते। पर संभव है कि इस काम के लिए आगे आ जाएँ! उनसे मिलने के बाद मुझे परिणाम से सूचित कीजिए। मैं आपकी पूरी मदद करना चाहता हूँ। आप प्रो. गोखले से तो मिलेंगे ही। मेरे पास आप जब आना चाहें, निस्संकोच आइए।"

लोकमान्य का यह मेरा प्रथम दर्शन था। मैं उनकी लोकप्रियता का कारण तुरंत समझ गया। यहाँ से गोखले के पास गया। वे फर्ग्यूसन कॉलेज में थे। मुझसे बड़े प्रेम से मिले और मुझे अपना बना लिया। उनसे भी मेरा यह पहला ही परिचय था। पर ऐसा जान पड़ा, मानो हम पहले मिल चुके हों। सर फिरोजशाह मुझे हिमालय जैसे, लोकमान्य समुद्र जैसे और गोखले गंगा जैसे लगे। गंगा में मैं नहीं जा सकता था और हिमालय पर चढ़ा नहीं जा सकता था, समुद्र में डूबने का डर था। गंगा की गोद में तो खेला जा सकता था। उसमें डोंगियाँ लेकर सैर की जा सकती थी। गोखले ने बारीकी

से मेरी जाँच की-उसी तरह, जिस तरह स्कूल में भरती होते समय किसी विद्यार्थी की जाँच की जाती है। उन्होंने मुझे बताया कि मैं किस-किस से और कैसे मिलूँ, और फिर मेरा भाषण देखने को माँगा। मुझे कॉलेज की व्यवस्था दिखाई। जब जरूरत हो, तब फिर मिलने को कहा। डॉ. भांडारकर के जवाब की खबर देने को कहा और मुझे विदा किया। राजनीति के क्षेत्र में जो स्थान गोखले ने जीते-जी मेरे हृदय में प्राप्त किया, और स्वर्गवास के बाद आज भी जो स्थान उन्हें प्राप्त है, वह और कोई पा नहीं सका।

रामकृष्ण भांडारकर ने मेरा वैसा ही स्वागत किया, जैसा कोई बाप बेटे का करता है। बातचीत के अंत में वे बोले, ''तुम किसी से भी पूछोगे तो वह बतलाएगा कि आजकल मैं किसी राजनीतिक काम में हिस्सा नहीं लेता हूँ, पर तुम्हें मैं खाली हाथ नहीं लौटा सकता। तुम्हारा मामला इतना मजबूत है और तुम्हारा उद्यम इतना स्तुत्य है कि मैं तुम्हारी सभा में आने से इनकार कर ही नहीं सकता। यह अच्छा हुआ कि तुम श्री तिलक और श्री गोखले से मिल लिए। उनसे कहो कि मैं दोनों पक्षों द्वारा बुलाई गई सभा में खुशी से आऊँगा और सभापति-पद स्वीकार करूँगा। समय के बारे में मुझसे पूछने की जरूरत नहीं है। दोनों पक्षों को जो समय अनुकूल होगा, उसके अनुकूल मैं हो जाऊँगा।'' यों कहकर उन्होंने धन्यवाद और आशीर्वाद के साथ मुझे विदा किया।

बिना किसी हो-हल्ले और आडंबर के एक सादे मकान में पूना की इस विद्वान् और त्यागी मंडली ने सभा को, और मुझे संपूर्ण प्रोत्साहन के साथ विदा किया। वहाँ से मैं मद्रास गया। मद्रास तो जैसे पागल हो उठा! बालासुंदरम् के किस्से का सभा पर गहरा असर पड़ा। मेरे लिए मेरा भाषण अपेक्षाकृत लंबा था। पूरा छपा हुआ था। पर सभा ने उसका एक-एक शब्द ध्यानपूर्वक सुना। सभा के अंत में उस 'हरी पुस्तिका' पर लोग टूट पड़े। मद्रास में संशोधन और परिवर्तन के साथ उसकी दूसरी आवृत्ति दस हजार की छपाई थी। उसका अधिकांश निकल गया। पर मैंने देखा कि दस हजार की जरूरत नहीं थी। मैंने लोगों के उत्साह का अंदाज कुछ अधिक कर लिया था। मेरे भाषण का प्रभाव तो अंग्रेजी जाननेवाले समाज पर ही पड़ा था। उस समाज के लिए अकेले मद्रास शहर में दस हजार प्रतियों की आवश्यकता नहीं हो सकती थी। यहाँ मुझे बड़ी-से-बड़ी मदद स्व. जी. परमेश्वरन् पिल्लै से मिली। वे 'मद्रास स्टैंडर्ड' के संपादक थे। उन्होंने इस प्रश्न का अच्छा अध्ययन कर लिया था। वे मुझे अपने दफ्तर में समय-समय पर बुलाते थे और मेरा मार्गदर्शन करते रहते थे। 'हिंदू' के जी. सुब्रह्मण्यम से भी मैं मिला था। उन्होंने और डॉ. सुब्रह्मण्यम ने भी पूरा सहानुभूति दिखाई थी। पर जी. परमेश्वरन् पिल्लै ने तो मुझे अपने समाचार-पत्र का इस काम के लिए मनचाहा उपयोग करने दिया और मैंने निस्संकोच उसका उपयोग

किया भी। सभा पाच्याप्पा हॉल में हुई थी, और मेरा खयाल है कि डॉ. सुब्रह्मण्यम् उसके सभापति बने थे। मद्रास में सबके साथ, विशेषकर अंग्रेजी में ही बोलना पड़ता था। फिर भी बहुतों से इतना प्रेम और उत्साह पाया कि मुझे घर-जैसा ही लगा। प्रेम किन बंधनों को नहीं तोड़ सकता?

इतने में डरबन से तार मिला—''पार्लियामेंट जनवरी में बैठेगी। जल्दी लौटिए।''

इससे अखबारों में एक पत्र लिखकर मैंने तुरंत लौट जाने की जरूरत जता दी और कलकत्ता छोड़ा। दादा अब्दुल्ला के बंबई के एजेंट को तार दिया कि पहले स्टीमर से मेरे जाने की व्यवस्था करें। दादा अब्दुल्ला ने स्वयं 'कुरलैंड' नाम का स्टीमर खरीद लिया था। उन्होंने उसमें मुझे और मेरे परिवार को मुफ्त ले जाने का आग्रह किया। मैंने उसे धन्यवाद-सहित स्वीकार कर लिया और दिसंबर के आरंभ मैं 'कुरलैंड' स्टीमर से अपनी धर्मपत्नी, दो लड़कों और अपने स्व. बहनोई के एकमात्र लड़के को लेकर दूसरी बार दक्षिण अफ्रीका डरबन के लिए रवाना हुआ।

□

तीसरा भाग

तूफान की आगाही

कुटुंब के साथ यह मेरी पहली समुद्री यात्रा थी। मैंने कितनी ही बार लिखा है कि हिंदू समाज में ब्याह बचपन में होने के कारण और मध्यम श्रेणी के लोगों में पति के प्राय: साक्षर और पत्नी के प्राय: निरक्षर होने के कारण पति-पत्नी के जीवन में अंतर रहता है और पति को पत्नी का शिक्षक बनना पड़ता है। मुझे अपनी धर्मपत्नी और बालकों की वेश-भूषा की, खाने-पीने की और बोल-चाल की सँभाल रखनी होती थी। मुझे रीति-रिवाज सिखाने होते थे। उन दिनों की कितनी ही बातों की याद मुझे आज भी हँसाती है। हिंदू पत्नी पति-परायणता में अपने धर्म की पराकाष्ठा मानती है; हिंदू पति अपने को पत्नी का ईश्वर मानता है। इसलिए पत्नी को पति जैसा नचाए, वैसा नाचना होता है।

१८ दिसंबर के आस-पास दोनों स्टीमरों ने लंगर डाले। दक्षिण अफ्रीका के बंदरगाहों में यात्रियों के स्वास्थ्य की पूरी जाँच की जाती है। यदि रास्ते में किसी को कोई छूतवाली बीमारी हुई हो तो स्टीमर को 'सूतक' में—क्वारंटीन में—रखा जाता है। हमारे बंबई छोड़ते समय वहाँ प्लेग की शिकायत थी, इसलिए हमें इस बात का डर जरूर था कि सूतक की कुछ बाधा होगी। बंदरगाह में लंगर डालने के बाद स्टीमर को सबसे पहले पीला झंडा फहराना होता है। डॉक्टरी जाँच के बाद डॉक्टर के मुक्ति देने पर पीला झंडा उतरता है और फिर यात्रियों के रिश्तेदार आदि को स्टीमर पर आने की इजाजत मिलती है। डॉक्टर आए, जाँच करके उन्होंने पाँच दिन का 'सूतक' घोषित किया; क्योंकि उनकी यह धारणा थी कि प्लेग के कीटाणु २३ दिन तक जिंदा रह सकते हैं। इसलिए उन्होंने ऐसा आदेश दिया कि बंबई छोड़ने के बाद २३ दिन की अवधि पूरी होने तक स्टीमरों को 'सूतक' में रखा जाए। पर इस 'सूतक' की आज्ञा का हेतु केवल स्वास्थ्य-रक्षा न था। डरबन के गोरे नागरिक हमें उलटे पैरों लौटा देने का जो आंदोलन

कर रहे थे, वह भी इस आज्ञा के मूल में एक कारण था।

दादा अब्दुल्ला की तरफ से हमें शहर में चल रहे इस आंदोलन की खबरें मिलती रहती थीं। गोरे लोग एक के बाद दूसरी विराट् सभाएँ कर रहे थे। वे दादा अब्दुल्ला के नाम धमकियाँ भेजते थे, उन्हें लालच भी देते थे। अगर दादा अब्दुल्ला दोनों स्टीमरों को वापस ले जाएँ तो गोरे नुकसान की भरपाई करने को तैयार थे। दादा अब्दुल्ला किसी की धमकी से डरनेवाले न थे। इस समय वहाँ सेठ अब्दुल करीम हाजी आदम दुकान पर थे। उन्होंने प्रतिज्ञा की थी कि कितना ही नुकसान क्यों न उठाना पड़े, वे स्टीमरों को बंदरगाह पर लाएँगे और यात्रियों को उतारेंगे। मेरे नाम उनके विस्तृत पत्र बराबर आते रहते थे। सौभाग्य से इस समय स्व. मनसुखलाल हीरालाल नाजर मुझसे मिलने के लिए डरबन आ पहुँचे थे। वे होशियार और बहादुर आदमी थे। उन्होंने हिंदुस्तानी कौम को नेक सलाह दी। मि. लाटन वकील थे, वे भी वैसे ही बहादुर थे। उन्होंने गोरों की करतूतों की निंदा की और इस अवसर पर कौम को जो सलाह दी, वह सिर्फ वकील के नाते पैसे लेकर नहीं, बल्कि एक सच्चे मित्र के नाते दी।

इस प्रकार डरबन में द्वंद्व-युद्ध छिड़ गया। एक ओर मुट्ठीभर गरीब हिंदुस्तानी और उनके इने-गिने अंग्रेज मित्र थे; दूसरी ओर धनबल, बाहु-बल, विद्याबल और संख्याबल में भरे-पूरे अंग्रेज थे। इन बलवान प्रतिपक्षियों को राज्य का बल भी प्राप्त हो गया था, क्योंकि नेटाल की सरकार ने खुल्लम-खुल्ला उनकी मदद की थी। मि. हेरी एस्कंब ने, जो मंत्रिमंडल में थे और उसके कर्ता-धर्ता थे, इन गोरों की सभाओं में प्रकट रूप से हिस्सा लिया। यात्रियों के मनोरंजन के लिए स्टीमर पर खेलों का प्रबंध किया गया था। बड़े दिन का त्योहार आया। कप्तान ने उस दिन पहले दर्जे के यात्रियों को भोज दिया। यात्रियों में मुख्यतः मैं और मेरे परिवार के लोग ही थे। भोजन के बाद भाषण करने की प्रथा तो थी ही। मैंने पश्चिमी सभ्यता पर भाषण किया। मैं जानता था कि यह अवसर गंभीर भाषण का नहीं होता, पर मैं दूसरा कोई भाषण दे ही नहीं सकता था। मैं आनंद में सम्मिलित हुआ था, पर मेरा दिल तो डरबन में चल रही लड़ाई में ही लगा हुआ था; क्योंकि इस हमले में मध्यबिंदु मैं था। मुझ पर दो आरोप थे—

१. मैंने हिंदुस्तान में नेटाल-वासी गोरों की अनुचित निंदा की थी;
२. मैं नेटाल को हिंदुस्तानियों से भर देना चाहता था, और इसलिए खासकर नेटाल में बसाने के लिए हिंदुस्तानियों को 'कुरलैंड' और 'नादरी' में भर लाया था।

मुझे अपनी जिम्मेदारी का खयाल था। मेरे कारण दादा अब्दुल्ला भारी नुकसान में पड़ गए थे। यात्रियों के प्राण संकट में थे और अपने परिवार को साथ लाकर मैंने उसे भी दुःख में डाल दिया था।

पर मैं स्वयं बिलकुल निर्दोष था। मैंने किसी को नेटाल आने के लिए ललचाया नहीं था। 'नादरी' के यात्रियों को मैं पहचानता भी न थ। 'कुरलैंड' में अपने दो-तीन रिश्तेदारों को छोड़कर बाकी के सैकड़ों यात्रियों के नाम-धाम तक मैं जानता न था। मैंने हिंदुस्तान में अंग्रेजों के विषय में ऐसा एक भी शब्द नहीं कहा, जो मैं नेटाल में कह न चुका था। और जो कुछ मैंने कहा था, उसके लिए मेरे पास काफी प्रमाण थे।

अंत में यात्रियों को और मुझे अल्टीमेटम मिले। दोनों को धमकी दी गई कि तुम्हारी जान खतरे में है। दोनों ने नेटाल के बंदरगाह पर उतरने के अपने अधिकार के विषय में लिखा; और अपना यह निश्चय घोषित किया कि कैसा भी संकट क्यों न हो, हम अपने इस अधिकार पर डटे रहेंगे।

आखिर तेईसवें दिन, अर्थात् १३ जनवरी, १८९७ के दिन, स्टीमरों को मुक्ति मिली और यात्रियों को उतरने का आदेश मिला।

जहाज 'धक्के पर' लगा, यात्री उतरे। पर मेरे बारे में मि. एस्कंब ने कप्तान से कहलाया था—''गांधी को और उनके परिवार को शाम के समय उतारिएगा। उनके विरुद्ध गोरे बहुत उत्तेजित हो गए हैं और उनके प्राण संकट में है। सुपरिंटेंडेंट मि. टेटम उन्हें शाम को अपने साथ ले जाएँगे।''

कप्तान ने मुझे इस संदेश की खबर दी। मैंने तद्नुसार स्वीकार किया। लेकिन इस संदेश को मिले आधा घंटा भी न हुआ था कि इतने में मि. लाटन आए और कप्तान से मिलकर बोले ''यदि मि. गांधी मेरे साथ चलें तो मैं उन्हें अपनी जिम्मेदारी पर ले जाना चाहता हूँ। स्टीमर के एजेंट के वकील के नाते मैं आपसे कहता हूँ कि मि. गांधी के बारे में जो संदेश आपको मिला है, उसके बंध से आप मुक्त हैं।'' इस प्रकार कप्तान से बातचीत करके वे मेरे पास आए और मुझसे कुछ इस मतलब की बातें कहीं—''आपको जीवन का डर न हो तो मैं चाहता हूँ कि श्रीमति गांधी और बच्चे गाड़ी में रुस्तमजी सेठ के घर जाएँ और आप तथा मैं आम रास्ते से पैदल चलें। मुझे यह बिलकुल अच्छा नहीं लगता कि आप अँधेरा होने पर चुपचाप शहर में दाखिल हों! मेरा खयाल है कि आपका बाल भी बाँका न होगा। अब तो सबकुछ शांत है। गोरे सब तितर-बितर हो गए हैं। पर कुछ भी क्यों न हो, मेरी राय है कि आपको छिपे तौर पर शहर में कभी न जाना चाहिए।''

मैं सहमत हो गया। मेरी धर्मपत्नी और बच्चे गाड़ी में बैठकर रुस्तमजी सेठ के घर सही-सलामत पहुँत गए। कप्तान की अनुमति लेकर मैं मि. लाटन के साथ उतरा। रुस्तमजी सेठ का घर वहाँ से लगभग दो मील दूर था।

जैसे ही हम जहाज से उतरे, कुछ लड़कों ने मुझे पहचान लिया और वे 'गांधी-गांधी' चिल्लाने लगे। तुरंत ही कुछ लोग इकट्ठा हो गए और चिल्लाहट बढ़ गई। मि.

लाटन ने देखा कि भीड़ बढ़ जाएगी, इसलिए उन्होंने रिक्शा मँगवाया। मुझे उसमें बैठना कभी अच्छा न लगता था। उस पर सवार होने का मुझे यह पहला ही अनुभव होने जा रहा था। पर लड़के क्यों बैठने देते? उन्होंने रिक्शावाले को धमकाया और वह भाग खड़ा हुआ।

हम आगे बढ़े, भीड़ भी बढ़ती गई। खासी भीड़ जमा हो गई। सबसे पहले तो भीड़वालों ने मुझे मि. लाटन से अलग कर दिया। फिर मुझ पर कंकरों और सड़े अंडों की वर्षा शुरू हुई। किसी ने मेरी पगड़ी उछालकर फेंक दी। फिर लातें शुरू हुईं।

मुझे गश आ गया। मैंने पास के घर की जाली पकड़ ली और दम लिया। वहाँ खड़ा रहना तो संभव ही न था। तमाचे पड़ने लगे। इतने में पुलिस अधिकारी की स्त्री, जो मुझे पहचानती थी, उस रास्ते से गुजरी। मुझे देखते ही वह मेरी बगल में आकर खड़ी हो गई और धूप के न रहते भी उसने अपनी छतरी खोल ली। इससे भीड़ कुछ नरम पड़ी। अब मुझ पर प्रहार करने हों तो मिसेज अलेक्जेंडर को बचाकर ही किए जा सकते थे।

इस बीच मुझ पर मार पड़ते देखकर कोई हिंदुस्तानी नौजवान पुलिस थाने पर दौड़ गया। सुपरिंटेंडेंट अलेक्जेंडर ने एक टुकड़ी मुझे घेरकर बचा लेने के लिए भेजी। वह समय पर पहुँची। मेरा रास्ता पुलिस थाने के पास ही होकर जाता था। सुपरिंटेंडेंट ने मुझे थाने में आश्रय लेने की सलाह दी। मैंने इनकार किया और कहा, "जब लोगों को अपनी भूल मालूम हो जाएगी तो वे शांत हो जाएँगे। मुझे उनकी न्यायबुद्धि पर विश्वास है।"

पुलिस के दस्ते के साथ मैं सही-सलामत पारसी रुस्तमजी के घर पहुँचा। मेरी पीठ पर छिपी मार पड़ी थी। एक जगह थोड़ा खून निकल आया था। स्टीमर के डॉक्टर दादा बरजोर वहीं मौजूद थे। उन्होंने मेरी अच्छी सेवा-शुश्रूषा की।

यों भीतर शांति थी, पर बाहर गोरों ने घर को घेर लिया था। शाम हो चुकी थी। अँधेरा हो चला था। बाहर हजारों लोग तीखी आवाज में शोर कर रहे थे और 'गांधी को हमें सौंप दो' की पुकार मचा रहे थे। परिस्थिति का खयाल करके सुपरिंटेंडेंट वहाँ पहुँच गए थे और भीड़ को धमकी से नहीं, बल्कि उसका मन बहलाकर वश में रख रहे थे।

फिर भी वे निश्चिंत तो नहीं थे। उन्होंने मुझे इस आशय का संदेश भेजा—"यदि आप अपने मित्र के मकान, माल-असबाब और अपने बाल-बच्चों को बचाना चाहते हो तो जिस तरह मैं कहूँ, उस तरह आपको इस घर से छिपे तौर पर निकल जाना चाहिए।"

सो कुछ भी हो, भागने के काम में उलझ जाने से मैं अपनी चोटों को भूल गया। मैंने हिंदुस्तानी सिपाही की वरदी पहनी। कभी सिर पर मार पड़े तो उससे बचने के लिए माथे पर पीतल की एक तश्तरी रखी और ऊपर से मद्रासी तर्ज का बड़ा साफा बाँधा। साथ में खुफिया पुलिस के दो जवान थे। उनमें से एक ने हिंदुस्तानी व्यापारी की पोशाक

पहनी और अपना चेहरा हिंदुस्तानी की तरह रंग लिया। दूसरे ने क्या पहना, सो मैं भूल गया हूँ। हम बगल की गली में होकर पड़ोस की एक दुकान में पहुँचे और गोदाम में लगी हुई बोरों की थप्पियों को अँधेरे में लाँघते हुए दुकान के दरवाजे से भीड़ में घुसकर आगे निकल गए। गली के नुक्कड़ पर गाड़ी खड़ी थी, उसमें बिठाकर मुझे अब उसी थाने में ले गए, जिसमें आश्रय लेने की सलाह सुपरिंटेंडेंट अलेक्जेंडर ने पहले दी थी। मैंने सुपरिंटेंडेंट अलेक्जेंडर को और खुफिया पुलिस के अधिकारियों को धन्यवाद दिया।

इस प्रकार जब एक तरफ से मुझे ले जाया जा रहा था, तब दूसरी तरफ सुपरिंटेंडेंट अलेक्जेंडर भीड़ से गाना गवा रहे थे। उस गीत का अनुवाद यह है—

"चलो, हम गांधी को फाँसी लटका दें,
इमली के उस पेड़ पर फाँसी लटका दें।"

जब सुपरिंटेंडेंट अलेक्जेंडर को मेरे सही-सलामत थाने पर पहुँच जाने की खबर मिली तो उन्होंने भीड़ से कहा—"आपका शिकार तो…इस दुकान में से सही-सलामत निकल भागा है।" भीड़ में किसी को गुस्सा आया, कोई हँसा, बहुतों ने इस बात को मानने से इनकार किया।

इस पर सुपरिंटेंडेंट अलेक्जेंडर ने कहा, "तो आप लोग अपने में से जिसे नियुक्त कर दें, उसे मैं अंदर ले जाऊँ और वह तलाश करके देख ले। अगर आप गांधी को ढूँढ़ निकालें, तो उसे मैं आपके हवाले कर दूँगा। न ढूँढ़ सकें तो आपको बिखर जाना होगा। मुझे यह विश्वास है कि आप पारसी रुस्तमजी का मकान हरगिज नहीं जलाएँगे और न गांधी के स्त्री-बच्चों को कष्ट पहुँचाएँगे।"

भीड़ ने प्रतिनिधि नियुक्त किए। उन्होंने तलाशी के बाद उन्हें निराशाजनक समाचार सुनाए। सब सुपरिंटेंडेंट अलेक्जेंडर की सूझ-बूझ और चतुराई की प्रशंसा करते हुए, पर मन-ही-मन कुछ गुस्सा होते हुए, बिखर गए।

उस समय के उपनिवेश-मंत्री स्व. मि. चेंबरलेन ने तार द्वारा सूचित किया कि मुझ पर हमला करनेवालों पर मुकदमा चलाया जाए और मुझे न्याय दिलाया जाए। मि. एस्कंब ने मुझे अपने पास बुलाया। मुझे पहुँची चोट के लिए खेद प्रकट करते हुए उन्होंने कहा, "आप यह तो मानेंगे ही कि आपका बाल भी बाँका हो तो मुझे उससे कभी खुशी नहीं हो सकती। आपने मि. लाटन की सलाह मानकर तुरंत जहाज उतर जाने का साहस किया। आपको ऐसा करने का हक था, पर आपने मेरे संदेश को मान लिया होता तो यह दुःखद घटना न घटती। अब अगर आप हमला करनेवालों को पहचान सकें तो मैं उन्हें गिरफ्तार करवाने और उनपर मुकदमा चलाने को तैयार हूँ। मि. चेंबरलेन भी यही चाहते हैं।"

मैंने जवाब दिया—"मुझे किसी पर मुकदमा नहीं चलाना है। संभव है, हमला करनेवालों में से एक-दो को मैं पहचान लूँ, उन्हें सजा दिलाने से मुझे क्या हासिल होगा? फिर मैं हमला करनेवालों को दोषी भी नहीं मानता। उन्हें तो यह कहा गया है कि मैंने हिंदुस्तान में अतिशयोक्तिपूर्ण बातें कहकर नेटाल के गोरों को बदनाम किया है। वे इस बात को मानकर गुस्सा हों, इसमें आश्चर्य क्या है? दोष तो बड़ों का है; और मुझे कहने की इजाजत दें तो आपका माना जाना चाहिए। आप लोगों को सही रास्ता दिखा सकते थे, पर आपने भी 'रायटर' के तार को ठीक माना और यह कल्पना कर ली कि मैंने अतिशयोक्ति की होगी। मुझे किसी पर मुकदमा नहीं चलाना है। जब वस्तुस्थिति प्रकट होगी और उन लोगों को पता चलेगा तो वे खुद पछताएँगे।"

"तो आप मुझे यह बात लिखकर दे देंगे? मुझे मि. चेंबरलेन को इस आशय का तार भेजना पड़ा। मैं नहीं चाहता कि आप जल्दी में कुछ लिखकर दे दें। मेरी इच्छा यह है कि आप मि. लाटन से और अपने दूसरे मित्रों से सलाह करके जो उचित जान पड़े, सो करें। हाँ, मैं यह स्वीकार करता हूँ कि यदि आप हमला करनेवालों पर मुकदमा नहीं चलाएँगे तो सब ओर शांति स्थापित करने में मुझे बहुत मदद मिलेगी और आपकी प्रतिष्ठा तो निश्चय ही बढ़ेगी।"

मैंने जवाब दिया, "इस विषय में मेरे विचार पक्के हो चुके हैं। यह निश्चय समझिए कि मुझे किसी पर मुकदमा नहीं चलाना है। इसलिए मैं आपको यहीं लिखकर दे देना चाहता हूँ।"

यह कहकर मैंने आवश्यक पत्र लिखकर दे दिया।

जिस दिन मैं जहाज से उतरा, उसी दिन, अर्थात् पीला झंडा उतरने के बाद तुरंत 'नेटाल एडवरटाइजर' नामक पत्र का प्रतिनिधि मुझसे मिल गया था। उसने मुझसे कई प्रश्न पूछे थे और उनके उत्तर में मैं प्रत्येक आरोप का पूरा-पूरा जवाब दे सका था। सर फिरोजशाह मेहता के प्रताप से उस समय मैंने हिंदुस्तान में एक भी भाषण बिना लिखे नहीं किया था। अपने उन सब भाषणों और लेखों का संग्रह तो मेरे पास था ही। मैंने यह सब उसे दिया, और सिद्ध कर दिखाया कि मैंने हिंदुस्तान में ऐसी एक भी बात नहीं कही, जो अधिक तीव्र शब्दों में दक्षिण अफ्रीका में न कही हो। मैंने यह भी बता दिया कि 'कुरलैंड' और 'नादरी' के यात्रियों को लाने में मेरा हाथ बिलकुल न था। उनमें अधिकतर तो पुराने ही थे और बहुतेरे नेटाल में रहनेवाले नहीं थे, बल्कि ट्रांसवाल जानेवाले थे। उन दिनों नेटाल में मंदी थी। ट्रांसवाल में बहुत अधिक कमाई होती थी। इस कारण अधिकतर हिंदुस्तानी वहीं जाना पसंद करते थे।

इस खुलासे का और हमलावरों पर मुकदमा दायर करने से मेरे इनकार करने का इतना ज्यादा असर पड़ा कि गोरे शर्मिंदा हुए। समाचारपत्रों ने मुझे निर्दोष सिद्ध किया और

हुल्लड़ करनेवालों की निंदा की। इस प्रकार परिणाम में तो मुझे लाभ ही हुआ; और मेरा लाभ मेरे कार्य का ही लाभ था। इससे भारतीय समाज की प्रतिष्ठा बढ़ी और मार्ग अधिक सरल हो गया।

तीन या चार दिन बाद मैं अपने घर गया और कुछ ही दिनों में व्यवस्थित रीति से अपना काम-काज करने लगा। इस घटना के कारण मेरी वकालत भी बढ़ गई।

परंतु इस तरह यदि हिंदुस्तानियों की प्रतिष्ठा बढ़ी तो उनके प्रति गोरों का द्वेष भी बढ़ा। गोरों को विश्वास हो गया कि हिंदुस्तानियों में दृढ़तापूर्वक लड़ने की शक्ति है। फलत: उनका डर बढ़ गया। नेटाल की धारासभा में दो कानून पेश हुए, जिनसे हिंदुस्तानियों की कठिनाइयाँ बढ़ गईं। एक से भारतीय व्यापारियों के धंधे को नुकसान पहुँचा, दूसरे से हिंदुस्तानियों के आने-जाने पर अंकुश लग गया।

बच्चों की शिक्षा

सन् १८९७ की जनवरी में जब मैं डरबन उतरा, तब मेरे साथ तीन बालक थे। मेरा भानजा लगभग दस वर्ष की उमर का, मेरा बड़ा लड़का नौ वर्ष का और दूसरा लड़का पाँच वर्ष का। अब इन सबको कहाँ पढ़ाया जाए?

मैं अपने लड़कों को गोरों के लिए चलनेवाले स्कूलों में भेज सकता था, पर वह केवल मेहरबानी और अपवाद-रूप होता। दूसरे सब हिंदुस्तानी बालक वहाँ पढ़ नहीं सकते थे। हिंदुस्तानी बालकों को पढ़ाने के लिए ईसाई मिशन के स्कूल थे, पर उनमें मैं अपने बालकों को भेजने के लिए तैयार न था। वहाँ दी जानेवाली शिक्षा मुझे पसंद न थी। वहाँ गुजराती द्वारा तो शिक्षा मिलती ही कहाँ से? सारी शिक्षा अंग्रेजी में ही दी जाती थी, अथवा बहुत प्रयत्न किया जाता तो अशुद्ध तमिल या हिंदी में दी जा सकती थी। पर इन और ऐसी अन्य त्रुटियों को सहन करना मेरे लिए संभव न था।

मैं स्वयं बालकों को पढ़ाने का थोड़ा प्रयत्न करता था। पर वह अत्यंत अनियमित था। अपनी रुचि के अनुकूल गुजराती शिक्षक मैं खोज न सका।

मैं उन्हें देश भेजने के लिए तैयार न था। उस समय भी मेरा यह खयाल था कि छोटे बच्चों को माता-पिता से अलग नहीं रहना चाहिए। सुव्यवस्थित घर में बालकों को जो शिक्षा सहज ही मिल जाती है, वह छात्रालयों में नहीं मिल सकती। अतएव, अधिकतर वे मेरे साथ ही रहे।

लड़कों को मैं स्वयं जितना समय देना चाहता था, उतना दे नहीं सका। इस कारण और दूसरी अनिवार्य परिस्थितियों के कारण मैं अपनी इच्छा के अनुसार उन्हें अक्षर-ज्ञान नहीं दे सका। इस विषय में मेरे सब लड़कों को न्यूनाधिक मात्रा में मुझसे शिकायत भी रही है; क्योंकि जब-जब वे 'बी.ए.', 'एम.ए.' और 'मैट्रिकुलेट' के भी

संपर्क में आते, तब स्वयं किसी स्कूल में न पढ़ सकने की कमी का अनुभव करते थे।

तिस पर भी मेरी अपनी राय यह है कि जो अनुभव-ज्ञान उन्हें मिला है, माता-पिता का जो सहचर्य वे प्राप्त कर सके हैं, स्वतंत्रता का जो पदार्थ-पाठ उन्हें सीखने को मिला है, वह सब उन्हें न मिलता, यदि मैंने उनको चाहे जिस तरह स्कूल भेजने का आग्रह रखा होता।

वे बालक और मेरे लड़के आज समान अवस्था के हैं। मैं नहीं मानता कि वे मनुष्यता में मेरे लड़कों से आगे बढ़े हुए हैं, अथवा उनसे मेरे लड़के कुछ अधिक सीख सकते हैं!

फिर भी, मेरे प्रयोग का अंतिम परिणाम तो भविष्य ही बता सकता है। यहाँ इस विषय की चर्चा करने का हेतु तो यह है कि मनुष्य-जाति की उत्क्रांति का अध्ययन करनेवाले लोग गृह-शिक्षा और स्कूली शिक्षा के भेद का और माता-पिता द्वारा अपने जीवन में किए हुए परिवर्तनों का उनके बालकों पर जो प्रभाव पड़ता है, उसका कुछ अंदाज लगा सकें।

इसके अतिरिक्त इस प्रकरण का एक उद्देश्य यह भी है कि सत्य का पुजारी इस प्रयोग से यह देख सके कि सत्य की आराधना उसे कहाँ तक ले जाती है और स्वतंत्रता देवी का उपासक देख सके कि वह देवी कैसा बलिदान चाहती है! बालकों को अपने साथ रखते हुए भी यदि मैंने स्वाभिमान का त्याग किया होता, दूसरे भारतीय बालक जिसे न पा सकें, उसकी अपने बालकों के लिए इच्छा न रखने के विचार का पोषण न किया होता तो मैं अपने बालकों को अक्षर-ज्ञान अवश्य दे सकता था। किंतु उस दशा में स्वतंत्रता और स्वाभिमान का जो पदार्थ-पाठ वे सीखे, वह न सीख पाते। और जहाँ स्वतंत्रता तथा अक्षर-ज्ञान के बीच ही चुनाव करना हो, वहाँ कौन कहेगा कि स्वतंत्रता अक्षर-ज्ञान से हजार गुनी अधिक अच्छी नहीं है?

सन् १९२० में जिन नौजवानों को मैंने स्वतंत्रता-घातक स्कूलों और कॉलेजों को छोड़ने के लिए आमंत्रित किया था, और जिनसे मैंने कहा था कि स्वतंत्रता के लिए निरक्षर रहकर आम रास्ते पर गिट्टी फोड़ना, गुलामी में रहकर अक्षर-ज्ञान प्राप्त करने से कहीं अच्छा है, वे अब मेरे कथन के मर्म को कदाचित् समझ सकेंगे।

सेवा-वृत्ति

मन में हमेशा यह विचार बना रहता कि सेवा-शुश्रूषा का एक-सा काम मैं हमेशा करता रहूँ, तो कितना अच्छा हो! डॉ. बूथ सेंट एडम्स मिशन के मुखिया थे। वे हमेशा अपने पास आनेवालों को मुफ्त दवा दिया करते थे। बहुत भले और दयालु आदमी थे। पारसी रुस्तमजी की दानशीलता के कारण डॉ. बूथ की देख-रेख में एक बहुत छोटा

अस्पताल खुला। मेरी प्रबल इच्छा हुई कि मैं इस अस्पताल में नर्स का काम करूँ।

इस काम से मुझे थोड़ी शांति मिली। मेरा काम बीमार की हालत समझकर उसे डॉक्टर को समझाने और डॉक्टर की लिखी दवा तैयार करके बीमार को देने का था। इस काम से मैं दु:खी-दर्दी हिंदुस्तानियों के निकट संपर्क में आया। उनमें से अधिकांश तमिल, तेलुगु अथवा उत्तर हिंदुस्तान के गिरमिटिया होते थे। यह अनुभव मेरे लिए भविष्य में बहुत उपयोगी सिद्ध हुआ। बोअर-युद्ध के समय घायलों की सेवा-शुश्रूषा के काम में और दूसरे बीमारों की परिचर्या में मुझे इससे बड़ी मदद मिली। बालकों के पालन-पोषण का प्रश्न तो मेरे सामने था ही। दक्षिण अफ्रीका में मेरे दो लड़के और हुए। उन्हें किस तरह पाल-पोसकर बड़ा किया जाए, इस प्रश्न को हल करने में मुझे इस काम ने अच्छी मदद की।

ब्रह्मचर्य

अब ब्रह्मचर्य के विषय में विचार करने का समय आ गया है। एक पत्नी-व्रत का तो विवाह के समय से ही मेरे हृदय में स्थान था। पत्नी के प्रति वफादारी मेरे सत्यव्रत का अंग थी। पर अपनी स्त्री के साथ भी ब्रह्मचर्य का पालन करना चाहिए, इसका स्पष्ट बोध मुझे दक्षिण अफ्रीका में ही हुआ।

पति-पत्नी में ऐक्य होता है, इसलिए उनमें परस्पर प्रेम हो तो कोई आश्चर्य नहीं। मालिक और नौकर के बीच वैसा प्रेम प्रयत्नपूर्वक विकसित करना होता है। दिन-पर-दिन कवि के वचनों का बल मेरी दृष्टि में बढ़ता प्रतीत हुआ।

जाग्रत् होने के बाद भी दो बार तो मैं विफल ही रहा। प्रयत्न करता, परंतु गिर पड़ता। प्रयत्न में मुख्य उद्‍देश्य ऊँचा नहीं था। मुख्य उद्‍देश्य था, संतोनोत्पत्ति को रोकना। उसके बाह्य उपचारों के बारे में मैंने विलायत में कुछ पढ़ा था।

संयम-पालन की कठिनाइयों का पार न था। हमने अलग खाटें रखीं, रात में पूरी तरह थकने के बाद ही सोने का प्रयत्न किया। इस सारे प्रयत्न का विशेष परिणाम मैं तुरंत नहीं देख सका। पर आज भूतकाल पर निगाह डालते हुए देखता हूँ कि इन सब प्रयत्नों ने मुझे अंतिम निश्चय पर पँहुचने का बल दिया।

अंतिम निश्चय तो मैं सन् १९०६ में ही कर सका था। उस समय सत्याग्रह का आरंभ नहीं हुआ था। मुझे उसका सपना तक नहीं आया था। बोअर-युद्ध के बाद नेटाल में जुलू 'विद्रोह' हुआ। उस समय मैं जोहानिस्बर्ग में वकालत करता था। पर मैंने अनुभव किया कि इस 'विद्रोह' के मौके पर भी मुझे अपनी सेवा नेटाल सरकार को अर्पण करनी चाहिए। मैंने सेवा अर्पण की और वह स्वीकृत हुई।

ब्रह्मचर्य के संपूर्ण पालन का अर्थ है—ब्रह्म-दर्शन। यह ज्ञान मुझे शास्त्र द्वारा नहीं

हुआ। यह अर्थ मेरे सामने क्रम-क्रम से अनुभवसिद्ध होता गया। उससे संबंध रखने वाले शास्त्रवाक्य मैंने बाद में पढ़े। ब्रह्मचर्य में शरीर-रक्षण, बुद्धि-रक्षण और आत्मा का रक्षण समाया हुआ है, इसे मैं व्रत लेने के बाद दिन-प्रतिदिन अधिकाधिक अनुभव करने लगा। अब ब्रह्मचर्य को एक घोर तपस्या के रूप में रहने देने के बदले उसे रसमय बनाना था और उसी सहारे निभाना था। इसलिए अब उसकी विशेषताओं के मुझे नित नए दर्शन होने लगे।

ब्रह्मचर्य का पालन करना हो तो स्वादेंद्रिय पर प्रभुत्व प्राप्त करना ही चाहिए। मैंने स्वयं अनुभव किया है कि यदि स्वाद को जीत लिया जाए तो ब्रह्मचर्य का पालन बहुत सरल हो जाता है। इस कारण अब से आगे के मेरे आहार-संबंधी प्रयोग केवल अन्नाहार की दृष्टि से नहीं, बल्कि ब्रह्मचर्य की दृष्टि से होने लगे। मैंने प्रयोग करके अनुभव किया कि आहार थोड़ा, सादा, बिना मिर्च-मसाले का और प्राकृतिक स्थितिवाला होना चाहिए। ब्रह्मचारी का आहार वनपक्व फल हैं। इसे अपने विषय में तो मैंने छः वर्ष तक प्रयोग करके देखा है। जब मैं सूखे और हरे वनपक्व फलों पर रहता था, तब जिस निर्विकार अवस्था का अनुभव मैंने किया, वैसा अनुभव आहार में परिवर्तन करने के बाद मुझे नहीं हुआ। फलाहार के दिनों में ब्रह्मचर्य स्वाभाविक हो गया था। दुग्धाहार के कारण वह कष्टसाध्य बन गया है। मुझे फलाहार से दुग्धाहार पर क्यों जाना पड़ा, इसकी चर्चा मैं यथास्थान करूँगा। यहाँ तो इतना ही कहना काफी है कि ब्रह्मचारी के लिए दूध का आहार व्रत-पालन में बाधक है, इस विषय में मुझे शंका नहीं है। इसका कोई यह अर्थ न करे कि ब्रह्मचारी-मात्र के लिए दूध का त्याग इष्ट है। ब्रह्मचर्य पर आहार का कितना प्रभाव पड़ता है, इसके संबंध में बहुत प्रयोग करने की आवश्यकता है। दूध के समान स्नायु-पोषक और उतनी ही सरलता से पचनेवाला फलाहार मुझे अभी तक मिला नहीं; और न कोई वैद्य, हकीम या डॉक्टर ऐसे फलों अथवा अन्न की जानकारी दे सका है। अतएव, दूध को विकारोत्पादक वस्तु जानते हुए भी मैं उसके त्याग की सलाह अभी किसी को नहीं दे सकता।

बाह्यचर्य उपचारों में जिस तरह आहार के प्रकार और परिमाण की मर्यादा आवश्यक है, उसी तरह उपवास के बारे में भी समझना चाहिए। इंद्रियाँ इतनी बलवान हैं कि उन्हें चारों तरफ से, ऊपर से और नीचे से, या दसों दिशाओं से घेरा जाए तो ही वे अंकुश में रहती हैं। सब जानते हैं कि आहार के बिना वे काम नहीं कर सकतीं। अतएव, इंद्रिय-दमन के हेतु से स्वेच्छापूर्वक किए गए उपवास से इंद्रिय-दमन में बहुत मदद मिलती है, इसमें मुझे कोई संदेह नहीं। कई लोग उपवास करते हुए भी इसमें विफल होते हैं। उसका कारण यह है कि उपवास ही सबकुछ कर सकेगा, ऐसा मानकर वे केवल स्थूल उपवास करते हैं और मन से छप्पन भागों का स्वाद लेते रहते हैं। उपवास

के दिनों में वे उपवास की समाप्ति पर क्या खाएँगे, इसके विचारों का स्वाद लेते रहते हैं, और फिर शिकायत करते हैं कि न स्वादेंद्रिय का संयम सधा और न जननेंद्रिय का! उपवास की सच्ची उपयोगिता वहीं होती है, जहाँ मनुष्य का मन भी देह-दमन में साथ देता है। तात्पर्य यह कि मन में विषय-भोग के प्रति विरक्ति आनी चाहिए। विषय की जड़ें मन में रहती हैं। उपवास आदि साधनों से यद्यपि बहुत सहायता मिलती है, फिर भी वह अपेक्षाकृत कम ही होती है। कहा जा सकता है कि उपवास करते हुए भी मनुष्य विषयासक्त रह सकता है। पर बिना उपवास के विषयासक्ति को जड़मूल से मिटाना संभव नहीं है। अतएव, ब्रह्मचर्य के पालन में उपवास अनिवार्य अंग है।

ब्रह्मचर्य का अर्थ है—मन-वचन-क्रम से समस्त इंद्रियों का संयम। इस संयम के लिए ऊपर बताए गए त्यागों की आवश्यकता है, इसे मैं दिन-प्रतिदिन अनुभव करता रहा हूँ और आज भी कर रहा हूँ। त्याग के क्षेत्र की सीमा ही नहीं है, जैसे ब्रह्मचर्य की महिमा की कोई सीमा नहीं है। ऐसा ब्रह्मचर्य अल्प प्रयत्न से सिद्ध नहीं होता। करोड़ों लोगों के लिए वह सदा केवल आदर्श रूप ही रहेगा; क्योंकि प्रयत्नशील ब्रह्मचारी अपनी त्रुटियों का नित्य दर्शन करेगा, अपने अंदर ओने-कोने में छिपकर बैठे हुए विकारों को पहचान लेगा और उन्हें निकालने का सतत प्रयत्न करेगा।

परंतु ऐसा ब्रह्मचर्य केवल प्रयत्न-साध्य नहीं है, इसे मैंने हिंदुस्तान में आने के बाद अनुभव किया। कहा जा सकता है कि तब तक मैं मूर्च्छावश था। मैंने यह मान लिया था कि फलाहार से विकार समूल नष्ट हो जाते हैं; और मैं अभिमान-पूर्वक यह मानता था कि अब मेरे लिए कुछ करना बाकी नहीं है।

पर इस विचार के प्रकरण तक पहुँचने में अभी देर है। इस बीच इतना कह देना आवश्यक है कि ईश्वर-साक्षात्कार के लिए जो लोग मेरी व्याख्या वाले ब्रह्मचर्य का पालन करना चाहते हैं, वे यदि अपने प्रयत्न के साथ ही ईश्वर पर श्रद्धा रखनेवाले हों तो उनके लिए निराशा का कोई कारण नहीं रहेगा।

विषया विनिर्वन्ते निराहारस्य देहिनः।
रसवर्जं रसोऽप्यस्य परं दृष्टवा निवर्तत॥*

(गीता, २, ५९)

अतएव, आत्मार्थी के लिए राम-नाम और राम-कृपा ही अंतिम साधन हैं, इस वस्तु का साक्षात्कार मैंने हिंदुस्तान में ही किया।

* निराहारी के विषय तो शांत हो जाते हैं, पर उसकी वासना का शमन नहीं होता। ईश्वर-दर्शन से वासना भी शांत हो जाती है।

सादगी

भोग भोगना मैंने शुरू तो किया, पर वह टिक न सका। घर के लिए साज-सामान भी बसाया, पर मेरे मन में उसके प्रति कभी मोह उत्पन्न नहीं हो सका। इसलिए घर बसाने के साथ ही मैंने खर्च कम करना शुरू कर दिया। धोबी का खर्च भी ज्यादा मालूम हुआ। इसके अलावा धोबी निश्चित समय पर कपड़े नहीं लौटाता था। इसलिए दो-तीन दर्जन कमीजों और उतने ही कॉलरों से भी मेरा काम चल नहीं पाता था। कॉलर मैं रोज बदलता था। कमीज रोज नहीं तो एक दिन के अंतर से बदलता था। इससे दोहरा खर्च होता था। मुझे यह व्यर्थ प्रतीत हुआ।

अतएव, मैंने धुलाई का सामान जुटाया। धुलाई-कला पर पुस्तक पढ़ा और धोना सीखा। पत्नी को भी सिखाया। काम का कुछ बोझ तो बढ़ा ही, पर नया काम होने से उसे करने में आनंद आता था।

पहली बार अपने हाथों धोए हुए कॉलर को तो मैं कभी भूल नहीं सकता। उसमें कलफ अधिक लग गया था और इस्तरी पूरी गरम नहीं थी। तिस पर कॉलर के जल जाने के डर से इस्तरी को मैंने अच्छी तरह दबाया भी नहीं था। इससे कॉलर में कड़ापन तो आ गया, पर उसमें से कलफ झड़ता रहता था! ऐसी हालत में मैं कोर्ट गया और वहाँ बैरिस्टरों के लिए मजाक का साधन बन गया। पर इस तरह का मजाक सह लेने की शक्ति उस समय भी मुझमें काफी थी।

मैंने सफाई देते हुए कहा, ''अपने हाथों कॉलर धोने का मेरा यह पहला प्रयोग है, इस कारण इसमें से कलफ झड़ता है। मुझे इससे कोई अड़चन नहीं होती; तिस पर आप सब लोगों के लिए विनोद की इतनी सामग्री जुटा रहा हूँ, सो घाते में।''

एक मित्र ने पूछा, ''पर क्या धोबियों का अकाल पड़ गया है?''

''यहाँ धोबी का खर्च मुझे तो असह्य मालूम होता है। कॉलर की कीमत के बराबर धुलाई हो जाती है और इतनी धुलाई देने के बाद भी धोबी की गुलामी करनी पड़ता है। इसकी अपेक्षा अपने हाथ से धोना मैं ज्यादा पसंद करता हूँ।''

जिस तरह मैं धोबी की गुलामी से छूटा, उसी तरह नाई की गुलामी से भी छूटने का अवसर आ गया। हजामत तो विलायत जानेवाले सब कोई हाथ से बनाना सीख ही लेते हैं, पर कोई बाल छाँटना भी सीखता होगा, इसका मुझे खयाल नहीं है। एक बार प्रिटोरिया में एक अंग्रेज हज्जाम की दुकान पर पहुँचा। उसने मेरी हजामत बनाने से साफ इनकार कर दिया और इनकार करते हुए जो तिरस्कार प्रकट किया, सो घाते में रहा।

मुझे दुःख हुआ। मैं बाजार पहुँचा। मैंने बाल काटने की मशीन खरीदी और आईने के सामने खड़े होकर बाल काटे। बाल जैसे-तैसे कट तो गए, पर पीछे के बाल काटने में

बड़ी कठिनाई हुई। सीधे तो वे कट ही न पाए। कोर्ट में खूब कहकहे लगे—

"तुम्हारे बाल ऐसे क्यों हो गए हैं? सिर पर चूहे तो नहीं चढ़ गए थे?"

मैंने कहा—"जी नहीं, मेरे काले सिर को गोरा हज्जाम कैसे छू सकता है? इसलिए कैसे भी क्यों न हों, अपने हाथ से काटे हुए बाल मुझे अधिक प्रिय हैं।"

इस उत्तर से मित्रों को आश्चर्य नहीं हुआ। असल में उस हज्जाम का कोई दोष न था। अगर वह काली चमड़ीवालों के बाल काटने लगता तो उसकी रोजी मारी जाती। हम भी अपने अछूतों के बाल ऊँची जाति के हिंदुओं के हज्जामों को कहाँ काटने देते हैं? दक्षिण अफ्रीका में मुझे इसका बदला एक नहीं, बल्कि अनेकों बार मिला है; और चूँकि मैं यह मानता था कि यह हमारे दोष का परिणाम है, इसलिए मुझे इस बात से कभी गुस्सा नहीं आया।

स्वावलंबन और सादगी के मेरे शौक ने आगे चलकर जो तीव्र स्वरूप धारण किया, उसका वर्णन यथास्थान होगा। इस चीज की जड़ तो मेरे अंदर शुरू से ही थी। उसके फूलने-फलने के लिए केवल सिंचाई की आवश्यकता थी। वह सिंचाई अनायास ही मिल गई।

बोअर-युद्ध

सन् १८९७ से १८९९ के बीच के अपने जीवन के दूसरे अनेक अनुभवों को छोड़कर अब मैं बोअर-युद्ध पर आता हूँ। जब यह युद्ध हुआ, तब मेरी अपनी सहानुभूति केवल बोअरों की तरफ ही थी। पर मैं मानता था कि ऐसे मामलों में व्यक्तिगत विचारों के अनुसार काम करने का अधिकार मुझे अभी प्राप्त नहीं हुआ है। इस संबंध के मंथन-चिंतन का सूक्ष्म निरीक्षण मैंने 'दक्षिण अफ्रीका के सत्याग्रह का इतिहास' में किया है, इसलिए यहाँ नहीं करना चाहता। जिज्ञासुओं को मेरी सलाह है कि वे उस इतिहास को पढ़ जाएँ। यहाँ तो इतना ही कहना काफी होगा कि ब्रिटिश राज्य के प्रति मेरी वफादारी मुझे उस युद्ध में सम्मिलित होने के लिए जबरदस्ती घसीट ले गई। मैंने अनुभव किया कि जब मैं ब्रिटिश प्रजाजन के नाते अधिकार माँग रहा हूँ तो उसी नाते ब्रिटिश राज्य की रक्षा में हाथ बँटाना भी मेरा धर्म है। उस समय मेरी यह राय थी कि हिंदुस्तान की संपूर्ण उन्नति ब्रिटिश साम्राज्य के अंदर रहकर हो सकती है।

अतएव, जितने साथी मिले, उतनों को लेकर और अनेक कठिनाईयाँ सहकर हमने घायलों की सेवा-शुश्रूषा करनेवाली एक टुकड़ी खड़ी की। अब तक साधारणतया यहाँ के अंग्रेजों की यही धारणा थी कि हिंदुस्तानी संकट के कामों में नहीं पड़ते। उन्हें स्वार्थ के अतिरिक्त और कुछ नहीं सूझता। इसलिए कई अंग्रेज मित्रों ने मुझे निराश करने वाले उत्तर दिए थे। अकेले डॉ. बूथ ने मुझे बहुत प्रोत्साहित किया। उन्होंने हमें घायल योद्धाओं की

सार-सँभाल करना सिखाया। अपनी योग्यता के विषय में हमने डॉक्टरी प्रमाण-पत्र प्राप्त किए। मि. लाटन और स्व. एस्कंबन ने भी हमारे इस कार्य को पसंद किया। अंत में लड़ाई के समय सेवा करने देने के लिए हमने सरकार से विनती की। जवाब में सरकार ने हमें धन्यवाद दिया, पर यह सूचित किया कि इस समय हमें आपकी सेवा की आवश्यकता नहीं है।

हमारी इस टुकड़ी में लगभग ग्यारह सौ आदमी थे। उनमें करीब चालीस मुखिया थे। दूसरे कोई तीन सौ स्वतंत्र हिंदुस्तानी भी रंगरूटों में भरती हुए थे। बाकी के गिरमिटिए थे। डॉ. बूथ भी हमारे साथ थे। उस टुकड़ी ने अच्छा काम किया। यद्यपि उसे गोला-बारूद की हद के बाहर ही काम करना होता था और 'रेड-क्रॉस'* का संरक्षण प्राप्त था, फिर भी संकट के समय गोला-बारूद की सीमा के अंदर काम करने का अवसर भी हमें मिला। ऐसे संकट में न पड़ने का इकरार सरकार ने अपनी इच्छा से हमारे साथ किया था। पर स्पियांकोप की हार के बाद हालत बदल गई। इसलिए जनरल बुलर ने यह संदेशा भेजा कि यद्यपि आप लोग जोखिम उठाने के लिए वचनबद्ध नहीं हैं तो भी यदि आप जोखिम उठाकर घायल सिपाहियों और अफसरों को रणक्षेत्र से उठाकर और डोलियों में डालकर ले जाने को तैयार हो जाएँगे तो सरकार आपका उपकार मानेगी। हम तो जोखिम उठाने को तैयार ही थे। अतएव, स्पियांकोप की लड़ाई के बाद हम गोला-बारूद की सीमा के अंदर काम करने लगे।

इन दिनों सबको कई बार दिन में बीस-पचीस मील की मंजिल तय करनी पड़ती थी और एक बार तो घायलों को डोले में डालकर इतने मील चलना पड़ा था। जिन घायल योद्धाओं को हमें इस प्रकार उठाकर ले जाना पड़ा, उनमें जनरल वुडगेट वगैरह भी थे। छः हफ्तों के बाद हमारी टुकड़ी को विदा दी गई। स्पियांकोप और बालक्रांज की हार के बाद लेडी स्मिथ आदि स्थानों को बोअरों के घेरे में से बड़ी तेजी के साथ छुड़ाने का विचार ब्रिटिश सेनापति ने छोड़ दिया था; और इंग्लैंड तथा हिंदुस्तान से और अधिक सेना के आने की राह देखने तथा धीमी गति से काम करने का निश्चय किया था।

हमारे छोटे से काम की उस समय तो बड़ी स्तुति हुई। इससे हिंदुस्तानियों की प्रतिष्ठा बढ़ी। 'आखिर हिंदुस्तानी साम्राज्य के वारिस तो हैं ही' इस आशय के गीत गाए गए। जनरल बुलर ने अपने तरीके में हमारी टुकड़ी के काम की तारीफ की। मुखियों को युद्ध के पदक भी मिले।

---

* 'रेडक्रॉस' का अर्थ है, लाल स्वास्तिक। युद्ध में शुश्रूषा का काम करनेवालों के बाएँ हाथ पर इस चिह्न वाली पट्टी बाँधी जाती है। नियम यह है कि शत्रु भी उन्हें चोट नहीं पहुँचा सकता। अधिक विवरण के लिए देखिए, 'दक्षिण अफ्रीका के सत्याग्रह का इतिहास'-भाग १, प्रकरण ९।

इससे हिंदुस्तानी कौम अधिक संगठित हो गई। मैं गिरमिटिया हिंदुस्तानियों के बहुत अधिक संपर्क में आ सका। उनमें अधिक जागृति आई और हिंदू, मुसलमान, ईसाई, मद्रासी, गुजराती, सिंधी हिंदुस्तानी हैं, यह भावना अधिक दृढ़ हुई। सबने माना कि अब हिंदुस्तानियों के दु:ख दूर होने ही चाहिए। उस समय तो गोरों के व्यवहार में भी स्पष्ट परिवर्तन दिखाई दिया।

लड़ाई में गोरों के साथ जो संपर्क हुआ, वह मधुर था। हमें हजारों टॉमियों के साथ रहने का मौका मिला। वे हमारे साथ मित्रता का व्यवहार करते थे, और यह जानकर कि हम उनकी सेवा के लिए आए हैं, हमारा उपकार मानते थे।

दु:ख के समय मनुष्य का स्वभाव किस तरह पिघलता है, इसका एक मधुर संस्मरण यहाँ दिए बिना मैं रह नहीं सकता। हम चीवली छावनी की तरफ जा रहे थे। यह वही क्षेत्र था, जहाँ लॉर्ड रॉबर्ट्स के पुत्र लेफ्टिनेंट रॉबर्ट्स को प्राणघातक चोट लगी थी। लेफ्टिनेंट रॉबर्ट्स के शव को ले जाने का सम्मान हमारी टुकड़ी को मिला था। अगले दिन धूप तेज थी। हम कूच कर रहे थे। सब प्यासे थे। पानी पाने के लिए रास्ते में एक छोटा सा झरना पड़ा। पहले पानी कौन पीए? मैंने सोचा कि पहले टॉमी पानी पी लें, बाद में हम पिएँगे। पर टॉमियों ने हमें देखकर तुरंत हमसे पानी पी लेने का आग्रह शुरू किया, और इस तरह बड़ी देर तक हमारे बीच 'आप पहले, हम पीछे' का मीठा झगड़ा चलता रहा।

सफाई-आंदोलन और अकाल-कोष

समाज के एक भी अंग का निरुपयोगी रहना मुझे हमेशा अखरा है। जनता के दोष छिपाकर उसका बचाव करना अथवा दोष दूर किए बिना अधिकार प्राप्त करना मुझे हमेशा अरुचिकर लगा है। इसलिए दक्षिण अफ्रीका में रहनेवाले हिंदुस्तानियों पर लगाए जानेवाले एक आरोप का, जिसमें कुछ तथ्य था, इलाज करने का काम मैंने वहाँ के अपने निवास-काल में ही सोच लिया था। हिंदुस्तानियों पर जब-तब यह आरोप लगाया जाता था कि वे अपने घर-बार साफ नहीं रखते और बहुत गंदे रहते हैं। इस आरोप को नि:शेष करने के लिए आरंभ में हिंदुस्तानियों के मुखिया माने जानेवाले लोगों के घरों में तो सुधार आरंभ हो ही चुके थे, पर घर-घर घूमने का सिलसिला तब शुरू हुआ, जब डरबन में प्लेग के प्रकोप का डर पैदा हुआ। इसमें म्युनिसिपैलिटी के अधिकारियों का भी सहयोग और सम्मति थी। हमारी सहायता मिलने से उनका काम हलका हो गया और हिंदुस्तानियों को कम कष्ट उठाने पड़े; क्योंकि साधारणत: जब प्लेग आदि का उपद्रव होता है, तब अधिकारी घबरा जाते हैं और उपायों की योजना में मर्यादा से आगे बढ़ जाते हैं। जो लोग उनकी दृष्टि में खटकते हैं, उनपर उनका दबाव असह्य हो जाता है। भारतीय समाज ने खुद ही सख्त उपायों से काम लेना शुरू कर दिया था, इसलिए वह इन सख्तियों से बच गया।

मुझे कुछ कड़वे अनुभव भी हुए। मैंने देखा कि स्थानीय सरकार से अधिकारों की माँग करने में जितनी सरलता से मैं अपने समाज की सहायता पा सकता था, उतनी सरलता से लोगों से उनके कर्त्तव्य का पालन कराने के काम में सहायता प्राप्त न कर सका। कुछ जगहों पर मेरा अपमान किया जाता, कुछ जगहों पर विनयपूर्वक उपेक्षा का परिचय दिया जाता। गंदगी साफ करने के लिए कष्ट उठाना उन्हें बहुत अखरता था। तब पैसा खर्च करने की तो बात ही क्या? लोगों सें कुछ भी काम कराना हो तो धीरज रखना चाहिए, यह पाठ मैंने अच्छी तरह सीख लिया। सुधारक की गरज तो सुधारक की अपनी होती है। जिस समाज में वह सुधार कराना चाहता है, उससे तो उसे विरोध, तिरस्कार और प्राणों के संकट की भी आशा रखनी चाहिए। सुधारक जिसे सुधार मानता है, समाज उसे बिगाड़ क्यों न माने? अथवा बिगाड़ न माने तो भी उसके प्रति उदासीन क्यों न रहे?

इस आंदोलन का परिणाम यह हुआ कि भारतीय समाज में घर-बार साफ रखने के महत्त्व को न्यूनाधिक मात्रा में स्वीकार कर लिया गया। अधिकारियों की दृष्टि में मेरी साख बढ़ी। वे समझ गए कि मेरा धंधा केवल शिकायतें करना या अधिकार माँगने का ही नहीं है, बल्कि शिकायतें करने या अधिकार माँगने में मैं जितना तत्पर हूँ, उतना ही उत्साह और दृढ़ता भीतरी सुधारों के लिए भी मुझमें है।

पर अभी समाज की वृत्ति को दूसरी एक दिशा में विकसित करना बाकी था। इन उपनिवेशवासी भारतीयों को भारतवर्ष के प्रति अपना धर्म भी अवसर आने पर समझना और पालन करना था। भारतवर्ष तो कंगाल है। लोग धन कमाने के लिए परदेश जाते हैं। उनकी कमाई का कुछ हिस्सा भारतवर्ष को उनकी आपत्ति के समय में मिलना चाहिए। सन् १८९७ में यहाँ अकाल पड़ा था और सन् १८९९ में दूसरा भारी अकाल पड़ा। इन दोनों अकालों के समय दक्षिण अफ्रीका से अच्छी मदद आई थी। पहले अकाल के समय जितनी रकम इकट्ठा हो सकी थी, दूसरे अकाल के मौके पर उससे कहीं अधिक रकम इकट्ठा हुई थी। इस चंदे में हमने अंग्रेजों से भी मदद माँगी थी और उनकी ओर से अच्छा उत्तर मिला था। गिरमिटिया हिंदुस्तानियों ने भी अपने हिस्से की रकम जमा कराई थी।

इस प्रकार इन दो अकालों के समय जो प्रथा शुरू हुई, वह अब तक कायम है। और हम देखते हैं कि जब भारतवर्ष में कोई सार्वजनिक संकट उपस्थित होता है, तब दक्षिण अफ्रीका की ओर से वहाँ बसनेवाले भारतीय हमेशा अच्छी रकमें भेजते हैं।

देश-गमन

लड़ाई के काम से मुक्त होने के बाद अनुभव किया कि अब मेरा काम दक्षिण अफ्रीका में नहीं, बल्कि हिंदुस्तान में है। मैंने देखा कि दक्षिण अफ्रीका में बैठा-बैठा मैं कुछ सेवा तो अवश्य कर सकूँगा, पर वहाँ मेरा मुख्य धंधा धन कमाना ही हो जाएगा।

देश का मित्र-वर्ग भी देश लौट आने के लिए बराबर आग्रह करता रहता था। मुझे भी लगा कि कि देश जाने से मेरा उपयोग अधिक हो सकेगा। नेटाल में मि. खान और मनसुखलाल नाजर थे ही।

मैंने साथियों के सामने मुक्त होने की इच्छा प्रकट की। बड़ी कठिनाई से एक शर्त के साथ वह स्वीकृत हुई। शर्त यह थी कि यदि एक वर्ष के अंदर कौम को मेरी आवश्यकता मालूम हुई तो मुझे वापस दक्षिण अफ्रीका को पहुँचना होगा। मुझे यह शर्त कड़ी लगी, पर मैं प्रेमपाश में बँधा हुआ था—

काचे रे तांतणे मने हरजीए बाँधी,
जेम ताणे तेम तेमनी रे,
मने लागी कटारी प्रेमनी।*

मीराबाई की यह उपमा थोड़े-बहुत अंशों में मुझ पर घटित हो रही थी। पंच भी परमेश्वर ही हैं। मित्रों की बात को मैं ठुकरा नहीं सकता था। मैंने वचन दिया और उनकी अनुमति प्राप्त की।

सन् १८९६ में जब मैं देश आया था, तब भी भेंटें मिली थीं। पर इस बार की भेंटों से और सभाओं के दृश्य से मैं अकुला उठा। भेंटों में सोने-चाँदी की चीजें तो थीं ही, पर हीरे की चीजें भी थीं।

साथ ही इन भेंटों में पचास गिन्नियों का एक हार कस्तूरबाई के लिए था। पर वह वस्तु भी मेरी सेवा के कारण ही मिली थी। इसलिए वह दूसरी भेंटों से अलग नहीं की जा सकती थी।

जिस शाम को इनमें से मुख्य भेंटें मिली थीं, वह रात मैंने पागल की तरह जागकर बिताई। मैं अपने कमरे में चक्कर काटता रहा, पर उलझन किसी तरह सुलझती न थी। सैकड़ों की कीमत के उपहारों को छोड़ना कठिन मालूम होता था; पर रखना उससे भी अधिक कठिन लगता था।

मैं इस निर्णय पर पहुँचा कि मुझे ये चीजें रखनी ही नहीं चाहिए। पारसी रुस्तमजी आदि को इन गहनों का ट्रस्टी नियुक्त करके उनके नाम लिखे जाने वाले पत्र का मसविदा मैंने तैयार किया और सवेरे स्त्री-पुत्रादि से सलाह करके अपना बोझ हलका करने का निश्चय किया।

मैं यह जानता था कि धर्मपत्नी को समझाना कठिन होगा। बच्चों को समझाने में जरा भी कठिनाई नहीं होगी, इसका मुझे विश्वास था। अतः उन्हें इस मामले में वकील

* हरिजी ने मुझे कच्चे (प्रेम को) धागे से बाँध रखा है। वे ज्यों-ज्यों उसे खींचते हैं त्यों-त्यों मैं उनकी होती जाती हूँ। मुझे प्रेम की कटारी लगी है।

बनाने का मैंने निश्चय किया।

लड़के तो तुरंत समझ गए। उन्होंने कहा, ''हमें इन गहनों की आवश्यकता नहीं है। हमें ये सब लौटा ही देने चाहिए, और जीवन में कभी हमें इन वस्तुओं की आवश्यकता हुई तो क्या हम स्वयं न खरीद सकेंगे?''

मैं खुश हुआ। मैंने पूछा, ''तो तुम अपनी माँ को समझाओगे न?''

''जरूर-जरूर! यह काम हमारा समझिए। उसे कौन ये गहने पहनने हैं? वह तो हमारे लिए ही रखना चाहती हैं। हमें उनकी जरूरत नहीं है, फिर वह हठ क्यों करेंगी?''

पर काम जितना सोचा था, उससे अधिक कठिन सिद्ध हुआ।

''भले आपको जरूरत न हो और आपके लड़कों को भी न हो। बच्चों को तो जिस रास्ते लगा दो, उसी रास्ते वे लग जाते हैं। भले मुझे न पहनने दें, पर मेरी बहुओं का क्या होगा? उनके तो ये चीजें काम आएँगी न? और कौन जानता है कल क्या होगा? इतने प्रेम से दी गई चीजें वापस नहीं की जा सकतीं।'' पत्नी की वाग्धारा चली और उनके साथ अश्रुधारा मिल गई। लकिन बच्चे दृढ़ रहे। मुझे तो डिगना था ही नहीं।

मैंने धीरे से कहा—''लड़कों का ब्याह तो होने दो। हमें कौन उन्हें बचपन में ब्याहना है? बड़े होने पर तो ये स्वयं ही जो करना चाहेंगे, करेंगे। और हमें कहाँ गहनों की शौकीन बहुएँ खोजनी हैं? इतने पर भी कुछ कराना ही पड़ा तो मैं कहाँ चला जाऊँगा?''

''जानती हूँ आपको। मेरे गहने भी तो आपने ही ले लिये न! जिन्होंने मुझे सुख से न पहनने दिए, वह मेरी बहुओं के लिए क्या लाएँगे? लड़कों को आप अभी बैरागी बना रहे हैं! ये गहने वापस नहीं दिए जा सकते। और मेरे हार पर आपका क्या अधिकार है?''

मैंने पूछा, ''पर यह हार तुम्हारी सेवा के बदले में मिला है या मेरी सेवा के?''

''कुछ भी हो। आपकी सेवा मेरी भी सेवा हुई। मुझसे आपने रात-दिन जो मजदूरी करवाई, वह क्या सेवा में शुमार न होगी?'' मुझे रुलाकर भी आपने हर किसी को घर में ठहराया और उसकी चाकरी करवाई। उसे क्या कहेंगे?''

ये सारे बाण नुकीले थे। इनमें से कुछ चुभते थे, पर गहने तो मुझे वापस करने ही थे। बहुत सी बातों में मैं जैसे-तैसे कस्तूरबा की सहमति प्राप्त कर सका। सन् १८९६ और १९०१ में मिली हुई भेंटें मैंने लौटा दीं। उनका ट्रस्ट बना और सार्वजनिक काम के लिए उनका उपयोग मेरी अथवा ट्रस्टियों की इच्छा के अनुसार न किया जाए, इस शर्त के साथ वे बैंक में रख दी गईं। इन गहनों को बेचने के निमित्त से मैं कई बार पैसे इकट्ठा कर सका हूँ। आज भी आपत्ति-कोष के रूप में यह धन मौजूद है और उसमें वृद्धि होती रहती है।

अपने इस कार्य पर मुझे कभी पश्चात्ताप नहीं हुआ। दिन बीतने पर कस्तूरबा को भी इसके औचित्य की प्रतीति हो गई। इससे हम बहुत से लालचों से बच गए हैं।

मेरा यह मत बना है कि सार्वजनिक सेवक के लिए निजी भेंटें नहीं हो सकतीं।

देश में कांग्रेस प्रथम बार

हिंदुस्तान पहुँचने पर थोड़ा समय मैंने घूमने-फिरने में बिताया। यह सन् १९०१ का जमाना था। उस साल की कांग्रेस कलकत्ते में होनेवाली थी। दीनशा एदलजी वाच्छा उसके अध्यक्ष थे। मुझे कांग्रेस में तो जाना था ही। कांग्रेस का यह मेरा पहला अनुभव था।

हम कलकत्ते पहुँचे। अध्यक्ष आदि नेताओं को नागरिक धूमधाम से ले गए। मैंने किसी स्वयंसेवक से पूछा, "मुझे कहाँ जाना चाहिए?"

वह मुझे रिपन कॉलेज ले गया। वहाँ बहुत से प्रतिनिधि ठहराए गए थे। मेरे सौभाग्य से मैं जिस विभाग में था, उसी में लोकमान्य तिलक भी ठहरे हुए थे। मुझे याद पड़ता है कि वे एक दिन बाद पहुँचे थे। जहाँ लोकमान्य हों, वहाँ छोटा सा दरबार तो लग ही जाता था।

मैंने अनेक स्वयंसेवकों से दोस्ती की। उनसे दक्षिण अफ्रीका की कुछ बातें कीं। इससे वे जरा शर्मिंदा हुए। मैंने उन्हें सेवा का मर्म समझाने का प्रयत्न किया। वे कुछ समझे। पर सेवा की अभिरुचि कुकुरमुत्ते की तरह बात की बात में तो उत्पन्न नहीं होती। उसके लिए इच्छा चाहिए और बाद में अभ्यास। इन भोले और भले स्वयंसेवकों में इच्छा तो बहुत थी, पर तालीम और अभ्यास वे कहाँ से पाते? कांग्रेस साल में तीन दिन के लिए इकट्ठा होकर फिर सो जाती थी। साल में तीन दिन की तालीम से कितना सीखा जा सकता था?

जैसे स्वयंसेवक थे, वैसे ही प्रतिनिधि थे। उन्हें भी इतने ही दिनों की तालीम मिलती थी। वे अपने हाथ से अपना कोई भी काम न करते थे। सब बातों में उनके हुक्म छूटते रहते थे। 'स्वयंसेवक यह लाओ—स्वयंसेवक वह लाओ' चला ही करता था।

अखा भगत* के 'अदकेरा अंग'-'अतिरिक्त अंग' का भी ठीक-ठीक अनुभव हुआ। छुआछूत को माननेवाले वहाँ बहुत थे। 'द्राविड़ी रसोई' बिलकुल अलग थी। उन प्रतिनिधियों को तो 'दृष्टिदोष' भी लगता था। उनके लिए कॉलेज के अहाते में चटाइयों द्वारा रसोईघर बनाया गया था। उसमें धुआँ इतना रहता था कि आदमी का दम घुट जाए। खाना-पीना सब उसी के अंदर। रसोईघर क्या था, एक तिजोरी थी।

* गुजरात के एक भक्तकवि। इन्होने अपने एक छप्पय में छुआछूत को 'आभडकेरी अंग' कहकर उसका विरोध किया है कि हिंदू धर्म में अस्पृश्यता के लिए कोई स्थान नहीं है।

वह कहीं से भी खुली न थी।

मुझे यह वर्णधर्म उलटा लगा। कांग्रेस में आनेवाले प्रतिनिधि जब इतनी छुआछूत रखते हैं तो उन्हें भेजनेववाले लोग कितनी रखते होंगे? इस प्रकार का त्रैराशिक लगाने से जो उत्तर मिला, उसपर मैंने एक लंबी साँस ली।

गंदगी की हद नहीं थी। चारों तरफ पानी ही पानी फैल रहा था। पाखाने कम थे। उनकी दुर्गंध की याद आज भी मुझे हैरान करती है। मैंने एक स्वयंसेवक को यह सब दिखलाया। उसने साफ इनकार करते हुए कहा, "यह तो भंगी का काम है।" मैंने झाड़ू माँगा। वह मेरा मुँह ताकता रहा। मैंने झाड़ू खोज निकाला। पाखाना साफ किया। पर यह तो मेरी अपनी सुविधा के लिए हुआ। भीड़ इतनी ज्यादा थी और पाखाने इतने कम थे कि हर बार उपयोग के बाद उनकी सफाई होनी जरूरी थी। यह मेरी शक्ति के बाहर की बात थी।

कांग्रेस के अधिवेशन को एक-दो दिन की देर थी। मैंने निश्चय किया था कि कांग्रेस के कार्यालय में मेरी सेवा स्वीकार की जाए, तो सेवा करूँ और अनुभव लूँ।

श्री भूपेंद्रनाथ बसु और श्री घोषाल मंत्री थे। मैं भूपेंद्रबाबू के पास पहुँचा और सेवा की माँग की। उन्होंने मेरी ओर देखा और बोले—"मेरे पास तो कोई काम नहीं है, पर शायद मि. घोषाल आपको कुछ काम दे सकेंगे। उनके पास जाइए।"

मैं घोषालबाबू के पास गया। उन्होंने मुझे ध्यान से देखा और जरा हँसकर मुझसे पूछा—

"मेरे पास तो क्लर्क का काम है, आप करेंगे?"

मैंने उत्तर दिया—"अवश्य करूँगा। मेरी शक्ति से बाहर न हो, ऐसा हर काम करने के लिए मैं आपके पास आया हूँ।"

"नौजवान, यही सच्ची भावना है।"

और बगल में खड़े स्वयंसेवकों की ओर देखकर बोले—

"सुनते हो, यह युवक क्या कह रहा है?"

फिर मेरी ओर मुड़कर बोले—"तो देखिए, यह तो है पत्रों का ढेर, और यह मेरे सामने कुरसी है, इस पर आप बैठिए। आप देखते है कि मेरे पास सैकड़ों आदमी आते रहते हैं। मैं उनसे मिलूँ या इन बेकार पत्र लिखनेवालों को उनके पत्रों का जवाब लिखूँ? मेरे पास ऐसे क्लर्क नहीं हैं जिनसे यह काम ले सकूँ। इन सब पत्रों में से बहुतों में काम की एक भी बात नहीं होगी। पर आप सबको देख जाइए। जिसकी पहुँच भेजना उचित समझें, उसकी पहुँच भेज दीजिए। जिसके जवाब के बारे में मुझसे पूछना जरूरी समझें, मुझे पूछ लीजिए।" मैं तो इस विश्वास से मुग्ध हो गया।

श्री घोषाल मुझे पहचानते न थे। नाम-धाम जानने का काम तो उन्होंने बाद

में किया। पत्रों का ढेर साफ करने का काम मुझे बहुत आसान लगा। अपने सामने रखे हुए ढेर को मैंने तुरंत निपटा दिया। घोषालबाबू खुश हुए। उनका स्वभाव बातूनी था। मैं देखता था कि बातों में वे अपना बहुत समय बिता देते थे। मेरा इतिहास जानने के बाद तो मुझे क्लर्क का काम सौंपने के लिए वे कुछ लज्जित हुए। पर मैंने उन्हें निश्चिंत कर दिया—

"कहाँ आप और कहाँ मैं! आप कांग्रेस के पुराने सेवक हैं, मेरे गुरुजन हैं। मैं एक अनुभवहीन नवयुवक हूँ। यह काम सौंपकर आपने मुझ पर उपकार ही किया है; क्योंकि मुझे कांग्रेस में काम करना है। उसके काम-काज को समझने का आपने मुझे अलभ्य अवसर दिया है।"

घोषालबाबू बोले, "असल में यही सच्ची वृत्ति है। पर आज के नवयुवक इसे नहीं मानते। वैसे मैं तो कांग्रेस को उसके जन्म से जानता हूँ। उसे जन्म देने में मि. ह्यूम के साथ मेरा भी हिस्सा था।"

हमारे बीच अच्छी मित्रता हो गई। दोपहर के भोजन में उन्होंने मुझे अपने साथ ही रखा। घोषालबाबू के बटन भी 'बैरा' लगाता था। यह देखकर 'बैरे' का काम मैंने ही ले लिया। मुझे वह पसंद था। बड़ों के प्रति मेरे मन में बहुत आदर था।

कुछ ही दिनों में मुझे कांग्रेस की व्यवस्था का ज्ञान हो गया। कई नेताओं से भेंट हुई। गोखले, सुरेंद्रनाथ आदि योद्धा आते-जाते रहते थे। मैं उनकी रीति-नीति देख सका। वहाँ समय की जो बरबादी होती थी, उसे भी मैंने अनुभव किया। अंग्रेजी भाषा का प्राबल्य भी देखा। इससे उस समय भी मुझे दुःख हुआ था। मैंने देखा कि एक आदमी से हो सकनेवाले काम में अनेक आदमी लग जाते थे। और यह भी देखा कि कितने ही महत्त्वपूर्ण काम कोई करता ही न था।

मेरा मन इस सारी स्थिति की टीका किया करता था। पर चित्त उदार था, इसलिए वह मान लेता था कि जो हो रहा है, उसमें अधिक सुधार करना संभव न होगा। फलतः मन में किसी के प्रति अरुचि पैदा न होती थी।

कांग्रेस का अधिवेशन शुरू हुआ। पंडाल का भव्य दृश्य, स्वयंसेवकों की कतारें, मंच पर नेताओं की उपस्थिति इत्यादि देखकर मैं घबरा गया। इस सभा में मेरा पता कहाँ लगेगा, यह सोचकर मैं अकुला उठा।

सभापति का भाषण तो एक पुस्तक ही थी। स्थिति ऐसी नहीं थी कि वह पूरा पढ़ा जा सके। अतः उसके कुछ अंश ही पढ़े गए।

बाद में विषय-निर्वाचित समिति के सदस्य चुने गए। उसमें गोखले मुझे ले गए थे।

सर फिरोजशाह ने मेरा प्रस्ताव लेने की स्वीकृति तो दी थी, पर उसे कांग्रेस की

विषय-निर्वाचित समिति में कौन प्रस्तुत करेगा, कब करेगा, यह सोचता हुआ मैं समिति में बैठा रहा। हर एक प्रस्ताव पर लंबे-लंबे भाषण होते थे, सब अंग्रेजी में। हर एक के साथ प्रसिद्ध व्यक्तियों के नाम जुड़े होते थे। इस नक्कारखाने में मेरी तूती की आवाज कौन सुनेगा? ज्यों-ज्यों रात बीतती जाती थी, त्यों-त्यों मेरा दिल धड़कता जाता था। मुझे याद आ रहा है कि अंत में पेश होनेवाले प्रस्ताव आजकल के विमानों की गति से चल रहे थे। सब कोई भागने की तैयारी में थे। रात के ग्यारह बज गए थे। मुझमें बोलने की हिम्मत न थी। मैं गोखले से मिल चुका था और उन्होंने मेरा प्रस्ताव देख लिया था।

उनकी कुरसी के पास जाकर मैंने धीरे से कहा—

"मेरे लिए कुछ कीजिएगा?"

उन्होंने कहा—"आपके प्रस्ताव को मैं भूला नहीं हूँ। यहाँ की उतावली आप देख रहे हैं, पर मैं इस प्रस्ताव को भूलने नहीं दूँगा।"

सर फिरोजशाह बोले—"कहिए, सब काम निबट गया न?"

गोखले बोल उठे—"दक्षिण अफ्रीका का प्रस्ताव तो बाकी ही है। मि. गांधी कब से बैठे राह देख रहे हैं।"

सर फिरोजशाह ने पूछा—"आप उस प्रस्ताव को देख चुके हैं?"

"हाँ।"

"आपको वह पसंद आया?"

"काफी अच्छा है।"

"तो गांधी, पढ़ो।"

मैंने काँपते हुए प्रस्ताव पढ़ सुनाया।

गोखले ने उसका समर्थन किया।

सब बोल उठे, "सर्वसम्मति से पास।"

वाच्छा बोले, "गांधी, तुम पाँच मिनट लेना।"

इस दृश्य से मुझे प्रसन्नता न हुई। किसी ने भी प्रस्ताव को समझने का कष्ट नहीं उठाया। सब जल्दी में थे। गोखले ने प्रस्ताव देख लिया था, इसलिए दूसरों को देखने-सुनने की आवश्यकता प्रतीत न हुई।

सवेरा हुआ।

मुझे तो अपने भाषण की फिकर थी। पाँच मिनट में क्या बोलूँगा? मैंने तैयारी तो अच्छी कर ली थी, पर उपयुक्त शब्द सूझते न थे। लिखित भाषण न पढ़ने का मेरा निश्चय था। पर ऐसा प्रतीत हुआ कि दक्षिण अफ्रीका में भाषण करने की जो प्रवीणता मुझमें आई थी, उसे मैं यहाँ खो बैठा था।

मेरे प्रस्ताव का समय आने पर सर दीनशा ने मेरा नाम पुकारा। मैं खड़ा हुआ, मेरा

सिर चकराने लगा। जैसे-तैसे मैंने प्रस्ताव पढ़ा। किसी कवि ने अपनी कविता छपवाकर सब प्रतिनिधियों में बाँटी थी। उसमें परदेश जाने की और समुद्र-यात्रा स्तुति थी। वह मैंने पढ़कर सुनाई और दक्षिण अफ्रीका के दुःखों की थोड़ी चर्चा की। इतने में सर दीनशा की घंटी बजी। मुझे विश्वास था कि मैंने अभी पाँच मिनट पूरे नहीं किए हैं। मुझे पता न था कि यह घंटी मुझे चेताने के लिए दो मिनट पहले ही बजा दी गई थी। मैंने बहुतों को आध-आध, पौन-पौन घंटे बोलते देखा था और घंटी नहीं बजी थी। मुझे दुःख तो हुआ। घंटी बजते ही मैं बैठ गया। पर उक्त काव्य में सर फिरोजशाह को उज्ज़र मिल गया, ऐसा मेरी अल्पबुद्धि ने उस समय मान लिया।

प्रस्ताव पास होने के बारे में तो पूछना ही क्या था? उन दिनों दर्शक और प्रतिनिधि भेद क्वचित् ही किया जाता था। प्रस्तावों का विरोध करने का कोई प्रश्न ही नहीं था। सब हाथ उठाते ही थे। सारे प्रस्ताव सर्वसज़्मति से पास होते थे। मेरा प्रस्ताव भी इसी तरह पास हुआ। इसलिए मुझे प्रस्ताव का महज़्व नहीं जान पड़ा। फिर भी कांग्रेस में मेरा प्रस्ताव पास हुआ, यह बात ही मेरे आनंद के लिए पर्याप्त थी। जिस पर कांग्रेस की मुहर लग गई, उस पर सारे भारत की मुहर है, यह ज्ञान किसके लिए पर्याप्त न होगा?

लॉर्ड कर्जन का दरबार

कांग्रेस-अधिवेशन समाप्त हुआ, पर मुझे तो दक्षिण अफ्रीका के काम के लिए कलकज़े में रहकर चेंबर ऑफ कॉमर्स इत्यादि मंडलों से मिलना था। इसलिए मैं कलकज़े में एक महीना ठहरा। इस बार मैंने होटल में ठहरने के बदले परिचय प्राप्त करके 'इंडिया क्लब' में ठहरने की व्यवस्था की। इस क्लब में अग्रगण्य भारतीय उतरा करते थे। इससे मेरे मन में यह लोभ था कि उनसे मेल-जोल बढ़ाकर मैं उनमें दक्षिण अफ्रीका के काम के लिए दिलचस्पी पैदा कर सकूँगा। इस क्लब में गोखले हमेशा तो नहीं, कभी-कभी बिलियर्ड खेलने आया करते थे। जैसे ही उन्हें पता चला कि मैं कलकज़े में ठहरनेवाला हूँ, उन्होंने मुझे अपने साथ रहने के लिए निमंत्रित किया। मैंने उनका निमंत्रण साभार स्वीकार किया पर मुझे अपने-आप वहाँ जाना ठीक न लगा। एक-दो दिन बाट जोहता रहा। इतने में गोखले खुद आकर मुझे अपने साथ ले गए। मेरा संकोच देखकर उन्होंने कहा—"गांधी, तुज़्हें इस देश में रहना है। अतएव, ऐसी शर्म से काम नहीं चलेगा। जितने अधिक लोगों के साथ मेलजोल बढ़ा सको, तुज़्हें बढ़ाना चाहिए। मुझे तुमसे कांग्रेस का काम लेना है।"

गोखले के स्थान पर जाने से पहले 'इंडिया क्लब' का एक अनुभव यहाँ देता हूँ।

उन्हीं दिनों लॉर्ड कर्जन का दरबार हुआ। उसमें जानेवाले कोई राजा-महाराजा इस क्लब में ठहरे हुए थे। क्लब में तो मैं उनको हमेशा सुंदर बंगाली धोती-कुर्ता और चादर की पोशाक में देखता था। आज उन्होंने पतलून, चोगा, खानसामों की-सी पगड़ी

और चमकीले बूट पहने थे। यह देखकर मुझे दुःख हुआ और मैंने इस परिवर्तन का कारण पूछा।

जवाब मिला, "हमारा दुःख हम ही जानते हैं। अपनी संपत्ति और अपनी उपाधियों को सुरक्षित रखने के लिए हमें जो अपमान सहने पड़ते हैं, उन्हें आप कैसे जान सकते हैं?"

"पर यह खानसामे जैसी पगड़ी और ये बूट किसलिए?"

"हममें और खानसामों में आपने क्या फर्क देखा? वे हमारे खानसामा हैं तो हम लॉर्ड कर्जन के खानसामा हैं। यदि मैं दरबार में अनुपस्थित रहूँ तो मुझको उसका दंड भुगतना पड़ेगा। अपनी साधरण पोशाक पहनकर जाऊँ तो वह अपराध माना जाएगा। और वहाँ जाकर भी क्या मुझे लॉर्ड कर्जन से बातें करने का अवसर मिलेगा? कदापि नहीं।"

मुझे इस स्पष्ट वक्ता भाई पर दया आई।

ऐसे ही प्रसंगवाला एक और दरबार मुझे याद आ रहा है। जब काशी के हिंदू विश्वविद्यालय की नींव लॉर्ड हार्डिंग के हाथों रखी गई, तब उनका दरबार हुआ था। उसमें राजा–महाराजा तो आए ही थे। साथ ही भारत–भूषण मालवीयजी ने मुझसे भी उसमें उपस्थित रहने का विशेष आग्रह किया था। मैं वहाँ गया था। केवल स्त्रियों को ही शोभा देनेवाली राजा–महाराजाओं की पोशाकें देखकर मुझे दुःख हुआ था। रेशमी पाजामे, रेशमी अंगरखे और गले में हीरे–मोती की मालाएँ, हाथ पर बाजूबंद और पगड़ी पर हीरे–मोती की झालरें! इन सबके साथ कमर में सोने की मूठवाली तलवार लटकती थी। किसी ने बताया कि ये चीजें उनके राजाधिकार की नहीं, बल्कि उनकी गुलामी की निशानियाँ थीं। मैं मानता था कि ऐसे नामर्दी–सूचक आभूषण वे स्वेच्छा से पहनते होंगे। पर मुझे पता चला कि ऐसे सम्मेलनों में अपने सब मूल्यवान् आभूषण पहनकर जाना राजाओं के लिए अनिवार्य था। मुझे यह भी मालूम हुआ कि कइयों को ऐसे आभूषण पहनने से घृणा थी, और ऐसे दरबार के अवसरों को छोड़कर अन्य किसी अवसर पर वे इन गहनों को पहनते भी न थे। इस बात में कितनी सच्चाई थी, सो मैं जानता नहीं। वे दूसरे अवसरों पर पहनते हों या न पहनते हों, क्या वायसराय के दरबार में और क्या दूसरी जगह, औरतों को ही शोभा देनेवाले आभूषण पहनकर जाना पड़े, यही पर्याप्त दुःख की बात है। धन, सत्ता और मान मनुष्य से कितने पाप और अनर्थ कराते हैं!

बंबई में स्थिर हुआ

गोखले की बड़ी इच्छा थी कि मैं बंबई में बस जाऊँ, वहाँ बैरिस्टर का धंधा करूँ और उनके साथ सार्वजनिक सेवा में हाथ बँटाऊँ। उस समय सार्वजनिक सेवा का मतलब था, कांग्रेस की सेवा! उनके द्वारा स्थापित संस्था का मुख्य कार्य कांग्रेस की व्यवस्था चलाना था।

मेरी भी यही इच्छा थी, पर काम मिलने के बारे में मुझे आत्मविश्वास न था। पिछले अनुभवों की याद भूली नहीं थी। खुशामद करना मुझे विषतुल्य लगता था।

इस कारण पहले तो मैं राजकोट में ही रहा। वहाँ मेरे पुराने हितैषी और मुझे विलायत भेजनेवाले केवलराम मावजी दवे थे। उन्होंने मुझे तीन मुकदमे सौंपे। दो अपीलें काठियावाड़ के ज्युडिशियल असिस्टेंट के सम्मुख थीं और एक इब्तदाई मुकदमा जामनगर में था। यह मुकदमा महत्त्वपूर्ण था। मैंने इस मुकदमे की जोखिम उठाने से आनाकानी की। इस पर केवलराम बोल उठे, ''हारेंगे तो हम हारेंगे न? तुमसे जितना हो सके, तुम करो। मैं भी तुम्हारे साथ रहूँगा ही न?''

इस मुकदमे में मेरे सामने स्व. समर्थ थे। मैंने तैयारी ठीक की थी। यहाँ के कानून का तो मुझे बहुत ज्ञान नहीं था। केवलराम दवे ने मुझे इस विषय में पूरी तरह तैयार कर दिया था। मेरे दक्षिण अफ्रीका जाने से पहले मित्र मुझे कहा करते थे कि सर फिरोजशाह मेहता को कानून-शहादत जबानी याद है, और यही उनकी सफलता की कुंजी है। मैंने इसे याद रखा था और दक्षिण अफ्रीका जाते समय यहाँ का कानून-शहादत मैं टीका के साथ पढ़ गया था। इसके अतिरिक्त दक्षिण अफ्रीका का अनुभव तो मुझे था ही।

मुकदमे में हम विजयी हुए। इससे मुझमें कुछ विश्वास पैदा हुआ। उक्त दो अपीलों के बारे में तो मुझे शुरू से ही कोई डर न था। इससे मुझे लगा कि यदि बंबई जाऊँ तो वहाँ भी वकालत करने में कोई दिक्कत न होगी।

इस विषय पर आने के पहले थोड़ा अंग्रेज अधिकारियों के अविचार और अज्ञान का अपना अनुभव सुना दूँ। ज्युडिशियल असिस्टेंट कहीं एक जगह टिककर नहीं बैठते थे। उनकी सवारी घूमती रहती थी—आज यहाँ, कल वहाँ। जहाँ वे महाशय जाते थे, वहीं वकीलों और मुवक्किलों को भी जाना होता था। वकील का मेहनताना जितना केंद्रीय स्थान पर होता, उससे अधिक बाहर होता था। इसलिए मुवक्किल को सहज ही दुगना खर्च पड़ जाता था। पर जज इसका बिलकुल विचार न करता था।

अब मूल विषय पर आता हूँ।

ऊपर बताए अनुसार सफलता मिलने के बाद भी मैं कुछ समय के लिए राजकोट में ही रहने की बात सोच रहा था। इतने में एक दिन केवलराम मेरे पास आए और

बोले—"गांधी, तुमको यहाँ नहीं रहने दिया जाएगा। तुम्हें तो बंबई ही जाना होगा।"

"लेकिन वहाँ मुझे पूछेगा कौन? क्या मेरा खर्च आप चलाएँगे?"

"हाँ-हाँ; मैं तुम्हारा खर्च चलाऊँगा। तुम्हें बड़े बैरिस्टर की तरह कभी-कभी यहाँ ले आया करूँगा और लिखा-पढ़ी वगैरा का काम तुमको वहाँ भेजता रहूँगा। बैरिस्टरों को छोटा-बड़ा बनाना तो हम वकीलों का काम है न! तुमने अपनी योग्यता का प्रमाण तो जामनगर और वेरावल में दे ही दिया है, इसलिए मैं निश्चिंत हूँ। तुम सार्वजनिक काम के लिए सिरजे गए हो, तुम्हें काठियावाड़ में दफन न होने देंगे। कहो, कब रवाना होते हो?"

"नेटाल से मेरे कुछ पैसे आने बाकी हैं, उनके आने पर चला जाऊँगा।"

पैसे एक-दो हफ्तों में आ गए और मैं बंबई पहुँचा। पेइन, गिलबर्ट और सयानी के दफ्तर में 'चैंबर्स' (कमरे) किराए पर लिये, और मुझे लगा कि अब मैं बंबई में स्थिर हो गया हूँ।

धर्म-संकट

मैंने जैसे दफ्तर किराए पर लिया, वैसे ही गिरगाँव में घर भी लिया। पर ईश्वर ने मुझे स्थिर न होने दिया। घर लिये अधिक दिन नहीं हुए थे कि इतने में मेरा दूसरा लड़का बहुत बीमार हो गया। उसे काला ज्वर ने जकड़ लिया। ज्वर उतरता न था। बेचैनी भी थी। फिर रात में सन्निपात के लक्षण भी दिखाई पड़े। इस बीमारी के पहले बचपन में उसे चेचक भी बहुत जोर की निकल चुकी थी।

मैंने डॉक्टर की सलाह ली। उन्होंने कहा, "इसके लिए दवा बहुत कम उपयोगी होगी। इसे तो अंडे और मुरगी का शोरबा देने की जरूरत है।"

मणिलाल की उमर दस साल की थी। उससे मैं क्या पूछता? अभिभावक होने के नाते निर्णय तो मुझको ही करना था। डॉक्टर एक बहुत भले पारसी थे। मैंने कहा, "डॉक्टर, हम सब अन्नाहारी है। मेरी इच्छा अपने लड़के को इन दो में से एक भी चीज देने की नहीं होती। क्या दूसरा कोई उपाय नहीं बताइएगा?"

डॉक्टर बोले—"आपके लड़के के प्राण संकट में हैं। दूध और पानी मिलाकर दिया जा सकता है, पर इससे उसे पूरा पोषण नहीं मिल सकेगा। जैसाकि आप जानते हैं, मैं बहुतेरे हिंदू कुटुंबों में जाता हूँ। पर दवा के नाम पर तो उन्हें जो भी चीज दें, वे ले लेते हैं। मैं सोचता हूँ कि आप लड़के पर ऐसी सख्ती न करें तो अच्छा हो।"

"आप कहते हैं, सो ठीक है। आपको यही कहना भी चाहिए। मेरी जिम्मेदारी बहुत बड़ी है। लड़का बड़ा होता तो मैं अवश्य ही उसकी इच्छा जानने का प्रयत्न करता, और वह जो चाहता, उसे करने देता। यहाँ तो मुझे ही इस बालक के बारे में निर्णय

करना है। मेरा खयाल है कि मनुष्य के धर्म की परीक्षा ऐसे ही समय होती है। सही हो या गलत, पर मैंने यह धर्म माना है कि मनुष्य को मांसादि नहीं खाना चाहिए। जीवन के साधनों की भी सीमा होती है। कुछ बातें ऐसी हैं, जो जीने के लिए भी हमें नहीं करनी चाहिए। मेरे धर्म की मर्यादा मुझे अपने लिए और अपने परिवारवालों के लिए ऐसे समय भी मांस इत्यादि का उपयोग करने से रोकती है। इसलिए मुझे वह जोखिम उठानी ही होगी, जिसकी आप कल्पना करते हैं। पर आपसे मैं एक चीज माँग लेता हूँ। आपका उपचार तो मैं नहीं करूँगा, किंतु मुझे इस बच्चे की छाती, नाड़ी इत्यादि देखना नहीं आता। मुझे पानी के उपचारों का थोड़ा ज्ञान है। मैं उन उपचारों को आजमाना चाहता हूँ। पर यदि आप बीच-बीच में मणिलाल की तबीयत देखने आते रहेंगे और उसके शरीर में होनेवाले फेरफारों की जानकारी मुझे देते रहेंगे तो आपका उपकार मानूँगा।''

सज्जन डॉक्टर ने मेरी कठिनाई समझ ली और मेरी प्रार्थना के अनुसार मणिलाल को देखने आना कबूल कर लिया।

यद्यपि मणिलाल स्वयं निर्णय करने की स्थिति में नहीं था, फिर भी मैंने उसे डॉक्टर के साथ हुई चर्चा उसे सुना दी और उससे कहा कि वह अपनी राय बतावे।

''आप खुशी से पानी के उपचार कीजिए। मुझे न शोरबा पीना है और न अंडे खाने हैं।''

इस कथन से मैं खुश हुआ। यद्यपि मैं समझता था कि मैंने उसे ये दोनों चीजें खिलाई होतीं तो वह खा भी लेता।

मैं कूने* के उपचार जानता था। उसके प्रयोग भी मैंने किए थे। मैं यह भी जानता था कि बीमारी में उपवास का बड़ा स्थान है। मैंने मणिलाल को कूने की रीति से कटिस्नान कराना शुरू किया। मैं उसे तीन मिनट से ज्यादा टब में नहीं रखता था। तीन दिन तक उसे केवल पानी मिलाए हुए संतरे के रस पर रखा।

बुखार उतरता न था। रात वह अंट-संट बकता था। तापमान १०४ डिग्री तक जाता था। मैं घबराया, यदि बालक को खो बैठा तो दुनिया मुझे क्या कहेगी ? बड़े भाई क्या कहेंगे ? दूसरे डॉक्टर को क्यों न बुलाया जाए ? वैद्य को क्यों न बुलाया जाए ? अपनी ज्ञानहीन बुद्धि लड़ाने का माता-पिता को क्या अधिकार है ?

एक ओर ऐसे विचार आते थे तो दूसरी ओर इस तरह के विचार भी आते थे—

'हे जीव ! तू जो अपने लिए करता, वही लड़के के लिए भी करे, तो परमेश्वर को संतोष होगा। तुझे पानी के उपचार पर श्रद्धा है, दवा पर नहीं। डॉक्टर रोगी को प्राणदान नहीं देता। वह भी तो प्रयोग ही करता है। जीवन की डोर तो एक ईश्वर के ही हाथ में है। ईश्वर का नाम लेकर, उसपर श्रद्धा रखकर, तू अपना मार्ग मत छोड़।'

* लुई कूने।

मन में इस तरह का मंथन चल रहा था। रात पड़ी, मैं मणिलाल को बगल में लेकर सोया था। मैंने उसे भिगोकर निचोड़ी हुई चादर में लपेटने का निश्चय किया। मैं उठा, चादर ली और उसे ठंडे पानी में भिगोया-निचोड़ा। उसमें उसे सिर से पैर तक लपेट दिया। ऊपर से दो कंबल ओढ़ा दिए। सिर पर गीला तौलिया रखा। बुखार से शरीर तवे की तरह तप रहा था और बिलकुल सूखा था। पसीना आता ही न था।

मैं बहुत थक गया था। मणिलाल को उसकी माँ के जिम्मे करके मैं आधे घंटे के लिए चौपाटी पर चला गया—थोड़ी हवा खाकर ताजा होने और शांति प्राप्त करने के लिए। रात के करीब १० बजे होंगे। लोगों का आना-जाना कम हो गया था। मुझे बहुत कम होश था। मैं विचार-सागर में गोते लगा रहा था—'हे ईश्वर! इस धर्म-संकट में तू मेरी लाज रखना।' 'राम-राम' की रटन तो मुँह में थी ही। थोड़े चक्कर लगाकर धड़कती छाती से वापस आया।

घर में पैर रखते ही मणिलाल ने मुझे पुकारा—"बापू, आप आ गए?"

"हाँ, भाई।"

"मुझे अब इसमें से निकालिए न? मैं जला जा रहा हूँ।"

"क्यों, क्या पसीना छूट रहा है?"

"मैं तो भीग गया हूँ। अब मुझे निकालिए न, बापूजी!"

मैंने मणिलाल का माथा देखा। माथे पर पसीने की बूँदें दिखाई दीं। बुखार कम हो रहा था। मैंने ईश्वर का आभार माना।

"मणिलाल, अब तुम्हारा बुखार चला जाएगा। अभी थोड़ा और पसीना नहीं आने दोगे?"

"नहीं बापूजी! अब तो मुझे निकाल लीजिए। फिर दुबारा और लपेटना हो तो लपेट दीजिएगा।"

मुझे धीरज आ गया था, इसलिए उसे बातों में उलझाकर कुछ मिनट और निकाल दिए। उसके माथे से पसीने की धाराएँ बह चलीं। मैंने चादर खोली, शरीर पोंछा और बाप-बेटे साथ सो गए। दोनों ने गहरी नींद ली।

सवेरे मणिलाल का बुखार हलका हो गया था। दूध और पानी तथा फलों के रस पर वह चालीस दिन रहा। मैं निर्भय हो चुका था। ज्वर हठीला था, पर वश में आ गया था। आज मेरे सब लड़कों में मणिलाल का शरीर सबसे अधिक सशक्त है।

मणिलाल का निरोग होना राम की देन है, अथवा पानी के उपचार की, अल्पाहार की और सार-सँभाल की, इसका निर्णय कौन कर सकता है? सब अपनी-अपनी श्रद्धा के अनुसार जैसा चाहें, करें। मैंने तो यह जाना कि ईश्वर ने मेरी लाज रखी, और आज भी मैं यही मानता हूँ।

फिर दक्षिण अफ्रीका

मैंने देखा कि मेरा धंधा आर्थिक दृष्टि से मेरी अपेक्षा से अधिक अच्छा चल निकला। दक्षिण अफ्रीका के मुवक्किल मुझे कुछ-न-कुछ काम देते रहते थे। मुझे लगा कि उससे मेरा खर्च सरलतापूर्वक चल जाएगा।

मैंने सुस्थिर होने का निश्चय किया और थोड़ी स्थिरता अनुभव की कि अचानक दक्षिण अफ्रीका का तार मिला—"चेंबरलेन यहाँ आ रहे हैं, आपको आना चाहिए।"

मुझे अपने वचन का स्मरण तो था ही। मैंने तार दिया—"मेरा खर्च भेजिए, मैं आने को तैयार हूँ। " उन्होंने तुरंत रुपए भेज दिए और मैं दफ्तर समेटकर रवाना हो गया।

मैंने सोचा था कि मुझे एक वर्ष तो सहज ही लग जाएगा। इसलिए बँगला रहने दिया और बाल-बच्चों को वहीं रखना उचित समझा।

उस समय मैं मानता था कि जो नौजवान देश में कोई कमाई न करते हों और साहसी हों, उनके लिए परदेस चला जाना अच्छा है। इसलिए मैं अपने साथ चार-पाँच नौजवानों को लेता गया। उनमें मगनलाल गांधी भी थे।

यह नहीं कहा जा सकता कि मैं डरबन एक दिन भी पहले पहुँचा। मेरे लिए वहाँ काम तैयार ही था। मि. चेंबरलेन के पास डेपुटेशन के जाने की तारीख निश्चित हो चुकी थी। मुझे उनके सामने पढ़ा जानेवाला प्रार्थना-पत्र तैयार करना था और डेपुटेशन के साथ जाना था।

□

चौथा भाग

किया-कराया चौपट

मि. चेंबरलेन दक्षिण अफ्रीका से साढ़े तीन करोड़ पौंड लेने आए थे। तथा अंग्रेजों का, और हो सके तो बोअरों का मन जीतने आए थे। इसलिए भारतीय प्रतिनिधियों को नीचे लिखा ठंडा जवाब मिला—

"आप तो जानते हैं कि उज़रदायी उपनिवेशों पर साम्राज्य-सरकार का अंकुश नाममात्र का ही है। आपकी शिकायतें तो सच्ची जान पड़ती हैं। मुझसे जो हो सकेगा, मैं करूँगा। पर आपको जिस तरह भी बने, यहाँ के गोरों को रिझाकर रहना है।"

जवाब सुनकर प्रतिनिधि ठंडे हो गए। मैं निराश हो गया। 'जब जागे, तभी सवेरा' मानकर फिर से श्रीगणेश करना होगा, यह बात मेरे ध्यान में आ गई और साथियों को मैंने समझा दी।

मि. चेंबरलेन का जवाब क्या गलत था? गोल-मोल बात कहने के बदले उन्होंने साफ बात कह दी। 'जिसकी लाठी उसकी भैंस' का कानून उन्होंने थोड़े मीठे शब्दों में समझा दिया। पर हमारे पास लाठी थी ही कहाँ? हमारे पास तो लाठी के प्रहार झेलने लायक शरीर भी मुश्किल से थे।

मि. चेंबरलेन कुछ हफ़्ते ही रहनेवाले थे। दक्षिण अफ्रीका कोई छोटा सा प्रांत नहीं है। वह एक देश है, खंड है। अफ्रीका में तो अनेक उपखंड समाए हुए हैं। यदि कन्याकुमारी से श्रीनगर १,९०० मील है तो डरबन से केपटाउन १,१०० मील से कम नहीं है। इस खंड में मि. चेंबरलेन को तूफानी दौरा करना था। वे ट्रांसवाल के लिए रवाना हुए। मुझे वहाँ के भारतीयों का केस तैयार करके उनके सामने पेश करना था। प्रिटोरिया किस तरह पहुँचा जाए? वहाँ मैं समय पर पहुँच सकूँ, इसके लिए अनुमति प्राप्त करने का काम हमारे लोगों से हो सकने जैसा न था।

युद्ध के बाद ट्रांसवाल उजाड़ जैसा हो गया था। वहाँ न खाने को अन्न था, न

पहनने-ओढ़ने को कपड़े मिलते थे। खाली और बंद पड़ी हुई दुकानों को माल से भरना और खुलवाना था। यह तो धीरे-धीरे ही हो सकता था। जैसे-जैसे माल इकट्ठा होता जाए, वैसे-वैसे ही घर-बार छोड़कर भागे हुए लोगों को वापस आने दिया जा सकता था। इस कारण प्रत्येक ट्रांसवालवासी को परवाना लेना पड़ता था। गोरों को तो परवाना माँगते ही मिला जाता था, मुसीबत हिंदुस्तानियों की थी।

हब्शियों से संबंध रखनेवाला एक अलग विभाग पहले से ही था। ऐसी दशा में एशियावासियों के लिए भी एक विभाग क्यों न हो? दलील ठीक मानी गई। यह नया विभाग मेरे दक्षिण अफ्रीका पहुँचने से पहले ही खुल चुका था और यह धीरे-धीरे अपना जाल बिछा रहा था।

हिंदुस्तानियों को इस विभाग में अरजी देनी पड़ती थी। फिर बहुत दिनों बाद उसका उत्तर मिलता था। ट्रांसवाल जाने की इच्छा रखनेवाले लोग अधिक थे। अतएव, उनके लिए दलाल खड़े हो गए। इन दलालों और अधिकारियों के बीच गरीब हिंदुस्तानियों के हजारों रुपए लुट गए। मुझसे कहा गया था कि बिना वसीले के परवाना मिलता ही नहीं। और कई बार तो वसीले या जरिए के होते हुए भी प्रति व्यक्ति सौ-सौ पौंड तक खर्च हो जाते हैं। इसमें मेरा ठिकाना कहाँ लगता?

मैं अपने पुराने मित्र डरबन के पुलिस सुपरिंटेंडेंट के पास पहुँचा और उनसे कहा, "आप मेरा परिचय परवाना देनेवाले अधिकारी से करा दीजिए और मुझे परवाना दिला दीजिए। आप यह तो जानते हैं कि मैं ट्रांसवाल में रहा हूँ।" वे तुरंत सिर पर टोप रखकर मेरे साथ आए और मुझे परवाना दिला दिया। मेरी ट्रेन छूटने में मुश्किल से एक घंटा बाकी था। मैंने सामान वगैरा रखा था। सुपरिंटेंडेंट एलेक्जेंडर का आभार मानकर मैं प्रिटोरिया के लिए रवाना हो गया।

मुझे कठिनाइयों का ठीक-ठीक अंदाज हो गया था। मैं प्रिटोरिया पहुँचा, प्रार्थना-पत्र तैयार किया। डरबन में प्रतिनिधियों के नाम किसी से पूछे गए, सो मुझे याद नहीं। लेकिन यहाँ नया विभाग काम कर रहा था। इसलिए प्रतिनिधियों के नाम पहले से पूछ लिये गए थे। इसका हेतु अलग रखना था, ऐसा प्रिटोरिया के हिंदुस्तानियों को पता चल गया था।

इसी अरसे में श्री मदनजीत ने 'इंडियन ओपिनियन' अखबार निकालने का विचार किया। उन्होंने मेरी सलाह और सहायता माँगी। छापाखाना तो वे चला ही रहे थे। अखबार निकालने के विचार से मैं सहमत हुआ। सन् १९०४ में इस अखबार का जन्म हुआ। मनसुखलाल नाजर इसके संपादक बने। पर संपादन का सच्चा बोझ तो मुझ पर ही पड़ा। मेरे भाग्य में प्रायः हमेशा दूर से ही अखबार की व्यवस्था सँभालने का योग रहा है।

मनसुखलाल नाजर संपादक का काम न कर सकें, ऐसी कोई बात नहीं थी। उन्होंने देश में कई अखबारों के लिए लेख लिखे थे, पर दक्षिण अफ्रीका के अटपटे प्रश्नों पर मेरे रहते उन्होंने स्वतंत्र लेख लिखने की हिम्मत नहीं की। उन्हें मेरी विवेक-शक्ति पर अत्यधिक विश्वास था। अतएव, जिन-जिन विषयों पर कुछ लिखना जरूरी होता, उनपर लिखकर भेजने का बोझ वे मुझ पर डाल देते थे।

यह अखबार साप्ताहिक था, जैसाकि आज भी है। आरंभ में तो वह गुजराती, हिंदी, तमिल और अंग्रेजी में निकलता था। पर मैंने देखा कि तमिल और हिंदी विभाग नाममात्र के थे। मुझे लगा कि उनके द्वारा समाज की कोई सेवा नहीं होती। उन विभागों को रखने में मुझे असत्य का आभास हुआ। अतएव, उन्हें बंद करके मैंने शांति प्राप्त की।

मैंने यह कल्पना नहीं की थी कि इस अखबार में मुझे कुछ अपने पैसे लगाने पड़ेंगे। लेकिन कुछ ही समय बाद मैंने देखा कि अगर मैं पैसे न दूँ तो अखबार चल ही नहीं सकता। मैं अखबार का संपादक नहीं था। फिर भी हिंदुस्तानी और गोरे दोनों यह जानने लग गए थे कि उसके लेखों के लिए मैं ही जिम्मेदार था। अखबार न निकलता तो भी कोई हानि न होती। पर निकलने के बाद उसके बंद होने से हिंदुस्तानियों की बदनामी होगी और समाज को हानि पहुँचेगी, ऐसा मुझे प्रतीत हुआ।

मैं उसमें पैसे उड़ेलता गया और कहा जा सकता है कि आखिर ऐसा भी समय आया, जब मेरी पूरी बचत उसी पर खर्च हो जाती थी। मुझे ऐसे समय की याद है, जब मुझे हर महीने ७५ पौंड भेजने पड़ते थे।

किंतु इतने वर्षों के बाद मुझे लगता है कि इस अखबार ने हिंदुस्तानी समाज की अच्छी सेवा की है। इससे धन कमाने का विचार तो शुरू से ही किसी का नहीं था।

जब तक वह मेरे अधीन था, उसमें किए गए परिवर्तन मेरे जीवन में हुए परिवर्तनों के द्योतक थे। जिस तरह आज 'यंग इंडिया' और 'नवजीवन' मेरे जीवन के कुछ अंशों के निचोड़-रूप हैं, उसी तरह 'इंडियन ओपिनियन' था। उसमें मैं प्रति सप्ताह अपनी आत्मा उड़ेलता था, और जिसे मैं सत्याग्रह के रूप में पहचानता था, उसे समझाने का प्रयत्न करता था। जेल के समयों को छोड़कर दस वर्षों के अर्थात् सन् १९१४ तक के 'इंडियन ओपिनियन' का शायद ही कोई अंक ऐसा होगा, जिसमें मैंने कुछ न लिखा हो। इनमें मैंने एक भी शब्द बिना विचारे, बिना तौले लिखा हो या किसी को केवल खुश करने के लिए लिखा हो अथवा जान-बूझकर अतिशयोक्ति की हो, ऐसा मुझे याद नहीं पड़ता। मेरे लिए यह अखबार संयम की तालीम सिद्ध हुआ था। मित्रों के लिए वह मेरे विचारों को जानने का माध्यम बन गया था। आलोचकों को उसमें से आलोचना के लिए बहुत कम सामग्री मिल पाती थी। मैं जानता हूँ कि उसके लेख आलोचकों को अपनी कलम पर अंकुश रखने के लिए बाध्य करते थे। इस अखबार के बिना सत्याग्रह की

लड़ाई चल नहीं सकती थी। पाठक-समाज इस अखबार को अपना समझकर इसमें से लड़ाई का और दक्षिण अफ्रीका के हिंदुस्तानियों की दशा का सही हाल जानता था।

फीनिक्स की स्थापना

सवेरे सबसे पहले तो मैंने वेस्ट से बात की। 'इंडियन ओपिनियन' को एक खेत पर ले जाना चाहिए। वहाँ सब अपने खान-पान के लिए आवश्यक खर्च समान रूप से लें। सब अपने-अपने हिस्से की खेती करें और बाकी के समय में 'इंडियन ओपिनियन' का काम करें। वेस्ट ने इस सुझाव को स्वीकार किया। हर एक के भोजन आदि का खर्च कम-से-कम तीन पौंड हो, ऐसा हिसाब बैठाया। इसमें गोरे-काले का भेद नहीं रखा गया था।

लेकिन प्रेस में तो लगभग १० कार्यकर्ता थे। एक सवाल यह था कि सबके लिए जंगल में बसना अनुकूल होगा या नहीं? और दूसरा सवाल यह था कि सब खाने-पहनने की आवश्यक सामग्री बराबरी से लेने के लिए तैयार होंगे या नहीं? हम दोनों ने तो यह निश्चय किया कि जो इस योजना में सम्मिलित न हो सकें, वे अपने वेतन लें, और आदर्श यह रहे कि धीरे-धीरे सब संस्था में रहनेवाले बन जाएँ।

इस दृष्टि से मैंने कार्यकर्ताओं से बातचीत शुरू की। मदनजीत के गले तो यह बात उतरी ही नहीं। उन्हें डर लगा कि जिस चीज में उन्होंने अपनी आत्मा उड़ेल दी थी, वह मेरी मूर्खता से एक महीने के अंदर मिट्टी में मिल जाएगी। 'इंडियन ओपिनियन' नहीं चलेगा, प्रेस भी नहीं चलेगा और काम करनेवाले भी भाग जाएँगे।

मेरे भतीजे छगनलाल गांधी इस प्रेस में काम करते थे। मैंने वेस्ट के साथ ही उनसे भी बात की। उनपर कुटुंब का बोझ था। किंतु उन्होंने बचपन से ही मेरे अधीन रहकर शिक्षा प्राप्त करना और काम करना पसंद किया था। मुझ पर उनका बहुत विश्वास था। अतएव, बिना किसी दलील के वे इस योजना में सम्मिलित हो गए और आज तक मेरे साथ ही हैं।

तीसरे गोविंद स्वामी नामक एक मशीन चलानेवाले भाई थे। वे भी इसमें शरीक हुए। दूसरे यद्यपि संस्थावासी नहीं बने, तो भी उन्होंने यह स्वीकार किया कि मैं जहाँ भी प्रेस ले जाऊँगा, वहाँ वे आएँगे।

मुझे याद नहीं पड़ता कि इस तरह कार्यकर्ताओं से बातचीत करने में दो से अधिक दिन लगे होंगे। तुरंत ही मैंने समाचारपत्रों में एक विज्ञापन छपवाया कि डरबन के पास किसी भी स्टेशन से लगी हुई जमीन के एक टुकड़े की जरूरत है। जवाब में फीनिक्स की जमीन का संदेशा मिला। वेस्ट के साथ मैं उसे देखने गया। ७ दिन के अंदर २० एकड़ जमीन ली। उसमें एक छोटा सा पानी का नाला था। नारंगी और आम के कुछ

पेड़ थे। पास ही ८० एकड़ का दूसरा एक टुकड़ा था। उसमें विशेष रूप से फलोंवाले पेड़ और एक झोंपड़ा था। थोड़े दिनों बाद उसे भी खरीद लिया। दोनों को मिलाकर १,००० पौंड दिए।

कुछ हिंदुस्तानी बढ़ई और सिलावट, जो मेरे साथ (बोअर) लड़ाई में सम्मिलित हुए थे, इस काम के लिए मिल गए। उनकी मदद से कारखाना बनाना शुरू किया। एक महीने में मकान तैयार हो गया। वह ७५ फीट लंबा और ५० फीट चौड़ा था। वेस्ट आदि शरीर को संकट में डालकर राज और बढ़ई के साथ लगे।

फीनिक्स में घास खूब थी। बस्ती बिलकुल न थी। इससे साँपों का खतरा था। आरंभ में तो तंबू गाड़कर सब उन्हीं में रहे थे।

मुख्य घर के तैयार होने पर एक हफ्ते के अंदर अधिकांश सामान बैलगाड़ियों की मदद से फीनिक्स लाया गया। डरबन और फीनिक्स के बीच १३ मील का फासला था। फीनिक्स स्टेशन से ढाई मील दूर था।

सिर्फ एक ही हफ्ता 'इंडियन ओपिनियन' को मुर्क्युरी प्रेस में छपाना पड़ा।

मेरे साथ जितने भी सगे-संबंधी आदि आए थे और व्यापार-धंधे में लग गए थे, उन्हें अपने मत का बनाने और फीनिक्स में भरती करने का प्रयत्न मैंने शुरू किया। ये तो सब धन-संग्रह करने का हौसला लेकर दक्षिण अफ्रीका आए थे। इन्हें समझाने का काम कठिन था। पर कुछ लोग समझे। उन सबमें से आज मैं मगनलाल गांधी का नाम अलग से लेता हूँ—क्योंकि दूसरे जो समझे थे, वे तो कम-ज्यादा समय फीनिक्स में रहने के बाद फिर से द्रव्य-संचय में व्यस्त हो गए थे। मगनलाल गांधी अपना धंधा समेटकर जबसे मेरे साथ रहने आए, तब से बराबर मेरे साथ ही रहे हैं। अपने बुद्धिबल से, त्यागशक्ति से और अनन्य भक्ति से वे मेरे आंतरिक प्रयोगों के आरंभ के साथियों में आज मुख्य पद के अधिकारी हैं, और स्वयं-शिक्षित कारीगर के नाते मेरे विचार में वे उनके बीच अद्वितीय स्थान रखते हैं।

इस प्रकार सन् १९०४ में फीनिक्स की स्थापना हुई और अनेक विडंबनाओं के बीच भी फीनिक्स संस्था तथा 'इंडियन ओपिनियन' दोनों अब तक टिके हुए हैं।

जाको राखे साइयाँ

अब जल्दी ही हिंदुस्तान जाने की अथवा वहाँ जाकर स्थिर होने की आशा मैंने छोड़ दी थी। मैं तो पत्नी को एक साल का आश्वासन देकर वापस दक्षिण अफ्रीका आया था। साल तो बीत गया, पर मेरे वापस लौटने की संभावना दूर चली गई। अतएव, मैंने बच्चों को बुला लेने का निश्चय किया। बच्चे आए।

घर में परिवर्तन और बाल शिक्षा

डरबन में मैंने जो घर बसाया था, उसमें परिवर्तन तो किए ही थे। खर्च अधिक रखा था, फिर भी झुकाव सादगी की ओर ही था; किंतु जोहानिस्बर्ग में 'सर्वोदय' के विचारों ने अधिक परिवर्तन करवाए।

बैरिस्टर के घर में जितनी सादगी रखी जा सकती थी, उतनी तो रखनी शुरू कर ही दी। फिर भी कुछ साज-सामान के बिना काम चलाना मुश्किल था। सच्ची सादगी तो मन की बढ़ी। हर एक काम अपने हाथों से करने का शौक बढ़ा और बालकों को भी उसमें शरीक करके कुशल बनाना शुरू किया।

बाजार की रोटी खरीदने के बदले कूने की सुझाई हुई बिना खमीर की रोटी हाथ से बनानी शुरू की। इसमें मिल का आटा काम नहीं देता था। साथ ही मेरा यह भी खयाल रहा कि मिल में पिसे आटे का उपयोग करने की अपेक्षा हाथ से पिसे आटे का उपयोग करने में सादगी, आरोग्य और पैसा तीनों की अधिक रक्षा होती है। अतएव, ७ पौंड खर्च करके हाथ से चलाने की एक चक्की खरीद ली। उसका पाट वजनदार था। दो आदमी उसे सरलता से चला सकते थे; अकेले को तकलीफ होती थी। इस चक्की को चलाने में पोलाक, मैं और बालक मुख्य भाग लेते थे। कभी-कभी कस्तूरबाई भी आ जाती थी। यद्यपि उस समय वह रसोई बनाने में लगी रहती थी। मिसेज पोलाक के आने पर वे भी इसमें सम्मिलित हो गईं। बालकों के लिए यह कसरत बहुत अच्छी सिद्ध हुई। उनसे मैंने चक्की चलाने का या दूसरा कोई काम कभी जबरदस्ती नहीं करवाया। वे सहज ही खेल समझकर चक्की चलाने आते थे। थकने पर छोड़ देने की उन्हें स्वतंत्रता थी।

घर साफ रखने के लिए एक नौकर था। वह घर के आदमी की तरह रहता था और उसके काम में बालक पूरा हाथ बँटाते थे। पाखाना साफ करने के लिए तो म्युनिसिपैलिटी का नौकर आता था, पर पाखाने के कमरे को साफ करने और बैठक आदि धोने का काम नौकर को नहीं सौंपा जाता था। उससे वैसी आशा भी नहीं रखी जाती थी। यह काम हम स्वयं करते थे, और इससे भी बालकों को तालीम मिलती थी। परिणाम यह हुआ कि शुरू से ही मेरे एक भी लड़के को पाखाना साफ करने की घिन न रही, और आरोग्य के साधारण नियम भी वे स्वाभाविक रूप में सीख गए। जोहानिस्बर्ग में कोई बीमार तो शायद ही कभी पड़ता था। पर बीमारी का प्रसंग आने पर सेवा के काम में बालक अवश्य रहते थे, और इस काम को वे खुशी से करते थे।

मैं यह तो नहीं कहूँगा कि बालकों के अक्षर-ज्ञान के प्रति मैं लापरवाह रहा। पर यह ठीक है कि मैंने उसकी कुरबानी करने में संकोच नहीं किया। और इस कमी

के लिए मेरे लड़कों को मेरे विरुद्ध शिकायत करने का कारण रह गया है। उन्होंने कभी-कभी अपना असंतोष भी प्रकट किया है। मैं मानता हूँ कि इसमें किसी हद तक मुझे अपना दोष स्वीकार करना चाहिए। उन्हें अक्षर-ज्ञान कराने की मेरी इच्छा बहुत थी, मैं प्रयत्न भी करता था, किंतु इस काम में हमेशा कोई विघ्न आ जाता था। उनके लिए घर पर दूसरी शिक्षा की सुविधा नहीं की गई थी, इसलिए मैं उन्हें अपने साथ पैदल दफ्तर तक ले जाता था। दफ्तर ढाई मील दूर था, इससे सुबह-शाम मिलाकर कम-से-कम पाँच मील की कसरत उन्हें और मुझे हो जाती थी। रास्ता चलते हुए मैं उन्हें कुछ-न-कुछ सिखाने का प्रयत्न करता था, पर यह भी तभी होता था, जब मेरे साथ दूसरा कोई चलनेवाला न होता। दफ्तर में वे मुवक्किलों व मुहर्रिरों के संपर्क में आते थे। कुछ पढ़ने को देता तो वे पढ़ते थे। इधर-उधर घूम-फिर लेते थे और बाजार से मामूली सामान खरीदना हो तो खरीद लाते थे। सबसे बड़े हरिलाल को छोड़कर बाकी सब बालकों की परवरिश इसी प्रकार हुई। हरिलाल देश में रह गया था। यदि मैं उन्हें अक्षर-ज्ञान कराने के लिए एक घंटा भी नियमित रूप से बचा सका होता तो मैं मानता कि उन्हें अक्षर-ज्ञान हो गया है। मैंने ऐसा आग्रह नहीं रखा, इसका दुःख मुझे और उन्हें दोनों को रह गया है। सबसे बड़े लड़के ने अपना संताप कई बार मेरे सामने और सार्वजनिक रूप में भी प्रकट किया है। दूसरों ने हृदय की उदारता दिखाकर इस दोष को अनिवार्य समझकर दरगुजर कर दिया है। इस कमी के लिए मुझे पश्चात्ताप नहीं है; अथवा है तो इतना ही कि मैं आदर्श पिता न बन सका। किंतु मेरी यह राय है कि उनके अक्षर-ज्ञान की कुरबानी भी मैंने अज्ञान से ही क्यों न हो, फिर भी सद्भावपूर्वक मानी हुई सेवा के लिए ही की है। मैं यह कह सकता हूँ कि उनके चरित्र-निर्माण के लिए जितना कुछ आवश्यक रूप से करना चाहिए था, वह करने में मैंने कहीं भी त्रुटि नहीं रखी है। और मैं मानता हूँ कि हर माता-पिता का यह अनिवार्य कर्तव्य है। मेरा यह दृढ़ विश्वास है कि अपने इस परिश्रम के बाद भी मेरे बालकों के चरित्र में जहाँ त्रुटि पाई जाती है, वहाँ वह पति-पत्नी के नाते हमारे त्रुटियों का ही प्रतिबिंब है।

इन बालकों की अंग्रेजी शिक्षा के विषय में मेरे और पोलाक के बीच कितनी ही बार गरमा-गरम बहस हुई है। मैंने शुरू से ही यह माना है कि जो हिंदुस्तानी माता-पिता अपने बालकों को बचपन से ही अंग्रेजी बोलनेवाले बना देते हैं, वे उनके और देश के साथ द्रोह करते हैं। मैंने यह भी माना है कि इससे बालक अपने देश की धार्मिक और सामाजिक विरासत से वंचित रहता है और उस हद तक वह देश की तथा संसार की सेवा के लिए कम योग्य बनता है। अपने इस विश्वास के कारण मैं हमेशा जान-बूझकर बच्चों के साथ गुजराती में ही बातचीत करता था। पोलक को यह अच्छा नहीं

लगता था। उनकी दलील यह थी कि मैं बच्चों के भविष्य कों बिगाड़ रहा हूँ। वे मुझे आग्रहपूर्वक और प्रेमपूर्वक समझाया करते थे कि यदि बालक अंग्रेजी के समान व्यापक भाषा को सीख लें तो संसार में चल रही जीवन की होड़ में वे एक बड़ी मंजिल को सहज ही पार कर सकते हैं। उनकी यह दलील मेरी गले न उतरती थी। अब मुझे यह याद नहीं है कि अंत में मेरे उत्तर से उन्हें संतोष हुआ था या मेरा हठ देखकर उन्होंने शांति धारण कर ली थी। इस संवाद को लगभग २० वर्ष हो चुके हैं; फिर भी उस समय के मेरे ये विचार आज अनुभव से अधिक दृढ़ हुए हैं; और यद्यपि मेरे पुत्र अक्षर-ज्ञान में कच्चे रह गए हैं, फिर भी मातृभाषा का जो साधारण ज्ञान उन्हें आसानी से मिला है, उससे उन्हें और देश को लाभ ही हुआ है, और इस समय वे देश में परदेशी जैसे नहीं बन गए हैं। वे द्विभाषी तो सहज ही हो गए, क्योंकि विशाल अंग्रेज मित्र-मंडली के संपर्क में आने से और जहाँ विशेष रूप से अंग्रेजी बोली जाती है, ऐसे देश में रहने से वे अंग्रेजी भाषा बोलने और उसे साधारणत: लिखने लग गए।

जुलू-विद्रोह

घर बसाकर बैठने के बाद कहीं स्थिर होकर रहना मेरे नसीब में बदा ही न था। जोहानिस्बर्ग में मैं कुछ स्थिर-सा होने लगा था कि इसी बीच एक अनसोची घटना घटी। अखबारों में यह खबर पढ़ने को मिली कि नेटाल में जुलू 'विद्रोह' हुआ है। जुलू लोगों से मेरी कोई दुश्मनी न थी। उन्होंने एक भी हिंदुस्तानी का नुकसान नहीं किया था। 'विद्रोह' शब्द के औचित्य के विषय में भी मुझे शंका थी। किंतु उन दिनों मैं अंग्रेजी सल्तनत को संसार का कल्याण करनेवाली सल्तनत मानता था। मेरी वफादरी हार्दिक थी। मैं उस सल्तनत का क्षय नहीं चाहता था। अतएव, बल-प्रयोग संबंधी नीति-अनीति का विचार मुझे इस कार्य को करने से रोक नहीं सकता था। नेटाल पर संकट आने पर उसके पास रक्षा के लिए स्वयंसेवकों की सेना थी और संकट के समय काम के लायक सैनिक भरती भी हो जाते थे। मैंने पढ़ा कि स्वयंसेवकों की सेना इस विद्रोह को दबाने के लिए रवाना हो चुकी है।

मैं अपने को नेटालवासी मानता था और नेटाल के साथ मेरा निकट संबंध तो था ही। अतएव, मैंने गवर्नर को पत्र लिखा कि यदि आवश्यकता हो तो घायलों की सेवा-शुश्रूषा करनेवाले हिंदुस्तानियों की एक टुकड़ी लेकर मैं सेवा के लिए जाने को तैयार हूँ। तुरंत ही गवर्नर का स्वीकृति-सूचक उत्तर मिला। मैंने अनुकूल उत्तर की अथवा इतनी जल्दी उत्तर पाने की आशा नहीं रखी थी। फिर भी उक्त पत्र लिखने के पहले मैंने अपना प्रबंध तो कर ही लिया था। तय यह किया था कि यदि मेरी प्रार्थना स्वीकृत हो जाए तो जोहानिस्बर्ग का घर उठा देंगे। मि. पोलाक अलग घर लेकर रहेंगे

और कस्तूरबाई फीनिक्स जाकर रहेगी। इस योजना को कस्तूरबाई की पूर्ण सम्मति प्राप्त हुई। मुझे स्मरण नहीं है कि मेरे ऐसे कार्यों में उसकी तरफ से किसी भी दिन कोई बाधा डाली गई हो। गवर्नर का उत्तर मिलते ही मैंने मकान मालिक को मकान खाली करने के संबंध में विधिवत् एक महीने का नोटिस दे दिया। कुछ सामान फीनिक्स गया, कुछ मि. पोलाक के पास रहा।

डरबन पहुँचने पर मैंने आदमियों की माँग की। बड़ी टुकड़ी की आवश्यकता नहीं थी। हम २४ आदमी तैयार हुए। उनमें मेरे सिवा चार गुजराती थे, बाकी मद्रास प्रांत के गिरमिट-मुक्त हिंदुस्तानी थे और एक पठान था।

स्वाभिमान की रक्षा के लिए और अधिक सुविधा के साथ काम कर सकने के लिए तथा वैसी प्रथा होने के कारण चिकित्सा-विभाग के मुख्य पदाधिकारी ने मुझे 'सार्जेंट मेजर' का मुद्दती पद दिया और मेरी पसंद के अन्य तीन साथियों को 'सार्जेंट' का और एक को 'कार्पोरल' का पद दिया। वरदी भी सरकार की ओर से ही मिली। मैं यह कह सकता हूँ कि इस टुकड़ी ने छः सप्ताह तक सतत् सेवा की।

'विद्रोह' के स्थान पर पहुँचकर मैंने देखा कि वहाँ विद्रोह-जैसी कोई चीज नहीं थी। कोई विरोध करता हुआ भी नजर नहीं आता था। विद्रोह मानने का कारण यह था कि एक जुलू सरदार ने जुलू लोगों पर लगाया गया नया कर न देने की उन्हें सलाह दी थी और कर की वसूली के लिए गए हुए एक सार्जेंट को उसने कत्ल कर डाला था। सो जो भी हो, मेरा हृदय तो जुलू लोगों की तरफ था और केंद्र पर पहुँचने के बाद जब हमारे हिस्से मुख्यतः जुलू घायलों की शुश्रूषा करने का काम आया तो मैं बहुत खुश हुआ। वहाँ के डॉक्टर अधिकारी ने हमारा स्वागत किया। उसने कहा, "गोरों में से कोई इन घायलों की सेवा-शुश्रूषा करने के लिए तैयार नहीं होता। मैं अकेला किस किसकी सेवा करूँ? इनके घाव सड़ रहे हैं। अब आप आए हैं, इसे मैं इन निर्दोष लोगों पर ईश्वर की कृपा ही समझता हूँ।" यों कहकर उसने मुझे पट्टियाँ, जंतु-नाशक पानी आदि सामान दिया और उन बीमारों के पास ले गया। बीमार हमें देखकर खुश हो गए। गोरे सिपाही जालियों में से झाँक-झाँककर हमें घाव साफ करने से रोकने का प्रयत्न करते। हमारे न मानने पर खीझते और जुलुओं के बारे में जिन गंदे शब्दों का उपयोग करते, उनसे तो कान के कीड़े झड़ जाते थे।

धीरे-धीरे गोरे सिपाहियों के साथ भी मेरा परिचय हो गया और उन्होंने मुझे रोकना बंद कर दिया। इस सेना में सन् १८९६ में मेरा घोर विरोध करनेवाले कर्नल स्पार्क्स और कर्नल वायली थे। वे मेरे इस कार्य से आश्चर्यचकित हो गए। मुझे खास-तौर से बुलाकर उन्होंने मेरा उपकार माना। वे मुझे जनरल मेकेंजी के पास भी ले गए और उनसे मेरा परिचय कराया।

पर लड़ाई में व्यस्त सेना किसी एक जगह पर तो बैठी रह ही नहीं सकती थी। जहाँ से संकट के समाचार आते, वहीं वह दौड़ जाती थी। उसमें बहुत से तो घुड़सवार ही थे। केंद्र स्थान से हमारी छावनी उठती कि हमें उसके पीछे-पीछे अपनी डोलियाँ कंधे पर उठाकर चलना पड़ता था। दो-तीन मौकों पर तो एक ही दिन में ४० मील की मंजिल तय करनी पड़ी। यहाँ भी हमें तो केवल प्रभु का ही काम मिला। जो जुलू मित्र भूल से घायल हुए थे, उन्हें डोलियों में उठाकर छावनी तक पहुँचाना था और वहाँ उनकी सेवा-शुश्रूषा करनी थी।

हृदय-मंथन

'जुलू-विद्रोह' में मुझे बहुत से अनुभव हुए और बहुत-कुछ सोचने को मिला। बोअर-युद्ध में मुझे लड़ाई की भयंकरता उतनी प्रतीत नहीं हुई थी, जितनी यहाँ हुई। यहाँ लड़ाई नहीं, बल्कि मनुष्य का शिकार हो रहा था। यह केवल मेरा ही नहीं, बल्कि उन कई अंग्रेजों का भी अनुभव था, जिसके साथ मेरी चर्चा होती रहती थी। सवेरे-सवेरे सेना गाँव में जाकर मानो पटाखे छोड़ती हो! इस प्रकार उसकी बंदूकों की आवाज दूर रहनेवाले हम लोगों के कानों पर पड़ती थी, लेकिन मैं सबकुछ कड़वे घूँट की तरह पी गया। और मेरे हिस्से जो काम आया, सो तो केवल जुलू लोगों की सेवा का ही आया।

यहाँ बस्ती बहुत कम थी। पहाड़ों और खाइयों में भले, सादे और जंगली माने जानेवाले जुलू लोगों के घास-फूस के झोंपड़ों को छोड़कर और कुछ न था। इस कारण, दृश्य भव्य मालूम होता था। जब इस निर्जन प्रदेश में हम किसी घायल को लेकर अथवा यों ही मीलों पैदल जाते थे, तब मैं सोच में डूब जाता था।

यहाँ ब्रह्मचर्य के बारे में मेरे विचार परिपक्व हुए। मैंने अपने साथियों से भी इसकी थोड़ी चर्चा की। मुझे अभी इस बात का साक्षात्कार तो नहीं हुआ था कि ईश्वर-दर्शन के लिए ब्रह्मचर्य अनिवार्य वस्तु है; किंतु मैं यह स्पष्ट देख सका था कि सेवा के लिए ब्रह्मचर्य आवश्यक है। मुझे लगा कि इस प्रकार की सेवा तो मेरे हिस्से अधिकाधिक आती ही रहेगी, और यदि मैं भोग-विलास में, संतानोत्पत्ति में और संतति के पालन-पोषण में लगा रहा तो मुझसे संपूर्ण सेवा नहीं हो सकेगी; मैं दो घोड़ों पर सवारी नहीं कर सकता। यदि पत्नी सगर्भा हो तो मैं निश्चिंत भाव से इस सेवा में प्रवृत्त हो ही नहीं सकता। ब्रह्मचर्य का पालन किए बिना परिवार की वृद्धि करते रहना समाज के अभ्युदय के लिए किए जानेवाले मनुष्य के प्रयत्न का विरोध करनेवाली वस्तु बन जाती है। विवाहित होते हुए भी ब्रह्मचर्य का पालन किया जाए तो परिवार की सेवा समाज-सेवा की विरोधी न बने। मैं इस प्रकार के विचार-चक्र में फँस गया और

ब्रह्मचर्य का व्रत लेने के लिए थोड़ा अधीर भी हो उठा। इन विचारों से मुझे एक प्रकार का आनंद हुआ और मेरा उत्साह बढ़ा। कल्पना ने सेवा के क्षेत्र को बहुत विशाल बना दिया।

जिस ब्रह्मचर्य के ऐसे परिणाम आ सकते हैं, वह सरल नहीं हो सकता वह केवल शारीरिक भी नहीं हो सकता। शारीरिक अंकुश से ब्रह्मचर्य का आरंभ होता है, परंतु शुद्ध ब्रह्मचर्य में विचार की मलिनता भी नहीं होनी चाहिए। संपूर्ण ब्रह्मचर्य को तो स्वप्न में भी विकारी विचार नहीं आते। और जब तक विकारयुक्त स्वप्न आते रहते हैं, तब तक यह समझना चाहिए कि ब्रह्मचर्य बहुत अपूर्ण है।

मुझे कायिक ब्रह्मचर्य के पालन में भी महान् कष्ट उठाना पड़ा है। आज यह कहा जा सकता है कि मैं इसके विषय में निर्भय बना हूँ। लेकिन अपने विचारों पर मुझे जो जय प्राप्त करनी चाहिए, वह प्राप्त नहीं हो सकी है।

पर मेरे महान् प्रयत्न और संघर्ष का थोड़ा-बहुत इतिहास अगले प्रकरणों में आने ही वाला है। इस प्रकरण के अंत में तो मैं यही कह दूँ कि अपने उत्साह के कारण यह आरंभ में तो व्रत का पालन सरल प्रतीत हुआ। व्रत लेते ही मैंने एक परिवर्तन कर डाला कि पत्नी के साथ एक शय्या का अथवा एकांत का मैंने त्याग किया। इस प्रकार जिस ब्रह्मचर्य का पालन मैं इच्छा या अनिच्छा से सन् १९०० से करता आ रहा था, व्रत के रूप में उसका आरंभ सन् १९०६ के मध्य से हुआ।

कस्तूरबा का साहस

कस्तूरबाई पर रोग के तीन घातक हमले हुए और तीनों में वह केवल घरेलू उपचारों से बच गई। उनमें पहली घटना उस समय घटी, जब सत्याग्रह का युद्ध चल रहा था। उसे बार-बार रक्तस्राव हुआ करता था। एक डॉक्टर मित्र ने शल्यक्रिया करा लेने की सलाह दी थी। थोड़ी आनाकानी के बाद पत्नी ने शल्यक्रिया कराना स्वीकार कर लिया। उसका शरीर बहुत ही क्षीण हो गया था। डॉक्टर ने बिना क्लोरोफार्म के शल्यक्रिया की। शल्यक्रिया के समय पीड़ा बहुत हो रही थी, पर जिस धीरज से कस्तूरबाई ने उसे सहन किया, उससे मैं आश्चर्यचकित हो गया। शल्यक्रिया निर्विघ्न पूरी हो गई। डॉक्टर ने और उनकी पत्नी ने कस्तूरबाई की अच्छी सार-सँभाल की।

यह घटना डरबन में हुई थी। दो या तीन दिन के बाद डॉक्टर ने मुझे निश्चिंत होकर जोहानिस्बर्ग जाने की अनुमति दे दी। मैं चला गया। कुछ ही दिन बाद खबर मिली कि कस्तूरबाई का शरीर बिलकुल सुधर नहीं रहा है और वह बिछौना छोड़कर उठ-बैठ भी नहीं सकती। एक बार बेहोश भी हो चुकी थी। डॉक्टर जानते थे कि मुझसे पूछे बिना औषधि या अन्न के रूप में कस्तूरबाई को शराब अथवा मांस नहीं

दिया जा सकता। डॉक्टर ने मुझे जोहानिस्बर्ग में टेलीफोन किया—"मैं आपकी पत्नी को मांस का शोरबा अथवा 'बीफटी' देने की जरूरत समझता हूँ। मुझे इजाजत मिलनी चाहिए।"

मैंने उत्तर दिया, "मैं यह इजाजत नहीं दे सकता। किंतु कस्तूरबाई स्वतंत्र है। उससे पूछने-जैसी स्थिति हो तो पूछिए और वह लेना चाहे तो जरूर दीजिए।"

"ऐसे मामलों में मैं बीमार से कुछ पूछना पसंद नहीं करता। स्वयं आपका यहाँ आना जरूरी है। यदि आप मैं जो चाहूँ सो खिलाने की छूट मुझे न दें तो मैं आपकी स्त्री के लिए जिम्मेदार नहीं।"

मैंने उसी दिन डरबन की ट्रेन पकड़ी। डरबन पहुँचा। डॉक्टर ने मुझसे कहा, "मैंने तो शोरबा पिलाने के बाद ही आपको टेलीफोन किया था।"

मैंने कहा, "डॉक्टर, मैं इसे दगा समझता हूँ।"

डॉक्टर ने दृढ़तापूर्वक उत्तर दिया, "दवा करते समय मैं दगा-वगा नहीं समझता। हम डॉक्टर लोग ऐसे समय रोगी को अथवा उसके संबंधियों को धोखा देने में पुण्य समझते हैं। हमारा धर्म तो किसी भी तरह रोगी को बचाना है।"

मुझे बहुत दुःख हुआ। पर मैं शांत रहा। डॉक्टर मित्र थे, सज्जन थे। उन्होंने और उनकी पत्नी ने मुझ पर उपकार किया था। पर मैं उक्त व्यवहार सहन करने के लिए तैयार न था।

"डॉक्टर साहब, अब स्थिति स्पष्ट कर लीजिए। कहिए, आप क्या करना चाहते हैं? मैं अपनी पत्नी को उसकी इच्छा के बिना मांस नहीं खिलाने दूँगा। मांस न लेने के कारण उसकी मृत्यु हो जाए तो मैं उसे सहने के लिए तैयार हूँ।"

डॉक्टर बोले, "आपकी फिलॉसफी मेरे घर में तो हरगिज नहीं चलेगी। मैं आप से कहता हूँ कि जब तक अपनी पत्नी को आप मेरे घर में रहने देंगे, तब तक मैं उसे अवश्य ही मांस अथवा जो कुछ भी देना उचित होगा, दूँगा। यदि यह स्वीकार न हो तो आप अपनी पत्नी को ले जाइए। मैं अपने ही घर में जान-बूझकर उसकी मृत्यु नहीं होने दूँगा।"

"तो क्या आप यह कहते हैं कि मैं अपनी पत्नी को इसी समय ले जाऊँ?"

"मैं कब कहता हूँ कि ले जाइए? मैं तो यह कहता हूँ कि मुझ पर किसी प्रकार का अंकुश न रखिए। उस दशा में हम दोनों उसकी जितनी हो सकेगी, उतनी सार-सँभाल करेंगे और आप निश्चिंत होकर जा सकेंगे। यदि यह सीधी-सी बात आप न समझ सकें तो मुझे विवश होकर कहना होगा कि आप अपनी पत्नी को मेरे घर से ले जाइए।"

मेरा खयाल है कि उस समय मेरा एक लड़का मेरे साथ था। मैंने उससे पूछा।

उसने कहा, "आपकी बात मुझे मंजूर है। बाकी मांस तो दिया ही नहीं जा सकता।"

फिर मैं कस्तूरबाई के पास गया। वह बहुत अशक्त थी। उससे कुछ भी पूछना मेरे लिए दुःखदायी था, किंतु धर्म समझकर मैंने उसे थोड़े में ऊपर की बात कह सुनाई। उसने दृढ़ता-पूर्वक उत्तर दिया—"मैं मांस का शोरबा नहीं लूँगी। मनुष्य की देह बार-बार नहीं मिलती। चाहे आपकी गोद में मैं मर जाऊँ, पर अपनी इस देह को भ्रष्ट तो नहीं होने दूँगी।"

मैं बहुत प्रसन्न हुआ। ले जाने के विचार से घबरा गया। पर मैंने निश्चय कर लिया। डॉक्टर को पत्नी का निश्चय सुना दिया। डॉक्टर गुस्सा हुए और बोले—

"आप तो बड़े निर्दय पति मालूम पड़ते हैं। ऐसी बीमारी में उस बेचारी से इस तरह की बातें करने में आपको शर्म भी नहीं आई? मैं आप से कहता हूँ कि आपकी स्त्री यहाँ से ले जाने लायक नहीं है। उसका शरीर इस योग्य नहीं है कि वह थोड़ा भी धक्का सहन करे। रास्ते में ही उसकी जान निकल जाए तो मुझे आश्चर्य न होगा। फिर भी आप अपने हठ के कारण बिलकुल न मानें तो आप ले जाने के लिए स्वतंत्र हैं। यदि मैं उसे शोरबा न दे सकूँ तो अपने घर में एक रात रखने का भी खतरा मैं नहीं उठा सकता।"

रिमझिम-रिमझिम मेघ बरस रहा था। स्टेशन दूर था। डरबन से फीनिक्स तक रेल का ओर फीनिक्स से लगभग ढाई मील का पैदल रास्ता था। खतरा काफी था, पर मैंने माना कि भगवान् मदद करेगा। एक आदमी को पहले से फीनिक्स भेज दिया। फीनिक्स में हमारे पास 'हैमक' था। जालीदार कपड़े की झोली या पालने को हैमक कहते हैं। उसके सिरे बाँस से बाँध दिए जाएँ, तो बीमार उसमें आराम से झूलता रह सकता है। मैंने वेस्ट को खबर भेजी थी कि वे हैमक, एक बोतल गरम दूध, एक बोतल गरम पानी और छह आदमियों को साथ लेकर स्टेशन पर आ जाएँ।

दूसरी ट्रेन के छूटने का समय होने पर मैंने रिक्शा मँगवाया और उसमें, इस खतनाक हालत में, पत्नी को बैठाकर मैं रवाना हो गया।

मुझे पत्नी को हिम्मत नहीं बँधानी पड़ी; उलटे उसी ने मुझे हिम्मत बँधाते हुए कहा, "मुझे कुछ नहीं होगा, आप चिंता न कीजिए।"

हड्डियों के इस ढाँचे में वजन तो कुछ रह ही नहीं गया था। खाया बिलकुल नहीं जाता था। ट्रेन के डिब्बे तक पहुँचने में स्टेशन के लंबे-चौड़े प्लेटफार्म पर दूर तक चलकर जाना पड़ता था। वहाँ तक रिक्शा नहीं जा सकता था। मैं उसे उठाकर डिब्बे तक ले गया। फीनिक्स पहुँचने पर तो वह झोली आ गई थी। उसमें बीमार को आराम से ले गए। वहाँ केवल पानी के उपचार से धीरे-धीरे कस्तूरबाई का शरीर पुष्ट होने लगा।

फीनिक्स पहुँचने के बाद दो-तीन दिन के अंदर एक स्वामी पधारे। हमारे 'हठ' की बात सुनकर उनके मन में दया उपजी और वे हम दोनों को समझाने आए। जैसाकि मुझे याद है, स्वामीजी के आगमन के समय मणिलाल और रामदास भी वहाँ मौजूद थे। स्वामीजी ने मांसाहार की निर्दोषता पर व्याख्यान देना शुरू किया। मनुस्मृति के श्लोकों का प्रमाण दिया। पत्नी के सामने इस तरह की चर्चा मुझे अच्छी नहीं लगी। पर शिष्टता के विचार से मैंने उन्हें चलने दिया। मांसाहार के समर्थन में मुझे मनुस्मृति के प्रमाण की आवश्यकता नहीं थी। मैं उसके श्लोकों को जानता था। मैं जानता था कि उन्हें प्रक्षिप्त माननेवाला भी एक पक्ष है। पर वे प्रक्षिप्त न होते तो भी अन्नाहार के विषय में मेरे विचार तो स्वतंत्र रीति से पक्के हो चुके थे। कस्तूरबाई की श्रद्धा काम कर रही थी। वह बेचारी शास्त्र के प्रमाण को क्या जाने? उसके लिए तो बाप-दादों की रूढ़ि ही धर्म थी। लड़कों को अपने पिता के धर्म पर विश्वास था। इसलिए वे स्वामीजी से मजाक कर रहे थे। अंत में कस्तूरबाई ने इस संवाद को यह कहकर बंद किया—

"स्वामीजी, आप कुछ भी क्यों न कहें, पर मुझे मांस का शोरबा खाकर स्वस्थ नहीं होना है। अब आप मेरा सिर न पचाएँ, तो आपका मुझ पर बड़ा उपकार होगा। बाकी बातें आपको लड़कों के पिताजी से बात करनी हों, तो कर लीजिएगा। मैंने अपना निश्चय आपको बतला दिया।"

घर में सत्याग्रह

मुझे जेल का पहला अनुभव सन् १९०८ में हुआ। उस समय मैंने देखा कि जेल में कैदियों से जो कुछ नियम पलवाए जाते हैं, संयमी अथवा ब्रह्मचारी को उनका पालन स्वेच्छापूर्वक करना चाहिए।* जैसे, कैदियों को सूर्यास्त से पहले पाँच बजे तक खा लेना होता है। उन्हें-हिंदुस्तानी और हब्शी कैदियों को-चाय या कॉफी नहीं दी जाती। नमक खाना हो तो अगल से लेना होता है। स्वाद के लिए तो कुछ खाया ही नहीं जा सकता। जब मैंने जेल के डॉक्टर से हिंदुस्तानियों के लिए 'करी पाउडर'** माँगा और नमक डालने की बात कही तो वे बोले, "यहाँ आप लोग स्वाद का आनंद लूटने के लिए नहीं आए हैं। आरोग्य की दृष्टि से 'करी पाउडर' की कोई आवश्यकता नहीं है। आरोग्य के विचार से नमक ऊपर से लें, खाना पकाते समय रसोई में डालें,

---

* जेल के मेरे अनुभव भी पुस्तकाकार प्रकाशित हो चुके हैं। मूलतः वे गुजराती में लिखे गए थे और वे ही अंग्रेजी में प्रकाशित हुए हैं। जहाँ तक मैं जानता हूँ, दोनों पुस्तकें मिल जाती हैं। —*मो.क. गांधी*

**पिसा हुआ मसाला।

दोनों एक ही बात है।''

वहाँ तो बड़ी मेहनत के बाद हम आखिर जरूरी परिवर्तन करा सके थे। पर केवल संयम की दृष्टि से देखें, तो दोनों प्रतिबंध अच्छे ही थे। ऐसा प्रतिबंध जब जबरदस्ती लगाया जाता है तो वह सफल नहीं होता। पर स्वेच्छा से पालन करने पर ऐसा प्रतिबंध बहुत उपयोगी सिद्ध होता है। अतएव, जेल से छूटने के बाद मैंने भोजन में तुरंत ये परिवर्तन किए। भरसक चाय पीना बंद किया और शाम को जल्दी खाने की आदत डाली, जो आज स्वाभाविक हो गई है।

किंतु एक ऐसी घटना घटी, जिसके कारण मैंने नमक का त्याग किया, जो लगभग १० वर्ष तक अखंड रूप से कायम रहा। अन्नाहार संबंधी कुछ पुस्तकों में मैंने पढ़ा था कि मनुष्य के लिए नमक खाना आवश्यक नहीं है और न खानेवाले को आरोग्य की दृष्टि से लाभ ही होता है। मैंने यह भी पढ़ा और अनुभव किया था कि कमजोर शरीरवाले को दाल न खानी चाहिए; किंतु मैं उन्हें तुरंत छोड़ न सका था। दोनों चीजें मुझे प्रिय थीं।

यद्यपि उक्त शल्यक्रिया के बाद कस्तूरबाई का रक्तस्राव थोड़े समय के लिए बंद हो गया था, पर अब वह फिर शुरू हो गया और किसी प्रकार बंद ही न होता था। अकेले पानी के उपचार व्यर्थ सिद्ध हुए। यद्यपि पत्नी को मेरे उपचारों पर विशेष श्रद्धा नहीं थी, तथापि उनके लिए तिरस्कार भी नहीं था। दूसरी दवा करने का आग्रह न था। मैंने उसे नमक और दाल छोड़ने के लिए मनाना शुरू किया। बहुत मनाने पर भी, अपने कथन के समर्थन में कुछ-न-कुछ पढ़कर सुनाने पर भी वह मानी नहीं। आखिर उसने कहा—''दाल और नमक छोड़ने को तो कोई आपसे कहे तो आप भी न छोड़ेंगे।'' मुझे दुःख हुआ और हर्ष भी हुआ। मुझे अपना प्रेम उड़ेलने का अवसर मिला। उसके हर्ष में मैंने तुरंत ही कहा, ''तुम्हारा यह खयाल गलत है। मुझे बीमारी हो और वैद्य इस चीज को या दूसरी किसी चीज को छोड़ने के लिए कहे तो मैं अवश्य छोड़ दूँ। लेकिन जाओ, मैंने तो एक साल के लिए दाल और नमक दोनों छोड़े। तुम छोड़ो या न छोड़ो, यह अलग बात है।''

पत्नी को बहुत पश्चात्ताप हुआ। वह कह उठी, ''मुझे माफ कीजिए। आपका स्वभाव जानते हुए भी मैं कहते कह गई। अब मैं दाल और नमक नहीं खाऊँगी, लेकिन आप अपनी बात लौटा लें। यह तो मेरे लिए बहुत सजा हो जाएगी।''

मैंने कहा, ''अगर तुम दाल और नमक छोड़ोगी, तो अच्छा ही होगा। मुझे विश्वास है कि उससे तुम्हें लाभ होगा। पर मैं ली हुई प्रतिज्ञा वापस नहीं ले सकूँगा। मुझे तो इससे लाभ ही होगा। मनुष्य किसी भी निमित्त से संयम क्यों न पाले, उसमें उसे लाभ ही है। अतएव, तुम मुझसे आग्रह न करो। फिर मेरे लिए भी यह एक परीक्षा

हो जाएगी और इन दो पदार्थों को छोड़ने का जो निश्चय तुमने किया है, उस पर दृढ़ रहने से तुम्हें मदद मिलेगी।'' इसके बाद मुझे उसे मनाने की जरूरत तो रही ही नहीं। ''आप बहुत हठीले हैं। किसी की बात मानते तो नहीं।'' कहकर और अंजलि-भर आँसू बहाकर वह शांत हो गई।

मैं इसे सत्याग्रह का नाम देना चाहता हूँ और इसको अपने जीवन की मधुर स्मृतियों में से एक मानता हूँ।

इसके बाद कस्तूरबाई की तबीयत खूब सँभली। इसमें नमक और दाल का त्याग कारणरूप था या वह किस हद तक कारणरूप था, अथवा उस त्याग से उत्पन्न आहार-संबंधी अन्य छोटे-बड़े परिवर्तन कारणभूत थे, या इसके बाद दूसरे नियमों का पालन कराने में मेरी पहरेदारी निमित्तरूप थी, अथवा उपर्युक्त प्रसंग से उत्पन्न मानसिक उल्लास निमित्तरूप था-सो मैं कह नहीं सकता। पर कस्तूरबाई का क्षीण शरीर फिर पनपने लगा, रक्तस्राव बंद हुआ और 'वैद्यराज' के रूप में मेरी साख कुछ बढ़ी।

स्वयं मुझ पर तो इन दोनों के त्याग का प्रभाव अच्छा ही पड़ा। त्याग के बाद नमक अथवा दाल की इच्छा तक न रही। एक साल का समय तो तेजी से बीत गया। मैं इंद्रियों की शांति का अधिक अनुभव करने लगा और मन संयम को बढ़ाने की तरफ अधिक दौड़ने लगा। कहना होगा कि वर्ष की समाप्ति के बाद भी दाल और नमक का मेरा त्याग देश लौटने तक चालू रहा। केवल एक बार सन् १९१४ में विलायत में नमक और दाल खाई थी। पर इसकी बात और देश वापस आने पर ये दोनों चीजें फिर किस तरह लेनी शुरू कीं, इसकी कहानी आगे कहूँगा।

नमक और दाल छुड़ाने के प्रयोग मैंने दूसरे साथियों पर भी काफी किए हैं और दक्षिण अफ्रीका में तो परिणाम अच्छे ही आए हैं। वैद्यक दृष्टि से दोनों चीजों के त्याग के विषय में दो मत हो सकते हें, पर इसमें मुझे कोई शंका ही नहीं कि संयम की दृष्टि से तो इन दोनों चीजों के त्याग में लाभ ही है। भोगी और संयम के आहार भिन्न होने चाहिए, उनके मार्ग भिन्न होने चाहिए। ब्रह्मचर्य का पालन करने की इच्छा रखनेवाले लोग भोगी का जीवन बिताकर ब्रह्मचर्य को कठिन और कभी-कभी लगभग असंभव बना डालते हैं।

संयम की ओर

अब तो दिन-प्रतिदिन ब्रह्मचर्य की दृष्टि से आहार में परिवर्तन होने लगे। इनमें पहला परिवर्तन दूध छोड़ने का हुआ। मुझे पहले-पहल रायचंद भाई से मालूम हुआ था कि दूध इंद्रिय-विकार पैदा करनेवाली वस्तु है।

जिन दिनों हम साथ रहते थे, उन्हीं दिनों दूध-संबंधी उक्त चर्चा हुई थी। मि.

केलनबैक ने सलाह दी—"दूध के दोषों की चर्चा तो हम प्राय: करते ही हैं, तो फिर हम दूध छोड़ क्यों न दें? उसकी आवश्यकता तो है ही नहीं।" उनकी इस राय से मुझे सानंद आश्चर्य हुआ। मैंने इस सलाह का स्वागत किया और हम दोनों ने उसी क्षण टॉलस्टॉय फार्म पर दूध का त्याग किया। यह घटना सन् १८९२ में घटी।

इतने त्याग से मुझे शांति न हुई। दूध छोड़ने के कुछ ही समय बाद केवल फलाहार के प्रयोग का भी हमने निश्चय किया। फलाहार में भी जो सस्ते-से-सस्ते फल मिलें, उनसे ही अपना निर्वाह करने का हमारा निश्चय था। गरीब से गरीब आदमी जैसा जीवन बिताता है, वैसा ही जीवन बिताने की उमंग हम दोनों को थी। हमने फलाहार की सुविधा को खूब अनुभव भी किया। फलाहार से अधिकतर चूल्हा जलाने की आवश्यकता ही न होती थी। बिना किसी मूँगफली, केले, खजूर, नीबू और जैतून का तेल-यह हमारा साधारण आहार बन गया।

उपवास

जिन दिनों मैंने दूध और अनाज छोड़कर फलाहार का प्रयोग शुरू किया, उन्हीं दिनों संयम के हेतु से उपवास भी शुरू किए। मि. केलनबैक इसमें भी मेरे साथ हो गए। पहले मैं उपवास केवल आरोग्य की दृष्टि से करता था। एक मित्र की प्रेरणा से मैंने यह समझा कि देह-दमन के लिए उपवास की आवश्यकता है। चूँकि मैं वैष्णव कुटुंब में पैदा हुआ था, और चूँकि माताजी कठिन व्रतों का पालन करनेवाली थीं, इसलिए देश में एकादशी आदि व्रत मैंने किए थे; किंतु वे देखा-देखी अथवा माता-पिता को प्रसन्न करने के विचार से किए थे। ऐसे व्रतों से कोई लाभ होता है, इसे न तो मैं उस समय समझता था, न मानता ही था। किंतु उक्त मित्र को उपवास करते देखकर और अपने ब्रह्मचर्य-व्रत को सहारा पहुँचाने के विचारों से मैंने उनका अनुकरण करना शुरू किया और एकादशी के दिन उपवास रखने का निश्चय किया। साधारणत: लोग एकादशी के दिन दूध और फल खाकर समझते हैं कि उन्होंने एकादशी की है। पर फलाहारी उपवास तो अब मैं रोज ही करने लग गया था। इसलिए मैंने पानी पीने की छूट रखकर पूरे उपवास शुरू किए।

उपवास के प्रयोगों के आरंभिक दिनों में श्रावण का महीना पड़ता था। उस साल रमजान और श्रावण दोनों एकसाथ पड़े थे। गांधी-कुटुंब में वैष्णव व्रतों के साथ शैव व्रत भी पाले जाते थे। कुटुंब के लोग वैष्णव देवालयों की भाँति ही शिवालयों में भी जाते थे। श्रावण महीने का प्रदोष-व्रत कुटुंब में कोई-न-कोई प्रतिवर्ष करता ही था। इसलिए इस श्रावण भास का व्रत मैंने रखना चाहा।

इस महत्त्वपूर्ण प्रयोग का प्रारंभ टॉलस्टॉय आश्रम में हुआ था। वहाँ सत्याग्रही

ही कैदियों के कुटुंबों की देख-रेख करते हुए केलनबैक ओर मैं दोनों रहते थे। उनमें बालक और नौजवान भी थे। उनके लिए स्कूल चलता था। इन नौजवानों में चार-पाँच मुसलमान थे। इसलाम के नियमों का पालन करने में मैं उनकी मदद करता था और उन्हें बढ़ावा देता था। नमाज वगैरा की सहूलियत कर देता था। आश्रम में पारसी और ईसाई भी थे। इन सबको अपने-अपने धर्मों के अनुसार चलने के लिए प्रोत्साहित करने का आश्रम में नियम था। अतएव, मुसलमान नौजवानों को मैंने रोजे रखने के लिए उत्साहित किया। मुझे तो प्रदोष-व्रत करना ही था। किंतु मैंने हिंदुओं, पारसियों और ईसाइयों को भी मुसलमान नौजवानों का साथ देने की सलाह दी। मैंने उन्हें समझाया कि संयम में सबके साथ सहयोग करना स्तुत्य है। बहुतेरे आश्रम वासियों ने मेरी बात मान ली। हिंदू और पारसी मुसलमान साथियों का पूरा-पूरा अनुकरण नहीं करते थे, करना आवश्यक भी न था। मुसलमान सूरज डूबने की राह देखते थे, जबकि दूसरे उससे पहले खा लिया करते थे, जिससे वे मुसलमानों को परोस सकें और उनके लिए विशेष वस्तुएँ तैयार कर सकें। इसके सिवा मुसलमान जो सहरी* खाते थे, उसमें दूसरों के सम्मिलित होने की आवश्यकता न थी और मुसलमान दिन में पानी भी न पीते थे, जबकि दूसरे लोग छूट से पानी पीते थे।

इस प्रयोग का एक परिणाम यह हुआ कि उपवास और एकाशन का महत्त्व सब समझने लगे। एक-दूसरे के प्रति उदारता और प्रेमभाव में वृद्धि हुई। आश्रम में अन्नाहार का नियम था। यह नियम मेरी भावना के कारण स्वीकार किया गया था, यह बात मुझे आभार पूर्वक स्वीकार करनी चाहिए। रोजे के दिनों में मुसलमानों को मांस का त्याग कठिन प्रतीत हुआ होगा, पर नवयुवकों में से किसी ने मुझे उसका पता नहीं चलने दिया। वे आनंद और रस-पूर्वक अन्नाहार करते थे। हिंदू बालक आश्रम में अशोभनीय न लगनेवाला स्वादिष्ट भोजन भी उनके लिए तैयार करते थे।

इस प्रकार सहज ही आश्रम में संयम का वातावरण बढ़ा। दूसरे उपवासों और एकाशनों में भी आश्रमवासी सम्मिलित होने लगे और मैं मानता हूँ कि इसका परिणाम शुभ निकला। सबके हृदयों पर संयम का कितना प्रभाव पड़ा, सबके विषयों को संयत करने में उपवास आदि ने कितना हाथ बँटाया, यह मैं निश्चयपूर्वक नहीं कह सकता। पर मेरा अनुभव यह है कि उपवास आदि से मुझ पर तो आरोग्य और विषय-नियमन की दृष्टि से बहुत अच्छा प्रभाव पड़ा। फिर भी मैं यह जानता हूँ कि उपवास आदि से सब पर इस तरह का प्रभाव पड़ेगा ही, ऐसा कोई अनिवार्य नियम नहीं है। इंद्रिय-दमन के हेतु से किए गए उपवास से ही विषयों को संयत करने का परिणाम निकल सकता है। कुछ मित्रों का यह अनुभव भी है कि उपवास की समाप्ति पर विषयेच्छा

* वह हलका भोजन जो रमजान के दिनों में रोजा रखने वाले मुसलमान कुछ रात रहते कर लेते हैं।

और स्वाद तीव्र हो जाते हैं। मतलब यह कि उपवास के दिनों में विषय को संयत करने और स्वाद को जीतने की सतत् भावना बनी रहने पर ही उसका शुभ परिणाम निकल सकता है। यह मानना निरा भ्रम है कि बिना किसी हेतु के और बेमन किए जानेवाले शारीरिक उपवास का स्वतंत्र परिणाम विषयवासना को संयत करने में आएगा। 'गीता' के दूसरे अध्याय का यह श्लोक यहाँ बहुत विचारणीय है—

विषया विनिर्वन्ते निराहारस्य देहिनः।
रंसवर्जं रसोऽप्यस्य परं दृष्ट्वा निर्वते॥

उपवासी के विषय (उपवास के दिनों में) शांत होते हैं; पर उसका रस नहीं जाता। रस तो ईश्वर-दर्शन से ही-ईश्वर-प्रसाद से ही शांत होता है।

तात्पर्य यह कि संयमी के मार्ग में उपवास आदि एक साधन के रूप में हैं, किंतु ये ही सबकुछ नहीं हैं। और यदि शरीर के उपवास के साथ मन का उपवास न हो तो उसकी परिणति दंभ में होती है और वह हानिकारक सिद्ध होता है।

शिक्षक के रूप में

टॉलस्टॉय आश्रम में बालकों और बालिकाओं के लिए कुछ-न-कुछ शिक्षा का प्रबंध करना आवश्यक था। मेरे साथ हिंदू, मुसलमान, पारसी और ईसाई नवयुवक थे और कुछ बालिकाएँ भी थीं। खास इस काम के लिए शिक्षक रखना असंभव था और मुझे अनावश्यक भी प्रतीत हुआ। असंभव इसलिए था कि योग्य हिंदुस्तानी शिक्षकों की कमी थी और मिलने पर भी बड़ी तनख्वाह के बिना डरबन* से इक्कीम मील दूर आता कौन? मेरे पास पैसों की विपुलता नहीं थी। बाह से शिक्षक लाना मैंने अनावश्यक माना, क्योंकि शिक्षा की प्रचलित पद्धति मुझे पसंद न थी। सच्ची पद्धति क्या हो सकती है, इसका अनुभव मैं ले नहीं पाया था। इतना समझता था कि आदर्श स्थिति में सच्ची शिक्षा तो माँ-बाप की निगरानी में ही हो सकती है। आदर्श स्थिति में बाहरी मदद कम-से-कम होनी चाहिए। सोचा यह था कि टॉलस्टॉय आश्रम एक परिवार है और मैं उसमें एक पिता की जगह हूँ, इसलिए इस नवयुवकों के निर्माण की जिम्मेदारी मुझे यथाशक्ति उठानी चाहिए।

आश्रम में नौकर तो थे ही नहीं। खाना पाखाना-सफाई से लेकर रसोई बनाने तक के सारे काम आश्रमवासियों को ही करने होते थे। वहाँ फलों के पेड़ बहुत थे। नई फसलें भी बोनी थीं। मि. केलनबैक को खेती का शौक था। वे स्वयं सरकार के

* यहाँ 'डरबन' के बदले 'जोहानिस्बर्ग' होना चाहिए।

आदर्श बगीचों में जाकर थोड़े समय तक तालीम ले आए थे। ऐसे छोटे-बड़े सबको, जो रसोई के काम में लगे न होते थे, रोज अमुक समय के लिए बगीचे में काम करना ही पड़ता था। इसमें बड़ा हिस्सा बालकों का था। बड़े-बड़े गड्ढे खोदना, पेड़ काटना, बोझ उठाकर ले जाना आदि कामों में उनके शरीर अच्छी तरह कसे जाते थे। इसमें उन्हें आनंद आता था और इसलिए दूसरी कसरत या खेल-कूद की उन्हें जरूरत न रहती थी। काम करने में कुछ विद्यार्थी अथवा कभी-कभी सब विद्यार्थी नखरे करते थे, आलस्य करते थे। अकसर इन बातों की ओर मैं आँख मीच लेता था। कभी-कभी उनसे सख्ती से काम लेता था। मैं यह भी देखता था कि जब मैं सख्ती करता था, तब उनका जी काम से ऊब जाता था। फिर भी मुझे याद नहीं पड़ता कि बालकों ने सख्ती का कभी विरोध किया हो। जब-जब मैं सख्ती करता, तब-तब उन्हें समझाता और उन्हीं से कबूल कराता था कि काम के समय खेलने की आदत अच्छी नहीं मानी जा सकती। वे तत्काल तो समझ जाते, पर दूसरे ही क्षण भूल भी जाते। इस तरह हमारी गाड़ी चलती थी, किंतु उनके शरीर मजबूत बनते जा रहे थे।

अक्षर-ज्ञान

दिनभर शारीरिक काम करते-करते मैं थक जाता था और जिस समय थोड़ा आराम करने की जरूरत होती उसी समय पढ़ाई के वर्ग लेने होते थे। अतएव, मैं ताजा रहने के बदले जबरदस्ती से जाग्रत् रह पाता था। सुबह का समय खेती में और घर-काम में जाता था। इसलिए दोपहर को भोजन के बाद तुरंत ही शाला का काम शुरू होता था। इसके सिवा दूसरा कोई भी समय अनुकूल न था।

अक्षर-ज्ञान के लिए अधिक-से-अधिक तीन घंटे रखे गए थे। कक्षा में हिंदी, तमिल, गुजराती और उर्दू भाषाएँ सिखाई जाती थीं। प्रत्येक बालक को उसकी मातृभाषा के द्वारा ही शिक्षा देने का आग्रह था। अंग्रेजी भी सबको सिखाई जाती थी। इसके अतिरिक्त गुजरात के हिंदू बालकों को थोड़ा संस्कृत का और सब बालकों को थोड़ा हिंदी का परिचय कराया जाता था। इतिहास, भूगोल और अंकगणित सभी को सिखाना था। यही पाठ्यक्रम था। तमिल और उर्दू सिखाने का काम मेरे जिम्मे था।

तमिल का ज्ञान मैंने स्टीमरों में और जेल में प्राप्त किया था। इसमें भी पोप-कृत उत्तम (तमिल स्वयंशिक्षक) से आगे मैं बढ़ नहीं सका था। उर्दू लिपि का ज्ञान उतना ही था, जितना स्टीमर में हो पाया था और फारसी-अरबी के खास शब्दों का ज्ञान उतना ही था, जितना मुसलमान मित्रों के परिचय से प्राप्त कर सका था! संस्कृत जितनी हाईस्कूल में सीखी थी, उतनी ही जानता था। गुजराती का ज्ञान भी उतना ही था, जितना शाला में मिला था।

तमिल विद्यार्थियों का जन्म दक्षिण अफ्रीका में ही हुआ था, इसलिए वे तमिल बहुत कम जानते थे। लिपि तो उन्हें बिलकुल नहीं आती थी। इसलिए मैं उन्हें लिपि तथ व्याकरण के मूल तत्त्व सिखाता था। यह सरल काम था। विद्यार्थी जानते थे कि तमिल बातचीत में तो वे मुझे आसानी से हरा सकते थे; और जब केवल तमिल जाननेवाले ही मुझसे मिलने आते, तब वे मेरे दुभाषिए का काम करते थे। मेरी गाड़ी चली, क्योंकि मैंने विद्यार्थियों के सामने अपने अज्ञान को छिपाने का कभी प्रयत्न ही नहीं किया।

अनेकानेक पुस्तकों में से जितना कुछ मैं पचा पाया था, उसे मैंने अपनी भाषा में उनके सामने रखा था। मैं मानता हूँ कि वह उन्हें आज भी याद होगा। पढ़ाया हुआ याद रखने में उन्हें कष्ट होता था, जबकि मेरी कही हुई बात को वे उसी समय मुझे फिर सुना देते थे। पढ़ने में उनका जी ऊबता था। जब मैं थकावट के कारण या अन्य किसी कारण से मंद और नीरस न होता, तब वे मेरी बात रसपूर्वक और ध्यानपूर्वक सुनते थे। उनके पूछे हुए प्रश्नों का उत्तर देने में मुझे उनकी ग्रहण-शक्ति का अंदाजा हो जाता था।

विद्यार्थियों के शरीर और मन को शिक्षित करने की अपेक्षा आत्मा को शिक्षित करने में बहुत परिश्रम करना पड़ा। आत्मा के विकास के लिए मैंने धर्मग्रंथों पर कम आधार रखा था।

आत्मिक शिक्षा किस प्रकार दी जाए? मैं बालकों से भजन गवाता, उन्हें नीति की पुस्तकें पढ़कर सुनाता, किंतु इससे मुझे संतोष न होता था। जैसे-जैसे मैं उनके संपर्क में आता गया, मैंने यह अनुभव किया कि यह ज्ञान पुस्तकों द्वारा तो दिया ही नहीं जा सकता। शरीर की शिक्षा जिस प्रकार शारीरिक कसरत द्वारा दी जाती है और बुद्धि की बौद्धिक कसरत द्वारा, उसी प्रकार आत्मा की शिक्षा आत्मिक कसरत द्वारा ही दी जा सकती है। आत्मा की कसरत शिक्षक के आचरण द्वारा ही प्राप्त की जा सकती है। अतएव, युवक हाजिर हों चाहे न हों, शिक्षक को सावधान रहना चाहिए।

बालकों को मारपीट कर पढ़ाने को मैं हमेशा विरोधी रहा हूँ। मुझे एक ही घटना याद है कि जब मैंने अपने लड़कों में से एक को पीटा था। रूल से पीटने में मैंने उचित कार्य किया या नहीं, इसका निर्णय मैं आज तक कर नहीं सका हूँ। इस दंड के औचित्य के विषय में मुझे शंका है; क्योंकि इसमें क्रोध भरा था और दंड देने की भावना थी। यदि उसमें केवल मेरे दुःख का ही प्रदर्शन होता, तो मैं उस दंड को उचित समझता। पर उसमें विद्यमान भावना मिश्र थी। इस घटना के बाद तो मैं विद्यार्थियों को सुधारने की अधिक अच्छी रीति सीखा। यदि इस कला का उपयोग मैंने उक्त अवसर पर किया होता तो उसका कैसा परिणाम होता, यह मैं कह नहीं

सकता। वह युवक तो इस घटना को तुरंत भूल गया। मैं यह नहीं कह सकता कि उसमें बहुत सुधार हो गया, पर उस घटना ने मुझे इस बात को अधिक सोचने के लिए विवश किया कि विद्यार्थी के प्रति शिक्षक का धर्म क्या है! उसके बाद युवकों द्वारा ऐसे ही दोष हुए, लेकिन मैंने फिर कभी दंडनीति का उपयोग नहीं किया। इस प्रकार आत्मिक ज्ञान देने के प्रयत्न में मैं स्वयं आत्मा के गुण को अधिक समझने लगा।

भले-बुरे का मिश्रण

टॉलस्टॉय आश्रम में मि. केलनबैक ने मेरे सामने एक प्रश्न खड़ा किया। उनके उठाने से पहले मैंने उस प्रश्न पर विचार नहीं किया था। आश्रम में कुछ लड़के बहुत ऊधमी और दुष्ट स्वाभाव के थे। कुछ आवारा थे। उन्हीं के साथ मेरे तीन लड़के थे। उस तरह पले हुए दूसरे भी बालक थे। लेकिन मि. केलनबैक का ध्यान तो इस ओर ही था कि वे आवारा युवक और मेरे लड़के एक साथ कैसे रह सकते हैं। एक दिन वे बोल उठे—"आपका यह तरीका मुझे जरा भी नहीं जँचता। इन लड़कों के साथ आप अपने लड़कों को रखें तो उसका एक ही परिणाम आ सकता है। उन्हें इन आवारा लड़कों की छूत लगेगी। इससे वे बिगड़ेंगे नहीं तो और क्या होगा?"

मुझे इस समय तो याद नहीं है कि मैं क्षणभर सोच में पड़ा था या नहीं, पर अपना जवाब मुझे याद है। मैंने कहा था—"अपने लड़कों और इन आवारा लड़कों के बीच मैं भेद कैसे कर सकता हूँ? इस समय तो मैं दोनों के लिए समान रूप से जिम्मेदार हूँ। ये नौजवान मेरे बुलाए यहाँ आए हैं। यदि मैं इन्हें पैसे दे दूँ तो आज ही ये जोहानिस्बर्ग जाकर वहाँ पहले की तरह फिर रहने लग जाएँ। यदि ये और इनके माता-पिता यह मानते हों कि यहाँ आकर इन्होंने मुझ पर मेहरबानी की है तो इसमें आश्चर्य नहीं। यहाँ आने से इन्हें कष्ट उठाना पड़ रहा है, यह तो आप और मैं दोनों देख रहे हैं। पर मेरा धर्म स्पष्ट है। मुझे इन्हें यहीं रखना चाहिए। अतएव, मेरे लड़के भी इनके साथ रहेंगे। इसके सिवा क्या मैं आज से अपने लड़कों को यह भेदभाव सिखाऊँ कि वे दूसरे कुछ लड़कों की अपेक्षा ऊँचे हैं? उनके दिमाग में इस प्रकार के विचार को ठूँसना ही उन्हें गलत रास्ते ले जाने जैसा है। आज की स्थिति में रहने से वे गढ़े जाएँगे, अपने-आप सारासार की परीक्षा करने लगेंगे। हम यह क्यों न मानें कि यदि मेरे लड़कों में सचमुच कोई गुण है तो उलटे उन्हीं की छूत उनके साथियों को लगेगी? सो कुछ भी हो, पर मुझे तो उन्हें यहीं रखना होगा। और यदि ऐसा करने में कोई खतरा भी हो, तो उसे उठाना होगा।"

मि. केलनबैक ने सिर हिलाया।

यह नहीं कहा जा सकता कि इस प्रयोग का परिणाम बुरा निकला। मैं नहीं

मानता कि उससे मेरे लड़कों का कोई नुकसान हुआ। उलटे मैं यह देख सका कि उन्हें लाभ हुआ है। उनमें बड़प्पन का कोई अंश रहा हो तो वह पूरी तरह निकल गया। वे सबके साथ घुलना-मिलना सीखे। उनकी कसौटी हुई।

कुछ जेलवासियों के रिहा होने पर टॉलस्टॉय आश्रम में थोड़े ही लोग रह गए। इनमें मुख्यत: फीनिक्स-वासी थे। इसलिए मैं आश्रम को फीनिक्स ले गया। फीनिक्स में मेरी कड़ी परीक्षा हुई। टॉलस्टॉय आश्रम में बचे हुए आश्रमवासियों को फीनिक्स छोड़कर मैं जोहानिस्बर्ग गया। वहां कुछ ही दिन रहा था कि मेरे पास दो व्यक्तियों के भयंकर पतन के समाचार पहुँचे। सत्याग्रह की महान् लड़ाई में कहीं भी निष्फलता-जैसी दिखाई पड़ती तो उससे मुझे कोई आघात न पहुँचता था पर इस घटना ने मुझ पर वज्र-सा प्रहार किया। मैं तिलमिला उठा। मैंने उसी दिन फीनिक्स की गाड़ी पकड़ी। मि. केलनबैक ने मेरे साथ चलने का आग्रह किया। वे मेरी दयाजनक स्थिति को समझ चुके थे। मुझे अकेले जाने देने की उन्होंने साफ मनाही कर दी। पतन के समाचार मुझे उन्हीं के द्वारा मिले थे।

यों ट्रेन में ही मन को हलका करके मैं फीनिक्स पहुँचा। पूछताछ करके जो अधिक जानकारी लेनी थी, सो ले ली। यद्यपि मेरे उपवास से सबको कष्ट तो हुआ, लेकिन उसके कारण वातावरण शुद्ध बना। सबको पाप करने की भयंकरता का बोध हुआ और विद्यार्थियों तथा विद्यार्थिनियों के और मेरे बीच का संबंध अधिक दृढ़ और सरल बन गया।

इस घटना के फलस्वरूप ही कुछ समय बाद मुझे चौदह उपवास करने का अवसर मिला था। मेरा यह विश्वास है कि उसका परिणाम अपेक्षा से अधिक अच्छा निकला था।

गोखले से मिलने

दक्षिण अफ्रीका के बहुत से स्मरण अब मुझे छोड़ने पड़ रहे हैं। जब सन् १९१४ में सत्याग्रह की लड़ाई समाप्त हुई, तो गोखले की इच्छानुसार मुझे इंग्लैंड होते हुए हिंदुस्तान पहुँचना था। इसलिए जुलाई महीने में कस्तूरबाई, केलनबैक और मैं-तीन व्यक्ति विलायत के लिए रवाना हुए। सत्याग्रह की लड़ाई के दिनों में मैंने तीसरे दर्जे में सफर करना शुरू किया था। अतएव, समुद्री-यात्रा के लिए भी तीसरे दर्जे का टिकट कटाया। पर इस तीसरे दर्जे में और हमारे यहाँ के तीसरे दर्जे में बहुत अंतर है। हमारे यहाँ सोने-बैठने की जगह भी मुश्किल से मिलती है। स्वच्छता तो रह ही कैसे सकती है? जबकि वहाँ के तीसरे दर्जे में स्थान काफी था और स्वच्छता की भी अच्छी चिंता रखी जाती थी। कंपनी ने हमारे लिए अधिक सुविधा भी कर दी थी।

कोई हमें परेशान न करे, इस हेतु से एक पाखाने में खास ताला डालकर उसकी कुँजी हमें सौंप दी गई थी; और चूँकि हम तीनों फलाहारी थे, इसलिए स्टीमर के खजांची को आज्ञा दी गई थी कि वह हमारे लिए सूखे और ताजे फलों का प्रबंध करे। साधारणत: तीसरे दर्जे के यात्रियों को फल कम ही दिए जाते हैं; सूखा मेवा बिलकुल नहीं दिया जाता। इन सुविधाओं के कारण समुद्री-यात्रा के हमारे अठारह दिन बड़ी शांति से बीते।

इस यात्रा के कई संस्मरण काफी जानने योग्य हैं। मि. केलनबैक को दूरबीनों का अच्छा शौक था। दो-एक कीमती दूरबीनें उन्होंने अपने साथ रखी थीं। इस संबंध में हमारे बीच रोज चर्चा होती थी। मैं उन्हें यह समझाने का प्रयत्न करता कि यह हमारे आदर्श के और जिस सादगी तक हम पहुँचना चाहते हैं, उसके अनुकूल नहीं है। एक दिन इसको लेकर हमारे बीच लीखी कहा-सुनी हो गई। हम दोनों अपने केबिन की खिड़की के पास खड़े थे।

मैंने कहा, ''हमारे बीच इस प्रकार के झगड़े हों, इससे अच्छा क्या यह न होगा कि हम इस दूरबीन को ही समुद्र में फेंक दें, और फिर इसकी कोई चर्चा ही न करें?''

मि. केलनबैक ने तुरंत ही जवाब दिया, ''हाँ, इस मनहूस चीज को जरूर फेंक दो।''

मैंने कहा, ''तो मैं फेंकता हूँ।''

उन्होंने उतनी ही तत्परता से उत्तर दिया, ''मैं सचमुच ही कहता हूँ, जरूर फेंक दो।''

मैंने दूरबीन फेंक दी। वह कोई सात पौंड की थी। लेकिन उसकी कीमत जितनी दामों में थी, उससे अधिक उसके प्रति रहे मि. केलनबैक के मोह में थी। फिर उन्होंने इस संबंध में कभी दु:ख का अनुभव नहीं किया। उनके और मेरे बीच ऐसे कई अनुभव होते रहते थे। उनमें से एक यह मैंने बानगी के रूप में यहाँ दिया है।

हम दोनों के आपसी संबंध से हमें प्रतिदिन नया सीखने को मिलता था; क्योंकि दोनों सत्य का ही अनुसरण करके चलने का प्रयत्न करते थे। सत्य का अनुसरण करने से क्रोध, स्वार्थ, द्वेष इत्यादि सहज ही शांत हो जाते थे; शांत न होते तो सत्य मिलता न था। राग-द्वेषादि से भरा मनुष्य सरल चाहे हो ले, वाचिक सत्य का पालन चाहे वह कर ले, किंतु शुद्ध सत्य तो उसे मिल ही नहीं सकता। शुद्ध सत्य की शोध करने का अर्थ है, रोग-द्वेषादि द्वंद्वों से सर्वथा मुक्ति प्राप्त करना।

मदीरा में हमें समाचार मिले कि महायुद्ध के छिड़ने में कुछ घड़ियों की ही देर है। इंग्लैंड की खाड़ी में पहुँचते ही हमें लड़ाई छिड़ जाने के समाचार मिले और हमें रोक दिया गया। समुद्र में जगह-जगह सुरंगें बिछा दी गई थीं। उनसे बचाकर हमें

साउदेंपटन पहुँचाने में एक-दो दिन की देर हो गई। ४ अगस्त को युद्ध घोषित किया गया। ६ अगस्त को हम विलायत पहुँचे।

विलायत पहुँचने पर पता चला कि गोखले तो पेरिस में अटक गए हैं, पेरिस के साथ यातायात का संबंध टूट गया है और कहना मुश्किल है कि वे कब तक आएँगे। गोखले अपने स्वास्थ्य के कारण फ्रांस गए थे, परंतु लड़ाई की वजह से वहाँ फँस गए। उनसे मिले बिना देश जाना न था और कोई कह नहीं सकता था कि वे कब आ सकेंगे।

नाम देनेवालों ने प्रसिद्ध डॉ. केंटली के अधीन घायलों की सेवा-शुश्रूषा करने की प्राथमिक तालीम का श्रीगणेश किया। छह हफ्तों का छोटा सा शिक्षा-क्रम था, पर उसमें घायलों को प्राथमिक सहायता देने की सब क्रियाएँ सिखाई जाती थीं। हम लगभग ८० व्यक्ति इस विशेष वर्ग में भरती हुए। छः हफ्ते बाद परीक्षा ली गई, जिसमें एक ही व्यक्ति नापास हुआ। जो पास हो गए, उनके लिए अब सरकार की ओर से कवायद वगैरा सिखाने का प्रबंध किया गया। कवायद सिखाने का काम कर्नल बेकर को सौंपा गया और वे इस टुकड़ी के सरदार नियुक्त किए गए।

इस समय विलायत का दृश्य देखने योग्य था। लोग घबराते नहीं थे, बल्कि सब लड़ाई में यथाशक्ति सहायता करने में जुट गए थे। शक्तिशाली नवयुवक तो लड़ाई की ट्रेनिंग लेने लगे। पर कमजोर, बूढ़े और स्त्रियाँ आदि क्या करें? चाहने पर उनके लिए भी काम तो था ही। वे लड़ाई में घायल हुए लोगों के लिए कपड़े वगैरा सीने-काटने में जुट गए। वहाँ स्त्रियों का 'लाइसियम' नामक एक क्लब है। इस क्लब की सदस्याओं ने युद्ध-विभाग के लिए आवश्यक कपड़ों में से जितने कपड़े बनाए जा सकें, उतने बनाने का बोझ अपने ऊपर लिया। सरोजनी देवी उसकी सदस्या थीं। उन्होंने इस काम में पूरा हिस्सा लिया। मेरे साथ उनका यह पहला ही परिचय था। उन्होंने मेरे सामने ब्योंते हुए कपड़ों का ढेर लगा दिया और जितने सिल सकें, उतने सील-सिलाकर उनके हवाले कर देने को कहा। मैंने उनकी इच्छा का स्वागत किया और घायलों की सेवा के शिक्षाकाल में जितने कपड़े तैयार हो सके, उतने तैयार करवा कर उन्हें दे दिए।

धर्म की समस्या

ज्यों ही यह खबर दक्षिण अफ्रीका पहुँची कि हममें से कुछ ने इकट्ठा होकर युद्ध में काम करने के लिए अपने नाम सरकार के पास भेजे हैं, त्यों ही मेरे नाम वहाँ से दो तार आए। उनमें एक पोलाक का था। उसमें पूछा गया था—"क्या आपका यह कार्य अहिंसा के आपके सिद्धांत के विरुद्ध नहीं है?"

असल में जिस विचारधारा के वश होकर मैं बोअर-युद्ध में सम्मिलित हुआ था, उसी का उपयोग मैंने इस बार भी किया था। मैं इस बात को भली-भाँति समझता था कि युद्ध में सम्मिलित होने का अहिंसा के साथ कोई मेल नहीं बैठ सकता। किंतु कर्तव्य का बोध हमेशा दीपक की भाँति स्पष्ट नहीं होता। सत्य के पुजारी को बहुत ठोकरें खानी पड़ती हैं।

अहिंसा व्यापक वस्तु है। हम हिंसा की होली के बीच घिरे हुए पामर प्राणी हैं। यह वाक्य गलत नहीं है कि 'जीव जीव पर जीता है।' मनुष्य एक क्षण के लिए भी बाह्य हिंसा के बिना जी नहीं सकता। खाते-पीते, उठते-बैठते, सभी क्रियाओं में इच्छा-अनिच्छा से वह कुछ-न-कुछ हिंसा तो करता ही रहता है। यदि इस हिंसा से छूटने के लिए वह महाप्रयत्न करता है, उसकी भावना में केवल अनुकंपा होती है, वह सूक्ष्म-से-सूक्ष्म जंतु का भी नाश नहीं चाहता और यथाशक्ति उसे बचाने का प्रयत्न करता है तो वह अहिंसा का पुजारी है। उसके कार्यों में निरंतर संयम की वृद्धि होगी; उसमें निरंतर करुणा बढ़ती रहेगी। किंतु कोई देहधारी बाह्य हिंसा से सर्वथा मुक्त नहीं हो सकता।

फिर अहिंसा की तह में ही अद्वैत-भावना निहित है। और यदि प्राणिमात्र में, अभेद है, तो एक के पाप का प्रभाव दूसरे पर पड़ता है, इस कारण भी मनुष्य हिंसा से बिलकुल अछूता नहीं रह सकता। समाज में रहनेवाला मनुष्य समाज की हिंसा में, अनिच्छा से ही क्यों न हो, साझेदार बनता है। दो राष्ट्रों के बीच युद्ध छिड़ने पर अहिंसा में विश्वास रखनेवाले व्यक्ति का धर्म है कि वह उस युद्ध को रोके। जो इस धर्म का पालन न कर सके, जिसमें विरोध करने की शक्ति न हो, जिसे विरोध करने का अधिकार प्राप्त न हुआ हो, उसे युद्ध-कार्य में सम्मिलित होकर उसका मुकाबला करने की शक्ति और अधिकार प्राप्त करना चाहिए। मुझमें ऐसी शक्ति नहीं थी। इसलिए मैंने माना कि मेरे पास युद्ध में सम्मिलित होने का ही मार्ग बचा था।

मैंने बंदूकधारी में और उसकी मदद करनेवाले में अहिंसा की दृष्टि से कोई भेद नहीं माना। जो मनुष्य लुटेरों की टोली में उनकी आवश्यक सेवा करने, उनका बोझ ढोने, लूट के समय पहरा देने तथा घायल होने पर उनकी सेवा करने में सम्मिलित होता है, वह लूट के संबंध में लुटेरों जितना ही जिम्मेदार है। इस तरह सोचने पर फौज में केवल घायलों की ही सार-सँभाल करने के काम में लगा हुआ व्यक्ति भी युद्ध के दोषों से मुक्त नहीं हो सकता।

पोलाक का तार मिलने से पहले ही मैंने यह सब सोच लिया था। उनका तार मिलने पर मैंने कुछ मित्रों से उसकी चर्चा की। युद्ध में सम्मिलित होने में मैंने धर्म माना; और आज भी इस प्रश्न पर सोचता हूँ तो मुझे उपर्युक्त विचारधारा में कोई दोष

नजर नहीं आता। ब्रिटिश साम्राज्य के विषय में उस समय मेरे जो विचार थे, उनके अनुसार मैंने युद्ध-कार्य में हिस्सा लिया था। अतएव, मुझे उसका पश्चात्ताप भी नहीं है।

गोखले की उदारता

विलायत में मुझे पसली की सूजन की शिकायत हुई थी। इस बीमारी के समय गोखले विलायत आ चुके थे। उनके पास मैं और केलनबैक हमेशा जाया करते थे। अधिकतर लड़ाई की ही चर्चा होती थी। केलनबैक को जर्मनी का भूगोल कंठाग्र था और उन्होंने यूरोप की यात्रा भी खूब की थी। इससे वे गोखले को नक्शा खींचकर लड़ाई के मुख्य स्थान बताया करते थे।

जब मैं बीमार पड़ा तो आहार के मेरे प्रयोग तो चल ही रहे थे। डॉ. जीवराज मेहता मेरी सार-सँभाल करते थे। उन्होंने दूध और अन्न लेने का बहुत आग्रह किया। शिकायत गोखले तक पहुँची। फलाहार की मेरी दलील के बारे में उन्हें बहुत आदर न था; उनका आग्रह यह था कि आरोग्य की रक्षा के लिए डॉक्टर जो कहें, सो लेना चाहिए।

गोखले के आग्रह को ठुकराना मेरे लिए बहुत ही कठिन था। जब उन्होंने खूब आग्रह किया, तो मैंने विचार के लिए चौबीस घंटों का समय माँगा।

सारी रात मैंने सोच-विचार में बिताई। यदि समूचे प्रयोग को छोड़ देता तो मेरे किए हुए समस्त विचार मिट्टी में मिल जाते। उन विचारों में मुझे कहीं भी भूल नहीं दिखाई देती थी। गोखले का डर था, पर मुझे विश्वास था कि वे मेरे निश्चय का आदर करेंगे।

शाम को नेशनल लिबरल क्लब में हम उनसे मिलने गए। उन्होंने तुरंत ही प्रश्न किया—"क्यों डॉक्टर का कहना मानने का निश्चय कर लिया न?"

मैंने धीरे से जवाब दिया—"मैं सबकुछ करूँगा, किंतु आप एक चीज का आग्रह न कीजिए। मैं दूध और दूध के पदार्थ अथवा मांसाहार नहीं लूँगा। उन्हें न लेने से देहपात होता हो, तो वैसा होने देने में मुझे अधर्म मालूम होता है।"

गोखले ने पूछा, "यह आपका अंतिम निर्णय है?"

मैंने जवाब दिया, "मेरा खयाल है कि मैं दूसरा जवाब नहीं दे सकता। मैं जानता हूँ कि इससे आपको दुःख होगा, पर मुझे क्षमा कीजिए।"

गोखले ने कुछ दुःख से परंतु अत्यंत प्रेम से कहा—"आपका निश्चय मुझे पसंद नहीं है। इसमें मैं धर्म नहीं देखता। पर अब मैं आग्रह नहीं करूँगा।" यह कहकर वे डॉ. जीवराज मेहता की ओर मुड़े और उनसे बोले, "अब गांधी को तंग मत

कीजिए। उनकी बताई हुई मर्यादा में उन्हें जो दिया जा सके, दीजिए।''

डॉक्टर ने अप्रसन्नता प्रकट की, लेकिन वे लाचार हो गए। उन्होंने मुझे मूँग का पानी लेने की सलाह दी और उसमें हींग का बघार देने को कहा। मैंने इसे स्वीकार कर लिया। एक-दो दिन वह खुराक ली। उससे मेरी तकलीफ बढ़ गई। मुझे वह मुआफिक नहीं आई। अतएव, मैं फिर फलाहार पर आ गया। डॉक्टर ने बाहरी उपचार तो किए ही। उससे थोड़ा आराम मिलता था। पर मेरी मर्यादाओं से वे बहुत ही परेशान थे। इस बीच लंदन का अक्तूबर-नवंबर का कुहरा सहन न कर सकने के कारण गोखले हिंदुस्तान जाने को रवाना हो गए।

पसली का दर्द मिट नहीं रहा था, इससे मैं घबराया। मैं इतना जानता था कि औषधोपचार से नहीं, बल्कि आहार के परिवर्तन से और थोड़े बाहरी उपचार से दर्द जाना ही चाहिए।

सन् १८९० में मैं डॉ. एलिंसन से मिला था, वे अन्नाहारी थे और आहार के परिवर्तन द्वारा बीमारियों का इलाज करते थे। मैंने उन्हें बुलाया, वे आए। उन्हें शरीर दिखाया और दूध के बारे में अपनी आपत्ति की बात उनसे कही। उन्होंने मुझे तुरंत आश्वस्त किया और कहा—''दूध की कोई आवश्यकता नहीं है, और मुझे तो तुम्हें कुछ दिनों बिना किसी चिकनाई के ही रखना है।'' यों कहकर पहले तो मुझे सिर्फ रूखी रोटी और कच्चे साग तथा फल खाने की सलाह दी। कच्ची तरकारियों में मूली, प्याज और किसी तरह के दूसरे कंद तथा हरी तरकारियों को कद्दूकस पर कसकर या चटनी की शक्ल में पीसकर खाना था। मैंने इस तरह तीन दिन तक काम चलाया। पर कच्चे साग मुझे बहुत अनुकूल नहीं आए। मेरा शरीर इस योग्य नहीं था।

यह सब करने से तबीयत कुछ सुधरी। बिलकुल अच्छी तो हुई ही नहीं। कभी-कभी लेडी सिसिलिया रॉबर्ट्स मुझे देखने आती थीं। उनसे अच्छी जान-पहचान थी। उनकी मुझे दूध पिलाने की प्रबल इच्छा थी। दूध मैं लेता न था। इसलिए उन्होंने दूध गुणवाले पदार्थों की खोज शुरू की। उनके किसी मित्र ने उन्हें 'माल्टेड मिल्क' बताया और अनजाने में कह दिया कि इसमें दूध का स्पर्श तक नहीं होता, यह तो रासायनिक प्रयोग से तैयार किया हुआ दूध के गुणवाला चूर्ण है। मैं जान चुका था कि लेडी रॉबर्ट्स को मेरी धर्म-भावना के प्रति बड़ा आदर था। अतएव, मैंने उस चूर्ण को पानी में मिलाकर पिया। मुझे उसमें दूध के समान ही स्वाद आया। मैंने 'पानी पीकर घर पूछने' जैसा काम किया। बोतल पर लगे परचे को पढ़ने से पता चला कि यह तो दूध का ही पदार्थ है। अतएव, एक ही बार पीने के बाद उसे छोड़ देना पड़ा। लेडी रॉबर्ट्स को खबर भेजी और लिखा कि वे तनिक भी चिंता न करें। वे तुरंत मेरे घर आईं। उन्होंने खेद प्रकट किया। उनके मित्र ने बोतल पर चिपका कागज पढ़ा नहीं था। मैंने

इस भली बहन को आश्वासन दिया और इस बात के लिए उनसे माफी माँगी कि उनके द्वारा कष्टपूर्वक प्राप्त की हुई वस्तु का मैं उपयोग न कर सका। मैंने उन्हें यह भी जता दिया कि जो चूर्ण अनजान में ले लिया है, उसका मुझे कोई पछतावा नहीं है, न उसके लिए प्रायश्चित्त की ही आवश्यकता है।

डॉ. एलिंसन जब दूसरी बार मुझे देखने आए तो उन्होंने अधिक स्वतंत्रता दी और चिकनाई के लिए सूखे मेवे का अर्थात् मूँगफली आदि की गिरी का मक्खन अथवा जैतून का तेल लेने को कहा। कच्चे साग अच्छे न लगें तो उन्हें पकाकर भात के साथ खाने को कहा। यह सुधार मुझे अधिक अनुकूल पड़ा।

पीड़ा पूरी तरह नष्ट न हुई। सावधानी की आवश्यकता तो थी ही। मैं खटिया न छोड़ सका। डॉ. मेहता समय-समय पर आकर मुझे देख तो जाते ही थे। "मेरा इलाज करें, तो अभी अच्छा कर दूँ।" यह वाक्य तो हमेशा उनकी जबान पर रहता ही था।

इस तरह दिन बीत रहे थे कि इतने में एक दिन मि. रॉबर्ट्स आ पहुँचे और उन्होंने मुझसे देश जाने का आग्रह किया।

मैंने यह सलाह मान ली और देश जाने की तैयारी की।

रवानगी

मि. केलनबैक हिंदुस्तान जाने के निश्चय से हमारे साथ निकले थे। विलायत में हम साथ ही रहते थे। पर लड़ाई के कारण जर्मनों पर कड़ी नजर रखी जाती थी, इससे केलनबैक के साथ आ सकने के विषय में हम सबको संदेह था। उनके लिए पासपोर्ट प्राप्त करने का मैंने बहुत बहुत प्रयत्न किया। मि. रॉबर्ट्स स्वयं उनके लिए पासपोर्ट प्राप्त करा देने के लिए तैयार थे। उन्होंने सारी हकीकत का तार वायसराय के नाम भेजा, पर लॉर्ड हार्डिंग का सीधा और दो टूक उत्तर मिला—"हम सब इस उत्तर के औचित्य को समझ गए। केलनबैक के वियोग का दुःख मुझे तो हुआ ही, पर मैंने देखा कि मुझसे अधिक दुःख उन्हें हुआ। वे हिंदुस्तान आ सके होते तो आज एक सुंदर किसान और बुनकर बनकर सादा जीवन बिताते होते। अब वे दक्षिण अफ्रीका में अपना पहले का जीवन बिता रहे हैं और गृह-निर्माण कला का अपना धंधा धडल्ले से चला रहे हैं।"

डॉ. मेहता ने मेरे शरीर को मीड्ज प्लास्टर की पट्टी से बाँध दिया था और सलाह दी थी कि मैं यह पट्टी बँधी रहने दूँ। दो दिन तक तो मैंने उसे सहन किया, लेकिन बाद में सहन न कर सका। अतएव थोड़ी मेहनत से पट्टी उतार डाली और नहाने-धोने की आजादी हासिल की। खाने में मुख्यतः सूखे और गीले मेवे को ही

स्थान दिया। मेरी तबीयत दिन-प्रतिदिन सुधरती गई और स्वेज की खाड़ी में पहुँचते-पहुँचते तो बहुत अच्छी हो गई। शरीर दुर्बल था, फिर भी मेरा डर चला गया और मैं धीरे-धीरे रोज थोड़ी कसरत बढ़ाता गया। मैंने माना कि यह शुभ परिवर्तन केवल शुद्ध समशीतोष्ण हवा के कारण ही हुआ था।

पुराने अनुभवों के कारण हो या अन्य किसी कारण से हो, पर बात यह थी कि अंग्रेज यात्रियों और हम लोगों के बीच मैंने जो अंतर यहाँ देखा, वह दक्षिण अफ्रीका से आते हुए भी नहीं देखा था। अंतर तो वहाँ भी था, पर यहाँ उससे कुछ भिन्न प्रकार का मालूम हुआ। किसी-किसी अंग्रेज के साथ मेरी बातें होती थीं, किंतु वे 'साहब सलाम' तक ही सीमित रहती थीं। हृदय की भेंट किसी से नहीं हुई।

मैं ऐसे वातावरण से जल्दी छूटने और स्वदेश पहुँचने के लिए आतुर हो रहा था। अदन पहुँचने पर कुछ हद तक घर पहुँच जाने-जैसा लगा। अदनवालों के साथ हमारा खासा संबंध दक्षिण अफ्रीका में ही हो गया था; क्योंकि भाई कैकोबाद कावसजी दीनशा डरबन आ चुके थे और उनसे तथा उनकी पत्नी से मेरा अच्छा परिचय हो चुका था।

कुछ ही दिनों में हम बंबई पहुँचे। जिस देश में मैं सन् १९०५ में वापस आने की आशा रखता था, उसमें दस बरस बाद तो वापस आ सका, यह सोचकर मुझे बहुत आनंद हुआ। बंबई में गोखले ने स्वागत-सम्मेलन आदि की व्यवस्था कर ही रखी थी। उनका स्वास्थ्य नाजुक था; फिर भी वे बंबई आ पहुँचे थे। मैं उमंग के साथ बंबई पहुँचा था कि उनसे मिलकर और अपने जीवन में समाकर मैं अपना भार उतार डालूँगा; किंतु विधाता ने कुछ दूसरी ही रचना कर रखी थी।

□

पाँचवाँ भाग

पहला अनुभव

मेरे स्वदेश आने के पहले जो लोग फीनिक्स से वापस लौटनेवाले थे, वे यहाँ आ पहुँचे थे। अनुमान यह था कि मैं उनसे पहले पहुँचूँगा, लेकिन लड़ाई के कारण मुझे लंदन में रुकना पड़ा। अतएव, मेरे सामने प्रश्न यह था कि फीनिक्सवासियों को कहाँ रखा जाए? मेरी अभिलाषा यह थी कि सब एकसाथ ही रह सकें और फीनिक्स आश्रम का जीवन बिता सकें तो अच्छा हो। मैं किसी आश्रम-संचालक से परिचित नहीं था, जिससे साथियों को उनके यहाँ जाने के लिए लिख सकूँ। अतएव, मैंने उन्हें लिखा कि वे एंड्रूज से मिलें और वे जैसी सलाह दें, वैसा करें।

पहले उन्हें काँगड़ी गुरुकुल में रखा गया, जहाँ स्वामी श्रद्धानंदजी ने उनको अपने ही बच्चों की तरह रखा। इसके बाद उन्हें शांतिनिकेतन में रखा गया। वहाँ कविवर ने और उनके समाज ने उन्हें वैसे ही प्रेम से नहलाया। इन दो स्थानों में उन्हें जो अनुभव प्राप्त हुआ, वह उनके और मेरे लिए भी बहुत उपयोगी सिद्ध हुआ।

कविवर, श्रद्धानंदजी और श्री सुशील रुद्र को मैं एंड्रूज की 'त्रिमूर्ति' मानता था। दक्षिण अफ्रीका में वे इन तीनों की प्रशंसा करते कभी थकते ही न थे। दक्षिण अफ्रीका के हमारे स्नेह-सम्मेलन के अनेकानेक स्मरणों में यह तो मेरी आँखों के सामने तैरा ही करता है कि इन जीन महापुरुषों के नाम उनके हृदय में और होठों पर सदा बने ही रहते थे। एंड्रूज ने मेरे फीनिक्स कुटुंब को सुशील रुद्र के पास ही रख दिया था। रुद्र का अपना कोई आश्रम न था, केवल घर ही था। पर उस घर का कब्जा उन्होंने मेरे कुटुंब को सौंप दिया था। उनके लड़के-लड़की एक ही दिन में इनके साथ ऐसे घुल-मिल गए थे कि ये लोग फीनिक्स की याद बिलकुल भूल गए।

मैं बंबई के बंदरगाह पर उतरा, तभी मुझे पता चला कि उस समय यह परिवार शंतिनिकेतन में था। इसलिए गोखले से मिलने के बाद मैं वहाँ जाने को अधीर हो गया।

बंबई में सम्मान स्वीकार करते समय ही मुझे एक छोटा-सा सत्याग्रह करना पड़ता था। मेरे सम्मान में मि. पिटीट के यहाँ एक सभा रखी गई थी। उसमें तो मैं गुजराती में जवाब देने की हिम्मत न कर सका। उस महल में और आँखों को चौंधिया देनेवाले उस ठाठ-बाट के बीच गिरमिटियों की सोहबत में रहा हुआ मैं अपने-आपको देहाती जैसा लगा। आज की मेरी पोशाक की तुलना में उस समय पहना हुआ अंगरखा, साफा आदि अपेक्षाकृत सभ्य पोशाक कही जा सकती है। फिर भी मैं उस अलंकृत समाज में अलग ही छिटका पड़ता था। लेकन वहाँ तो जैसे-तैसे मैंने अपना काम निबाहा और सर फिरोजशाह मेहता की गोद में आसरा लिया।

गुजरातियों की सभा तो थी ही। स्व. उत्तमलाल त्रिवेदी ने इस सभा का आयोजन किया था। मैंने इस सभा के बारे में पहले से कुछ बातें जान ली थीं। मि. जिन्ना भी गुजराती के नाते इस सभा में हाजिर थे। वे सभापति थे या मुख्य वक्ता, यह मैं भूल गया हूँ। पर उन्होंने अपना छोटा और मीठा भाषण अंग्रेजी में किया। मुझे धुँधला-सा स्मरण है कि दूसरे भाषण भी अधिकतर अंग्रेजी में ही हुए। जब मेरे बोलने का समय आया, तो मैंने उत्तर गुजराती में दिया। और गुजराती तथा हिंदुस्तानी के प्रति अपना पक्षपात कुछ ही शब्दों में व्यक्त करके मैंने गुजरातियों की सभा में अंग्रेज़ी के उपयोग के विरुद्ध अपना नम्र विरोध प्रदर्शित किया। मेरे मन में अपने इस कार्य के लिए संकोच तो था ही। मेरे मन में यह शंका बनी रही कि लंबी अवधि की अनुपस्थिति के बाद विदेश से वापस आया हुआ अनुभवहीन मनुष्य प्रचलित प्रवाह के विरुद्ध चले, इसमें अविवेक तो नहीं माना जाएगा? पर मैंने गुजराती में उत्तर देने की जो हिम्मत की, उसका किसी ने उलटा अर्थ नहीं लगाया और सबने मेरा विरोध सहन कर लिया। यह देखकर मुझे खुशी हुई और इस सभा के अनुभव से मैं इस परिणाम पर पहुँचा कि अपने नए जान पड़नेवाले दूसरे विचारों को जनता के सम्मुख रखने में मुझे कठिनाई नहीं पड़ेगी।

यों बंबई में दो-एक दिन रहकर और आरंभिक अनुभव लेकर मैं गोखले की आज्ञा से पूना गया।

गोखले के साथ पूना में

मेरे बंबई पहुँचते ही गोखले ने मुझे खबर दी थी—"गवर्नर आप से मिलना चाहते हैं। अतएव, पूना आने के पहले उनसे मिल आना उचित होगा।" इसलिए मैं उनसे मिलने गया। साधारण बातचीत के बाद उन्होंने कहा—

"मैं आपसे एक वचन माँगता हूँ। मैं चाहता हूँ कि सरकार के बारे में आप कोई भी कदम उठाएँ, उसके पहले मुझसे मिलकर बात कर लिया करें।"

मैंने जवाब दिया—"यह वचन देना मेरे लिए बहुत सरल है; क्योंकि सत्याग्रही के नाते मेरा यह नियम ही है कि किसी के विरुद्ध कोई कदम उठाना हो, तो पहले उसका दृष्टिकोण उसी से समझ लूँ, और जिस हद तक उसके अनुकूल होना संभव हो, उस हद तक अनुकूल हो जाऊँ। दक्षिण अफ्रीका में मैंने सदा इस नियम का पालन किया है और यहाँ भी वैसा ही करनेवाला हूँ।"

लॉर्ड विलिंग्डन ने आभार माना और कहा—"आप जब मिलना चाहेंगे, मुझसे तुरंत मिल सकेंगे और आप देखेंगे कि सरकार जान-बूझकर कोई बुरा काम नहीं करना चाहती।"

मैंने जवाब दिया—"यह विश्वास ही तो मेरा सहारा है।"

मैं पूना पहुँचा। गोखले की तीव्र इच्छा थी कि मैं भी सोसाइटी में सम्मिलित हो जाऊँ। मेरी इच्छा तो थी ही; किंतु सोसाइटी के सदस्यों को ऐसा लगा कि सोसाइटी के आदर्श और काम करने की रीति मुझसे भिन्न है, इसलिए मुझे सदस्य बनना चाहिए या नहीं, इस बारे में उनके मन में शंका थी। गोखले को विश्वास था कि मुझमें अपने आदर्शों पर दृढ़ रहने का जितना आग्रह है, उतना ही दूसरों के आदर्शों को निबाह लेने का और उनके साथ घुल-मिल जाने का भी मेरा स्वभाव है।

मैंने अपने विचार गोखले को बता दिए थे—"मैं सोसाइटी का सदस्य बनूँ चाहे न बनूँ, तो भी मुझे एक आश्रम खोलकर उसमें फीनिक्स के साथियों को रखना और खुद वहाँ बैठ जाना है। इस विश्वास के कारण कि गुजराती होने से मेरे पास गुजरात की सेवा के जरिए देश की सेवा करने की पूँजी अधिक होनी चाहिए, मैं गुजरात में ही कहीं स्थिर होना चाहता हूँ।" गोखले को ये विचार पसंद थे, इसलिए उन्होंने कहा—"आप अवश्य ऐसा करें। सदस्यों के साथ की बातचीत का जो भी परिणाम आए, पर यह निश्चित है कि आपको आश्रम के लिए पैसा मुझी से लेना है। उसे मैं अपना ही आश्रम समझूँगा।"

मेरा हृदय फूल उठा। मैं यह सोचकर बहुत खुश हुआ कि मुझे पैसा उगाहने के धंधे से मुक्ति मिल गई और यह कि अब मुझे अपनी जवाबदारी पर नहीं चलना पड़ेगा, बल्कि हर परेशानी के समय रास्ता दिखानेवाला कोई होगा। इस विश्वास के कारण मुझे ऐसा लगा, मानो मेरे सिर का बड़ा बोझ उतर गया हो।

गोखले ने स्व. डॉ. देव को बुलाकर कह दिया—"गांधी का खाता अपने यहाँ खोल लीजिए और इन्हें आश्रम के लिए तथा अपने सार्वजनिक कार्यों के लिए जितनी रकम की जरूरत हो, आप देते रहिए।"

अब मैं पूना छोड़कर शांतिनिकेतन जाने की तैयारी कर रहा था। अंतिम रात को गोखले ने मुझे रुचनेवाली एक दावत दी और उसमें खास-खास मित्रों को न्योता।

उसमें उन्होंने जो चीजें मैं खाता था, उन्हीं का, अर्थात् सूखे और ताजे फलों के आहार का ही प्रबंध किया था। दावत की जगह उनके कमरे से कुछ ही कदम दूर थी, पर उसमें भी सम्मिलित होने की उनकी हालत न थी। लेकिन उनका प्रेम उन्हें दूर कैसे रहने देता? उन्होंने आने का आग्रह किया। वे आए भी, पर उन्हें मूर्च्छा आ गई और वापस जाना पड़ा। उनकी ऐसी हालत जब-तब हो जाया करती थी। अतएव, उन्होंने संदेशा भेजा कि दावत जारी ही रखनी है।

पर गोखले की यह मूर्च्छा मेरे जीवन के लिए साधारण अनुभव बनकर रहनेवाली न थी।

क्या वह धमकी थी?

अपने बड़े भाई की विधवा पत्नी और दूसरे कुटुंबियों से मिलने के लिए मुझे बंबई से राजकोट और पोरबंदर जाना था। इसलिए मैं उधर गया। दक्षिण अफ्रीका में सत्याग्रह की लड़ाई के सिलसिले में मैंने अपनी पोशाक जिस हद तक गिरमिटिया मजदूरों से मिलती-जुलती की जा सकती थी, कर ली थी। विलायत में भी घर में मैं यही पोशाक पहनता था। हिंदुस्तान आकर मुझे काठियावाड़ी पोशाक पहननी थी। दक्षिण अफ्रीका में मैंने उसे अपने साथ रखा था। अतएव, बंबई में मैं उसी पोशाक में उतर सका था। इस पोशाक में कुरता, अंगरखा, धोती और सफेद साफे का समावेश होता था। ये सब देशी मिल के ही कपड़े के बने हुए थे। बंबई से काठियावाड़ मुझे तीसरे दर्जे में ही जाना था। उसमें साफा और अंगरखा मुझे झंझट मालूम हुए। अतएव, मैंने कुरता-धोती और आठ-दस आने की काश्मीरी टोपी का उपयोग किया। ऐसी पोशाक पहननेवाले की गिनती गरीब आदमी में होती थी। उस समय वीरमगाम अथवा बढ़वाण में प्लेग के कारण तीसरे दर्जे के यात्रियों की जाँच होती थी। मुझे थोड़ा बुखार था। जाँच करनेवाले अधिकारी ने हाथ देखा तो उसे वह गरम लगा। इसलिए उसने मुझे राजकोट में डॉक्टर से मिलने का हुक्म दिया और मेरा नाम लिख लिया।

बंबई से किसी ने तार या पत्र भेजा होगा। इसलिए बढ़वाण स्टेशन पर वहाँ के प्रसिद्ध प्रजा-सेवक दर्जी मोतीलाल मुझसे मिले। उन्होंने मुझसे वीरमगाम की चुँगी संबंधी जाँच-पड़ताल की और उसके कारण होनेवाली परेशानियों की चर्चा की। मैंने उन्हें थोड़े में ही जवाब दिया—

"आप जेल जाने को तैयार हैं?"

मैंने माना था कि बिना विचारे उत्साह में जवाब देनेवाले बहुतेरे युवकों की भाँति ही मोतीलाल भी होंगे। पर उन्होंने बहुत दृढ़तापूर्वक उत्तर दिया—

"हम जरूर जेल जाएँगे। पर आपको हमें रास्ता दिखाना होगा। काठियावाड़ी

के नाते आप पर हमारा पहला अधिकार है। इस समय तो हम आपको रोक नहीं सकते, पर लौटते समय आपको बढ़वाण उतरना होगा। यहाँ के युवकों का काम और उत्साह देखकर आप खुश होंगे। आप सेना में जब चाहेंगे, तब हमें भरती कर सकेंगे।"

मोतीलाल पर मेरी आँख टिक गई। उनके दूसरे साथियों ने उनकी स्तुति करते हुए कहा—

"ये भाई दरजी हैं। अपने धंधे में कुशल हैं, इसलिए रोज एक घंटा काम करके हर महीने लगभग पंद्रह रुपए अपने खर्च के लिए कमा लेते हैं और बाकी का सारा समय सार्वजनिक सेवा में बिताते हें। ये हम सब पढ़े-लिखों का मार्गदर्शन करते हैं और हमें लज्जित करते हैं।"

बाद में मैं भाई गोतीलाल के संपर्क में काफी आया था और मैंने अनुभव किया था कि उनकी उपर्युक्त स्तुति में लेशमात्र भी अतिशयोक्ति नहीं थी। जब सत्याग्रहाश्रम स्थापित हुआ तो वे हर महीने वहाँ कुछ दिन अपनी हाजिरी दर्ज करा ही जाते थे। बालकों को सीना सिखाते और आश्रम का सिलाई काम भी कर जाते थे। वीरमगाम की बात तो वे मुझे रोज सुनाते रहते थे। वहाँ यात्रियों को जिन मुसीबतों का सामना करना पड़ता था, वे उनके लिए असह्य थीं। इन मोतीलाल को भर जवानी में बीमारी उठा ले गई और बढ़वाण उनके बिना सूना हो गया।

राजकोट पहुँचने पर दूसरे दिन सवेरे मैं उपर्युक्त आज्ञा के अनुसार अस्पताल में हाजिर हुआ। वहाँ तो मैं अपरिचित नहीं था। डॉक्टर शरमाए और उक्त जाँच करनेवाले अधिकरी पर गुस्सा होने लगे। मुझे गुस्से का कोई कारण न दिखाई पड़ा। अधिकारी ने अपने धर्म का पालन ही किया था। वह मुझे पहचानता नहीं था, और पहचानता होता तो भी उसने जो हुक्म दिया, वह देना उसका धर्म था। पर चूँकि मैं सुपरिचित था, इसलिए राजकोट में मैं जाँच कराने जाऊँ, उसके बदले लोग घर आकर मेरी जाँच करने लगे।

ऐसे मामलों में तीसरे दर्जे के यात्रियों की जाँच करना आवश्यक है। बड़े माने जानेवाले लोग भी तीसरे दर्जे में यात्रा करें तो उन्हें गरीबों पर लागू होनेवाले नियमों का स्वेच्छा से पालन करना चाहिए और अधिकारियों को पक्षपात न करना चाहिए। पर मेरा अनुभव यह है कि अधिकारी तीसरी दर्जे के यात्रियों को आदमी समझने के बदले जानवर—जैसा समझते हैं। 'तू' के सिवा उनके लिए दूसरा कोई संबोधन ही नहीं होता। तीसरे दर्जे का यात्री न तो सामने जवाब दे सकता है, न बहस कर सकता है। उसे इस तरह व्यवहार करना पड़ता है, मानो वह अधिकारी का नौकर हो। अधिकारी उसे मारते-पीटते हैं, उसे लूटते हैं, उसकी ट्रेन छुड़वा देते हैं, उसे टिकट देने में हैरान करते हैं। यह सब मैंने स्वयं अनुभव किया है। इस वस्तुस्थिति में सुधार

तभी हो सकता है जब कुछ पढ़े-लिखे और धनिक लोग गरीबों-जैसे बनें, तीसरे दर्जे में यात्रा करके गरीब यात्रियों को न मिलनेवाली एक भी सुविधा का उपयोग न करें और अड़चनों, अशिष्टताओं, अन्यायों तथा वीभत्सता को चुपचाप न सहकर उनका सामना करें और उन्हें दूर कराएँ। काठियावाड़ में मैं जहाँ-जहाँ भी घूमा, वहाँ-वहाँ मैंने वीरमगाम की चुँगी-संबंधी जाँच की शिकायतें सुनीं।

अतएव, मैंने लॉर्ड विलिंग्डन के दिए हुए निमंत्रण का तुरंत उपयोग किया। इस संबंध में जो भी कागज-पत्र मिले, उन सबको मैं पढ़ गया। मैंने देखा कि शिकायतों में बहुत सच्चाई है। इस विषय में मैंने बंबई सरकार से पत्र-व्यवहार शुरू किया। सेक्रेटरी से मिला। लॉर्ड विलिंग्डन से भी मिला। उन्होंने सहानुभूति प्रकट की, किंतु दिल्ली की ढील की शिकायत की।

सेक्रेटरी ने कहा—"हमारे ही हाथ की बात होती तो यह चुँगी कभी की उठा दी होती। आप केंद्रीय सरकार के पास जाइए।"

मैंने केंद्रीय सरकार से पत्र-व्यवहार शुरू किया, पर पत्रों की पहुँच के अतिरिक्त कोई उत्तर न पा सका। जब मुझे लॉर्ड चेम्सफोर्ड से मिलने का मौका मिला तब अर्थात् लगभग दो बरस के पत्र-व्यवहार के बाद मामले की सुनवाई हुई। लॉर्ड चेम्सफर्ड से बात करने पर उन्होंने आश्चर्य प्रकट किया। उन्हें वीरमगाम की कोई जानकारी नहीं थी। उन्होंने मेरी बात ध्यानपूर्वक सुनी और उसी समय टेलीफोन करके वीरमगाम के कागज-पत्र मँगवाए और मुझे वचन दिया कि यदि आपके कथन के विरुद्ध अधिकारियों को कोई आपत्ति नहीं हुई तो चुँगी रद्द कर दी जाएगी। इस मुलाकात के बाद कुछ ही दिनों में चुँगी उठ जाने की खबर मैंने अखबारों में पढ़ी।

मैंने इस जीत को सत्याग्रह की नींव माना, क्योंकि वीरमगाम के संबंध में बातें करते हुए बंबई सरकार के सेक्रेटरी ने मुझसे कहा था कि मैंने इस विषय में बगसरा में जो भाषण किया था, उसकी नकल उनके पास है। उसमें सत्याग्रह का जो उल्लेख किया गया था, उसपर उन्होंने अपनी अप्रसन्नता भी प्रकट की थी। उन्होंने पूछा था—

"क्या आप इसे धमकी नहीं मानते? और इस तरह कोई शक्तिशाली सरकार धमकियों की परवाह करती है?"

मैंने जवाब दिया—"यह धमकी नहीं है। यह लोकशिक्षा है। लोगों को अपने दुःख दूर करने के सब वास्तविक उपाय बताना मुझ जैसों का धर्म है। जो जनता स्वतंत्रता चाहती है, उसके पास अपनी रक्षा का अंतिम उपाय होना चाहिए। साधारणत: ऐसे उपाय हिंसात्मक होते हैं। पर सत्याग्रह शुद्ध अहिंसक शस्त्र है। उसका उपयोग और उसकी मर्यादा बताना मैं अपना धर्म समझता हूँ। मुझे इस विषय में संदेह नहीं है कि अंग्रेज सरकार शाक्तिशाली है। पर इस विषय में भी मुझे कोई संदेह नहीं कि

सत्याग्रह सर्वोपरि शस्त्र है।''

चतुर सेक्रेटरी ने अपना सिर हिलाया और कहा, ''ठीक है, हम देखेंगे।''

शांतिनिकेतन

राजकोट से मैं शांतिनिकेतन गया। वहाँ शांतिनिकेतन के अध्यापकों और विद्यार्थियों ने मुझ पर अपना प्रेम बरसाया। स्वागत की विधि में सादगी, कला और प्रेम का सुंदर मिश्रण था। वहाँ मैं काकासाहब कालेलकर से पहले-पहल मिला।

कालेलकर 'काकासाहब' क्यों कहलाते थे, यह मैं उस समय नहीं जानता था। लेकिन बाद में मालूम हुआ कि केशवराव देशपांडे, जो विलायत में मेरे समकालीन थे और जिनके साथ विलायत में मेरा अच्छा परिचय हो गया था, बड़ौदा राज्य में 'गंगनाथ विद्यालय' चला रहे हैं। उनकी अनेक भावनाओं में से एक यह भी थी कि विद्यालय में पारिवारिक भावना होनी चाहिए। इस विचार से वहाँ सब अध्यापकों के नाम रखे गए थे। उनमें कालेलकर को 'काका' नाम मिला। फड़के 'मामा' बने। हरिहर शर्मा 'अण्णा' कहलाए। दूसरों के भी यथायोग्य नाम रखे गए। काका के साथी के रूप में आनंदानंद (स्वामी) और मामा के मित्र के नाते पटवर्धन (अप्पा) आगे चलकर इस कुटुंब में सम्मिलित हुए। इस कुटुंब के उपर्युक्त पाँचों सदस्य एक के बाद एक मेरे साथी बने। देशपांडे 'साहब' के नाम से पुकारे जाने लगे। साहब का विद्यालय बंद होने पर यह कुटुंब बिखर गया। पर इन लोगों ने अपना आध्यत्मिक संबंध न छोड़ा। काकासाहब भिन्न-भिन्न अनुभव प्राप्त करने में लग गए। इसी सिलसिले में वे इस समय शांतिनिकेतन में रहते थे। इसी मंडल के एक और सदस्य चिंतामणि शास्त्री भी वहाँ रहते थे। ये दोनों संस्कृत सिखाने में हिस्सा लेते थे।

शांतिनिकेतन में मेरे मंडल को अलग से ठहराया गया था। यहाँ मगनलाल गांधी उस मंडल को सँभाल रहे थे और फीनिक्स आश्रम के सब नियमों का पालन-सूक्ष्मता से करते-कराते थे। मैंने देखा कि उन्होंने अपने प्रेम, ज्ञान और उद्योग के कारण, शांतिनिकेतन में अपनी सुगंध फैला दी थी। एंड्रूज यहाँ थे ही, पियर्सन भी थे। जगदानंदबाबू, नेपालबाबू, संतोषबाबू, क्षितिमोहनबाबू, नगेनबाबू, शरदबाबू और कालीबाबू के साथ हमारा खासा संपर्क रहा। अपने स्वभाव के अनुसार मैं विद्यार्थियों और शिक्षकों में घुलमिल गया और स्व-परिश्रम के विषय में चर्चा करने लगा। मैंने वहाँ के शिक्षकों के सामने यह बात रखी कि वैतनिक रसोइयों के बदले शिक्षक और विद्यार्थी अपनी रसोई स्वयं बना लें तो अच्छा हो। ऐसा करने से आरोग्य और नीति की दृष्टि से रसोईघर पर शिक्षक-समाज का प्रभुत्व स्थापित होगा और विद्यार्थी स्वावलंबन तथा स्वयंपाक पदार्थ का पाठ सीखेंगे। एक-दो शिक्षकों ने सिर हिलाकर असहमति प्रकट

की। कुछ लोगों को यह प्रयोग बहुत अच्छा लगा। नई चीज, फिर वह कैसी भी क्यों न हो, बालकों को तो अच्छी लगती ही है। इस न्याय से यह चीज भी उन्हें अच्छी लगी और प्रयोग शुरू हुआ। जब कविश्री के सामने यह चीज रखी गई, तो उन्होंने अपनी यह सम्मति दी कि शिक्षक अनुकूल हों, तो स्वयं उन्हें यह प्रयोग अवश्य पसंद होगा। उन्होंने विद्यार्थियों से कहा, "इसमें स्वराज्य की चाबी मौजूद है।"

पिर्यसन ने प्रयोग को सफल बनाने में अपने-आपको खपा दिया। उन्हें यह बहुत अच्छा लगा। एक मंडली साग काटनेवालों की बनी, दूसरी अनाज साफ करनेवालों की। रसोईघर के आस-पास शास्त्रीय ढंग से सफाई रखने के काम में नगेनबाबू आदि जुट गए। उन लोगों को कुदाली से काम करते देखकर मेरा हृदय नाच उठा।

लेकिन मेहनत के इस काम को सवा सौ विद्यार्थी और शिक्षक भी एकाएक नहीं अपना सकते थे। अतएव, रोज चर्चाएँ चलती थीं। कुछ लोग थक जाते थे। परंतु पियर्सन क्यों थकने लगे? वे हँसते चेहरे से रसोईघर के किसी-न-किसी काम में जुटे ही रहते थे। बड़े-बड़े बरतन माँजना उन्हीं का काम था। बरतन माँजनेवाली टुकड़ी की थकान उतारने के लिए कुछ विद्यार्थी वहाँ सितार बजाते थे। विद्यार्थियों ने प्रत्येक काम को पर्याप्त उत्साह से अपना लिया और समूचा शांतिनिकेतन मधुमक्खियों के छत्ते की भाँति गूँजने लगा।

इस प्रकार के फेरफार जब एक बार शुरू हो जाते हैं, तो फिर वे रुक नहीं पाते। फीनिक्स का रसोईघर स्वावलंबी बन गया था, यही नहीं, बल्कि उसमें रसोइ भी बहुत सादी बनती थी। मसालों का त्याग किया गया था। अतएव, भात, दाल, साग तथा गेहूँ के पदार्थ भी भाप के द्वारा पका लिये जाते थे। बंगाली खुराक में सुधार करने के विचार से उस प्रकार का एक रसोईघर शुरू किया था। उसमें एक-दो अध्यापक और कुछ विद्यार्थी सम्मिलित हुए थे। ऐसे ही प्रयोगों में से सर्वसाधारण रसोईघर को स्वावलंबी बनाने का प्रयोग शुरू किया जा सका था।

पर आखिर कुछ कारणों से यह प्रयोग बंद हो गया। मेरा विश्वास यह है कि इस जगद्-विख्यात संस्था ने थोड़े समय के लिए भी इस प्रयोग को अपनाकर कुछ खोया नहीं और उससे प्राप्त अनेक अनुभव उसके लिए उपयोगी सिद्ध हुए थे।

मेरा विचार शांतिनिकेतन में कुछ समय रहने का था, किंतु विधाता मुझे जबरदस्ती घसीटकर ले गया। मैं मुश्किल से वहाँ एक हफ्ता रहा होऊँगा कि इतने में पूना से गोखले के अवसान का तार मिला। शांतिनिकेतन शोक में डूब गया। सब मेरे पास संवेदना प्रकट करने आए। मंदिर में विशेष सभा की गई। यह गंभीर दृश्य अपूर्व था। मैं उसी दिन पूना के लिए रवाना हुआ। पत्नी और मगनलाल गांधी को मैंने साथ लिया, बाकी सब शांतिनिकेतन में रहे।

बर्दवान तक एंड्रूज मेरे साथ आए थे। उन्होंने मुझसे पूछा, "क्या आपको ऐसा लगता है कि हिंदुस्तान में आपके लिए सत्याग्रह करने का अवसर आएगा? अगर ऐसा लगता हो तो कब आएगा, इसकी कोई कल्पना आपको है?"

मैंने जवाब दिया, "इसका उत्तर देना कठिन है। अभी एक वर्ष तक तो मुझे कुछ करना ही नहीं है। गोखले ने मुझसे प्रतिज्ञा करवाई है कि मुझे एक वर्ष तक देश में भ्रमण करना है, किसी सार्वजनिक प्रश्न पर अपना विचार न तो बनाना है, न प्रकट करना है। मैं इस प्रतिज्ञा का अक्षरशः पालन करूँगा। बाद में भी मुझे किसी प्रश्न पर कुछ कहने की जरूरत होगी, तभी मैं कहूँगा। इसलिए मैं नहीं समझता कि पाँच वर्ष तक सत्याग्रह करने का कोई अवसर आएगा।"

यहाँ यह कहना अप्रस्तुत न होगा कि 'हिंद स्वराज्य' में मैंने जो विचार व्यक्त किए हैं, गोखले उनका मजाक उड़ाते थे और कहते थे, "आप एक वर्ष हिंदुस्तान में रहकर देखेंगे तो आपके विचार अपने-आप ठिकाने आ जाएँगे।"

तीसरे दर्जे की विडंबना

बर्दवान पहुँचकर हमें तीसरे दर्जे का टिकट लेना था। उसे लेने में परेशानी हुई। जवाब मिला—"तीसरे दर्जे के यात्री को टिकट पहले से नहीं दिया जाता।" पर टिकट आसानी से मिलनेवाला न था। बलवान यात्री एक के बाद एक घुसते जाते मुझ-जैसों को पीछे हटाते जाते। आखिर टिकट मिला।

गाड़ी आई। उसमें भी जो बलवान थे, वे घुस गए। बैठे हुओं और चढ़नेवालों के बीच गाली-गलौज और धक्का-मुक्की शुरू हुई। इसमें हिस्सा लेना मेरे लिए संभव न था। हम तीनों इधर चक्कर काटते रहे। सब ओर से एक ही जवाब मिलता था—"यहाँ जगह नहीं है।" मैं गार्ड के पास गया। उसने कहा, "जगह मिले तो बैठो, नहीं तो दूसरी ट्रेन में जाना।"

मैंने नम्रतापूर्वक कहा, "लेकिन मुझे जरूरी काम है।" यह सुनने के लिए गार्ड के पास समय नहीं था। मैं हारा। मगनलाल से कहा, "जहाँ जगह मिले, बैठ जाओ।"

पत्नी को लेकर मैं तीसरे दर्जे के टिकट से ड्योढ़े दर्जे में घुसा। गार्ड ने मुझे उसमें जाते देख लिया था।

आसनसोल स्टेशन पर गार्ड ज्यादा किराए के पैसे लेने आया।

मुझे तो किसी भी तरह पूना पहुँचना था। गार्ड से लड़ने की मेरी हिम्मत नहीं थी। मैंने पैसे चुका दिए। उसने ठेठ पूना तक का ड्योढ़ा भाड़ा लिया। यह अन्याय मुझे अखर गया।

सवेरे मुगलसराय स्टेशन आया। मगनलाल ने तीसरे दर्जे में जगह कर ली थी।

मुगलसराय में मैं तीसरे दर्जे में गया। टिकट कलेक्टर को मैंने वस्तुस्थिति की जानकारी दी और उससे इस बात का प्रमाण-पत्र माँगा कि मैं तीसरे दर्जे में चला आया हूँ। उसने देने से इनकार किया। मैंने अधिक किराया वापस प्राप्त करने के लिए रेलवे के उच्च अधिकारी को पत्र लिखा।

उनकी ओर से इस आशय का उत्तर मिला—"प्रमाण-पत्र के बिना अतिरिक्त किराया लौटाने का हमारे यहाँ रिवाज नहीं है। पर आपके मामले में हम लौटाए दे रहे हैं। बर्दवान से मुगलसराय तक का ड्योढ़ा किराया वापस नहीं किया जा सकता।"

तीसरे दर्जे की यात्रा में अधिकारियों की मनमानी से उत्पन्न होनेवाली विडंबना तो रहती ही है। पर तीसरे दर्जे में बैठनेवाले कई यात्रियों का उजड्डपन, उनकी गंदगी, उनकी स्वार्थबुद्धि और उनका अज्ञान भी कुछ कम नहीं होता।

थके-माँदे हम कल्याण जंक्शन पहुँचे। नहाने की तैयारी की। मगनलाल ने और मैंने स्टेशन के नल से पानी लेकर स्नान किया। पत्नी के लिए कुछ तजवीज कर रहा था कि इतने में भारत-सेवक-समाज के भाई ने हमें पहचान लिया। वे भी पूना जा रहे थे। उन्होंने पत्नी को दूसरे दर्जे के स्नानघर में स्नान कराने के लिए ले जाने की बात कही। इस सौजन्य को स्वीकार करने में मुझे संकोच हुआ। पत्नी को दूसरे दर्जे के स्नानघर का उपयोग करने का अधिकार नहीं था, इसे मैं जानता था। पर मैंने उसे इस स्नानघर में नहाने देने के अनौचित्य के प्रति आँखें मूँद लीं। सत्य के पुजारी को यह भी शोभा नहीं देता। पत्नी का वहाँ जाने को कोई आग्रह नहीं था, पर पति के मोहरूपी सुवर्णपात्र ने सत्य को ढाँक लिया।

मेरा प्रयत्न

पूना पहुँचने पर गोखले की उत्तरक्रिया आदि संपन्न करके हम इस प्रश्न की चर्चा में लग गए कि अब सोसाइटी किस तरह चलाई जाए और मुझे उसमें सम्मिलित होना चाहिए या नहीं। मुझ पर भारी बोझ आ पड़ा। गोखले के जीते-जी मेरे लिए सोसाइटी में दाखिल होने का प्रयत्न करना आवश्यक न था। यह स्थिति मुझे पसंद थी। भारतवर्ष के तूफानी समुद्र में कूदते समय मुझे एक कर्णधार की आवश्यकता थी और गोखले के समान कर्णधार की छाया में मैं सुरक्षित था।

अब मैंने अनुभव किया कि मुझे सोसाइटी में भरती होने के लिए सतत् प्रयत्न करना चाहिए। मुझे यह लगा कि गोखले की आत्मा यही चाहेगी। मैंने बिना संकोच के और दृढ़तापूर्वक यह प्रयत्न शुरू किया। इस समय सोसाइटी के लगभग सभी सदस्य पूना में उपस्थित थे। मैंने उन्हें मनाना और मेरे विषय में उन्हें जो डर था, उसे दूर करना शुरू किया। किंतु मैंने देखा कि सदस्यों में मतभेद था। एक राय मुझे दाखिल

करने के पक्ष में थी, दूसरी दृढ़तापूर्वक मेरे प्रवेश का विरोध करती थी। मैं अपने प्रति दोनों पक्षों के प्रेम को देख सकता था। पर मेरे प्रति प्रेम की अपेक्षा सोसाइटी के प्रति उनकी वफादारी कदाचित् अधिक थी; प्रेम से कम तो थी ही नहीं।

इस कारण हमारी चर्चा मीठी थी और केवल सिद्धांत का अनुसरण करनेवाली थी। विरुद्ध पक्षवालों को यही लगा कि अनेक विषयों में मेरे और उनके विचारों के बीच उत्तर-दक्षिण का अंतर था। इससे भी अधिक उन्हें यह लगा कि जिन ध्येयों को ध्यान में रखकर गोखले ने सोसाइटी की रचना की थी, मेरे सोसाइटी में रहने से उन ध्येयों के ही खतरे में पड़ जाने की पूरी संभावना थी। स्वभावतः यह उन्हें असह्य प्रतीत हुआ।

लंबी चर्चा के बाद हम एक-दूसरे से अलग हुए। सदस्यों ने अंतिम निर्णय की बात दूसरी सभा तक उठा रखी।

घर लौटते हुए मैं विचारों के भँवर में पड़ गया। बहुमत से दाखिल होने का प्रसंग आने पर क्या वैसा करना मेरे लिए इष्ट होगा? क्या वह गोखले के प्रति मेरी वफादारी मानी जाएगी? अगर मेरे विरुद्ध मत प्रकट हो, तो क्या उस दशा में मैं सोसाइटी की स्थिति को नाजुक बनाने का निमित्त न बनूँगा? मैंने स्पष्ट देखा कि जब तक सोसाइटी के सदस्यों में मुझे दाखिल करने के बारे में मतभेद रहे, तब तक स्वयं मुझी को दाखिल होने का आग्रह छोड़ देना चाहिए और इस प्रकार विरोधी पक्ष को नाजुक स्थिति में पड़ने से बचा लेना चाहिए। उसी में सोसाइटी और गोखले के प्रति मेरी वफादरी थी। ज्यों ही मेरी अंतरात्मा में इस निर्णय का उदय हुआ, त्यों ही मैंने श्री शास्त्री को पत्र लिखा कि वे मेरे प्रवेश के विषय में सभा बुलाएँ ही नहीं। विरोध करनेवालों को मेरा यह निश्चय बहुत पसंद आया। वे धर्म-संकट से बच गए। उनके और मेरे बीच की स्नेहगाँठ अधिक दृढ़ हो गई और सोसाइटी में प्रवेश पाने की अपनी अरजी को वापस लेकर मैं सोसाइटी का सच्चा सदस्य बना।

अनुभव से मैं देखता हूँ कि मेरा प्रथा के अनुसार सोसाइटी का सदस्य न बनना ही उचित था; और जिन सदस्यों ने मेरे प्रवेश का विरोध किया था, उनका विरोध वास्तविक था। अनुभव ने यह सिद्ध कर दिया है कि उनके और मेरे सिद्धांतों के बीच भेद था। किंतु मतभेद को जान चुकने पर भी हमारे बीच आत्मा का अंतर कभी नहीं पड़ा, खटास कभी पैदा न हुई। मतभेद के रहते भी हम परस्पर बंधु और मित्र रहे हैं। सोसाइटी का स्थान मेरे लिए यात्रा का धाम रहा है। लौकिक दृष्टि से मैं भले ही उसका सदस्य नहीं बना, पर आध्यात्मिक दृष्टि से तो मैं उसका सदस्य रहा ही हूँ। लौकिक संबंध की अपेक्षा आध्यात्मिक संबंध अधिक मूल्यवान् है। आध्यात्मिक संबंध से रहित लौकिक संबंध प्राणहीन देह के समान है।

कुंभ मेला

मुझे डॉ. प्राणजीवनदास मेहता से मिलने रंगून जाना था। वहाँ जाते हुए श्री भूपेंद्रनाथ बसु का निमंत्रण पाकर मैं कलकत्ते में उनके घर ठहरा था। यहाँ बंगाली शिष्टाचार की पराकाष्ठा हो गई थी। उन दिनों मैं फलाहार ही करता था। मेरे साथ लड़का रामदास था। कलकत्ते में जितने प्रकार का सूखा और हरा मेवा मिला, उतना सब इकट्ठा किया गया था। स्त्रियों ने रात भर जागकर पिस्तों वगैरा को भिगोकर उनके छिलके उतारे थे। ताजे फल भी जितनी सुघड़ता से सजाए जा सकते हैं, सजाए गए थे। मेरे साथियों के लिए अनेक प्रकार के पकवान तैयार किए गए थे। मैं इस प्रेम और शिष्टाचार को तो समझा, लेकिन एक-दो मेहमानों के लिए समूचे परिवार का सारे दिन व्यस्त रहना मुझे असह्य प्रतीत हुआ; परंतु इस मुसीबत से बचने का मेरे पास कोई इलाज न था।

रंगून जाते समय स्टीमर में मैं डेक का यात्री था। यदि श्री बसु के यहाँ प्रेम की मुसीबत थी तो स्टीमर में अप्रेम की मुसीबत थी। डेक के यात्री के कष्टों का मैंने बुरी तरह अनुभव किया। नहाने की जगह तो इतनी गंदी थी कि वहाँ खड़ा रहना भी कठिन था। पाखाने नरक के कुंड बने हुए थे। मेरे लिए ये असुविधाएँ भयंकर थीं। मैं जहाज के अधिकारी के पास पहुँचा, पर कौन सुनता है? यात्रियों ने अपनी गंदगी से डेक को गंदा कर डाला था। वे जहाँ बैठे होते, वहीं थूक देते; वहीं सुरती के पीक की पिचकारियाँ चलाते और वहीं खाने-पीने के बाद बचा हुआ कचरा डालते थे। बातचीत से होनेवाले कोलाहल की कोई सीमा न थी। सब कोई अपने लिए अधिक-से-अधिक जगह घेरने की कोशिश करते थे। कोई किसी की सुविधा का विचार तक न करता था। वे स्वयं जितनी जगह घेरते थे, सामान उससे अधिक जगह घेर लेता था। ये दो दिन बड़ी घबराहट में बीते।

रंगून पहुँचने पर मैंने एजेंट को सारा हाल लिख भेजा। लौटते समय भी मैं डेक पर ही आया। पर इस पत्र के और डॉ. मेहता के प्रबंध के फलस्वरूप अपेक्षाकृत अधिक सुविधा से आया।

मेरे फलाहार की झंझट तो यहाँ भी अपेक्षाकृत अधिक ही रहती थी। डॉ. मेहता के साथ ऐसा संबंध था कि उनके घर को मैं अपना ही घर समझ सकता था। इससे मैंने पदार्थों पर तो अंकुश रख लिया था, लेकिन उनकी कोई मर्यादा निश्चित नहीं की थी। इस कारण तरह-तरह का जो मेवा आता, उसका मैं विरोध न करता था। नाना प्रकार की वस्तुएँ आँखों और जीभ को रुचिकर लगती थीं। खाने का कोई निश्चित समय नहीं था। मैं स्वयं जल्दी खा लेना पसंद करता था, इसलिए बहुत देर तो नहीं होती थी। फिर भी रात के आठ-नौ तो सहज ही बज जाते थे।

सन् १९१५ में हरिद्वार में कुंभ का मेला था। उसमें जाने की मेरी कोई खास इच्छा नहीं थी, लेकिन मुझे महात्मा मुंशीरामजी के दर्शनों के लिए जरूर जाना था। कुंभ के अवसर पर गोखले के भारत-सेवक-समाज ने एक बड़ी टुकड़ी भेजी थी। उसका प्रबंध श्री हृदयनाथ कुँजरू के जिम्मे था। स्व. डॉ. देव भी उसमें थे। उनका यह प्रस्ताव था कि इस काम में मदद करने के लिए मैं अपनी टुकड़ी भी ले जाऊँ। शांतिनिकेतनवाली टुकड़ी को लेकर मगनलाल गांधी मुझसे पहले हरिद्वार पहुँच गए थे। रंगून से लौटकर मैं भी उनसे जा मिला।

कलकत्ते से हरिद्वार पहुँचने में खूब परेशानी उठानी पड़ी। गाड़ी के डिब्बों में कभी-कभी रोशनी तक नहीं होती थी। सहारनपुर से तो यात्रियों को माल के या जानवरों के डिब्बों में ही ठूँस दिया गया था। खुले, बिना छतवाले डिब्बों पर दोपहर का सूरज तपता था। नीचे निरे लोहे का फर्श था।

हमने शांतिनिकेतन में ही देख लिया था कि भंगी का काम करना हिंदुस्तान में हमारा खास धंधा ही बन जाएगा। स्वयंसेवकों के लिए किसी धर्मशाला में तंबू लगाए गए थे। पाखानों के लिए डॉ. देव ने गड़ढे खुदवाए थे। पर उन गड़ढों की सफाई का प्रबंध तो ऐसे अवसर पर, जो थोड़े से वैतनिक भंगी मिल सकते थे, उन्हीं के द्वारा वे करा सकते थे न? इस गड्ढों में जमा होनेवाले पाखाने को समय-समय पर ढकने और दूसरी तरह से उन्हें साफ रखने का काम फीनिक्स की टुकड़ी के जिम्मे कर देने की मेरी माँग को डॉ. देव ने खुशी-खुशी स्वीकार कर लिया। इस सेवा की माँग तो मैंने की, लेकिन इसे करने का बोझ मगनलाल गांधी ने उठाया। मेरा धंधा अधिकतर डेरे के अंदर बैठकर लोगों को 'दर्शन' देने का और आनेवाले अनेक यात्रियों के साथ धर्म की या ऐसी ही दूसरी चर्चाएँ करने का बन गया। मैं दर्शन देते-देते अकुला उठा। मुझे उससे एक मिनट की भी फुरसत न मिलती थी। नहाने जाते समय भी दर्शनाभिलाषी मुझे अकेला न छोड़ते थे। फलाहार के समय तो एकांत होता ही कैसे? अपने तंबू के किसी भी हिस्से में मैं एक क्षण के लिए भी अकेला बैठ नहीं पाया। दक्षिण अफ्रीका में जो थोड़ी-बहुत सेवा मुझसे बन पड़ी थी, उसका कितना गहरा प्रभाव सारे भरतखंड पर पड़ा है, इसका अनुभव मैंने हरिद्वार में किया।

यहाँ मैंने पाँच पैरोंवाली एक गाय देखी। मुझे तो आश्चर्य हुआ, किंतु अनुभवी लोगों ने मेरा अज्ञान तुरंत दूर कर दिया। पाँच गाय दुष्ट और लोभी लोगों के लोभ की बलिरूप थी। गाय के कंधे को चीरकर उसमें जिंदे बछड़े का काटा हुआ पैर फँसाकर कंधे को सी दिया जाता था और इस दोहरे कसाईपन का उपयोग अज्ञानी लोगों को ठगने में किया जाता था। पाँच पैरोंवाली गाय के दर्शन के लिए कौन हिंदू न ललचाएगा? उस दर्शन के लिए वह जितना दान दे, उतना कम है।

कुंभ का दिन आया। मेरे लिए वह धन्य घड़ी थी। मैं यात्रा की भावना से हरिद्वार नहीं गया था। तीर्थक्षेत्र में पवित्रता की शोध में भटकने का मोह मुझे कभी नहीं रहा। किंतु १७ लाख लोग पाखंडी नहीं हो सकते थे। कहा गया था कि मेले में १७ लाख लोग आए होंगे। इसमें असंख्य लोग पुण्य कमाने के लिए, शुद्धि प्राप्त करने के लिए आए थे, इसमें मुझे कोई शंका न थी। यह कहना असंभव नहीं तो कठिन अवश्य है कि इस प्रकार की श्रद्धा आत्मा को किस हद तक ऊपर उठाती होगी।

मैं बिछौने पर पड़ा-पड़ा विचार-सागर में डूब गया। चारों और फैले हुए पाखंड के बीच ये पवित्र आत्माएँ भी हैं। ये ईश्वर के दरबार में दंडनीय नहीं मानी जाएँगी। यदि ऐसे अवसर पर हरिद्वार में आना ही पाप हो तो मुझे सार्वजनिक रूप से उसका विरोध करके कुंभ के दिन तो हरिद्वार का त्याग ही करना चाहिए। यदि यहाँ आने में और कुंभ के दिन रहने में पाप न हो तो मुझे कोई-न-कोई कठोर व्रत लेकर प्रचलित पाप का प्रायश्चित्त करना चाहिए, आत्मशुद्धि करनी चाहिए। मेरा जीवन व्रतों की नींव पर रचा हुआ है। इसलिए मैंने कोई कठिन व्रत लेने का निश्चय किया। मुझे उस अनावश्यक परिश्रम की याद आई, जो कलकत्ते और रंगून में यजमानों को मेरे लिए उठाना पड़ा था। इसलिए मैंने आहार की वस्तुओं की मर्यादा बाँधने और अँधेरे से पहले भोजन करने का व्रत लेने का निश्चय किया। मैंने देखा कि यदि मैं मर्यादा की रक्षा नहीं करता हूँ तो यजमानों के लिए मैं भारी असुविधा का कारण बन जाऊँगा और सेवा करने के बदले हर जगह लोगों को मेरी सेवा में उलझाए रहूँगा। अतएव, चौबीस घंटों में पाँच चीजों से अधिक कुछ न खाने का और रात्रि-भोजन के त्याग का व्रत तो मैंने ले ही लिया। दोनों की कठिनाई का पूरा विचार कर लिया। मैंने इस व्रत में एक भी गली न रखने का निश्चय किया। बीमारी में दवा के रूप में बहुत सी चीजें लेना या न लेना, दवा की गिनती खाने की वस्तुओं में करना या न करना, इन सब बातों को सोच लिया और निश्चय किया कि खाने के कोई भी पदार्थ मैं पाँच से अधिक न लूँगा। इन दो व्रतों को लिए अब तेरह वर्ष हो चुके हैं। इन्होंने मेरी काफी परीक्षा की है। किंतु जिस प्रकार परीक्षा की है,''' उसी प्रकार ये व्रत मेरे लिए काफी ढालरूप भी सिद्ध हुए हैं। मेरा यह मत है कि इन व्रतों के कारण मेरा जीवन बढ़ा है; और मैं मानता हूँ कि इनकी वजह से मैं अनेक बार बीमारियों से बच गया हूँ।

लछमन झूला

जब मैं पहाड़-से दीखनेवाले महात्मा मुंशीरामजी के दर्शन करने और उनका गुरुकुल देखने गया, तो मुझे वहाँ बड़ी शांति मिली। हरिद्वार के कोलाहल और गुरुकुल की शांति के बीच का भेद स्पष्ट दिखाई देता था। महात्मा ने मुझे अपने प्रेम से नहला

दिया। ब्रह्मचारी मेरे पास से हटते ही न थे। रामदेवजी से भी उसी समय मुलाकात हुई और उनकी शक्ति का परिचय मैं तुरंत पा गया। यद्यपि हमें अपने बीच कुछ मतभेद का अनुभव हुआ, फिर भी हम परस्पर स्नेह की गाँठ से बँध गए। गुरुकुल में औद्योगिक शिक्षा शुरू करने की आवश्यकता के बारे में रामदेवजी और दूसरे शिक्षकों के साथ मैंने काफी चर्चा की। मुझे गुरुकुल छोड़ते हुए दुःख हुआ।

मैंने लछमन झूले की तारीफ बहुत सुनी थी। बहुतों ने मुझे सलाह दी थी कि ऋषिकेश गए बिना मैं हरिद्वार न छोड़ूँ। मुझे वहाँ पैदल जाना था। इसलिए एक मंजिल ऋषिकेश की और दूसरी लछमन झूले की थी।

ऋषिकेश में अनेक सन्यासी मुझसे मिलने आए थे। उनमें से एक को मेरे जीवन में बड़ी दिलचस्पी पैदा हुई। फिनिक्स-मंडल मेरे साथ था। उन सबको देखकर उन्होंने अनेक प्रश्न पूछे। हमारे बीच धर्म की चर्चा हुई। उन्होंने देखा कि मुझमें धर्म की तीव्र भावना है। मैं गंगा-स्नान करके आया था, इसलिए शरीर खुला था। मेरे सिर पर शिखा और जनेऊ न देखकर उन्हें दुःख हुआ और उन्होंने मुझसे कहा—

"आप आस्तिक होते हुए भी जनेऊ और शिखा नहीं रखते हैं, इससे हमारे समान लोगों को दुःख होता है। ये दो हिंदू धर्म की ब्राह्य संज्ञाएँ हैं और प्रत्येक हिंदू को इन्हें धारण करना चाहिए।"

काठियावाड़ के वैश्य परिवारों में जनेऊ पहनने का रिवाज नहीं था। पर पहले तीन वर्णों को जनेऊ पहचान चाहिए, इस आशय का नया प्रचार चल रहा था। उसके फलस्वरूप गांधी-कुटुंब के कुछ व्यक्ति जनेऊ पहनने लगे थे। जो ब्राह्मण हम दो-तीन भाइयों को राम-रक्षा का पाठ सिखाते थे, उन्होंने हमें जनेऊ पहनाया और अपने पास कुँजी रखने का कोई कारण न होते हुए भी मैंने दो-तीन कुँजियाँ उसमें लटका लीं। जनेऊ के टूट जाने पर उसका मोह उतर गया था या नहीं, सो तो याद नहीं है, पर मैंने नया जनेऊ नहीं पहना।

बड़ी उमर होने पर हिंदुस्तान और दक्षिण अफ्रीका में भी दूसरों ने मुझे जनेऊ पहनाने का प्रयत्न किया था, पर मेरे ऊपर उनकी दलीलों का कोई असर न हुआ था। यदि शूद्र जनेऊ न पहन सकें तो दूसरे वर्ण क्यों पहनें? जिस बाह्य वस्तु की प्रथा हमारे कुटुंब में नहीं थी, उसे आरंभ करने का मुझे एक भी सबल कारण नहीं मिला था। मेरा जनेऊ पहनाने से कोई विरोध नहींथा, परंतु उसे पहनने का कोई कारण नहीं दिखाई देता था। वैष्णव होने के कारण मैं कंठी पहनता था। शिखा तो गुरुजन हम भाइयों के सिर पर रखवाते ही थे, पर विलायत जाने के समय मैंने इस शरम के मारे शिखा कटा दी थी कि वहाँ सिर खुला रखना होगा, गोरे शिखा को देखकर हँसेंगे और मुझे जंगली समझेंगे। मेरे साथ रहनेवाले मेरे भतीजे छगनलाल गांधी दक्षिण अफ्रीका में

बड़ी श्रद्धा से शिखा रखते थे। यह शिखा उनके सार्वजनिक काम में बाधक होगी, इस भ्रम के कारण मैंने उनका मन दु:खाकर भी उसे कटवा दिया था। यों शिखा रखने में मुझे शरम लगती थी।

मैंने स्वामीजी को उपर्युक्त बातें कह सुनाईं और कहा—

"मैं जनेऊ तो धारण नहीं करूँगा। जिसे न पहनते हुए भी असंख्य हिंदू, हिंदू माने जाते हैं, उसे पहनने की मैं अपने लिए कोई जरूरत नहीं देखता। फिर, जनेऊ धारण करने का अर्थ है दूसरा जन्म लेना; अर्थात् स्वयं संकल्प-पूर्वक शुद्ध बनना, ऊर्ध्वगामी बनना। आजकल हिंदू समाज और हिंदुस्तान दोनों गिरी हालत में हैं। उसमें जनेऊ धारण करने का हमें अधिकार ही कहाँ है? हिंदू समाज को जनेऊ का अधिकार तभी हो सकता है, जब वह अस्पृश्यता का मैल धो डाले, ऊँच-नीच की बात भूल जाए, जड़ जमाए हुए दूसरे दोषों को दूर करे और चारों और फैले हुए अधर्म तथा पाखंड का अंत कर दे। इसलिए जनेऊ धारण करने की आपकी बातें मेरे गले नहीं उतरतीं। किंतु शिखा के संबंध में आपकी बात मुझे अवश्य सोचनी होगी। शिखा तो मैं रखता था। लेकिन उसे मैंने शरम और डर के मारे ही कटा डाला है। मुझे लगता है कि शिखा धारण करनी चाहिए। मैं इस संबंध में अपने साथियों से चर्चा करूँगा।"

स्वामीजी को जनेऊ के बारे में मेरी दलील अच्छी नहीं लगी। जो कारण मैंने न पहनने के लिए दिए, वे उन्हें पहनने के पक्ष में दिखाई पड़े। जनेऊ के विषय में ऋषिकेश में मैंने जो विचार प्रकट किए थे, वे आज भी लगभग उसी रूप में कायम हैं। जब तक अलग-अलग धर्म मौजूद हैं, तब तक प्रत्येक धर्म को किसी विशेष बाह्य चिह्न की आवश्यकता हो सकती है। लेकिन जब बाह्य संज्ञा केवल आडंबर बन जाती है अथवा अपने धर्म को दूसरे धर्म से अलग बताने के काम आती है, तब वह त्याज्य हो जाती है। मैं नहीं मानता कि आजकल जनेऊ हिंदू धर्म को ऊपर उठाने का साधन है। इसलिए उसके विषय में मैं तटस्थ हूँ।

शिखा का त्याग स्वयं मेरे लिए लज्जा का कारण था। इसलिए साथियों से चर्चा करके मैंने उसे धारण करने का निश्चय किया। पर अब हमें लछमन झूले की ओर चलना चाहिए।

ऋषिकेश और लछमन झूले के प्राकृतिक दृश्य मुझे बहुत भले लगे। प्राकृतिक कला को पहचानने की पूर्वजों की शक्ति के विषय में और कला को धार्मिक स्वरूप देने की उनकी दीर्घदृष्टि के विषय में मैंने मन-ही-मन अत्यंत आदर का अनुभव किया।

हरिद्वार की तरह ऋषिकेश में भी लोग रास्तों को और गंगा के सुंदर किनारों को गंदा कर देते थे। गंगा के पवित्र जल को दूषित करने में भी उन्हें किसी प्रकार का संकोच न होता था।

लछमन झूला जाते हुए लोहे का झूलता पुल देखा। लोगों से सुना कि यह पुल पहले रस्सियों का था और मजबूत था। उसे तोड़कर एक उदार-हृदय मारवाड़ी सज्जन ने बड़ा दान देकर लोहे का पुल बनवा दिया और उसकी चाबी सरकार को सौंप दी।

रस्सियों के पुल की मुझे कोई कल्पना नहीं है, पर लोहे का पुल प्राकृतिक वातावरण को कलुषित कर रहा था और बहुत अप्रिय मालूम होता था। यात्रियों के इस रास्ते की चाबी सरकार को सौंप दी गई। यह चीज मेरी उस समय की वफादरी को भी असह्य लगी।

पर हरिद्वार के अनुभव मेरे लिए अमूल्य सिद्ध हुए। मुझे कहाँ बसना और क्या करना चाहिए, इसका निश्चय करने में हरिद्वार के अनुभवों ने मेरी बड़ी मदद की।

आश्रम की स्थापना

कुंभ की यात्रा मेरी हरिद्वार की दूसरी यात्रा थी। सन् १९१५ के मई महीने की २५ तारीख के दिन सत्याग्रह-आश्रम की स्थापना हुई। श्रद्धानंदजी की इच्छा थी कि मैं हरिद्वार में बसूँ। कलकत्ते के कुछ मित्रों की सलाह वैजनाथ-धाम में बसने की थी। कुछ मित्रों का प्रबल आग्रह राजकोट में बसने का था।

अहमदाबाद पर मेरी नजर टिकी थी। गुजराती होने के कारण मैं मानता था कि गुजराती भाषा द्वारा मैं देश की अधिक-से-अधिक सेवा कर सकूँगा। यह भी धारणा थी कि चूँकि अहमदाबाद पहले हाथ की बुनाई का केंद्र था, इसलिए चरखे का काम यहीं अधिक अच्छी तरह हो सकेगा। साथ ही यह आशा भी थी कि गुजरात का मुख्य नगर होने के कारण यहाँ के धनी लोग धन की अधिक मदद कर सकेंगे।

अहमदाबाद के मित्रों के साथ मैंने जो चर्चाएँ कीं, उनमें अस्पृश्यों का प्रश्न भी चर्चा का विषय बना था। मैंने स्पष्ट शब्दों में कहा था कि यदि कोई योग्य अंत्यज भाई आश्रम में भरती होना चाहेगा तो मैं उसे अवश्य भरती करूँगा।

"आपकी शर्तों का पालन कर सकने वाले अंत्यज कौन रास्ते में पड़े हैं?" यों कहकर एक वैष्णव मित्र ने अपने मन का समाधान कर लिया और आखिर अहमदाबाद में बसने का निश्चय हुआ।

मकानों की तलाश करते हुए कोचरब में श्री जीवणलाल बैरिस्टर का मकान किराए पर लेने का निश्चय हुआ। श्री जीवनलाल मुझे अहमदाबाद में बसानेवालों में अग्रगण्य थे।

तुरंत ही प्रश्न उठा कि आश्रम का नाम क्या रखा जाए? मैंने मित्रों से सलाह की। कई नाम सामने आए। सेवाश्रम, तपोवन आदि नाम सुझाए गए थे। मैंने और साथियों ने 'सत्याग्रह-आश्रम' नाम पसंद किया। इस नाम से सेवा का और सेवा की पद्धति का भाव सहज ही प्रकट होता था।

आश्रम चलाने के लिए नियमावली की आवश्यकता थी। अतएव, मैंने नियमावली का मसविदा तैयार करके उसपर मित्रों की राय माँगी।

आश्रम में इस समय लगभग तेरह तमिल भाई थे। दक्षिण अफ्रीका से मेरे साथ पाँच तमिल बालक आए थे और दूसरे यहीं के थे। लगभग २५ स्त्री-पुरुषों से आश्रम का आरंभ हुआ था। सब एक रसोई में भोजन करते थे और इस तरह रहने की कोशिश करते थे मानो एक ही कुटुंब के हों।

आश्रम को कायम हुए अभी कुछ ही महीने बीते थे कि इतने में जैसी कसौटी की मुझे आशा नहीं थी, वैसी कसौटी हमारी हुई। भाई अमृतलाल ठक्कर का पत्र मिला—"एक गरीब और प्रामाणिक अंत्यज परिवार है। वह आपके आश्रम में रहना चाहता है। क्या उसे भरती करेंगे?"

मैं चौंका। ठक्करबापा जैसे पुरुष की सिफारिश लेकर कोई अंत्यज परिवार इतनी जल्दी आएगा, इसकी मुझे जरा भी आशा न थी। मैंने साथियों को वह पत्र पढ़ने के लिए दिया। उन्होंने उसका स्वागत किया। भाई अमृतलाल ठक्कर को लिखा गया कि यदि वह परिवार आश्रम के नियमों का पालन करने को तैयार हो तो हम उसे भरती करने के लिए तैयार हैं।

दूदाभाई, उनकी पत्नी दानीबहन और दूध-पीती तथा घुटनों चलती बच्ची लक्ष्मी तीनों आए। दूदाभाई बंबई में शिक्षक का काम करते थे। नियमों का पालन करने को वे तैयार थे। उन्हें आश्रम में रख लिया।

सहायक मित्र-मंडल में खलबली मच गई। जिस कुएँ में बँगले के मालिक का हिस्सा था, उस कुएँ से पानी भरने में हमें अड़चन होने लगी। चरसवाले पर हमारे पानी के छींटे पड़ जाते, तो वह भ्रष्ट हो जाता। उसने गालियाँ देना और दूदाभाई को सताना शुरू किया। मैंने सबसे कह दिया कि 'गालियाँ सहते जाओ और दृढ़तापूर्वक पानी भरते रहो।' हमें चुपचाप गालियाँ सुनते देखकर चरसवाला शर्मिंदा हुआ और उसने गालियाँ देना बंद कर दिया। पर पैसे की मदद बंद हो गई। जिस भाई ने आश्रम के नियमों का पालन करनेवाले अंत्यजों के प्रवेश के बारे में पहले से ही शंका की थी, उन्हें तो आश्रम में अंत्यज के भरती होने की आशा ही न थी। पैसे की मदद बंद होने के साथ बहिष्कार की अफवाहें मेरे कानों तक आने लगीं। मैंने साथियों से चर्चा करके तय कर रखा था—"यदि हमारा बहिष्कार किया जाए और हमें कहीं से कोई मदद न मिले तो भी अब हम अहमदाबाद नहीं छोड़ेंगे। अंत्यजों की बस्ती में जाकर उनके साथ रहेंगे, और जो कुछ मिलेगा, उससे अथवा मजदूरी करके अपना निर्वाह करेंगे।"

आखिर मगनलाल ने मुझे नोटिस दी—"अगले महीने आश्रम का खर्च चलाने के लिए हमारे पास पैसे नहीं हैं।" मैंने धीरज से जवाब दिया—"तो हम अंत्यजों

की बस्ती में रहने जाएँगे।''

मुझ पर ऐसा संकट पहली ही बार नहीं आया था। हर बार अंतिम घड़ी में प्रभु ने मदद भेजी है।

मगनलाल के नोटिस देने के बाद तुरंत ही एक दिन सवेरे किसी लड़के ने आकर खबर दी—''बाहर मोटर खड़ी है और एक सेठ आपको बुला रहे हैं।'' मैं मोटर के पास गया। सेठ ने मुझसे पूछा—''मेरी इच्छा आश्रम को कुछ मदद देने की है, आप लेंगे?''

मैंने जवाब दिया—''अगर आप कुछ देंगे तो मैं जरूर लूँगा। मुझे कबूल करना चाहिए कि इस समय मैं आर्थिक संकट में भी हूँ।''

''मैं कल इसी समय आऊँगा। तब आप आश्रम में होंगे?''

मैंने 'हाँ' कहा और सेठ चले गए। दूसरे दिन नियत समय पर मोटर का भोंपू बोला। लड़कों ने खबर दी। सेठ अंदर नहीं आए। मैं उनसे मिलने गया। वे मेरे हाथ पर तेरह हजार के नोट रखकर विदा हो गए।

मैंने इस मदद की कभी आशा नहीं रखी थी। मदद की यह रीति भी नई देखी। उन्होंने आश्रम में पहले कभी कदम नहीं रखा था। मुझे याद आता है कि मैं उनसे एक ही बार मिला था। न आश्रम में आना, न कुछ पूछना, बाहर ही बाहर पैसे देकर लौट जाना! ऐसा यह मेरा पहला ही अनुभव था। इस सहायता के कारण अंत्यजों की बस्ती में जाना रुक गया। मुझे लगभग एक साल का खर्च मिल गया।

पर जिस तरह बाहर खलबली मची, उसी तरह आश्रम में भी मची। यद्यपि दक्षिण अफ्रीका में मेरे यहाँ अंत्यज आदि आते रहते और भोजन करते थे, तथापि यह नहीं कहा जा सकता कि यहाँ अंत्यज कुटुंब का आना मेरी पत्नी को और आश्रम की दूसरी स्त्रियों को पसंद आया। दानी बहन के प्रति घृणा नहीं तो उनकी उदासीनता ऐसी थी, जिसे मेरी अत्यंत सूक्ष्म आँखें देख लेती थीं और तेज कान सुन लेते थे। आर्थिक सहायता के अभाव के डर ने मुझे जरा भी चिंतित नहीं किया था। पर यह आंतरिक क्षोभ कठिन सिद्ध हुआ। दानी बहन साधारण स्त्री थी। दूदाभाई की शिक्षा भी साधारण थी, पर उनकी बुद्धि अच्छी थी। उनका धीरज मुझे पसंद आया था। उन्हें कभी-कभी गुस्सा आता था, पर कुल मिलाकर उनकी सहन-शक्ति की मुझ पर अच्छी छाप पड़ी थी। मैं दूदाभाई को समझाता था कि वे छोटे-मोटे अपमान पी लिया करें। वे समझ जाते थे और दानी बहन से भी सहन करवाते थे।

इस परिवार को आश्रम में रखकर आश्रम ने बहुतेरे पाठ सीखे हैं और प्रारंभिक काल में ही इस बात के बिलकुल स्पष्ट हो जाने से कि आश्रम में अस्पृश्यता के लिए कोई स्थान नहीं है, आश्रम की मर्यादा निश्चित हो गई और इस दिशा में उसका काम

बहुत सरल हो गया। इसके बावजूद, आश्रम का खर्च, बराबर बढ़ता रहने पर भी, मुख्यत: कट्टर माने जानेवाले हिंदुओं की तरफ से ही मिलता रहा है। कदचित् यह इस बात का स्पष्ट सूचक है कि अस्पृश्यता की जड़ें अच्छी तरह हिल गई हैं। इसके दूसरे प्रमाण तो अनेकों हैं। परंतु जहाँ अंत्यज के साथ रोटी तक का व्यवहार रखा जाता हो, वहाँ भी अपने को सनातनी माननेवाले हिंदू मदद दें, यह कोई नगण्य प्रमाण नहीं माना जाएगा।

इसके आगे की कथा यद्यपि मेरी दृष्टि में सत्य के शोधक के लिए जानने योग्य है, तथापि मुझे डर है कि वह अधूरी ही दी जा सकेगी। तिस पर भी मेरी इच्छा और आशा यह है कि भगवान् पहुँचने दे तो असहयोग के युग तक मैं पहुँच जाऊँ!

नील का दाग

चंपारन जनक राजा की भूमि है। जिस तरह चंपारन में आम के वन हैं, उसी तरह सन् १९१७ में वहाँ नील के खेत थे। चंपारन के किसान अपनी ही जमीन के ३/२० भाग में नील की खेती उसके असल मालिकों के लिए करने के कानून से बँधे हुए थे। इसे वहाँ 'तीन कठिया' कहा जाता था। बीस कट्ठे का वहाँ एक एकड़ था और उसमें से तीन कट्ठे जमीन में नील बोने की प्रथा को 'तीन कठिया' कहते थे।

राजकुमार शुक्ल नामक चंपारन के एक किसान थे। उनपर दु:ख पड़ा था। यह दु:ख उन्हें अखरता था। लेकिन अपने इस दु:ख के कारण उनमें नील के इस दाग को सबके लिए धो डालने की तीव्र लगन पैदा हो गई थी। जब मैं लखनऊ कांग्रेस में गया तो वहाँ इस किसान ने मेरा पीछा पकड़ा। 'वकील बाबू आपको सब हाल बताएँगे'—वाक्य वे कहते जाते थे और चंपारन आने का निमंत्रण देते जाते थे।

मैंने उनसे चंपारन की थोड़ी कथा सुनी। अपने रिवाज के अनुसार मैंने जवाब दिया, "खुद देखे बिना इस विषय पर मैं कोई राय नहीं दे सकता। आप कांग्रेस में बोलिएगा। मुझे तो फिलहाल छोड़ ही दीजिए।" राजकुमार शुक्ल को कांग्रेस की मदद की तो जरूरत थी ही। ब्रजकिशोर बाबू कांग्रेस में चंपारन के बारे में बोले और सहानुभूति-सूचक प्रस्ताव पास हुआ।

राजकुमार शुक्ल प्रसन्न हुए। पर इतने से ही उन्हें संतोष न हुआ। वे तो खुद मुझे चंपारन के किसानों के दु:ख बताना चाहते थे। मैंने कहा, "अपने भ्रमण में मैं चंपारन को भी सम्मिलित कर लूँगा और एक-दो दिन वहाँ ठहरूँगा।"

उन्होंने कहा—"एक दिन काफी होगा। नजरों से देखिए तो सही।"

लखनऊ से मैं कानपुर गया था। वहाँ भी राजकुमार शुक्ल हाजिर ही थे। "यहाँ से चंपारन बहुत नजदीक है। एक दिन दे दीजिए।" "अभी मुझे माफ कीजिए। पर

मैं चंपारन आने का वचन देता हूँ।" यह कहकर मैं ज्यादा बँध गया।

मैं आश्रम गया तो राजकुमार शुक्ल वहाँ भी मेरे पीछे लगे ही रहे। "अब तो दिन मुकर्रर कीजिए।" मैंने कहा, "मुझे फलाँ तारीख को कलकत्ते जाना है। वहाँ आइए और मुझे ले जाइए।"

सन् १९१७ के आरंभ में कलकत्ते से हम दो व्यक्ति रवाना हुए। दोनों की एक सी जोड़ी थी। दोनों किसान जैसे ही लगते थे। राजकुमार शुक्ल जिस गाड़ी में ले गए, उसपर हम दोनों सवार हुए। सवेरे पटना उतरे।

मुझे वे राजेंद्रबाबू के घर ले गए। राजेंद्रबाबू पुरी अथवा और कहीं गए थे। बँगले पर एक-दो नौकर थे। मेरे साथ खाने की कुछ सामग्री थी। मुझे थोड़ी खजूर की जरूरत थी। बेचारे राजकुमार शुक्ल बाजार से ले आए।

पर बिहार में तो छुआछूत का बहुत कड़ा रिवाज था। मेरी बालटी के पानी के छींटे नौकर को भ्रष्ट करते थे। नौकर को क्या पता कि मैं किस जाति का हूँ। राजकुमार शुक्ल ने अंदर के पखाने का उपयोग करने को कहा। नौकर ने बाहर के पाखाने की ओर इशारा किया। मेरे लिए इसमें परेशान या गुस्सा होने का कोई कारण न था। इस प्रकार के अनुभव कर-करके मैं बहुत पक्का हो गया था। नौकर तो अपने धर्म का पालन कर रहा था।

बिहारी सरलता

मौलाना मजहरुल हक और मैं एक समय लंदन में पढ़ते थे। उसके बाद हम बंबई में सन् १९१५ की कांग्रेस में मिले थे। उस साल वे मुसलिम लीग के अध्यक्ष थे। उन्होंने पुरानी पहचान बताकर कहा था कि आप कभी पटना आएँ तो मेरे घर अवश्य पधारिए। इस निमंत्रण के आधर पर मैंने उन्हें पत्र लिखा और काम बतलाया। वे तुरंत अपनी मोटर लाए और मुझे अपने घर ले चलने का आगह किया। मैंने उनका आभार माना और उनसे कहा कि जिस जगह मुझे जाना है वहाँ के लिए वे मुझको पहली ट्रेन से रवाना कर दें। रेलवे गाइड से मुझे कुछ पता नहीं चल सकता था। उन्होंने राजकुमार शुक्ल से बातें कीं और सुझाया कि पहले मुझे मुजफ्फरपुर जाना चाहिए। उसी दिन शाम को मुजफ्फरपुर की ट्रेन जाती थी। उन्होंने मुझे रवाना कर दिया। उन दिनों आचार्य कृपालानी मुजफ्फरपुर में रहते थे। मैं उन्हें जानता था। जब मैं हैदराबाद गया था तब उनके महान् त्याग की, उनके जीवन की और उनके पैसे से चलनेवाले आश्रम की बात डॉ. चोइथराम के मुँह से मैंने सुनी थी। वे मुजफ्फपुर कॉलेज में प्रोफेसर थे। इस समय प्रोफेसरी छोड़ चुके थे। मैंने उन्हें तार किया। ट्रेन आधी रात को मुजफ्फपुर पहुँचती थी। वे अपने शिष्य-मंडल के साथ स्टेशन पर आए थे। उनमें

से रामनवमी प्रसाद मुझे याद रह गए हैं। उन्होंने अपने आग्रह मे मेरा ध्यान आकर्षित किया था। उन्होंने कहा—

"आप जो काम करने आए हैं, वह इस जगह नहीं होगा। आपको तो हम-जैसों के यहाँ ठहरना चाहिए। गयाबाबू यहाँ के प्रसिद्ध वकील हैं। उनकी ओर से मैं आग्रह करता हूँ कि आप उनके घर ठहरिए। हम सब सरकार से डरते जरूर हैं। लेकिन हमसे जितनी बनेगी, उतनी मदद हम आपकी करेंगे। राजकुमार शुक्ल की बहुत-सी बातें सच हैं। दु:ख इस बात का है कि आज हमारे नेता यहाँ नहीं हैं। बाबू ब्रजकिशोर प्रसाद और राजेंद्र प्रसाद को मैंने तार किए हैं। दोनों तुरंत यहाँ आ जाएँगे और आपको पूरी जानकारी व मदद दे सकेंगे। मेहरबानी करके आप गयाबाबू के यहाँ चलिए।"

इस भाषण से मैं ललचाया। इस डर से कि कहीं मुझे अपने घर में ठहराने से गयाबाबू कठिनाई में न पड़ जाएँ, मुझे संकोच हो रहा था। गयाबाबू ने मुझे निश्चिंत कर दिया।

मैं गयाबाबू के घर गया। उन्होंने और उनके परिवारवालों ने मुझे अपने प्रेम से सराबोर कर दिया।

ब्रजकिशोर बाबू दरभंगा से आए। राजेंद्रबाबू पुरी से आए। यहाँ जिन्हें देखा वे लखनऊ वाले ब्रजकिशोर प्रसाद नहीं थे। उनमें बिहारवासी की नम्रता, सादगी, भलमनसी, असाधारण श्रद्धा देखकर मेरा हृदय हर्ष से छलक उठा। ब्रजकिशोर बाबू के प्रति बिहार के वकील-मंडल का आदरभाव देखकर मुझे सानंद आश्चर्य हुआ।

इस मंडल के और मेरे बीच जीवन भर की गाँठ बँध गई।

ब्रजकिशोर बाबू ने मुझे सारी हकीकतों की जानकारी दी। वे गरीब किसानों के लिए मुकदमे लड़ते थे। ऐसे दो मुकदमे चल रहे थे। इस तरह के मुकदमों की पैरवी करके वे थोड़ा व्यक्तिगत आश्वासन प्राप्त कर लिया करते थे। कभी-कभी उसमें भी विफल हो जाते थे। इन भोले किसानों से फीस तो वे लेते ही थे। त्यागी होते हुए भी ब्रजकिशोर बाबू अथवा राजेंद्रबाबू मेहनताना लेने में कभी संकोच नहीं करते थे। उनकी दलील यह थी कि पेशे के काम में मेहनताना न लें तो उनका घर खर्च न चले और वे लोगों की मदद भी न कर सकें। उनके मेहनताने के और बंगाल तथा बिहार के बैरिस्टरों को दिए जानेवाले मेहनताने के कल्पना में न आ सकनेवाले आँकड़े सुनकर मेरा दम घुटने लगा।

"...साहब को हमने 'ओपिनियन' (सम्मति) के लिए दस हजार रुपए दिए।" हजारों के सिवा तो मैंने बात ही न सुनी।

इस मित्र-मंडल ने इस विषय में मेरा मीठा उलाहना प्रेमपूर्वक सुन लिया। उसका उन्होंने गलत अर्थ नहीं लगाया।

मैंने कहा, "इन मुकदमों को पढ़ जाने के बाद मेरी राय तो यह बनी है कि अब हमें ये मुकदमे लड़ना ही बंद कर देना चाहिए। ऐसे मुकदमों से लाभ बहुत कम होता है। यहाँ रैयत इतनी कुचली गई है, जहाँ सब इतने भयभीत रहते हैं, वहाँ कचहरियों की मारफत थोड़ा ही इलाज हो सकता है। लोगों के लिए सच्ची दवा तो उनके डर को भगाना है। जब तक यह 'तीन कठिया' प्रथा रद्द न हो, तब तक हम चैन से बैठ ही नहीं सकते। मैं तो दो दिन में जितना देखा जा सके, उतना देखने आया हूँ। लेकिन अब देख रहा हूँ कि यह काम तो दो वर्ष भी ले सकता है। इतना समय भी लगे तो मैं देने को तैयार हूँ। मुझे यह तो सूझ रहा है कि इस काम के लिए क्या करना चाहिए। लेकिन इसमें आपकी मदद जरूरी है।"

ब्रजकिशोर बाबू को मैंने बहुत ठंडे दिमाग का पाया। उन्होंने शांति से उत्तर दिया—"हमसे जो मदद बनेगी, हम देंगे। लेकिन हमें समझाइए कि आप किस प्रकार की मदद चाहते हैं।"

इस बातचीत में हमने सारी रात बिता दी। मैंने कहा, "मुझे आपकी वकालत की शक्ति का कम ही उपयोग होगा। आपके समान लोगों से तो मैं लेखक और दुभाषिए का काम लेना चाहूँगा। मैं देखता हूँ कि इसमें जेल भी जाना पड़ सकता है। मैं इसे पसंद करूँगा कि आप यह जोखिम उठाएँ। पर आप उसे उठाना न चाहें तो भले न उठाएँ। वकालत छोड़कर लेखक बनने और अपने धंधे को अनिश्चित अवधि के लिए बंद करने की माँग करके मैं आप लोगों से कुछ कम नहीं माँग रहा हूँ। यहाँ की हिंदी बोली समझने में मुझे कठिनाई होती है। कागज-पत्र सब कैथी में या उर्दू में लिखे होते हैं, जिन्हें मैं पढ़ नहीं सकता। इनके तरजुमे की मैं आपसे आशा रखता हूँ। यह काम पैसे देकर कराना हमारे बस का नहीं है। यह सब सेवाभाव से और बिना पैसे के होना चाहिए।"

ब्रजकिशोर बाबू समझ गए, किंतु उन्होंने मुझसे और अपने साथियों से जिरह शुरू की। मेरी बातों के फलितार्थ पूछे। मेरे अनुमान के अनुसार वकीलों को किस हद तक त्याग करना चाहिए, कितनों की आवश्यकता होगी, थोड़े-थोड़े लोग थोड़ी-थोड़ी मुद्दत के लिए आवें तो काम चलेगा या नहीं, इत्यादि प्रश्न मुझसे पूछे। वकीलों से उन्होंने पूछा कि वे कितना त्याग कर सकते हैं।

अंत में उन्होंने अपना यह निश्चय निश्चय प्रकट किया—"हम इतने लोग आप जो काम हमें सौंपेंगे, वह कर देने के लिए तैयार रहेंगे। इनमें से जितनों को आप जिस समय चाहेंगे, उतने आपके पास रहेंगे। जेल जाने की बात नई है। उसके लिए हम शक्ति-संचय करने की कोशिश करेंगे।"

अहिंसा देवी का साक्षात्कार

मुझे तो किसानों की हालत की जाँच करनी थी। नील के मालिकों के विरुद्ध जो शिकायतें थीं, उनमें कितनी सच्चाई है, यह देखना था। इस काम के लिए हजारों किसानों से मिलने की जरूरत थी। किंतु उनके संपर्क में आने से पहले मुझे यह आवश्यक मालूम हुआ कि मैं नील के मालिकों की बात सुन लूँ और कमिश्नर से मिल लूँ। मैंने दोनों को चिट्ठी लिखी।

मालिकों के मंत्री के साथ मेरी जो मुलाकात हुई, उसमें उसने साफ कह दिया कि आपकी गिनती परदेशी में होती है। आपको हमारे और किसानों के बीच दखल नहीं देना चाहिए। फिर भी अगर आपको कुछ कहना हो तो मुझे लिखकर सूचित कीजिए। मैंने मंत्री से नम्रतापूर्वक कहा कि मैं अपने को परदेशी नहीं मानता, और किसान चाहें तो उनकी स्थिति की जाँच करने का मुझे पूरा अधिकार है। मैं कमिश्नर साहब से मिला। उन्होंने तो धमकाना ही शुरू कर दिया और मुझे सलाह दी कि आगे बढ़े बिना तिरहुत छोड़ दूँ।

मैंने सारी बातें साथियों को सुनाकर कहा कि 'संभव है, सरकार मुझे जाँच करने से रोके और जेल जाने का समय मेरी अपेक्षा से भी पहले आ जाए। अगर गिरफ्तारी होनी ही है तो मुझे मोतीहारी में, और संभव हो तो बेतिया में गिरफ्तार होना चाहिए और इसके लिए वहाँ जल्दी-से-जल्दी पहुँच जाना चाहिए।'

चंपारन तिरहुत विभाग का एक जिला है और मोतीहारी उसका मुख्य शहर। बेतिया के आस-पास राजकुमार शुक्ल का घर था और उसके आस-पास की कोठियों के किसान ज्यादा-से-ज्यादा कंगाल थे। राजकुमार शुक्ल को उनकी दशा दिखाने का लोभ था और मुझे अब उसे देखने की इच्छा थी।

अतएव, मैं उसी दिन साथियों को लेकर मोतीहारी के लिए रवाना हो गया। मोतीहारी में गोरखबाबू ने आश्रय दिया और उनका घर धर्मशाला बन गया। हम सब मुश्किल से उसमें समा सकते थे। जिस दिन हम पहुँचे, उसी दिन सुना कि मोतीहारी से कोई पाँच मील दूर रहनेवाले एक किसान पर अत्याचार किया गया है। मैंने निश्चय किया कि धरणीधर प्रसाद वकील को साथ लेकर मैं दूसरे दिन सवेरे उसे देखने जाऊँगा। सवेरे हाथी पर सवार होकर हम चल पड़े। चंपारन में हाथी का उपयोग लगभग उसी तरह होता है, जिस तरह गुजरात में बैलगाड़ियों का। आधे रास्ते पहुँचे होंगे कि इतने में पुलिस सुपरिंटेंडेंट का आदमी आ पहुँचा और मुझसे बोला, "सुपरिंटेंडेंट साहब ने आपको सलाम भेजा है।" मैं समझ गया। धरणीधर बाबू से मैंने आगे जाने को कहा। मैं उस जासूस के साथ उसकी भाड़े की गाड़ी में सवार हुआ। उसने मुझे चंपारन छोड़कर चले जाने की नोटिस दी। वह मुझे घर ले गया और मेरी सलाह माँगी। मैंने

जवाब दिया कि मैं चंपारन छोड़ना नहीं चाहता; मुझे तो आगे बढ़ना है और जाँच करनी है। निर्वासन की आज्ञा का अनादर करने के लिए मुझे दूसरे ही दिन कोर्ट में हाजिर रहने का सम्मन मिला।

मैंने सारी रात जागकर जो पत्र मुझे लिखने थे, लिखे और ब्रजकिशोर बाबू को सब प्रकार की आवश्यक सूचनाएँ दीं।

सम्मन की बात एकदम चारों ओर फैल गई। लोग कहते थे कि उस दिन मोतीहारी में जैसा दृश्य देखा गया वैसा पहले कभी न देखा गया था। गोरखबाबू के घर और दफ्तर पर लोगों की भीड़ उमड़ पड़ी। सौभाग्य से मैंने अपना सारा काम रात को निबटा लिया था। इसलिए मैं इस भीड़ को सँभाल सका। साथियों का मूल्य मुझे पूरा-पूरा मालूम हुआ। वे लोगों को संयत रखने में जुट गए। कचहरी में जहाँ जाता वहाँ दल के दल लोग मेरे पीछे आते। कलेक्टर, मजिस्ट्रेट, सुपरिंटेंडेंट आदि के साथ भी मेरा एक प्रकार का संबंध स्थापित हो गया। सरकारी नोटिसों वगैरा के खिलाफ कानूनी विरोध करना चाहता तो मैं कर सकता था। इसके बदले मैंने उनकी सब नोटिसों को स्वीकार कर लिया और अधिकारियों के साथ निजी व्यवहार में मिठास से काम लिया। इससे वे समझ गए कि मुझे उनका विरोध नहीं करना है, बल्कि उनकी आज्ञा का विनयपूर्वक विरोध करना है। इससे उनमें एक प्रकार की निर्भयता आ गई। मुझे तंग करने के बदले उन्होंने लोगों को काबू में रखने में मेरी और मेरे साथियों की सहायता का प्रसन्नतापूर्वक उपयोग किया। किंतु साथ ही वे समझ गए कि उनकी सत्ता आज से लुप्त हुई। लोग क्षणभर को दंड का भय छोड़कर अपने नए मित्र के प्रेम की सत्ता के अधीन हो गए।

याद रहे कि चंपारन में मुझे कोई पहचानता न था। किसान-वर्ग बिलकुल अनपढ़ था। चंपारन गंगा के उस पार ठेठ हिमालय की तराई में नेपाल का समीपवर्ती प्रदेश है, अर्थात् नई दुनिया है। वहाँ न कहीं कांग्रेस का नाम सुनाई देता था, न कांग्रेस के कोई सदस्य दिखाई पड़ते थे। जिन्होंने नाम सुना था, वे कांग्रेस का नाम लेने में अथवा उसमें सम्मिलित होने में डरते थे। आज कांग्रेस के नाम के बिना कांग्रेस ने और कांग्रेस के सेवकों ने इस प्रदेश में प्रवेश किया और कांग्रेस की दुहाई फिर गई।

साथियों से परामर्श करके मैंने निश्चय किया था कि कांग्रेस के नाम से कोई भी काम किया जाए। हमें नाम से नहीं, बल्कि काम से मतलब है। 'कथनी' नहीं 'करनी' की आवश्यकता है। कांग्रेस का नाम यहाँ अप्रिय है। इस प्रदेश में कांग्रेस का अर्थ है, वकीलों की आपसी खींचातानी, कानूनी गलियों से सटक जाने की कोशिश। कांग्रेस का अर्थ है, बम-गोला। कांग्रेस यानी कथनी एक, करनी दूसरी! यह

धारण सरकार की और सरकार में रहे गौरों की थी। हमें यह सिद्ध करना था कि कांग्रेस ऐसी नहीं है, कांग्रेस तो दूसरी ही चीज है। इसलिए हमने कहीं भी कांग्रेस का नाम तक न लेने और लोगों को कांग्रेस की भैतिक देह का परिचय न कराने का निश्चय किया था। हमने यह सोच लिया था कि वे उसके अक्षर को न जानकर आत्मा को जानें और उसका अनुसरण करें तो बस है। यही असल चीज है। अतएव, कांग्रेस की ओर से किन्हीं गुप्त या प्रकट दूतों द्वारा कोई भूमिका तैयार नहीं कराई गई थी। उनके बीच किसी ने आज तक राजनीति का काम किया ही नहीं था। चंपारन के बाहर की दुनिया को वे जानते नहीं थे। फिर भी उनका और मेरा मिलाप पुराने मित्रों जैसा लगा। अतएव, यह कहने में अतिशयोक्ति नहीं, बल्कि अक्षरश: सत्य है कि इस कारण मैंने ईश्वर का, अहिंसा का और सत्य का साक्षात्कार किया। जब मैं इस साक्षात्कार के अपने अधिकार की जाँच करता हूँ तो मुझे लोगों के प्रति अपने प्रेम के सिवा और कुछ भी नहीं मिलता। इस प्रेम का अर्थ है—प्रेम अथवा अहिंसा के प्रति मेरी अविचल श्रद्धा!

चंपारन का यह दिन मेरे जीवन में कभी न भूलने जैसा था। मेरे लिए किसानों के लिए यह एक उत्सव का दिन था। सरकारी कानून के अनुसार मुझ पर मुकदमा चलाया जानेवाला था। पर सच पूछा जाए तो मुकदमा सरकार के विरुद्ध था। कमिश्नर ने मेरे विरुद्ध जो जाल बिछाया था, उसमें उसने सरकार को ही फँसा दिया।

मुकदमा वापस लिया गया

मुकदमा चला। सरकारी वकील, मजिस्ट्रेट आदि घबराए हुए थे। उन्हें सूझ नहीं पड़ रहा था कि किया क्या जाए! सरकारी वकील सुनवाई मुल्तवी रखने की माँग कर रहा था। मैं बीच में पड़ा और विनती की कि सुनवाई मुल्तवी रखने की कोई जरूरत नहीं है; क्योंकि मुझे चंपारन छोड़ने की नोटिस का अनादर करने का अपराध स्वीकार करना है। यह कहकर मैं उस बहुत ही छोटे बयान को पढ़ गया, जो मैंने तैयार किया था। वह इस प्रकार था—

"जाब्ता फौजदारी की दफा १४४ के अनुसार दी हुई आज्ञा का खुला अनादर करने का गंभीर कदम मुझे क्यों उठाना पड़ा, इस संबंध में मैं एक छोटा सा बयान अदालत की अनुमति से देना चाहता हूँ। मेरी नम्र सम्मति में यह प्रश्न अनादर का नहीं है, बल्कि स्थानीय सरकार और मेरे बीच मतभेद का प्रश्न है। मैं प्रदेश में जन-सेवा और देशसेवा के ही उद्‌देश्य से आया हूँ। निलहे गोरे रैयत के साथ न्याय का व्यवहार नहीं करते, इस कारण उनकी मदद के लिए आने का प्रबल आग्रह मुझसे किया गया। इसलिए मुझे आना पड़ा है। समूचे प्रश्न का अध्ययन किए बिना मैं उनकी मदद किस

प्रकार कर सकता हूँ? इसलिए मैं इस प्रश्न का अध्ययन करने आया हूँ, और संभव हो तो सरकार और निलहों की सहायता लेकर इसका अध्ययन करना चाहता हूँ। मेरे सामने कोई दूसरा उद्‌देश्य नहीं है, और मैं यह नहीं मान सकता कि मेरे आने से लोगों की शांति भंग होगी और खून-खराबा होगा। मेरा दावा है कि इस विषय का मुझे अच्छा-खासा अनुभव है। पर सरकार का विचार इस संबंध में मुझसे भिन्न है। उसकी कठिनाई को मैं समझता हूँ और मैं यह भी स्वीकार करता हूँ कि उसे प्राप्त जानकारी पर ही विश्वास करना होता है। कानून का आदर करनेवाले एक प्रजाजन के नाते तो मुझे जो आज्ञा दी गई है उसे स्वीकार करने की स्वाभाविक इच्छा होनी चाहिए, और हुई थी। पर मुझे लगा कि वैसा करने में, जिनके लिए मैं यहाँ आया हूँ, उनके प्रति रहे अपने कर्तव्य की मैं हत्या करूँगा। मुझे ऐसा लगता है कि आज मैं उनकी सेवा उनके बीच रहकर ही कर सकता हूँ। इसलिए स्वेच्छा से चंपारन छोड़ना मेरे लिए संभव नहीं है। इस धर्मसंकट के कारण मुझे चंपारन से हटाने की जिम्मेदारी मैं सरकार पर डाले बिना रह न सका।"

"मैं इस बात को अच्छी तरह समझता हूँ कि हिंदुस्तान के लोक-जीवन में मुझ-जैसी प्रतिष्ठा रखनेवाले को कोई कदम उठाकर प्रस्तुत करते समय बड़ी सावधानी रखनी चाहिए। पर मेरा दृढ़ विश्वास है कि आज जिस अटपटी परिस्थितियों में हम पड़े हुए हैं, उसमें मेरे जैसी परिस्थितियों में फँसे हुए स्वाभिमानी मनुष्य के सामने इसके सिवा दूसरा कोई सुरक्षित और सम्मानयुक्त मार्ग नहीं है कि आज्ञा का अनादर करके उसके बदले में जो दंड प्राप्त हो, उसे चुपचाप सहन कर लिया जाए।"

"आप मुझे जो सजा देना चाहते हैं, उसे कम कराने की भावना से मैं यह बयान नहीं दे रहा हूँ। मुझे तो यही देना है कि आज्ञा का अनादर करने में मेरा उद्‌देश्य कानून द्वारा स्थापित सरकार का अपमान करना नहीं है, बल्कि मेर हृदय जिस अधिक बड़े कानून को-अर्थात् अंतरात्मा की आवाज को-स्वीकार करता है, उसका अनुसरण करना ही मेरा उद्‌देश्य है।"

अब मुकदमे की सुनवाई को मुल्तवी रखने की जरूरत न रही थी, किंतु चूँकि मजिस्ट्रेट और वकील ने इस परिणाम की आशा नहीं की थी, इसलिए सजा सुनाने के लिए अदालत ने केस मुल्तवी रखा। मैंने वायसराय को सारी स्थिति तार द्वारा सूचित कर दी थी। पटना भी तार भेजा था। भारत-भूषण पंडित मालवीयजी आदि को भी वस्तुस्थिति की जानकारी तार से भेज दी थी। सजा सुनने के लिए कोर्ट में जाने का समय हुआ, उससे कुछ पहले मेरे नाम मजिस्ट्रेट का हुक्म आया कि गवर्नर साहब की आज्ञा से मुकदमा वापस ले लिया गया है। साथ ही कलेक्टर का पत्र मिला कि मुझे जो जाँच करनी हो, मैं करूँ और उसमें अधिकारियों की ओर से जो मदद आवश्यक हो, सो माँग लूँ। ऐसे तात्कालिक और

शुभ परिणाम की आशा हममें से किसी ने नहीं रखी थी।

मैं कलेक्टर मि. हेकॉक से मिला। मुझे वह स्वयं भला और न्याय करने में तत्पर जान पड़ा। उसने कहा कि आपको जो कागज-पत्र या कुछ और देखना हो, सो आप माँग लें, और मुझसे जब भी मिलना चाहें, मिल लिया करें।

दूसरी ओर सारे हिंदुस्तान को सत्याग्रह का अथवा कानून के सविनय भंग का पहला स्थानीय पदार्थ-पाठ मिला। अखबारों में इसकी खूब चर्चा हुई और चंपारन को तथा मेरी जाँच को अनपेक्षित से प्रसिद्धि मिल गई।

अपनी जाँच के लिए मुझे सरकार की ओर से तटस्थता की तो आवश्यकता थी, परंतु समाचार-पत्रों की चर्चा की और उनके संवाददाताओं की आवश्यकता न थी। यही नहीं, बल्कि उनकी आवश्यकता से अधिक टीकाओं से और जाँच की लंबी-चौड़ी रिपोर्टों से हानि होने का भय था। इसलिए मैंने खास-खास अखबारों के संपादकों से प्रार्थना की थी कि वे रिपोर्टरों को भेजने का खर्च न उठाएँ; जितना छपवाने की जरूरत होगी, उतना मैं स्वयं भेजता रहूँगा और उन्हें खबर देता रहूँगा।

मैं यह समझता था कि चंपारन के निलहे खूब चिढ़े हुए हैं। मैं यह भी समझता था कि अधिकारी भी मन में खुश न होंगे; अखबारों में सच्ची-झूठी खबरों के छपने से वे अधिक चिढ़ेंगे। उनकी चिढ़ का प्रभाव मुझ पर तो कुछ नहीं पड़ेगा, पर गरीब, डरपोक रैयत पर पड़े बिना रहेगा। ऐसा होने से जो सच्ची स्थिति मैं जानना चाहता हूँ, उसमें बाधा पड़ेगी। निलहों की तरफ से विषैला आंदोलन शुरू हो चुका था। उनकी ओर से अखबारों में मेरे और साथियों के बारे में खूब झूठा प्रचार हुआ, किंतु मेरे अत्यंत सावधान रहने से और बारीक-से-बारीक बातों में भी सत्य पर दृढ़ रहने की आदत के कारण उनके प्रयास व्यर्थ गए।

निलहों ने ब्रजकिशोर बाबू की अनेक प्रकार से निंदा करने में जरा भी कसर नहीं रखी। पर ज्यों-ज्यों वे उनकी निंदा करते गए, त्यों-त्यों ब्रजकिशोर बाबू की प्रतिष्ठा बढ़ती गई।

ऐसी नाजुक स्थिति में मैंने रिपोर्टरों को आने के लिए जरा भी प्रोत्साहित नहीं किया, न नेताओं को बुलाया। मालवीयजी ने मुझे कहला भेजा था कि "जब जरूरत समझें, मुझे बुला लें। मैं आने को तैयार हूँ।" उन्हें भी मैंने तकलीफ नहीं दी। मैंने इस लड़ाई को कभी राजनीतिक रूप धारण न करने दिया। जो कुछ होता था, उसकी प्रासंगिक रिपोर्ट मैं मुख्य-मुख्य समाचार-पत्रों को भेज दिया करता था। राजनीतिक काम करने के लिए भी जहाँ राजनीति की गुंजाइश न हो, वहाँ उसे राजनीतिक स्वरूप देने से परहेज करना चाहिए और इस प्रकार विषय का स्थानांतर न करने से दोनों सुधरते हैं। बहुत बार के अनुभव से मैंने यह सब देख लिया था। चंपारन की लड़ाई यह सिद्ध

कर रही थी कि शुद्ध लोकसेवा में प्रत्यक्ष नहीं तो परोक्ष रीति से राजनीति मौजूद ही रहती है।

साथी

ब्रजकिशोर बाबू और राजेंद्र बाबू तो एक अद्वितीय जोड़ी थी। उन्होंने अपने प्रेम से मुझे इतना पंगु बना दिया था कि उनके बिना मैं एक कदम भी आगे नहीं जा सकता था। उनको शिष्य कहिए अथवा साथी, शंभूबाबू, अनुग्रहबाबू , धरणीबाबू और रामनवमीबाबू—ये वकील लगभग निरंतर मेरे साथ रहते थे। विंध्याबाबू और जनकधारी बाबू भी समय-समय पर साथ रहते थे। यह तो बिहारियों का संघ हुआ। उनका मुख्य काम था लोगों के बयान लेना।

अध्यापक कृपलानी इसमें सम्मिलित हुए बिना कैसे रह सकते थे ? स्वयं सिंधी होते हुए भी वे बिहारी से भी बढ़कर बिहारी थे।

मौलाना मजहरुल हक ने मेरे सहायक के रूप में अपना हक दर्ज करा रखा था और वे महीने में एक-दो बार दर्शन दे जाते थे।

जैसे-जैसे मुझे अनुभव प्राप्त होता गया वैसे-वैसे मैंने देखा कि चंपारन में ठीक से काम करना हो तो गाँवों में शिक्षा का प्रवेश होना चाहिए। लोगों का अज्ञान दयनीय था। गाँवों के बच्चे मारे-मारे फिरते थे अथवा माता-पिता दो या तीन पैसे की आमदनी के लिए उनसे सारे दिन नील के खेलों में मजदूरी करवाते थे। उन दिनों वहाँ पुरुषों की मजदूरी दस पैसे से अधिक नहीं थी। स्त्रियों की छ: पैसे और बालकों की तीन पैसे थी। चार आने की मजदूरी पानेवाला किसान भाग्यशाली समझा जाता था।

साथियों से सलाह करके पहले तो छह गाँवों में बालकों के लिए पाठशालाएँ खोलने का निश्चय किया। शर्त यह थी कि उन गाँवों के मुखिया मकान और शिक्षक का भोजन-व्यय दें; उसके दूसरे खर्च की व्यवस्था हम करेंगे। यहाँ के गाँवों में पैसे की विपुलता नहीं थी, पर अनाज वगैरा देने की शक्ति लोगों में थी। इसलिए लोग कच्चा अनाज देने को तैयार हो गए थे।

महान् प्रश्न यह था कि शिक्षक कहाँ से लाए जाएँ ? बिहार में थोड़ा वेतन लेने वाले अथवा कुछ न लेनेवाले अच्छे शिक्षकों का मिलना कठिन था। मेरी कल्पना यह थी कि साधारण शिक्षक के हाथ में बच्चों को कभी न छोड़ना चाहिए। शिक्षक को अक्षर-ज्ञान चाहे थोड़ा हो, पर उसमें चरित्र-बल तो होना ही चाहिए।

इस काम के लिए मैंने सार्वजनिक रूप से स्वयंसेवकों की माँग की। उसके उत्तर में गंगाधरराव देशपांडे ने बाबासाहब सोमण और पुंडलीक को भेजा। बंबई से अवंतिकाबाई गोखले आईं। दक्षिण से आनंदीबाई आईं। मैंने छोटेलाल, सुरेंद्रनाथ तथा

अपने लड़के देवदास का बुला लिया। इसी बीच महोदव देसाई और नरहरी परीख मुझे मिल गए थे। महादेव देसाई की पत्नी दुर्गा बहन और नरहरि पारीख की पत्नी मणि बहन भी आईं। मैंने कस्तूरबाई को भी बुला लिया था। शिक्षकों और शिक्षिकाओं का इतना संघ काफी था। श्रीमति अवंतिका बाई और आनंदी बाई की गिनती तो शिक्षितों में हो सकती थी, पर मणि बहन परीख और दुर्गा बहन देसाई को सिर्फ थोड़ी-सी गुजराती आती थी। कस्तूरबाई की पढ़ाई तो नहीं के बराबर ही थी। ये बहनें हिंदी-भाषी बच्चों को किस प्रकार पढ़ातीं?

चर्चा करके मैंने बहनों को समझाया कि उन्हें बच्चों को व्याकरण नहीं, बल्कि रहन-सहन का तौर-तरीका सिखाना है। पढ़ना-लिखना सिखाने की अपेक्षा, उन्हें स्वच्छता के नियम सिखाने हैं। परिणाम यह निकला कि बहनों की कक्षाएँ बहुत अच्छी तरह चलीं। बहनों में आत्मविश्वास उत्पन्न हो गया और उन्हें अपने काम में रस भी आने लगा। अवंतिकाबाई की पाठशाला आदर्श पाठशाला बन गई। उन्होंने अपनी पाठशाला में प्राण फूँक दिए। उनकी योग्यता भी काफी थी। इन बहनों के द्वारा गाँवों के स्त्री-समाज में भी हमारा प्रवेश हो सका था।

पर मुझे पढ़ाई की व्यवस्था करके ही रुकना नहीं था। गाँवों में गंदगी की कोई सीमा न थी। गलियों में कचरा, कुओं के आसपास कीचड़ और बदबू, आँगन इतने गंदे कि देखे न जा सकें। बड़ों को स्वच्छता की शिक्षा की जरूरत थी। चंपारन के लोग रोगों से पीड़ित देखे जाते थे। जितना हो सके, उतनना सफाई का काम करके लोगों के जीवन के प्रत्येक विभाग में प्रवेश करने की हमारी वृत्ति थी।

इस काम में डॉक्टरों की सहायता की जरूरत थी। अएतव मैंने गोखले की सोसाइटी से डॉ. देव की माँग की। उनके साथ मेरी स्नेहगाँठ तो बँध ही चुकी थी। छह महीनों के लिए उनकी सेवा का लाभ मिला। उनकी देख-रेख में शिक्षकों और शिक्षिकाओं को काम करना था।

सबको यह समझा दिया गया था कि कोई भी निलहों के विरुद्ध की जानेवाली शिकायतों में न पड़े। शिकायत करनेवालों को मेरे पास भेज दें। कोई अपने क्षेत्र से बाहर एक कदम भी न रखे। चंपारन के इन साथियों का नियम-पालन अद्‌भुत था। मुझे ऐसा कोई अवसर याद नहीं आता, जब किसी ने दी हुई सूचनाओं का उल्लंघन किया हो!

ग्राम-प्रवेश

प्राय: प्रत्येक पाठशाला में एक पुरुष और एक स्त्री की व्यवस्था की गई थी। उन्हीं के द्वारा दवा और सफाई के काम करने थे। स्त्रियों की मारफत स्त्री-समाज में

प्रवेश करना था। दवा का काम बहुत सरल बना लिया था। अरंडी का तेल, कुनैन और एक मरहम—इतनी ही चीजें प्रत्येक पाठशाला में रखी जाती थीं।

सफाई का काम कठिन था। लोग गंदगी दूर करने को तैयार नहीं थे। जो लोग रोज खेतों की मजदूरी करते थे, वे भी अपने हाथ में मैला साफ करने के लिए तैयार न थे। डॉ. देव झट हार मान लेनेवाले आदमी न थे। उन्होंने और स्वयंसेवकों ने अपने हाथ से एक गाँव के रास्तों की सफाई की, लोगों के आँगनों से कचरा साफ किया, कुओं के आसपास के गढडे भरे, कीचड़ निकाला और गाँववालों को स्वयंसेवक देने की बात प्रेम-पूर्वक समझाते रहे।

इन अनुभवों में से एक, जिसका वर्णन मैंने स्त्रियों की कई सभाओं में किया है, यहाँ देना अनुचित न होगा। भीतिहरवा एक छोटा-सा गाँव था। उसके पास उससे भी छोटा एक गाँव था। वहाँ कुछ बहनों के कपड़े बहुत मैले दिखाई दिए। इन बहनों को कपड़े बदलने के बारे में समझाने के लिए मैंने कस्तूरबाई से कहा। उसने उन बहनों से बात की। उनमें से एक बहन कस्तूरबाई को अपनी झोंपड़ी में ले गई और बोली, "भाप देखिए, यहाँ कोई पेटी या आलमारी नहीं है कि जिसमें कपड़े बंद हों। मेरे पास यही एक साड़ी है, जो मैंने पहन रखी है। इसे मैं कैसे धो सकती हूँ? महात्माजी से कहिए कि वे कपड़े दिलवाएँ। उस दशा में मैं रोज नहाने और कपड़े बदलने को तैयार रहूँगी।" हिंदुस्तान में ऐसे झोंपड़े अपवादरूप नहीं हैं। असंख्य झोंपड़ों में साज-सामान, संदूक-पेटी, कपड़े-लत्ते कुछ नहीं होते और असंख्य लोग केवल पहने हुए कपड़ों पर ही अपना निर्वाह करते हैं।

एक दूसरा अनुभव भी बताने जैसा है। चंपारन में बाँस या घास की कमी नहीं रहती। लोगों ने भीतिहरवा में पाठशाला का जो छप्पर बनाया था, वह बाँस और घास का था। किसी ने उसे रात को जला दिया। संदेह तो आसपास के निलहों के आदमियों पर हुआ था। फिर से बाँस और घास का मकान बनाना मुनासिब मालूम नहीं हुआ। यह पाठशाला श्री सोमण और कस्तूरबाई के जिम्मे थी। श्री सोमण ने ईंटों का पक्का मकान बनाने का निश्चय किया और उनके स्वपरिश्रम की छूत दूसरों को लगी, जिससे देखते-देखते ईंटों का मकान बनकर तैयार हो गया, और फिर से मकान के जल जाने का डर न रहा।

इस प्रकार पाठशाला, सफाई और औषधोपचार के कामों से लोगों में स्वयंसेवकों के प्रति विश्वास और आदर की वृद्धि हुई और उन पर अच्छा प्रभाव पड़ा।

पर मुझे खेद के साथ कहना पड़ता है कि इस काम को स्थायी रूप देने का मेरा मनोरथ सफल न हो सका। जो स्वयंसेवक मिले थे, वे एक निश्चित अवधि के लिए ही मिले थे। दूसरे नए स्वयंसेवकों के मिलने में कठिनाई हुई और बिहार से इस

काम के लिए योग्य स्थायी सेवक न मिल सके। मुझे भी चंपारन का काम पूरा होते-होते दूसरा काम, जो तैयार हो रहा था, घसीट ले गया। इतने पर भी छह महीनों तक हुए इस काम ने इतनी जड़ पकड़ ली कि एक नहीं तो दूसरे स्वरूप में उसका प्रभाव आज तक बना हुआ है।

मजदूरों के संपर्क में

चंपारन में अभी मैं समिति के काम को समेट ही रहा था कि इतने में खेड़ा से मोहनलाल पंड्या और शंकरलाल पारीख का पत्र आया कि खेड़ा जिले में फसल नष्ट हो गई है और लगान माफ कराने की जरूरत है। उन्होंने आग्रहपूर्वक लिखा कि मैं वहाँ पहुँचूँ और लोगों की रहनुमाई करूँ। मौके पर जाँच किए बिना कोई सलाह देने की मेरी इच्छा नहीं थी, न मुझ में वैसी शक्ति या हिम्मत ही थी।

दूसरी ओर से श्री अनसूयाबाई का पत्र उनके मजदूर संघ के बारे में आया था। मजदूरों की तनख्वाहें कम थीं। तनख्वाह बढ़ाने की उनकी माँग बहुत पुरानी थी। इस मामले में उनकी रहनुमाई करने का उत्साह मुझमें था। लेकिन मुझमें यह क्षमता न थी कि इस अपेक्षाकृत छोटे प्रतीत होनेवाले काम को भी मैं दूर बैठकर कर सकूँ। इसलिए मौका मिलते ही मैं पहले अहमदाबाद पहुँचा। मैंने यह सोचा था कि मामलों की जाँच करके थोड़े समय में मैं वापस चंपारन पहुँचूँगा और वहाँ के रचनात्मक काम की देखरेख करूँगा।

पर अहमदाबाद पहुँचने के बाद वहाँ ऐसे काम निकल आए कि मैं कुछ समय तक चंपारन नहीं जा सका और जो पाठशालाएँ वहाँ चल रही थीं, वे एक-एक करके बंद हो गईं। साथियों ने और मैंने कितने ही हवाई किले रचे थे, पर कुछ समय के लिए तो वे सब ढह गए।

अहमदाबाद में खेड़ा जिले के काम के बारे में सलाह-मशविरा हो ही रहा था कि इस बीच मैंने मजदूरों का काम हाथ में ले लिया।

मेरी स्थिति बहुत ही नाजुक थी। मजदूरों का मामला मुझे मजबूत मालूम हुआ। श्री अनसूयाबाई को अपने सगे भाई के साथ लड़ना था। मजदूरों और मालिकों के बीच के इस दारुण युद्ध में श्री अंबालाल साराभाई ने मुख्य रूप से हिस्सा लिया था। मिल-मालिकों के साथ मेरा मीठा संबंध था। उनके विरुद्ध लड़ने का काम विकट था। उनसे चर्चाएँ करके मैंने प्रार्थना की कि वे मजदूरों की माँग के संबंध में पंच नियुक्त करें; किंतु मालिकों ने अपने और मजदूरों के बीच पंच के हस्तक्षेप की आवश्यकता को स्वीकार न किया।

मैंने मजदूरों को हड़ताल करने की सलाह दी। यह सलाह देने से पहले मैं

मजदूरों के और मजदूर-नेताओं के संपर्क में अच्छी तरह आया। उन्हें हड़ताल की शर्तें समझाईं—

१. किसी भी दशा में शांति भंग न होने दी जाए।

२. जो मजदूर काम पर जाना चाहे उसके साथ जोर-जबरदस्ती न की जाए।

३. मजदूर भिक्षा का अन्न न खाएँ।

४. हड़ताल कितनी ही लंबी क्यों न चले, वे दृढ़ रहें और अपने पास पैसे न रहें तो दूसरी मजदूरी करके खाने योग्य कमा लें।

मजदूर नेताओं ने ये शर्तें समझ लीं और स्वीकार कर लीं। मजदूरों की आम सभा हुई और उसमें उन्होंने निश्चय किया कि जब तक उनकी माँग मंजूर न की जाए अथवा उसकी योग्यता-अयोग्यता की जाँच के लिए पंच की नियुक्ति न हो, तब तक वे काम पर नहीं जाएँगे।

कहना होगा कि इस हड़ताल के दौरान में मैं श्री बल्लभभाई पटेल और श्री शंकरलाल बैंकर को यथार्थ रूप में पहचानने लगा। श्री अनसूयाबाई का परिचय तो मुझे इसके पहले ही अच्छी तरह हो चुका था। हड़तालियों की सभा रोज साबरमती नदी के किनारे एक पेड़ की छाया तले होने लगी। उसमें वे लोग सैकड़ों की तादाद में जमा होते थे। मैं उन्हें रोज प्रतिज्ञा का स्मरण कराता तथा शांति बनाए रखने और स्वाभिमान की रक्षा करने की आवश्यकता समझाता था। वे अपना 'एक टेक' का झंडा लेकर रोज शहर में घूमते थे और जुलूस के रूप में सभा में हाजिर होते थे।

यह हड़ताल इक्कीस दिन तक चली। इस बीच समय-समय पर मैं मालिकों से बातचीत किया करता था और उन्हें इंसाफ करने के लिए मनाता था।

आश्रम की झाँकी

मजदूरों की बात को आगे बढ़ाने से पहले यहाँ आश्रम की झाँकी देख लेना आवश्यक है। चंपारन में रहते हुए भी मैं आश्रम को भूल नहीं सकता था। कभी-कभी वहाँ हो भी आता था।

कोचरब अदमदाबाद के पास एक छोटा सा गाँव है। आश्रम का स्थान इस गाँव में था। कोचरब में प्लेग शुरू हुआ। आश्रम के बालकों को मैं उस बस्ती के बीच सुरक्षित नहीं रख सकता था। स्वच्छता के नियमों का अधिक-से-अधिक सावधानी से पालन करने पर भी आस-पास की अस्वच्छता से आश्रम को अछुता रखना असंभव था। कोचरब के लोगों से स्वच्छता के नियमों का पालन कराने की अथवा ऐसे समय में उनकी सेवा करने की हममें शक्ति नहीं थी। हमारा आदर्श तो यह था कि आश्रम को शहर अथवा गाँव से अलग रखें, फिर भी वह इतना दूर न हो कि वहाँ पहुँचने

में बहुत कठिनाई हो। किसी-न-किसी दिन तो आश्रम को आश्रम के रूप में सुशोभित होने से पहले जमीन पर खुली जगह में स्थिर होना ही था।

प्लेग को मैंने कोचरब छोड़ने की नोटिस माना। श्री पूँजाभाई हीराचंद आश्रम के साथ बहुत निकट का संबंध रखते थे और आश्रम की छोटी-बड़ी सेवा शुद्ध और निरभिमान भाव से करते थे। उन्हें अहमदाबाद के कारोबारी जीवन का व्यापक अनुभव था। उन्होंने आश्रम के लिए जमीन की खोज तुरंत ही कर लेने का बीड़ा उठाया। कोचरब के उत्तर-दक्षिण के भाग में मैं उनके साथ घूमा। फिर उत्तर की ओर तीन-चार मील दूर कोई टुकड़ा मिल जाए तो उसका पता लगाने की बात मैंने उसने कही। उन्होंने आज की आश्रमवाली जमीन का पता लगा लिया। वह जेल के पास है, यह मेरे लिए खास प्रलोभन था। 'सत्याग्रह-आश्रम' में रहनेवाले के भाग्य में जेल तो लिखा ही होता है। अपनी इस मान्यता के कारण जेल का पड़ोस मुझे पसंद आया। मैं यह तो जानता ही था कि जेल के लिए हमेशा वही जगह पसंद की जाती है जहाँ आस-पास स्वच्छ स्थान हो।

कोई आठ दिन के अंदर की जमीन का सौदा तय कर लिया। जमीन पर न तो कोई मकान था, न कोई पेड़। जमीन के हक में नदी किनारा और एकांत ये दो बड़ी सिफारिशें थीं। हमने तंबुओं में रहने का निश्चय किया और सोचा कि रसोईघर के लिए टीन का एक कामचलाऊ छप्पर बाँध लेंगे और धीरे-धीरे स्थायी मकान बनाना शुरू कर देंगे।

इस समय आश्रम की बस्ती बढ़ गई थी। लगभग चालीस छोटे बड़े स्त्री-पुरुष थे। सुविधा यह थी कि सब एक ही रसोईघर में खाते थे। योजना की कल्पना मेरी थी। उसे अमली रूप देने का बोझ उठानेवाले तो नियमानुसार स्व. मगनलाल गांधी ही थे।

जब मजदूरों की हड़ताल हुई, तब आश्रम की नींव पड़ रही थी। आश्रम की प्रधान प्रवृत्ति बुनाई-काम की थी। कातने की तो अभी हम खोज ही नहीं कर पाए थे। अतएव, पहले बुनाई-घर बनाने का निश्चय किया था। इससे उसकी नींव चुनी जा रही थी।

उपवास

मजदूरों ने शुरू के दो हफ्तों में खूब हिम्मत दिखाई; शांति भी खूब रखी; प्रतिदिन की सभाओं में वे बड़ी संख्या में हाजिर भी रहे। प्रतिज्ञा का स्मरण मैं रोज उन्हें कराता ही था। वे रोज पुकार-पुकार कर कहते थे, ''हम मर मिटेंगे, पर अपनी टेक कभी न छोड़ेंगे।''

लेकिन आखिर वे कमजोर पड़ते जान पड़े। और जिस प्रकार कमजोर आदमी हिंसक होता है, उसी प्रकार उनमें जो कमजोर पड़े वे मिल में जानेवालों का द्वेष करने लगे और मुझे डर मालूम हुआ कि कहीं वे किसी के साथ जबरदस्ती न कर बैठें। रोज की सभा में लोगों की उपस्थिति कम पड़ने लगी। आनेवालों के चेहरों पर उदासीनता छाई रहती थी। मुझे खबर मिली कि मजदूर डगमगाने लगे हैं। मैं परेशान हुआ। यह सोचने लगा कि ऐसे समय में मेरा धर्म क्या हो सकता है।

सवेरे का समय था, मैं सभा में बैठा था। मेरी समझ में नहीं आ रहा था कि मुझे क्या करना चाहिए! किंतु सभा में ही मेरे मुँह से निकल गया, 'यदि मजदूर फिर से दृढ़ न बनें और फैसला होने तक हड़ताल को चला न सकें तो मैं तब तक के लिए उपवास करूँगा।'

जो मजदूर हाजिर थे, वे सब हक्के-बक्के रह गए। अनसूया बहन की आँखों से आँसू की धारा बह चली। मजदूर बोल उठे, "आप नहीं, हम उपवास करेंगे। आपको उपवास नहीं करना चाहिए। हमें माफ कीजिए। हम अपनी प्रतिज्ञा का पालन करेंगे।"

मैंने कहा, "आपको उपवास करने की जरूरत नहीं है। आपके लिए तो यही बस है कि आप अपनी प्रतिज्ञा का पालन करें। हमारे पास पैसा नहीं है। हम मजदूरों को अन्न खिलाकर हड़ताल चलाना नहीं चाहते। आप कुछ मजदूरी कीजिए और उससे अपनी रोज की रोटी के लायक पैसा कमा लीजिए। ऐसा करेंगे तो फिर हड़ताल कितने ही दिन क्यों न चले, आप निश्चिंत रह सकेंगे। मेरा उपवास तो अब फैसले से पहले न छूटेगा।"

बल्लभभाई पटेल मजदूरों के लिए म्युनिसिपैलिटी में काम खोज रहे थे, पर वहाँ कुछ काम मिलने की संभावना न थी। आश्रम की बुनाई-शाला में रेत का भराव करने की जरूरत थी। मगनलाल गांधी ने सुझाया कि इस काम में बहुत से मजदूर लगाए जा सकते हैं। मजदूर इसे करने को तैयार हो गए। अनसूया बहन ने पहली टोकरी उठाई और नदी में से रेत की टोकरियाँ ढोनेवाले मजदूरों की एक कतार खड़ी हो गई। वह दृश्य देखने योग्य था। मजदूरनों में नया बल आ गया। उन्हें पैसे चुकानेवाले चुकाते-चुकाते थक गए।

इस उपवास में एक दोष था। मैं ऊपर लिख चुका हूँ कि मालिकों के साथ मेरा मीठा संबंध था। इसलिए उन पर उपवास का प्रभाव पड़े बिना रह ही नहीं सकता था। मैं तो जानता था कि सत्याग्रही के नाते मैं उनके विरुद्ध उपवास कर ही नहीं सकता; उन पर कोई प्रभाव पड़े तो वह मजदूरों की हड़ताल का ही पड़ना चाहिए। मेरा प्रायश्चित्त उनके दोषों के लिए नहीं था; मजदूरों के दोष के निमित्त से था। मैं मजदूरों का प्रतिनिधि था, इसलिए उनके दोष से मैं दोषित होता था। मालिकों से तो मैं केवल

विनती ही कर सकता था। उनके विरुद्ध उपवास करना उनपर ज्यादती करने के समान था। फिर भी मैं जानता था कि मेरे उपवास का प्रभाव उन पर पड़े बिना रहेगा ही नहीं। प्रभाव पड़ा भी; किंतु मैं अपने उपवास को रोक नहीं सकता था। मैंने स्पष्ट देखा कि ऐसा दोषमय उपवास करना मेरा धर्म है।

सेठ अंबालाल इस हड़ताल के विरुद्ध दृढ़ रहनेवालों में अग्रगण्य थे। उनकी दृढ़ता आश्चर्यजनक थी। उनकी निष्कपटता भी मुझे उतनी ही पसंद आई। उनसे लड़ना मुझे प्रिय लगा। उनके-जैसे अगुआ जिस विरोधी दल में थे, उस पर उपवास का पड़नेवाला अप्रत्यक्ष प्रभाव मुझे अखरा। फिर उनकी धर्मपत्नी श्री सरलादेवी का मेरे प्रति सगी बहन-जैसा प्रेम था। मेरे उपवास से उन्हें जो घबराहट होती थी, वह मुझसे देखी नहीं जाती थी।

इस प्रकार चारों ओर प्रेममय वातावरण बन गया। मालिक केवल दयावश होकर समझौते का रास्ता खोजने लगे। अनसूया बहन के यहाँ उनकी चर्चाएँ चलने लगीं। श्री आनंदशंकर ध्रुव भी बीच में पड़े। आखिर वे पंच नियुक्त हुए और हड़ताल टूटी। मुझे केवल तीन उपवास करने पड़े। मालिकों ने मजदूरों को मिठाई बाँटी। इक्कीसवें दिन समझौता हुआ।

खेड़ा-सत्याग्रह

मजदूरों की हड़ताल समाप्त होने के बाद दम लेने को भी समय न मिला और मुझे खेड़ा जिले के सत्याग्रह का काम हाथ में लेना पड़ा। खेड़ा जिले में अकाल की-सी स्थिति होने के कारण खेड़ा के पाटीदार लोग लगान माफ कराने की कोशिश कर रहे थे। इस विषय में श्री अमृतलाल ठक्कर ने जाँच करके रिपोर्ट तैयार की थी। इस बारे में कोई निश्चित सलाह देने से पहले मैं कमिश्नर से मिला। श्री मोहनलाल पंड्या और श्री शंकरलाल पारीख अथक परिश्रम कर रहे थे। वे स्व. गोकलदास कहानदास पारेख और विट्ठलभाई पटेल के द्वारा धारासभा में आंदोलन कर रहे थे। सरकार के पास डेप्युटेशन भी गए थे।

लोगों की माँग इतनी साफ और इतनी साधारण थी कि उसके लिए लड़ाई लड़ने की जरूरत ही न होनी चाहिए थी। कानून यह था कि अगर यह फसल चार ही आना या उससे कम आवे तो उस साल का लगान माफ किया जाना चाहिए। पर सरकारी अधिकारियों का अंदाज चार आने से अधिक था। लोगों द्वारा यह सिद्ध किया जा रहा था कि उपज चार आने से कम आँकी जानी चाहिए, पर सरकार क्यों मानने लगी? लोगों की ओर से पंच बैठाने की माँग की गई। सरकार को वह असह्य मालूम हुई। जितना अनुनय-विषय हो सकता था, सो सब कर चुकने के बाद और साथियों से

परामर्श करने के पश्चात् मैंने सत्याग्रह करने की सलाह दी।

साथियों में खेड़ा जिले के सेवकों के अतिरिक्त मुख्यतः श्री बल्लभभाई पटेल, श्री शंकरलाल बैंकर, श्री अनसूया बहन, श्री इंदुलाल कन्हैयालाल याज्ञिक, श्री महादेव देसाई आदि थे। श्री बल्लभभाई अपनी बड़ी और बढ़ती हुई वकालत की बलि देकर आए थे। ऐसा कहा जा सकता है कि इसके बाद वे निश्चिंत होकर वकालत कर ही न सके।

हम नड़ियाद के अनाथाश्रम में ठहरे थे। अनाथाश्रम में ठहरने को कोई विशेषता न समझे। नड़ियाद में उसके जैसा कोई स्वतंत्र मकान नहीं था, जिसमें इतने सारे लोग समा सकें। अंत में नीचे लिखी प्रतिज्ञा पर हस्ताक्षर लिये गए—

"हम जानते हैं कि हमारे गाँवों की फसल चार आने से कम हुई है। इस कारण हमने सरकार से प्रार्थना की कि वह लगान-वसूली का काम अगले वर्ष तक मुल्तवी रखे। फिर भी वह मुल्तवी नहीं किया गया। अतएव हम नीचे सही करने वाले लोग यह प्रतिज्ञा करते हैं कि हम इस साल का पूरा या बाकी रहा सरकारी लगान नहीं देंगे। पर उसे वसूल करने के लिए सरकार जो भी कानूनी काररवाई करना चाहेगी, हम करने देंगे और उससे होनेवाले दुःख सहन करेंगे। यदि हमारी जमीन खालसा की गई तो हम उसे खालसा भी होने देंगे। पर अपने हाथों पैसे जमा करके हम झूठे नहीं ठहरेंगे और स्वाभिमान नहीं खोएँगे। अगर सरकार बाकी बची हुई सब जगहों में दूसरी किस्त की वसूली मुल्तवी रखे तो हममें से जो लोग जमा करा सकते हैं, वे पूरा अथवा बाकी रहा हुआ लगान जमा कराने को तैयार हैं। हममें से जो काम कर सकते हैं, उनके लगान जमा न कराने का कारण यह है कि अगर समर्थ लोग जमा करा दें तो असमर्थ लोग घबराहट में पड़कर अपनी कोई भी चीज बेचकर या कर्ज करके लगान जमा करा देंगे और दुःख उठाएँगे। हमारी यह मान्यता है कि ऐसी स्थिति में गरीबों की रक्षा करना समर्थ लोगों का कर्त्तव्य है।"

इस लड़ाई का अंत विचित्र रीति से हुआ। यह तो साफ था कि लोग थक चुके थे। जो दृढ़ रहे थे, उन्हें पूरी तरह बरबाद होने देने से संकोच हो रहा था। मेरा झुकाव इस ओर था कि सत्याग्रही के अनुरूप इसकी समाप्ति का कोई शोभास्पद मार्ग निकल आए तो उसे अपनाना ठीक होगा, ऐसा एक अनसोचा उपाय सामने आ गया। नड़ियाद तालुके के तहसीलदार ने संदेशा भेजा कि अगर अच्छी स्थितिवाले पाटीदार लगान अदा कर दें तो गरीबों का लगान मुल्तवी रहेगा। इस विषय में मैंने लिखित स्वीकृति माँगी और वह मिल गई। तहसीलदार अपनी तहसील की ही जिम्मेदारी ले सकता था। सारे जिले की जिम्मेदारी तो कलेक्टर ही ले सकता था। इसलिए मैंने कलेक्टर से पूछा। उनका जवाब मिला कि तहसीलदार ने जो कहा है, उसके अनुसार तो हुक्म निकल

ही चुका है। मुझे इसका पता नहीं था। लेकिन यदि ऐसा हुक्म निकल चुका हो तो माना जा सकता है कि लोगों की प्रतिज्ञा का पालन हुआ। प्रतिज्ञा में यही वस्तु थी, अतएव, इस हुक्म में हमने संतोष माना।

फिर भी इस प्रकार की समाप्ति से हम प्रसन्न न हो सके। सत्याग्रह की लड़ाई के पीछे जो एक मिठास होती है, वह इसमें नहीं थी। कलेक्टर मानता था कि उसने कुछ किया ही नहीं। गरीब लोगों को छोड़ने की बात कही जाती थी, किंतु वे शायद ही छूट पाए! जनता यह कहने का अधिकार आजमा न सकी कि गरीब में किसकी गिनती को जाए। मुझे इस बात का दुःख था कि जनता मैं इस प्रकार की शक्ति रह नहीं गई थी। अतएव, लड़ाई की समाप्ति का उत्सव तो मनाया गया, पर इस दृष्टि से मुझे वह निस्तेज लगा। सत्याग्रह का शुद्ध अंत तभी माना जाता है, जब जनता में आरंभ की अपेक्षा अंत में अधिक तेज और शक्ति पाई जाए। मैं इसका दर्शन न कर सका। इतने पर भी इस लड़ाई के जो अदृश्य परिणाम निकले, उनका लाभ तो आज भी देखा जा सकता है और उठाया जा रहा है। खेड़ा की लड़ाई से गुजरात के किसान-समाज की जागृति का और उसकी राजनीतिक शिक्षा का श्रीगणेश हुआ।

एकता की रट

जिन दिनों खेड़ा का आंदोलन चल रहा था, उन दिनों यूरोप का महायुद्ध भी जारी ही था। वायसराय ने उसके सिलसिले में नेताओं को दिल्ली बुलाया था। मुझसे आग्रह किया गया था कि मैं भी उसमें हाजिर होऊँ। मैं बता चुका हूँ कि लॉर्ड चेम्सफोर्ड के साथ मेरी मित्रता थी।

मैंने निमंत्रण स्वीकार किया और मैं दिल्ली गया, किंतु इस सभा में सम्मिलित होते समय मेरे मन में एक संकोच था। मुख्य कारण तो यह था कि इस सभा में अलीभाइयों को, लोकमान्य को और दूसरे नेताओं को निमंत्रित नहीं किया गया था। उस समय अलीभाई जेल में थे। उनसे मैं एक-दो बार ही मिला था। उनके बारे में सुना बहुत था। उनकी सेवावृत्ति और बहादुरी की सराहना सब कोई करते थे। हकीम साहब के संपर्क में मैं नहीं आया था। स्व. आचार्य रुद्र और दीनबंधु एंड्रूज के मुँह से उनकी बहुत प्रशंसा सुनी थी। कलकत्ते में हुई मुसलिम लीग की बैठक के समय श्वेब कुरेशी और बैरिस्टर रहमान के साथ भी जान-पहचान हो चुकी थी। मैं सज्जन मुसलमानों की संगति के अवसर ढूँढ़ता रहता था और जो पवित्र तथा देशभक्त माने जाते थे, उनसे जान-पहचान करके उनकी भावना को जानने की तीव्र इच्छा मुझमें रहती थी। इसलिए वे अपने समाज में मुझे जहाँ कहीं ले जाते, वहाँ बिना किसी आना-कानी के मैं चला जाता था।

अलीभाइयों की नजरबंदी के बाद मुसलमान भाई मुझे कलकत्ता मुसलिम लीग की बैठक में लिवा ले गए थे। वहाँ मुझसे बोलने को कहा गया। मैं बोला। मैंने मुसलमानों को समझाया कि अलीभाइयों को छुड़ाना उनका धर्म है।

इसके बाद वे मुझे अलीगढ़ कॉलेज में भी ले गए थे। वहाँ मैंने मुसलमानों को देश के लिए फकीरी अख्तियार करने की दावत दी।

अलीभाइयों को छुड़ाने के लिए मैंने सरकार से पत्र-व्यवहार शुरू किया। उसके निमित्त से इन भाइयों की खिलाफत संबंधी हलचल का अध्ययन किया। मुसलमानों के साथ चर्चाएँ कीं। मुझे लगा कि अगर मैं मुसलमानों का सच्चा मित्र बनना चाहता हूँ, तो मुझे अली भाइयों को छुड़ाने में और खिलाफत के प्रश्न को न्याय-पूर्वक सुलझाने में पूरी मदद करनी चाहिए। खिलाफत का सवाल मेरे लिए सरल था। मुझे उसके स्वतंत्र गुण-दोष देखने की जरूरत नहीं थी। मुझे लगा कि अगर उसके संबंध में मुसलमानों की माँग नीति-विरुद्ध न हो तो मुझे उनकी मदद करनी चाहिए।

चूँकि मैंने खिलाफत के मामले में मुसलमानों का साथ दिया था, इसलिए इस संबंध में मित्रों और आलोचकों ने मेरी काफी आलोचना की है। उन सब पर विचार करने के बाद जो राय मैंने बनाई और जो मदद दी या दिलाई, उसके बारे में मुझे कोई पश्चात्ताप नहीं है, न उसमें मुझे कोई सुधार ही करना है। मुझे लगता है कि आज भी ऐसा सवाल उठे तो मेरा व्यवहार पहले की तरह ही होगा।

इस प्रकार के विचार लेकर मैं दिल्ली गया। मुसलमानों के दुःख की चर्चा मुझे वायसराय से करनी थी। खिलाफत के प्रश्न ने अभी पूर्ण स्वरूप धारण नहीं किया था।

दिल्ली पहुँचते ही दीनबंधु एंड्रूज ने एक नैतिक प्रश्न खड़ा कर दिया। उन्हीं दिनों इटली और इंग्लैंड के बीच गुप्त संधि होने की जो चर्चा अंग्रेजी अखबारों में छिड़ी थी, उसकी बात कहकर दीनबंधु ने मुझसे कहा—"यदि इंग्लैंड ने इस प्रकार की गुप्त संधि किसी राष्ट्र के साथ की हो तो आप इस सभा में सहायक की तरह कैसे भाग ले सकते हैं?" मैं इन संधियों के विषय में कुछ जानता नहीं था। दीनबंधु का शब्द मेरे लिए पर्याप्त था। इस कारण को निमित्त बनाकर मैंने लॉर्ड चेम्सफोर्ड को पत्र लिखा कि सभा में सम्मिलित होते हुए मुझे संकोच हो रहा है। उन्होंने मुझे चर्चा के लिए बुलाया। उनके साथ और बाद में मि. मेफी के साथ मेरी लंबी चर्चा हुई। उसका परिणाम यह हुआ कि मैंने सभा में सम्मिलित होना स्वीकार किया। थोड़े में वायसराय की दलील यह थी—"आप यह तो नहीं मानते कि ब्रिटिश मंत्रिमंडल जो कुछ करे, उसकी जानकारी वायसराय को होनी ही चाहिए? मैं यह दावा नहीं करता कि ब्रिटिश सरकार कभी भूल करती ही नहीं। कोई भी ऐसा दावा नहीं करता। किंतु

यदि आप यह स्वीकार करते हैं कि उसका अस्तित्व संसार के लिए कल्याणकारी है, यदि आप यह मानते हैं कि उसके कार्यों से इस देश को कुल मिलाकर कुछ लाभ हुआ है तो क्या आप कह स्वीकार नहीं करेंगे कि उसकी विपत्ति के समय उसे मदद पहुँचाना प्रत्येक नागरिक का धर्म है? गुप्त-संधि के विषय में आपने समाचारपत्रों में जो देखा है, वही मैंने भी देखा है। इससे अधिक मैं कुछ नहीं जानता यह मैं आपसे विश्वासपूर्वक यह सकता हूँ। अखबारों में कैसी-कैसी गप्पें आती हैं, यह तो आप जानते ही हैं। क्या अखबारों में आई हुई एक निंदासूचक बात पर आप ऐसे समय राज्य का त्याग कर सकते हैं? लड़ाई समाप्त होने पर आपको जितने नैतिक प्रश्न उठाने हों, उतने उठा सकते हैं, और जितनी तकरार करनी हो, उतनी कर सकते हैं।''

यह दलील नई नहीं थी। लेकिन जिस अवसर पर और जिस रीति से यह पेश की गई, उससे मुझे नई जैसी लगी और मैंने सभा में जाना स्वीकार कर लिया। खिलाफत के बारे में यह निश्चय हुआ कि मैं वायसराय को पत्र लिखकर भेजूँ।

रंगरूटों की भरती

मैं सभा में हाजिर हुआ। वायसराय की तीव्र इच्छा थी कि मैं सिपाहियों की मददवाले प्रस्ताव का समर्थन करूँ। मैंने हिंदी-हिंदुस्तानी में बोलने की इजाजत चाही। वायसराय ने इजाजत तो दी, किंतु साथ ही अंग्रेजी में भी बोलने का कहा। मुझे भाषण तो करना ही नहीं था। मैंने वहाँ जो कहा सो इतना ही था—''मुझे अपनी जिम्मेदारी का पूरा खयाल है और उस जिम्मेदारी को समझते हुए मैं इस प्रस्ताव का समर्थन करता हूँ।''

सभा में कहे गए वाक्य में मेरे लिए तो बहुत वजन था। मैं उस सभा को अथवा उस समर्थन को भूल नहीं सकता था। अपनी एक जिम्मेदारी तो मुझे दिल्ली में ही पूरी कर लेनी थी। वायसराय को पत्र लिखने का काम मुझे सरल न जान पड़ा। सभा में जाने की अपनी अनिच्छा, उसके कारण, भविष्य की आशाएँ आदि की सफाई देना मुझे अपने लिए, सरकार के लिए और जनता के लिए आवश्यक मालूम हुआ।

यह पत्र शिमला भेजना था, क्योंकि सभा के समाप्त होते ही वायसराय शिमला पहुँच गए थे। वहाँ डाक द्वारा पत्र भेजने में देर होती थी। मेरी दृष्टि से पत्र महत्त्व का था। समय बचाने की आवश्यकता थी। हर किसी के साथ पत्र भेजने की इच्छा न थी। मुझे लगा कि पत्र किसी पवित्र मनुष्य के द्वारा जाए तो अच्छा हो। दीनबंधु और सुशील रुद्र ने रेवरेंड आयरलैंड नामक एक सज्जन का नाम सुझाया। उन्होंने पत्र ले जाना स्वीकार किया, बशर्ते कि पढ़ने पर वह उन्हें शुद्ध प्रतीत हो! पत्र व्यक्तिगत नहीं था। उन्होंने पढ़ा। उनको अच्छा लगा और वे ले जाने को राजी हुए। मैंने दूसरे

दर्जे का रेल-किराया देने की व्यवस्था की, किंतु उन्होंने उसे लेने से इनकार किया और रात की यात्रा होते हुए भी ड्योढ़े दर्जे का ही टिकट लिया। उनकी सादगी, सरलता और स्पष्टता पर मैं मुग्ध हो गया। इस प्रकार पवित्र हाथों द्वारा दिए गए पत्र का परिणाम मेरी दृष्टि से अच्छा ही हुआ। उससे मेरा मार्ग साफ हो गया।

मेरी दूसरी जिम्मेदारी रंगरूट भरती करने की थी। इसकी याचना मैं खेड़ा में न करता तो और कहाँ करता? पहले अपने साथियों को न न्योतता तो किसे न्योतता? खेड़ा पहुँचते ही बल्लभभाई इत्यादि के साथ मैंने सलाह की। उनमें से कुछ के गले बात तुरंत उतरी नहीं। जिनके गले उतरी, उन्होंने कार्य की सफलता के विषय में शंका प्रकट की। जिन लोगों में रंगरूटों की भरती करनी थी, उन लोगों में सरकार के प्रति किसी प्रकार का अनुराग न था। सरकारी अफसरों का उन्हें जो कड़वा अनुभव हुआ था, वह भी ताजा ही था।

फिर भी सब इस पक्ष में हो गए कि काम शुरू कर दिया जाए। शुरू करते ही मेरी आँख खुली। मेरा आशावाद भी कुछ शिथिल पड़ा। खेड़ा की लड़ाई में लोग अपनी बैलगाड़ी मुफ्त में देते थे। जहाँ एक स्वयंसेवक की हाजिरी की जरूरत थी, वहाँ तीन-चार मिल जाते थे। अब पैसे देने पर भी गाड़ी दुर्लभ हो गई। लेकिन हम यों निराश होनेवाले नहीं थे। गाड़ी के बादले हमने पैदल-यात्रा करने का निश्चय किया। रोज बीस मील की मंजिल तय करनी थी। जहाँ गाड़ी न मिलती, वहाँ खाना तो मिलता ही कैसे? माँगना भी उचित नहीं जान पड़ा। अतएव, यह निश्चय किया कि प्रत्येक स्वयंसेवक अपने खाने के लिए पर्याप्त सामग्री अपनी थैली में लेकर निकले। गरमी के दिन थे, इसलिए साथ में ओढ़ने के लिए तो कुछ रखने की आवश्यकता न थी।

हम जिस गाँव में जाते, उस गाँव में सभा करते। लोग आते, लेकिन भरती के लिए नाम तो मुश्किल से एक या दो ही मिलते। 'आप अहिंसावादी होकर हमें हथियार उठाने के लिए क्यों कहते हैं?' 'सरकार ने हिंदुस्तान का क्या भला किया है कि आप हमें उसकी मदद करने को कहते हैं?' ऐसे अनेक प्रकार के प्रश्न मेरे सामने रखे जाते थे।

यह सब होते हुए भी धीरे-धीरे हमारे सतत कार्य का प्रभाव लोगों पर पड़ने लगा था। नाम भी काफी संख्या में दर्ज होने लगे थे और हम यह मानने लगे थे कि अगर पहली टुकड़ी निकल पड़े तो दूसरों के लिए रास्ता खुल जाएगा। यदि रंगरूट निकलें तो उन्हें कहाँ रखा जाए इत्यादि प्रश्नों की चर्चा मैं कमिश्नर से करने लगा था। कमिश्नर दिल्ली के ढंग पर जगह-जगह सभाएँ करने लगे थे। गुजरात में भी वैसी सभा हुई। उसमें मुझे और साथियों को निमंत्रित किया गया था। मैं उसमें भी सम्मिलित हुआ था। पर यदि दिल्ली की सभा में मेरे लिए कम स्थान था तो यहाँ

की सभा में तो उससे भी कम स्थान मुझे अपने लिए मालूम हुआ। 'जी-हुजूरी' के वातावरण में मुझे चैन न पड़ता था। यहाँ मैं कुछ अधिक बोला था। मेरी बात में खुशामद जैसी तो कोई चीज थी ही नहीं, बल्कि दो कड़वे शब्द भी थे।

ऊपर वायसराय को लिखे जिस पत्र का उल्लेख किया गया हे, उसका सार नीचे दिया जाता है—

"युद्ध-परिषद् में उपस्थित रहने के विषय में मेरी अनिच्छा थी पर आपसे मिलने के बाद वह दूर हो गई और उसका एक कारण यह अवश्य था कि आपके प्रति मुझे बड़ा आदर है। न आने के कारणों में मजबूत कारण यह था कि उसमें लोकमान्य तिलक, मिसेज बेसेंट और अलीभाई निमंत्रित नहीं किए गए थे। इन्हें मैं जनता के बहुत शक्तिशाली नेता मानता हूँ। मुझे तो लगता है कि इन्हें निमंत्रित न करने में सरकार ने गंभीर भूल की है, और मैं अभी भी सुझाता हूँ कि प्रांतीय परिषदें की बैठक की जाएँ, तो उनमें इन्हें निमंत्रित किया जाए। मेरा यह नम्र मत है कि कोई सरकार ऐसे प्रौढ़ नेताओं की उपेक्षा नहीं कर सकती, फिर भले उनके साथ उसका कैसा भी मतभेद क्यों न हो। इस स्थिति में मैं सभा की समितियों में उपस्थित नहीं रह सका और सभा में प्रस्ताव का समर्थन करके संतुष्ट रहा। सरकार के सम्मुख मैंने जो सुझाव रखे हैं, उनके स्वीकृत होते ही मैं अपने समर्थन को अमली रूप देने की आशा रखता हूँ।

"जिस साम्राज्य में आगे चलकर हम संपूर्ण रूप से साझेदार बनने की आशा रखते हैं, संकट के समय में उसकी पूरी मदद करना हमारा धर्म है; किंतु मुझे यह तो कहना ही चाहिए कि इसके साथ यह आशा बँधी हुई है कि मदद के कारण हम अपने ध्येय तक शीघ्र पहुँच सकेंगे। अतएव, लोगों को यह मानने का अधिकार है कि आपके भाषण में जिन सुधारों के तुरंत अमल में आने की आशा प्रकट की गई है, उन सुधारों में कांग्रेस और मुसलिम लीग की मुख्य माँगों का समावेश किया जाएगा। यदि मेरे लिए यह संभव होता तो मैं ऐसे समय होमरूल आदि का उच्चारण तक न करता, बल्कि मैं समस्त शक्तिशाली भारतीयों को प्रेरित करता कि साम्राज्य के संकट के समय वे उसकी रक्षा के लिए चुपचाप खप जाएँ। इतना करने से ही हम साम्राज्य के बड़े-से-बड़े और आदरणीय साझेदार बन जाते और रंगभेद तथा देशभेद का नामोनिशान भी न रहता।

"पर शिक्षित समाज ने इससे कम प्रभावकारी मार्ग अपनाया है। आम लोगों पर उसका बड़ा प्रभाव है। मैं जब से हिंदुस्तान आया हूँ, तभी से आम लोगों के गाढ़ संपर्क में आता रहा हूँ; और मैं आपको यह बतलाना चाहता हूँ कि होमरूल की लगन उनमें पैठ गई है। होमरूल के बिना लोगें को कभी संतोष न होगा। वे समझते हैं कि होमरूल प्राप्त

करने के लिए जितना बलिदान दिया जाए उतना कम है। अतएव, यद्यपि साम्राज्य के लिए जितने स्वयंसेवक दिए जा सकें उतने देने चाहिए, तथापि आर्थिक सहायता के विषय में मैं ऐसा नहीं कह सकता। लोगों की हालत को जानने के बाद मैं यह कह सकता हूँ कि हिंदुस्तान जो सहायता दे चुका है, वह उसके सामर्थ्य से अधिक है। लेकिन मैं यह समझता हूँ कि सभा में जिन्होंने समर्थन किया है, उन्होंने मरते दम तक सहायता करने का निश्चय किया है। फिर भी हमारी स्थिति विषम है। हम एक पेढ़ी के हिस्सेदार नहीं हैं। हमारी मदद की नींव भविष्य की आशा पर खड़ी की गई है। और यह आशा क्या है, सो जरा खोलकर कहने की जरूरत है। मैं सौदा करना नहीं चाहता। पर मुझे इतना तो कहना ही चाहिए कि उसके बारे में हमारे मन में निराशा पैदा हो जाए तो साम्राज्य के विषय में आज तक की हमारी धारणा भ्रम मानी जाएगी।''

''आपने घर के झगड़े भूल जाने की सलाह दी है। यदि उसका अर्थ यह हो कि अत्याचार और अधिकारियों के अपकृत्य सहन कर लिये जाएँ तो यह असंभव है। संगठित अत्याचार का सामना अपनी समूची शक्ति लगाकर करना मैं अपना धर्म मानता हूँ। अतएव, आपको अधिकारियों को यह सुझाना चाहिए कि वे एक भी मनुष्य की अवगणना न करें और लोकमत का उतना आदर करें, जितना पहले कभी नहीं किया है। चंपारन में सौ साल पुराने अत्याचार का विरोध करके मैंने ब्रिटिश न्याय की सर्वश्रेष्ठता सिद्ध कर दिखाई है। खेड़ा की जनता ने देख लिया है कि जब उसमें सत्य के लिए दु:ख सहने की शक्ति होती है। तब वास्तविक सत्ता राजसत्ता नहीं, बल्कि लोकसत्ता होती है; और फलत: जनता जिस शासन को शाप देती है, उसके प्रति उसकी कटुता कम हुई है, और जिस हुकूमत ने सविनय कानून-भंग को सहन कर लिया, वह लोकमत की पूरी उपेक्षा करनेवाली नहीं हो सकती, इसका उसे विश्वास हो गया है। अएतव, मैं यह मानता हूँ कि चंपारन और खेड़ा में मैंने जो काम किया है, वह इस लड़ाई में मेरी सेवा है। यदि आप मुझसे इस प्रकार का अपना काम बंद कर देने को कहेंगे तो मैं यह मानूँगा कि आपने मुझे मेरी साँस बंद करने के लिए कहा है। यदि आत्मबल को अर्थात् प्रेमबल को शस्त्रबल के बदले लोकप्रिय बनाने में मैं सफल हो जाऊँ तो मैं मानता हूँ कि हिंदुस्तान सारे संसार की टेढ़ी नजर का भी सामना कर सकता है। अतएव, हर बार मैं दु:ख सहन करने की इस सनातन नीति को अपने जीवन में बुन लेने के लिए अपनी आत्मा को कसता रहूँगा, और इस नीति को स्वीकार करने के लिए दूसरों को निमंत्रण देता रहूँगा; और यदि मैं किसी अन्य कार्य में योग देता हूँ तो उसका हेतु भी केवल इसी नीति की अद्वितीय उत्तमता सिद्ध करना है।''

''अंत में मैं आपसे विनती करता हूँ कि आप मुसलमानी राज्यों के बारे में स्पष्ट आश्वासन देने के लिए ब्रिटिश मंत्रिमंडल को लिखिए। आप जानते हैं कि इसके बारे

में हरएक मुसलमान को चिंता बनी रहती है। स्वयं हिंदू होने के कारण उनकी भावना के प्रति मैं उपेक्षा का भाव नहीं रख सकता। उनका दुःख हमारा ही दुःख है। इन मुसलमानी राज्यों के अधिकारों की रक्षा में, उनके धर्मस्थानों के बारे में उनकी भावना का आदर करने में और हिंदुस्तान की होमरूल विषयक माँग को स्वीकार करने में साम्राज्य की सुरक्षा समाई हुई है। चूँकि मैं अंग्रेजों से प्रेम करता हूँ, इसलिए मैंने यह पत्र लिखा है; और मैं चाहता हूँ कि जो वफादारी एक अंग्रेज में है, वही वफादारी हर एक हिंदुस्तानी में जागे।''

मृत्यु-शय्या पर

रंगरूटों की भरती के काम में मेरा शरीर काफी क्षीण हो गया। उन दिनों मेरे आहार में मुख्यतः सिकी हुई और कुटी हुई मूँगफली, उसके साथ थोड़ा गुड़, केले वगैरा फल और दो-तीन नीबू का पानी, इतनी चीजें रहा करती थीं। मैं जानता था कि अधिक मात्रा में खाने से मूँगफली नुकसान करती है। फिर भी वह अधिक खा ली गई। उसके कारण पेट में कुछ पेचिश रहने लगी। मैं समय-समय पर आश्रम में तो आता ही था, मुझे यह पेचिश बहुत ध्यान देने योग्य प्रतीत न हुई। रात आश्रम पहुँचा। उन दिनों मैं दवा कदाचित् ही लेता था। विश्वास यह था कि एक बार का खाना छोड़ देने से दर्द मिट जाएगा। दूसरे दिन सवेरे कुछ भी न खाया था। इससे दर्द लगभग बंद हो चुका था। पर मैं जानता था कि मुझे उपवास चालू रखना चाहिए अथवा खाना ही हो तो फल के रस जैसी कोई चीज लेनी चाहिए।

उस दिन कोई त्योहार था। मुझे याद पड़ता है कि मैंने कस्तूरबाई से कह दिया था कि मैं दोपहर को भी नहीं खाऊँगा, लेकिन उसने मुझे ललचाया और मैं लालच में फँस गया। उन दिनों मैं किसी पशु का दूध नहीं लेता था। इससे घी-छाछ का भी मैंने त्याग कर दिया था। इसलिए उसने मुझसे कहा कि आपके लिए दले हुए गेहूँ को तेल में भूनकर लपसी बनाई गई है और खासतौर पर आपके लिए ही पूरे मूँग भी बनाए गए हैं। मैं स्वाद के वश होकर पिघला। पिघलते हुए भी इच्छा तो यह रखी थी कि कस्तूरबाई को खुश रखने के लिए थोड़ा खा लूँगा, स्वाद भी ले लूँगा और शरीर की रक्षा भी कर लूँगा। पर शैतान अपना निशाना ताक कर ही बैठा था। खाने बैठा तो थोड़ा खाने के बदले पेट भरकर खा गया। इस प्रकार स्वाद तो मैंने पूरा लिया, पर साथ ही यमराज को न्योता भी भेज दिया। खाने के बाद एक घंटा भी न बीता था कि जोर की पेचिश की शुरू हो गई।

रात को नड़ियाद तो वापिस जाना ही था। साबरमती स्टेशन तक पैदल गया। पर सवा मील का वह रास्ता तय करना मुश्किल हो गया। अहमदाबाद स्टेशन पर

बल्लभभाई पटेल मिलनेवाले थे। वे मिले और उन्होंने मेरी पीड़ा ताड़ ली। फिर भी मैंने उन्हें अथवा दूसरे साथियों को यह मालूम न होने दिया कि पीड़ा असह्य थी।

नड़ियाद पहुँचे। वहाँ से अनाथ आश्रम जाना था, जो आधे मील से कुछ कम ही दूर था। लेकिन उस दिन यह दूरी दस मील के बराबर मालूम हुई। बड़ी मुश्किल से घर पहुँचा। लेकिन पेट का दर्द बढ़ता ही जाता था। १५-१५ मिनट से पखाने की हालत मालूम होती थी। आखिर मैं हारा। मैंने अंततः असह्य वेदना प्रकट की और बिछौना पकड़ा। आश्रम के आम पखाने में जाता था, उसके बदले दो मंजिले पर कमोड मँगवाया। शरम तो बहुत आई, पर मैं लाचार हो गया था। फूलचंद बापूजी बिजली की गति से कमोड ले आए। चिंतातुर होकर साथियों ने मुझे चारों ओर से घेर लिया। उन्होंने मुझे अपने प्रेम से नहला दिया। पर वे बेचारे मेरे दुःख में किस प्रकार हाथ बँटा सकते थे? मेरे हठ का पार न था। मैंने डॉक्टर को बुलाने से इनकार कर दिया। दवा तो लेनी ही न थी; सोचा, किए हुए पाप की सजा भोगूँगा। साथियों ने यह सब मुँह लटकाकर सहन किया। चौबीस घंटों में तीस-चालीस बार पखाने की हाजत हुई होगी। खाना मैं बंद कर ही चुका था और शुरू के दिनों में तो मैंने फल का रस भी नहीं लिया था। लेने की बिलकुल रुचि न थी।

आज तक जिस शरीर को मैं पत्थर के समान मानता था, वह अब गीली मिट्टी-जैसा बन गया। शक्ति क्षीण हो गई। साथियों ने दवा लेने के लिए समझाया, लेकिन मैंने इनकार किया। उन्होंने पिचकारी लगवाने की सलाह दी। मैंने उसके लिए भी इनकार कर दिया। उस समय का पिचकारी विषयक मेरा अज्ञान हास्यास्पद था। मैं यह मानता था कि पिचकारी में किसी-न-किसी प्रकार की लसी होगी। बाद में मुझे मालूम हुआ कि वह तो निर्दोष वनस्पति से बनी औषधि की पिचकारी थी। पर जब समझ आई, तब अवसर बीत चुका था। हाजतें तो जारी ही थीं। अतिशय परिश्रम के कारण बुखार आ गया और बेहोशी भी आ गई। मित्र अधिक घबराए। दूसरे डॉक्टर भी आए। पर जो रोगी उनकी बात माने नहीं, उसके लिए वे क्या कर सकते थे?

सेठ अंबालाल और उनकी धर्मपत्नी दोनों नड़ियाद आए। साथियों से चर्चा करने के बाद वे अत्यंत सावधानी के साथ मुझे मिर्जापुरवाले अपने बँगले पर ले गए। इतनी बात तो मैं अवश्य कह सकता हूँ कि अपनी इस बीमारी में मुझे जो निर्मल और निष्काम सेवा प्राप्त हुई, उससे अधिक सेवा कोई पा नहीं सकता। मुझे हलका बुखार रहने लगा। मेरा शरीर क्षीण होता गया। बीमारी काफी लंबे समय तक चलेगी, शायद मैं बिछौने से उठ नहीं सकूँगा, ऐसा भी एक विचार मन में पैदा हुआ। अंबालाल सेठ के बंगले में प्रेम से घिरा होने पर भी मैं अशांत हो उठा और मैंने उनसे प्रार्थना की कि वे मुझे आश्रम ले जाएँ। मेरा अतिशय आग्रह देखकर वे मुझे आश्रम ले गए।

मैं अभी आश्रम में पीड़ा भोग ही रहा था कि इतने में बल्लभभाई समाचार लाए कि जर्मनी पूरी तरह हार चुका है और कमिश्नर ने कहलवाया है कि रंगरूट भरती करने की कोई आवश्यकता नहीं है। यह सुनकर भरती की चिंता से मैं मुक्त हुआ और मुझे शांति मिली।

उन दिनों मैं जल का उपचार करता था और उससे शरीर टिका हुआ था। पीड़ा शांत हो गई थी, किंतु शरीर किसी भी उपाय से पुष्ट नहीं हो रहा था। वैद्य मित्र और डॉक्टर मित्र अनेक प्रकार की सलाह देते थे, पर मैं किसी तरह दवा पीने को तैयार नहीं हुआ। दो-तीन मित्रों ने सलाह दी कि दूध लेने में आपत्ति हो तो मांस का शोरबा लेना चाहिए और औषधि के रूप में मांसादि, चाहे जो वस्तु ली जा सकती है। इसके समर्थन में उन्होंने आयुर्वेद के प्रमाण दिए। एक ने अंडे लेने की सिफारिश की। लेकिन मैं इनमें से किसी भी सलाह को स्वीकार न कर सका। मेरा उत्तर एक ही था—'नहीं'।

खाद्याखाद्य का निर्णय मेरे लिए केवल शास्त्रों के श्लोकों पर अवलंबित नहीं था, बल्कि मेरे जीवन के साथ वह स्वतंत्र रीति से जुड़ा हुआ था। चाहे जो चीज खाकर और चाहे जैसा उपचार करके जीने का मुझे तनिक भी लोभ न था। जिस धर्म का आचरण मैंने अपने पुत्रों के लिए किया, स्त्री के लिए किया, स्नेहियों के लिए किया, उस धर्म का त्याग मैं अपने लिए कैसे करता?

इस प्रकार मुझे अपनी इस बहुत लंबी और जीवन की सबसे पहली इतनी बड़ी बीमारी में धर्म का निरीक्षण करने और उसे कसौटी पर चढ़ाने का अलभ्य लाभ मिला। एक रात तो मैंने बिलकुल ही आशा छोड़ दी थी। मुझे ऐसा भास हुआ कि अब मृत्यु समीप ही है। श्री अनसूया बहन को खबर भिजवाई। वे आईं। बल्लभभाई आए। डॉक्टर कानूगा आए। डॉ. कानूगा ने मेरी नाड़ी देखी और कहा—"मैं खुद तो मरने के कोई चिह्न देख नहीं रहा हूँ। नाड़ी साफ है। केवल कमजोरी के कारण आपके मन में घबराहट है।" लेकिन मेरा मन न माना। रात तो बीती, किंतु उस रात मैं शायद ही सो सका होऊँगा!

सवेरा हुआ। मौत न आई। फिर भी उस समय जीने की आशा न बाँध सका, और यह समझकर कि मृत्यु समीप है, जितनी देर बन सके, उतनी देर तक साथियों से 'गीता-पाठ' सुनने में लगा रहा। काम-काज करने की कोई शक्ति रही ही नहीं थी। पढ़ने जितनी भी शक्ति नहीं रह गई थी। किसी के साथ बात करने की भी इच्छा न होती थी। थोड़ी बात करने से दिमाग थक जाता था। इस कारण जीने में कोई रस न रह गया था। जीने के लिए जीना मुझे कभी पसंद पड़ा ही नहीं। बिना कुछ काम-काज किए साथियों की सेवा लेकर क्षीण हो रहे शरीर को टिकाए रखने में मुझे भारी उकताहट मालूम होती थी।

यों मैं मौत की राह बैठा देखता था। इतने में डॉ. तलवलकर एक विचित्र प्राणी को लेकर आए। वे महाराष्ट्री हैं। हिंदुस्तान उन्हें पहचानता नहीं। मैं उन्हें देखकर समझ सका था कि वे मेरी ही तरह 'चक्रम' हैं। वे अपने उपचार का प्रयोग मुझ पर करने के लिए आए थे। उन्हें डॉ. तलवलकर अपनी सिफारिश के साथ मेरे पास लाए थे। उन्होंने ग्रांट मेडिकल कॉलेज में डॉक्टरी का अध्ययन किया था, पर वे डिग्री नहीं पा सके थे। बाद में मालूम हुआ कि वे ब्रह्मसमाजी हैं। नाम उनका केलकर है। बड़े स्वतंत्र स्वभाव के हैं। वे बर्फ के उपचार के बड़े हिमायती हैं। मेरी बीमारी की बात सुनकर जिस दिन वे मुझे पर बर्फ का अपना उपचार आजमाने के लिए आए, उसी दिन से हम उन्हें 'आइस डॉक्टर' के उपनाम से पहचानते हैं। अपने विचारों के विषय में वे अत्यंत आग्रही हैं।

पर उनकी खोजें योग्य हों अथवा अयोग्य, मैंने उन्हें अपने शरीर पर प्रयोग करने दिए। मुझे बाह्य उपचारों से स्वस्थ होना अच्छा लगता था, सो भी बर्फ के अर्थात् पानी के। अतएव, उन्होंने मेरे सारे शरीर पर बरफ घिसनी शुरू की। इस इलाज से जितने परिणाम की आशा वे लगाए हुए थे, उतना परिणाम तो मेरे संबंध में नहीं निकला। फिर भी मैं, जो रोज मौत की राह देखा करता था, अब मरने के बदले कुछ जीने की आशा रखने लगा। मुझमें कुछ उत्साह पैदा हुआ। मन के उत्साह के साथ मैंने शरीर में भी उत्साह का अनुभव किया। मैं कुछ अधिक खाने लगा। रोज पाँच-दस मिनट घूमने लगा। अब उन्होंने सुझाया, "अगर आप अंडे का रस पीएँ तो आप में जितनी शक्ति आई है, उससे अधिक शक्ति आने की गारंटी मैं दे सकता हूँ। अंडे दूध के समान ही निर्दोष हैं। वे मांस तो हरगिज नहीं हैं। हर एक अंडे में से बच्चा पैदा होता ही है, ऐसा कोई नियम नहीं है। जिनसे बच्चे पैदा होते ही नहीं, ऐसे निर्जीव अंडे भी काम में लाए जाते हैं, इसे मैं आपके सामने सिद्ध कर सकता हूँ।" पर मैं ऐसे निर्जीव अंडे लेने को भी तैयार न हुआ। फिर भी मेरी गाड़ी कुछ आगे बढ़ी और मैं आस-पास के कामों में थोड़ा-थोड़ा रस लेने गया।

रॉलेट ऐक्ट और मेरा धर्म-संकट

मित्रों ने सलाह दी कि माथेरान जाने से मेरा शरीर शीघ्र पुष्ट होगा। अतएव, मैं माथेरान गया। किंतु वहाँ का पानी भारी था, इसलिए मेरे सरीखे रोगी के लिए वहाँ रहना कठिन हो गया। पेचिश के कारण गुदाद्वार इतना नाजुक हो गया था कि साधारण स्पर्श भी मुझसे सहा न जाता था और उसमें दरारें पड़ गई थीं, जिससे मलत्याग के समय बहुत कष्ट होता था। इससे कुछ भी खाते हुए डर लगता था। एक हफ्ते में माथेरान से वापस लौटा तो मेरी तबीयत की हिफाजत का जिम्मा शंकरलाल बैंकर ने

अपने हाथ में लिया था। उन्होंने डॉ. दलाल से सलाह लेने का आग्रह किया। डॉ. दलाल आए; उनकी तत्काल निर्णय करने की शक्ति ने मुझे मुग्ध कर लिया। वे बोले—

"जब तक आप दूध न लेंगे, मैं आपके शरीर को फिर से हृष्ट-पुष्ट न बना सकूँगा। उसे पुष्ट बनाने के लिए आपको दूध लेना चाहिए और लोहे तथा आर्सेनिक की पिचकारियाँ लेनी चाहिए। यदि आप इतना करें तो आपके शरीर को पुनः पुष्ट करने की गारंटी मैं देता हूँ।"

मैंने जवाब दिया—"पिचकारी लगाइए, लेकिन दूध मैं न लूँगा।"

डॉक्टर ने पूछा—"दूध के संबंध में आपकी प्रतिज्ञा क्या है?"

"यह जानकर कि गाय-भैंस पर फूँके की क्रिया की जाती है, मुझे दूध से नफरत हो गई है। और यह तो मैं सदा से मानता रहा हूँ कि दूध मनुष्य का आहार नहीं है। इसलिए मैंने दूध छोड़ दिया है।"

यह सुनकर कस्तूरबाई, जो मेरी खटिया के पास ही खड़ी थी, बोल उठी— "तब तो बकरी का दूध आप ले सकते है?"

डॉक्टर बीच में बोले—"आप बकरी का दूध लें तो मेरा काम बन जाए।"

मैं घिरा, सत्याग्रह की लड़ाई के मोह ने मेरे अंदर जीने का लोभ पैदा कर दिया और मैंने प्रतिज्ञा के अक्षरार्थ के पालने से संतोष मानकर उसकी आत्मा का हनन किया। यद्यपि दूध की प्रतिज्ञा लेते समय मेरे सामने गाय-भैंस ही थीं, फिर भी मेरी प्रतिज्ञा दूधमात्र की मानी जानी चाहिए। और जब तक मैं पशु के दूधमात्र को मनुष्य के आहार के रूप में निषिद्ध मानता हूँ, तब तक मुझे उसे लेने का अधिकार नहीं, इस बात को जानते हुए भी मैं बकरी का दूध लेने को तैयार हो गया। सत्य के पुजारी ने सत्याग्रह की लड़ाई के लिए जीने की इच्छा रखकर अपने सत्य को लांछित किया।

मेरे इस कार्य का डंक अभी तक मिटा नहीं है और बकरी का दूध छोड़ने के विषय में मेरा चिंतन तो चल ही रहा है। बकरी का दूध पीते समय मैं रोज दुःख का अनुभव करता हूँ। किंतु सेवा करने का महासूक्ष्म मोह, जो मेरे पीछे पड़ा है, मुझे छोड़ता नहीं। अहिंसा की दृष्टि से आहार के अपने प्रयोग मुझे प्रिय हैं। उनसे मुझे आनंद प्राप्त होता है। वह मेरा विनोद है। परंतु बकरी का दूध मुझे आज इस दृष्टि से नहीं अखरता। वह अखरता है सत्य की दृष्टि से! मुझे ऐसा भास होता है कि मैं अहिंसा को जितना पहचान सका हूँ, सत्य को उससे अधिक पहचानता हूँ। मेरा अनुभव यह है कि अगर मैं सत्य को छोड़ दूँ तो अहिंसा की भारी गुत्थियाँ मैं कभी सुलझा नहीं सकूँगा। सत्य के पालन का अर्थ है—लिये हुए व्रत के शरीर और आत्मा की रक्षा, शब्दार्थ और भावार्थ का पालन। मुझे हर दिन यह बात खटकती रहती है कि मैंने दूध के बारे में व्रत की आत्मा का-भावार्थ का-हनन किया है। यह जानते हुए भी मैं यह नहीं जान

सका कि अपने व्रत के प्रति मेरा धर्म क्या है, अथवा कहिए कि मुझमें उसे पालने की हिम्मत नहीं है। दोनों बातें एक ही हैं; क्योंकि शंका के मूल में श्रद्धा का अभाव रहता है। हे ईश्वर, तू मुझे श्रद्धा दे!

बकरी का दूध शुरू करने के कुछ दिन बाद डॉ. दलाल ने गुदाद्वार की दरारों का ऑपरेशन किया और वह बहुत सफल हुआ।

बिछौना छोड़कर उठने की कुछ आशा बँध रही थी और अखबार वगैरा पढ़ने लगा ही था कि इतने में रॉलेट कमेटी की रिपोर्ट मेरे हाथ में आई। उसकी सिफारिशें पढ़कर मैं चौंका। भाई उमर सोबानी और शंकरलाल बैंकर ने चाहा कि कोई निश्चित कदम उठाना चाहिए। एकाध महीने में मैं अहमदाबाद गया। बल्लभभाई प्रायः प्रतिदिन मुझे देखने आते थे।

इस बातचीत के परिणामस्वरूप ऐसे कुछ लोगों की एक छोटी सभा बुलाने का निश्चय हुआ, जो मेरे संपर्क में ठीक-ठीक आ चुके थे। मुझे तो यह स्पष्ट प्रतीत हुआ कि प्राप्त प्रमाणों के आधार पर रॉलेट कमेटी ने जो कानून बनाने की सिफारिश की है, उसकी कोई आवश्यकता नहीं है। मुझे यह भी इतना ही स्पष्ट प्रतीत हुआ कि स्वााभिमान रक्षा करनेवाली कोई भी जनता ऐसे कानून को स्वीकार नहीं कर सकती।

वह सभा हुई। उसमें मुश्किल से कोई बीस लोगों को न्योता गया था। जहाँ तक मुझे याद है, बल्लभभाई के अतिरिक्त उसमें श्रीमती सरोजिनी नायडू, मि.हर्निमैन, स्व. उमर सोबानी, श्री शंकरलाल बैंकर, श्री अनुसूया बहन आदि सम्मिलित हुए थे।

प्रतिज्ञा-पत्र तैयार हुआ, और मुझे याद है कि जितने लोग हाजिर थे, उन सबने उस पर हस्ताक्षर किए। उस समय मैं कोई अखबार नहीं निकालता था। पर समय-समय पर अखबारों में लिखा करता था, उसी तरह लिखना शुरू किया और शंकरलाल बैंकर ने जोर का आंदोलन चलाया। इस अवसर पर उनकी काम करने की और संगठन करने की शक्ति का मुझे खूब अनुभव हुआ।

कोई भी चलती हुई संस्था सत्याग्रह-जैसे नए शस्त्र को स्वयं उठा ले, मैंने असंभव माना। इस कारण सत्याग्रह-सभा की स्थापना हुई। उसके मुख्य सदस्यों के नाम बंबई में ही लिखे गए। केंद्र बंबई में रखा गया। प्रतिज्ञा-पत्रों पर खूब हस्ताक्षर होने लगे। खेड़ा की लड़ाई की तरह पत्रिकाएँ निकलीं और जगह-जगह सभाएँ हुईं।

मैं इस सभा का सभापति बना था। मैंने देखा कि शिक्षित समाज के और मेरे बीच बहुत मेल नहीं बैठ सकता। सभा में गुजराती भाषा के उपयोग के मेरे आग्रह ने और मेरे कुछ दूसरे तरीकों ने उन्हें परेशानी में डाल दिया। फिर भी बहुतों ने मेरी

पद्धति को निबाहने की उदारता दिखाई, यह मुझे स्वीकार करना चाहिए। लेकिन मैंने शुरू में ही देख लिया कि यह सभा लंबे समय तक टिक नहीं सकेगी। इसके अलावा सत्य और अहिंसा पर जो जोर मैं देता था, वह कुछ लोगों को अप्रिय मालूम हुआ। फिर भी शुरू के दिनों में यह नया काम धड़ल्ले के साथ आगे बढ़ा।

वह अद्‍भुत दृश्य

एक ओर से रॉलेट कमेटी की रिपोर्ट के विरुद्ध आंदोलन बढ़ता गया, दूसरी ओर से सरकार कमेटी की सिफारिशों पर अमल करने के लिए दृढ़ होती गई। रॉलेट बिल प्रकाशित हुआ। मैं एक बार धारा सभा की बैठक में गया था। रॉलेट बिल की चर्चा सुनने गया था। शास्त्रीजी ने अपना जोशीला भाषण किया, सरकार को चेतावनी दी। जिस समय शास्त्रीजी की वाग्धारा बह रही थी, वायसराय उनके सामने टकटकी लगाकर देख रहे थे। मुझे तो जान पड़ा कि इस भाषण का असर उनपर हुआ होगा। शास्त्रीजी की भावना उमड़ी पड़ती थी।

पर सोए हुए आदमी को जगाया जा सकता है पर जगानेवाला सोने का बहाना करे तो उसके कान में ढोल बजाने पर भी वह क्यों सुनने लगा? धारासभा में बिलों की चर्चा का 'फार्स ' तो करना ही चाहिए। सरकार ने वह किया। किंतु उसे जो काम करना था, उसका निश्चय तो हो ही चुका था। इसलिए शास्त्रीजी की चेतावनी व्यर्थ सिद्ध हुई।

मेरी तूती की आवाज को तो भला कौन सुनता? मैंने वायसराय से मिलकर उन्हें बहुत समझाया। व्यक्तिगत पत्र लिखे। सार्वजनिक पत्र लिखे। मैंने उनमें स्पष्ट बता दिया कि सत्याग्रह को छोड़कर मेरे पास दूसरा कोई मार्ग नहीं है। लेकिन सब व्यर्थ हुआ।

अभी बिल गजट में नहीं छपा था। मेरी शरीर कमजोर था, फिर भी मैंने लंबी यात्रा का खतरा उठाया। मुझमें ऊँची आवाज से बोलने की शक्ति नहीं आई थी। खड़े रहकर बोलने की शक्ति जो गई, सो अभी तक लौटी नहीं है। थोड़ी देर खड़े रहकर बोलने पर सारा शरीर काँपने लगता था और छाती तथा पेट में दर्द मालूम होने लगता था। पर मुझे लगा कि मद्रास से आया हुआ निमंत्रण स्वीकार करना ही चाहिए। दक्षिण के प्रांत उस समय भी मुझे घर सरीखे मालूम होते थे। दक्षिण अफ्रीका के संबंध के कारण तमिल-तेलुगु आदि दक्षिण प्रदेश के लोगों पर मेरा कुछ अधिकार है, ऐसा मैं मानता आया हूँ। और अपनी इस मान्यता में मैंने थोड़ी भी भूल की है, ऐसा मुझे आज तक प्रतीत नहीं हुआ। निमंत्रण स्व. कस्तूरी रंगा आयंगार की ओर से मिला था। मद्रास जाने पर पता चला कि इस निमंत्रण के मूल में राजगोपालाचार्य थे। राजगोपालाचार्य

के साथ यह मेरा पहला परिचय कहा जा सकता है। मैं इसी समय उन्हें प्रत्यक्ष पहचानने लगा था।

सार्वजनिक काम में अधिक हिस्सा लेने के विचार से और श्री कस्तूरी रंगा आयंगार इत्यादि मित्रों की माँग पर वे सेलम छोड़कर मद्रास में वकालत करनेवाले थे। मुझे उनके घर पर ठहराया गया था। कोई दो दिन बाद ही मुझे पता चला कि मैं उनके घर ठहरा हूँ; क्योंकि बँगला कस्तूरी रंगा आयंगार का था, इसलिए मैंने अपने को उन्हीं को मेहमान मान लिया था। महादेव देसाई ने मेरी भूल सुधारी। राजगोपालाचार्य दूर-दूर ही रहते थे। पर महादेव ने उन्हें भली-भाँति पहचान लिया था। महादेव ने मुझे सावधान करते हुए कहा, "आपको राजगोपालाचार्य से जान-पहचान बढ़ा लेनी चाहिए।"

मैंने परिचय बढ़ाया। मैं प्रतिदिन उनके साथ लड़ाई की रचना के विषय में चर्चा करता था। सभाओं के सिवा मुझे और कुछ सूझता ही न था। यदि रॉलेट बिल कानून बन जाए तो उसकी सविनय अवज्ञा किसी प्रकार की जाए? उसकी सविनय अवज्ञा करने का अवसर तो सरकार दे तभी मिल सकता है। दूसरा कानूनों की सविनय अवज्ञा की जा सकती है? उसकी मर्यादा क्या हो? आदि प्रश्नों की चर्चा होती थी।

श्री कस्तूरी रंगा आयंगार ने नेताओं की एक छोटी सभा भी बुलाई। उसमें भी खूब चर्चा हुई। श्री विजयराघवाचार्य ने उसमें पूरा हिस्सा लिया। उन्होंने सुझाव दिया कि सूक्ष्म-से-सूक्ष्म सूचनाएँ लिखकर मैं सत्याग्रह का शास्त्र तैयार कर लूँ। मैंने बताया कि यह काम मेरी शक्ति से बाहर है।

इस प्रकार मंथन-चिंतन चल रहा था कि इतने में समाचार मिला कि बिल कानून के रूप में गजट में छप गया है। इस खबर के बाद की रात को मैं विचार करते-करते सो गया। सवेरे जल्दी जाग उठा। अर्द्धनिद्रा की दशा रही होगी, ऐसे में मुझे सपने में एक विचार सूझा। मैंने सवेरे-ही-सवेरे राजगोपालाचार्य को बुलाया और कहा—

"मुझे रात स्वप्नावस्था में यह विचार सूझा कि इस कानून के जवाब में हम सारे देश को हड़ताल करने की सूचना दें। सत्याग्रह आत्मशुद्धि की लड़ाई है। वह धार्मिक युद्ध है। धर्म-कार्य का आरंभ शुद्धि से करना ठीक मालूम होता है। उस दिन सब उपवास करें और काम-धंधा बंद रखें। मुसलमान भाई रोजे से अधिक उपवास न करेंगे, इसलिए चौबीस घंटों का उपवास करने की सिफारिश की जाए। इसमें सब प्रांत सम्मिलित होंगे या नहीं, यह तो कहा नहीं जा सकता। पर बंबई, मद्रास, बिहार और सिंध की आशा तो मुझे है ही। यदि इतने स्थानों पर भी ठीक से हड़ताल रहे तो हमें संतोष मानना चाहिए।"

राजगोपालाचार्य को यह सूचना बहुत अच्छी लगी। बाद में दूसरे मित्रों को तुरंत

इसकी जानकारी दी गई। सबने इसका स्वागत किया। मैंने एक छोटी सी विज्ञप्ति तैयार कर ली। पहले १९१९ के मार्च की ३०वीं तारीख रखी गई। बाद में ६ अप्रैल रखी गई। लोगों को बहुत ही थोड़े दिन की मुद्दत दी गई थी। चूँकि काम तुरंत करना जरूरी समझा गया था, अतएव, तैयारी के लिए लंबी मुद्दत देने का समय ही न था।

लेकिन न जाने कैसे सारी व्यवस्था हो गई! समूचे हिंदुस्तान में—शहरों में और गाँवों में—हड़ताल हुई! वह दृश्य भव्य था!

वह सप्ताह-१

दक्षिण में थोड़ी यात्रा करके संभवत: ४ अप्रैल को मैं बंबई पहुँचा। शंकरलाल बैंकर का तार था कि छठी तारीख मनाने के लिए मुझे बंबई में मौजूद रहना चाहिए।

पर इससे पहले दिल्ली में तो हड़ताल ३० मार्च के दिन ही मनाई जा चुकी थी। दिल्ली में स्व. श्रद्धानंदजी और मरहूम हकीम साहब अजमल खाँ की दुहाई फिरती थी। ६ अप्रैल तक हड़ताल की अवधि बढ़ाने की सूचना दिल्ली देर से पहुँची थी। दिल्ली में उस दिन जैसी हड़ताल हुई, वैसी पहले कभी न हुई थी। ऐसा जान पड़ा मानो हिंदू और मुसलमान दोनों एकदिल हो गए हैं! श्रद्धानंदजी को जामा मसजिद में निमंत्रित किया गया और वहाँ उन्हें भाषण करने दिया गया। अधिकारी यह सब सहन नहीं कर पाए। रेलवे स्टेशन की तरफ जाते हुए जुलूस को पुलिस ने रोका और गोलियाँ चलाईं। कितने ही लोग घायल हुए। कुछ जान से मारे गए। दिल्ली में दमन का दौर शुरू हुआ। श्रद्धानंदजी ने मुझे दिल्ली बुलाया। मैंने तार दिया कि बंबई में छठी तारीख मनाकर तुरंत दिल्ली पहुँचूँगा।

जो हाल दिल्ली का था, वही लाहौर-अमृतसर का भी रहा। अमृतसर से डॉ. सत्यपाल और किच [illegible] तार आए थे कि मुझे वहाँ तुरंत पहुँचना चाहिए। इन दो भाइयों को मैं उस समय बिलकुल जानता नहीं था। पर वहाँ भी इस निश्चय की सूचना भेजी थी कि दिल्ली होकर अमृतसर पहुँचूँगा।

६ अप्रैल के दिन बंबई में सवेरे-सवेरे हजारों लोग चौपाटी पर स्नान करने गए और वहाँ से ठाकुरद्वार* जाने के लिए जुलूस रवाना हुआ। उसमें स्त्रियाँ और बच्चे भी थे। जुलूस में मुसलमान भी अच्छी संख्या में सम्मिलित हुए थे। इस जुलूस में से मुसलमान भाई हमें एक मसजिद में ले गए। वहाँ श्रीमती सरोजिनी देवी से और मुझसे भाषण कराए। वहाँ श्री विट्ठलदास जेराजाणी ने स्वदेशी और हिंदू-मुसलिम-एकता

---

* यहाँ 'ठाकुरद्वार' के स्थान पर 'माधवबाग' पढ़िए। अब तक के अंग्रेजी और गुजराती संस्करण में यह गलती रहती आई है। उस समय गांधीजी के साथ रहनेवाले श्री मथुरादास विक्रमजी ने इसे सुधरवाया था।

की प्रतिज्ञा लिवाने का सुझाव रखा। मैंने ऐसी उतावली में प्रतिज्ञा कराने से इनकार किया और जितना हो रहा था, उतने से संतोष करने की सलाह दी—की हुई प्रतिज्ञा फिर तोड़ी नहीं जा सकती। स्वदेशी का अर्थ हमें समझना चाहिए। हिंदू-मुसलिम एकता की प्रतिज्ञा की जिम्मेदारी का खयाल हमें रहना चाहिए-आदि बातें कहीं और यह सूचना की कि प्रतिज्ञा लेने का जिसका विचार हो, वह चाहे तो अगले दिन सवेरे चौपाटी के मैदान पर पहुँच जाए।

बंबई की हड़ताल संपूर्ण थी।

यहाँ कानून की सविनय अवज्ञा की तैयारी कर रखी थी। जिनकी अवज्ञा की जा सके ऐसी दो-तीन चीजें थीं। जो कानून रद्द किए जाने लायक थे और जिनकी अवज्ञा सब सरलता से कर सकते थे, उनमें से एक का ही उपयोग करने का निश्चय था। नमक-कर का कानून सबको अप्रिय था। उस कर को रद्द कराने के लिए बहुत कोशिशें हो रही थीं। अतएव, मैंने एक सुझाव यह रखा था कि सब लोग बिना परवाने के अपने घर में नमक बनाएँ। दूसरा सुझाव सरकार द्वार जब्त की हुई पुस्तकें छपाने और बेचने का था। ऐसी दो पुस्तकें मेरी ही थीं—'हिंद स्वराज्य' और 'सर्वोदय'। इन पुस्तकों को छपाना और बेचना सबसे सरल सविनय अवज्ञा मालूम हुई। इसलिए ये पुस्तकें छपाई गईं और शाम को उपवास छूटने के बाद और चौपाटी की विराट् सभा के विसर्जित होने के बाद इन्हें बेचने का प्रबंध किया गया।

शाम को कई स्वयंसेवक ये पुस्तकें बेचने निकल पड़े। एक मोटर में मैं निकला और एक में श्रीमती सरोजिनी नायडू निकलीं। जितनी प्रतियाँ छपाई गई थीं, उतनी सब बिक गईं। इनकी जो कीमत वसूल होती, वह लड़ाई के काम में ही खर्च की जानेवाली थी। एक प्रति का मूल्य चार आना रखा गया था। पर मेरे हाथ पर अथवा सरोजिनी देवी के हाथ पर शायद ही किसी ने चार आने रखे होंगे। अपनी जेब में जो था, सो सब देकर किताबें खरीदनेवाले बहुतेरे निकल आए। कोई-कोई दस और पाँच के नोट भी देते थे। लोगों को समझा दिया गया था कि खरीदनेवाले के लिए भी जेल का खतरा है। लेकिन क्षण भर के लिए लोगों ने जेल का भय छोड़ दिया था।

७ तारीख को पता चला कि जिन किताबों के बेचने पर सरकार ने रोक लगाई थी, सरकार की दृष्टि से वे बेची नहीं गई हैं। जो पुस्तकें बिकी हैं, वे तो उनकी दूसरी आवृत्ति मानी जाएँगी। जब्त की हुई पुस्तकों में उनकी गिनती नहीं हो सकती। सरकार की ओर से यह कहा गया था कि नई आवृतित छपाने, बेचने और खरीदने में कोई गुनाह नहीं है। यह खबर सुनकर लोग निराश हुए।

उस दिन सवेरे लोगों को चौपाटी पर स्वदेशी-व्रत और हिंदू-मुसलिम एकता का व्रत लेने के लिए इकट्ठा होना था। विट्ठलदास जेराजाणी को यह पहला अनुभव

हुआ कि हर सफेद चीज दूध नहीं होती। बहुत थोड़े लोग इकट्ठा हुए थे। इनमें से दो-चार बहनों के नाम मेरे ध्यान में आ रहे हैं। पुरुष भी थोड़े ही थे। मैंने व्रतों का मसविदा बना रखा था। उपस्थित लोगों को उनका अर्थ अच्छी तरह समझा दिया गया और उन्हें व्रत लेने दिए गए। थोड़ी उपस्थिति से मुझे आश्चर्य नहीं हुआ; दुःख भी नहीं हुआ, परंतु मैं उसी समय से धूम-धड़क्के के काम और धीमे तथा शांत रचनात्मक काम के बीच का भेद तथा लोगों में पहले काम के लिए पक्षपात और दूसरे के लिए अरुचि का अनुभव करता आया हूँ।

पर इस विषय के लिए एक अलग प्रकरण देना पड़ेगा।

७ अप्रैल की रात को मैं दिल्ली-अमृतसर जाने के लिए रवाना हुआ। ८ को मथुरा पहुँचने पर कुछ ऐसी भनक कान तक आई कि शायद मुझे गिरफ्तार करेंगे। मथुरा के बाद एक स्टेशन पर गाड़ी रुकती थी। वहाँ आचार्य गिड़वानी मिले। उन्होंने मेरे पकड़े जाने के बारे में पक्की खबर दी और जरूरत हो तो अपनी सेवा अर्पण करने के लिए कहा। मैंने धन्यवाद दिया और कहा कि जरूरत पड़ने पर आपकी सेवा लेना नहीं भूलूँगा।

पलवन स्टेशन आने के पहले ही पुलिस अधिकारी ने मेरे हाथ में आदेश-पत्र रखा। आदेश इस प्रकार का था—"आपके पंजाब में प्रवेश करने से अशांति बढ़ने का डर है, अतएव, आप पंजाब की सीमा में प्रवेश न करें।" आदेश-पत्र देकर पुलिस ने मुझे उतर जाने को कहा। मैंने उतरने से इनकार किया और कहा—"मैं अशांति बढ़ाने नहीं, बल्कि निमंत्रण पाकर अशांति घटाने के लिए जाना चाहता हूँ। इसलिए खेद है कि मुझसे इस आदेश का पालन नहीं हो सकेगा।"

पलवल आया। महादेव मेरे साथ थे। उनसे मैंने दिल्ली जाकर श्रद्धानंदजी को खबर और लोगों को शांत रखने के लिए कहा। मैंने महादेव से यह भी कहा कि वे लोगों को बता दें कि सरकारी आदेश का अनादर करने के कारण जो सजा होगी, उसे भोगने का मैंने निश्चय कर लिया है। साथ ही लोगों को यह समझाने के लिए कहा कि मुझे सजा होने पर भी उनके शांत रहने में ही हमारी जीत है।

मुझे पलवल स्टेशन पर उतार लिया गया और पुलिस के हवाले किया गया। फिर दिल्ली से आनेवाली किसी ट्रेन के तीसरे दर्जे के डिब्बे में मुझे बैठाया गया और साथ में पुलिस का दल भी बैठा। मथुरा पहुँचने पर मुझे पुलिस की बैरक में ले गए। मेरा क्या होगा और मुझे कहाँ ले जाना है, सो कोई पुलिस अधिकारी मुझे बता न सका। सुबह ४ बजे मुझे जगाया गया और बंबई की ओर जानेवाली मालगाड़ी में बैठा दिया गया। दोपहर को मुझे सवाई माधोपुर स्टेशन पर उतारा गया। वहाँ बंबई की डाकगाड़ी में लाहौर से इंस्पेक्टर बोरिंग आए। उन्होंने मेरा चार्ज लिया।

अब मुझे पहले दर्जे में बैठाया गया। साथ में साहब भी बैठे। अभी तक मैं एक साधारण कैदी था, अब 'जेंटलमैन कैदी' माना जाने लगा। साहब ने सर माइकल ओडवायर का बखान शुरू किया। उन्हें मेरे विरुद्ध तो कोई शिकायत है ही नहीं; किंतु मेरे पंजाब जाने से उन्हें अशांति का पूरा भय है, आदि बातें कहकर मुझे स्वेच्छा से लौट जाने और फिर से पंजाब की सीमा पार न करने का अनुरोध किया। मैंने उनसे कह दिया कि मुझसे आज्ञा का पालन नहीं हो सकेगा और मैं स्वेच्छा से वापस जाने को तैयार नहीं। अतएव, साहब ने लाचार होकर कानूनी काररवाई करने की बात कही। मैंने पूछा, "लेकिन यह तो कहिए कि आप मेरा क्या करना चाहते हैं?" वे बोले, "मुझे पता नहीं है। मैं दूसरे आदेश की राह देख रहा हूँ। अभी तो मैं आपको बंबई ले जा रहा हूँ।"

सूरत पहुँचने पर किसी दूसरे अधिकरी ने मुझे अपने कब्जे में लिया। उसने मुझे रास्ते में कहा—"आप रिहा कर दिए गए हैं। लेकिन आपके लिए मैं ट्रेन को मरीन लाइंस स्टेशन के पास रुकवाऊँगा। आप वहाँ उतर जाएँगे तो ज्यादा अच्छा होगा। कोलाबा स्टेशन पर बड़ी भीड़ होने की संभावना है।" मैंने उससे कहा कि आपका कहा करने में मुझे प्रसन्नता होगी। वह खुश हुआ और उसने मुझे धन्यवाद दिया। मैं मरीन लाइंस पर उतरा। वहाँ किसी परिचित की घोड़ागाड़ी दिखाई दी। वे मुझे रेवाशंकर झावेरी के घर छोड़ गए। उन्होंने मुझे खबर दी—"आपके पकड़े जाने की खबर पाकर लोग क्रुद्ध हो गए हैं और पागल-से बन गए हैं। पायधूनी के पास दंगे का खतरा है। मजिस्ट्रेट और पुलिस वहाँ पहुँच गई।"

मैं घर पहुँचा ही था कि इतने में उमर सोबानी और अनसूया बहन मोटर में आए और उन्होंने मुझे पायधूनी चलने को कहा। उन्होंने बताया, "लोग अधीर हो गए हैं और बड़े उत्तेजित हैं। हममें से किसी के किए शांत नहीं हो सकते। आपको देखेंगे तभी शांत होंगे।"

मैं मोटर में बैठ गया। पायधूनी पहुँचते ही रास्ते में भारी भीड़ दिखाई दी। लोग मुझे देखकर हर्षोन्मत्त हो उठे। अब जुलूस बना। 'वंदे मातरम्' और 'अल्लाहो अकबर' के नारों से आकाश गूँज उठा। पायधूनी पर घुड़सवार दिखाई दिए। ऊपर से ईंटों की वर्षा हो रही थी। मैं हाथ जोड़कर लोगों से प्रार्थना कर रहा था कि वे शांत रहें। पर जान पड़ा कि हम भी ईंटों की इस बौछार से बच नहीं पाएँगे।

अब्दुर्रहमान गली में से क्रॉफर्ड मार्किट की ओर जाते हुए जुलूस को रोकने के लिए घुड़सवारों की एक टुकड़ी सामने से आ पहुँची। वे जुलूस को किले की ओर जाने से रोकने की कोशिश कर रहे थे। लोग वहाँ समा नहीं रहे थे। लोगों ने पुलिस की पाँत को चीरकर आगे बढ़ने के लिए जोर लगाया। वहाँ हालत ऐसी नहीं थी कि मेरी आवाज सुनाई पड़ सके। यह देखकर घुड़सवारों की टुकड़ी के अफसर ने भीड़

को तितर-बितर करने का हुक्म दिया और अपने भालों को घुमाते हुए इस टुकड़ी ने एकदम घोड़े दौड़ाने शुरू कर दिए। मुझे डर लगा कि उनके भाले हमारा काम तमाम कर दें तो आश्चर्य नहीं। पर मेरा वह डर निराधार था। बगल से होकर सारे भाले रेलगाड़ी की गति से सनसनाते हुए दूर निकल जाते थे। लोगों की भीड़ में दरार पड़ी। भगदड़ मच गई। कोई कुचले गए। कोई घायल हुए। घुड़सवारों को निकलने के लिए रास्ता नहीं था। लोगों के लिए आसपास बिखरने का रास्ता नहीं था। वे पीछे लौटें तो उधर भी हजारों लोग ठसाठस भरे हुए थे। सारा दृश्य भयंकर प्रतीत हुआ। घुड़सवार और जनता दोनों पागल-जैसे मालूम हुए। घुड़सवार कुछ देखते ही नहीं थे अथवा देख नहीं सकते थे। वे तो टेढ़े होकर घोड़ों को दौड़ाने में लगे थे। मैंने देखा कि जितना समय इन हजारों के दल को चीरने में लगा, उतने समय तक वे कुछ देख ही नहीं सकते थे।

इस तरह लोगों को तितर-बितर किया गया और आगे बढ़ने से रोका गया। हमारी मोटर को आगे जाने दिया गया। मैंने कमिश्नर के कार्यालय के सामने मोटर रुकवाई और मैं उससे पुलिस के व्यवहार की शिकायत करने के लिए उतरा।

वह सप्ताह-२

मैं कमिश्नर ग्रिफिथ साहब के कार्यालय में गया। उनकी सीढ़ी के पास जहाँ देखा, वहीं हथियारबंद सैनिकों को बैठा पाया, मानो लड़ाई के लिए तैयार हो रहे हों! बरामदे में भी हलचल मची हुई थी। मैं खबर देकर ऑफिस में बैठा तो देखा कि कमिश्नर के पास मि. बोरिंग बैठे हुए हैं।

मैंने कमिश्नर से उस दृश्य का वर्णन किया, जिसे मैं अभी-अभी देखकर आया था। उन्होंने संक्षेप में जवाब दिया—"मैं नहीं चाहता था कि जुलूस फोर्ट की ओर जाए। वहाँ जाने पर उपद्रव हुए बिना न रहता। और मैंने देखा कि लोग लौटाए-लौटनेवाले न थे। इसलिए सिवा घोड़े दौड़ाने के मेरे पास दूसरा कोई उपाय न था।"

मैंने कहा, "किंतु उसका परिणाम तो आप जानते थे। लोग घोड़ों के पैरों तले दबने से बच नहीं सकते थे। मेरा तो खयाल है कि घुड़सवारों की टुकड़ी भेजने की आवश्यकता ही नहीं थी।"

साहब बोले, "आप इसे समझ नहीं सकते। आपकी शिक्षा का लोगों पर क्या असर हुआ है, इसका पता आपकी अपेक्षा हम पुलिसवालों को अधिक रहता है। हम पहले से कड़ी कारवाई न करें तो अधिक नुकसान हो सकता है। मैं आपसे कहता हूँ कि लोग आपके काबू में भी रहनेवाले नहीं हैं। वे कानून को तोड़ने की बात तो झट समझ जाएँगे, लेकिन शांति की बात समझना उनकी शक्ति से परे है। आपके हेतु

अच्छे हैं, लेकिन लोग उन्हें समझेंगे नहीं। वे तो अपने स्वभाव का ही अनुसरण करेंगे।''

मैंने जवाब दिया, ''किंतु आपके और मेरे बीच जो भेद है, सो इसी बात में है। मैं कहता हूँ कि लोग स्वभाव से लड़ाकू नहीं, बल्कि शांतिप्रिय हैं।''

हममें बहस होने लगी।

आखिर साहब ने कहा, ''अच्छी बात है, यदि आपको विश्वास हो जाए कि लोग आपकी शिक्षा को समझे नहीं हैं तो आप क्या करेंगे?''

मैंने उत्तर दिया, ''यदि मुझे इसका विश्वास हो जाए तो मैं इस लड़ाई को मुल्तवी कर दूँगा।''

''मुलवती करने का मतलब क्या? आपने तो मि. बोरिंग से कहा है कि मुक्त होने पर आप तुरंत वापस पंजाब जाना चाहते हैं!''

''हाँ, मेरा इरादा तो लौटती ट्रेन से ही वापस जाने का था, पर अब आज तो जाना हो ही नहीं सकता।''

''आप धैर्य से काम लेंगे तो आपको और अधिक बातें मालूम होंगी। आप जानते हैं, अहमदाबाद में क्या हो रहा है? अमृतसर में क्या हुआ है? लोग सब कहीं पागल-से हो गए हैं। मुझे भी पूरा पता नहीं है। कई स्थानों में तार भी टूटे हैं। मैं तो आपसे कहता हूँ कि इस सारे उपद्रव की जवाबदेही आपके सिर पर है।''

मैंने कहा—''मुझे जहाँ अपनी जिम्मेदारी महसूस होगी, वहाँ मैं उसे अपने ऊपर लिये बिना नहीं रहूँगा। अहमदाबाद में लोग थोड़ा भी उपद्रव करें तो मुझे आश्चर्य और दु:ख होगा। अमृतसर के बारे में मैं कुछ भी नहीं जानता। वहाँ तो मैं कभी गया ही नहीं। वहाँ मुझे कोई जानता भी नहीं है। पर मैं इतना जानता हूँ कि पंजाब की सरकार ने मुझे वहाँ जाने से रोका न होता तो मैं शांति-रक्षा में बहुत मदद कर सकता था। मुझे रोककर तो सरकार ने लोगों को चिढ़ाया ही है।''

इस तरह हमारी बातचीत होती रही। हमारे मत का मेल मिलनेवाला न था। मैं यह कहकर विदा हुआ कि चौपाटी पर सभा करने और लोगों को शांति रखने के लिए समझाने का मेरा इरादा है।

चौपाटी पर सभा हुई। मैंने लोगों को शांति और सत्याग्रह की मर्यादा के विषय में समझाया और बतलाया, ''सत्याग्रह सच्चे का हथियार है। यदि लोग शांति न रखेंगे तो मैं सत्याग्रह की लड़ाई कभी लड़ न सकूँगा।''

अहमदाबाद से श्री अनसूया बहन को भी खबर मिल चुकी थी कि वहाँ उपद्रव हुआ है। किसी ने अफवाह फैला दी थी कि वे भी पकड़ी गई हैं। इससे मजदूर पागल हो उठे थे। उन्होंने हड़ताल कर दी थी। उपद्रव भी मचाया था, और एक सिपाही का खून भी हो गया था।

मैं अहमदाबाद गया। मुझे पता चला कि नड़ियाद के पास रेल की पटरी उखाड़ने की कोशिश भी हुई थी। वीरमगाम में एक सरकारी कर्मचारी का खून हो गया था। अहमदाबाद पहुँचा तब वहाँ मार्शल लॉ जारी था। लोगों में आतंक फैला हुआ था। लोगों ने जैसा किया, वैसा पाया और उसका ब्याज भी पाया।

मुझे कमिश्नर मि. प्रेट के पास ले जाने के लिए एक आदमी स्टेशन पर हाजिर था। मैं उनके पास गया। वे बहुत गुस्से में थे। मैंने उन्हें शांति से उत्तर दिया। जो हत्या हुई थी, उसके लिए मैंने खेद प्रकट किया। यह भी सुझाया कि मार्शल लॉ की आवश्यकता नहीं है और पुनः शांति स्थापित करने के लिए जो उपाय करने जरूरी हों, सो करने की अपनी तैयारी बताई। मैंने आमसभा बुलाने की माँग की। यह सभा आश्रम की भूमि पर करने की अपनी इच्छा प्रकट की। उन्हें यह बात अच्छी लगी। जहाँ तक मुझे याद है, मैंने रविवार ता. १३ अप्रैल को सभा की थी। मार्शल लॉ भी उसी दिन अथवा दूसरे दिन रद्द हुआ था। इस सभा में मैंने लोगों को उनके अपने दोष दिखाने का प्रयत्न किया। मैंने प्रायश्चित्त के रूप में तीन दिन के उपवास किए और लोगों को एक दिन का उपवास करने की सलाह दी। जिन्होंने हत्या वगैरा में हिस्सा लिया हो, उन्हें मैंने सुझाया कि वे अपना अपराध स्वीकार कर लें।

मैंने अपना धर्म स्पष्ट देखा। जिन मजदूरों आदि के बीच मैंने इतना समय बिताया था, जिनकी मैंने सेवा की थी और जिनके विषय में अच्छे व्यवहार की आशा रखता था, उन्होंने उपद्रव में हिस्सा लिया, यह मुझे असह्य मालूम हुआ, और मैंने अपने को उनके दोष में हिस्सेदार माना।

जिस तरह मैंने लोगों को समझाया कि वे अपना अपराध स्वीकार कर लें, उसी तरह सरकार को भी गुनाह माफ करने की सलाह दी। दोनों में से किसी एक ने भी मेरी बात नहीं सुनी। न लोगों ने अपने दोष स्वीकार किए, न सरकार ने किसी को माफ किया।

स्व. रमणभाई आदि नागरिक मेरे पास आए और मुझे सत्याग्रह मुल्तवी करने के लिए मनाने लगे। पर मुझे मनाने की आवश्यकता ही नहीं रही थी। मैंने स्वयं निश्चय कर लिया था कि जब तक लोग शांति का पाठ न सीख लें, तब तक सत्याग्रह मुल्तवी रखा जाए। इससे वे प्रसन्न हुए।

कुछ मित्र नाराज भी हुए। उनका खयाल यह था कि अगर मैं सब कहीं शांति की आशा रखूँ और सत्याग्रह की यही शर्त रहे तो बड़े पैमाने पर सत्याग्रह कभी चल ही नहीं सकता। मैंने अपना मतभेद प्रकट किया। जिन लोगों के बीच काम किया गया है, जिनके द्वारा सत्याग्रह करने की आशा रखी जाती है, वे शांति का पालन न करें तो अवश्य ही सत्याग्रह कभी चल नहीं सकता। मेरी दलील यह थी कि सत्याग्रही

नेताओं को इस प्रकार की मर्यादित शांति बनाए रखने की शक्ति प्राप्त करनी चाहिए। अपने इन विचारों को मैं आज भी बदल नहीं सका हूँ।

पहाड़-जैसी भूल

अहमदाबाद की सभा के बाद मैं तुरंत ही नड़ियाद गया। 'पहाड़-जैसी भूल' नामक जो शब्द-प्रयोग प्रसिद्ध हुआ है, उसका उपयोग मैंने पहली बार नड़ियाद में किया। अहमदाबाद में ही मुझे अपनी भूल मालूम पड़ने लगी थी। पर नड़ियाद में वहाँ की स्थिति का विचार करके और यह सुनकर कि खेड़ा जिले के बहुत से लोग पकड़े गए हैं, जिस सभा में मैं घटित घटनाओं पर भाषण कर रहा था, उसमें मुझे अचानक यह खयाल आया कि खेड़ा जिले के और ऐसे दूसरे लोगों को कानून सविनय भंग करने के लिए निमंत्रित करने में मैंने जल्दबाजी की भूल की, और वह भूल मुझे पहाड़-जैसी मालूम हुई।

इस प्रकार अपनी भूल कबूल करने के लिए मेरी खूब हँसी उड़ाई गई। फिर भी अपनी इस स्वीकृति के लिए मुझे पश्चात्ताप नहीं हुआ। मैंने हमेशा यह माना है कि जब हम दूसरों के गज-जैसे दोषों को रजवत् मानकर देखते हैं और अपने रजवत् प्रतीत होनेवाले दोषों को पहाड़-जैसा देखना सीखते हैं, तभी हमें अपने और पराए दोषों का ठीक-ठीक अंदाज हो पाता है। मैंने यह भी माना है कि सत्याग्रही बनने की इच्छा रखनेवाले को तो इस साधारण नियम का पालन बहुत अधिक सूक्ष्मता के साथ करना चाहिए।

अब हम यह देखें कि पहाड़-जैसी प्रतीत होनेवाली वह भूल क्या थी! कानून का सविनय भंग उन्हीं लोगों द्वारा किया जा सकता है, जिन्होंने विनयपूर्वक और स्वेच्छा से कानून का सम्मान किया हो। अधिकतर तो हम कानून का पालन इसलिए करते हैं कि उसे तोड़ने पर जो सजा होती है, उससे हम डरते हैं। और यह बात उस कानून पर विशेष रूप से घटित होती है, जिसमें नीति-अनीति का प्रश्न नहीं होता। कानून हो चाहे न हो, जो लोग भले माने जाते हैं, वे एकाएक कभी चोरी नहीं करते। फिर भी रात में साइकल पर बत्ती जलाने के नियम से बच निकलने में भले आदमियों को भी क्षोभ नहीं होता; और ऐसे नियम का पालन करने की कोई सलाह भर देता है तो भले आदमी भी उसका पालन करने के लिए तुरंत तैयार नहीं होते; किंतु जब उसे कानून में स्थान मिलता है और उसको भंग करने पर दंडित होने का डर लगता है, तब दंड की असुविधा से बचने के लिए वे भी रात में साइकल पर बत्ती जलाते हैं। इस प्रकार का नियम-पालन स्वेच्छा से किया हुआ पालन नहीं कहा जा सकता।

लेकिन सत्याग्रही समाज के जिन कानूनों का सम्मान करेगा, वह सम्मान सोच-

समझकर, स्वेच्छा से सम्मान करना धर्म है, ऐसा मानकर करेगा। जिसने इस प्रकार समाज के नियमों का विचारपूर्वक पालन किया है, उसी को समाज के नियमों में नीति-अनीति का भेद करने की शक्ति प्राप्त होती है, और उसी को मर्यादित परिस्थितियों में अमुक नियमों को तोड़ने का अधिकार प्राप्त होता है। लोगों के इस तरह का अधिकार प्राप्त करने से पहले मैंने उन्हें सविनय कानून-भंग के लिए निमंत्रित किया, अपनी यह भूल मुझे पहाड़-जैसी लगी और खेड़ा जिले में प्रवेश करने पर मुझे खेड़ा की लड़ाई का स्मरण हुआ और लगा कि मैं बिलकुल गलत रास्ते पर चल पड़ा हूँ। मुझे लगा कि लोग सविनय कानून-भंग करने योग्य बनें, इससे पहले उन्हें उसके गंभीर रहस्य का ज्ञान होना चाहिए। जिन्होंने कानूनों को रोज जान-बूझकर तोड़ा हो, जो गुप्त रीति से अनेक बार कानूनों को भंग करते हों, वे अचानक सविनय कानून-भंग को कैसे समझ सकते हैं? उसकी मर्यादा का पालन कैसे कर सकते हैं?

यह तो सहज ही समझ में आ सकता है कि इस प्रकार की आदर्श स्थिति तक हजारों या लाखों लोग नहीं पहुँच सकते। किंतु यदि बात ऐसी है तो सविनय कानून-भंग कराने से पहले शुद्ध स्वयंसेवकों का एक ऐसा दल खड़ा होना चाहिए, जो लोगों को ये सारी बातें समझाएँ और प्रतिक्षण उनका मार्गदर्शन करें। और ऐसे दल को सविनय कानून-भंग का तथा उसकी मर्यादा का पूरा-पूरा ज्ञान होना चाहिए।

इन विचारों से भरा हुआ मैं बंबई पहुँचा और सत्याग्रह-सभा के द्वारा सत्याग्रही स्वयंसेवकों का एक दल खड़ा किया। लोगों को सविनय कानून-भंग का मर्म समझाने के लिए जिस तालीम की जरूरत थी, वह इस दल के जरिए देनी शुरू की और इस चीज को समझानेवाली पत्रिकाएँ निकालीं।

यह काम चला तो सही, लेकिन मैंने देखा कि मैं इसमें ज्यादा दिलचस्पी पैदा नहीं कर सका। स्वयंसेवकों की बाढ़ नहीं आई। यह नहीं कहा जा सकता कि जो लोग भरती हुए, उन सबने नियमित तालीम ली! भरती में नाम लिखानेवाले में भी जैसे-जैसे दिन बीतते गए, वैसे-वैसे वे दृढ़ होने के बदले खिसकने लगे। मैं समझ गया कि सविनय कानून-भंग की गाड़ी, जैसा मैंने सोचा था, उससे धीमी चलेगी।

'नवजीवन' और 'यंग इंडिया'

एक तरफ तो चाहे, धीमा जैसा होने पर भी शांति-रक्षा का यह आंदोलन चल रहा था, और दूसरी तरफ सरकार की दमन-नीति पूरे जोर से चल रही थी। पंजाब में उसके प्रभाव का साक्षात्कार हुआ। वहाँ फौजी कानून यानी नादिरशाही शुरू हुई। नेतागण पकड़े गए। खास अदालतें, अदालतें नहीं थीं, बल्कि केवल गवर्नर का हुक्म बजाने का साधन बनी हुई थीं। उन्होंने बिना सबूत और बिना शहादत के लोगों को

सजाएँ दीं। फौजी सिपाहियों ने निर्दोष लोगों को कीड़ों की तरह पेट के बल चलाया। इसके सामने जलियाँवाला बाग का घोर हत्याकांड तो मेरी दृष्टि में किसी गिनती में नहीं था, यद्यपि आम लोगों का और दुनिया का ध्यान इस हत्याकांड ने ही खींचा था।

मुझ पर दबाव पड़ने लगा कि मैं जैसे भी बने, पंजाब पहुँचूँ। मैंने वाइसराय को पत्र लिखे, तार किए, परंतु जाने की इजाजत न मिली। बिना इजाजत के जाने पर अंदर तो जा ही नहीं सकता था; केवल सविनय कानून-भंग करने का संतोष मिल सकता था। मेरे सामने यह विकट प्रश्न खड़ा था कि इस धर्मसंकट में मुझे क्या करना चाहिए? मुझे लगा कि निषेधाज्ञा का अनादर करके प्रवेश करूँगा तो वह विनयपूर्ण अनादर न माना जाएगा। शांति की जो प्रतीति मैं चाहता था, वह मुझे अब तक हुई नहीं थी। पंजाब की नादिशाही ने लोगों की अशांति को अधिक भड़का दिया था। मुझे लगा कि ऐसे समय मेरे द्वारा की गई कानून की अवज्ञा जलती आग में घी होमने का काम करेगी। अतएव, पंजाब में प्रवेश करने की सलाह को मैंने तुरंत माना नहीं। मेरे लिए यह निर्णय एक कड़वा घूँट था। पंजाब से रोज अन्याय के समाचार आते थे और मुझे रोज सुनना तथा दाँत पीसकर रह जाना पड़ता था!

इतने में मि. हार्निमैन को, जिन्होंने 'क्रॉनिकल' को एक प्रचंड शक्ति बना दिया था, सरकार चुरा ले गई और जनता को इसका पता तक न चलने दिया गया। इस चोरी में जो गंदगी थी, उसकी बदबू मुझे अभी तक आया करती है। मैं जानता हूँ कि मि. हार्निमैन अराजकता नहीं चाहते थे। मैंने सत्याग्रह-समिति की सलाह के बिना पंजाब-सरकार का हुक्म तोड़ा, यह उन्हें अच्छा नहीं लगा था। सविनय कानून-भंग को मुल्तवी रखने में वे पूरी तरह सहमत थे। उसे मुल्तवी रखने का अपना निर्णय मैंने प्रकट किया, इसके पहले ही मुल्तवी रखने की सलाह देनेवाला उनका पत्र मेरे नाम रवाना हो चुका था, और वह मेरा निर्णय प्रकट होने के बाद मुझे मिला। इसका कारण अहमदाबाद और बंबई के बीच का फासला था। अतएव, उनके देश निकाले से मुझे जितना आश्चर्य हुआ, उतना ही दुःख भी हुआ।

इस घटना के कारण 'क्रॉनिकल' के व्यवस्थापकों ने उसे चलाने का बोझ मुझ पर डाला। मि. ब्रेलवी तो थे ही। इसलिए मुझे अधिक कुछ करना नहीं पड़ता था। फिर भी मेरे स्वभाव के अनुसार मेरे लिए यह जिम्मेदारी बहुत बड़ी हो गई थी। किंतु मुझे यह जिम्मेदारी अधिक दिन तक उठानी नहीं पड़ी। सरकार की मेहरबानी से 'क्रॉनिकल' बंद हो गया।

जो लोग 'क्रॉनिकल' की व्यवस्था के कर्ताधर्ता थे, वे ही लोग 'यंग इंडिया' की व्यवस्था पर भी निगरानी रखते थे। वे थे उमर सोबानी और शंकरलाल बैंकर। इन दोनों भाइयों ने मुझे सुझाया कि मैं 'यंग इंडिया' की जिम्मेदारी अपने सिर लूँ।

और 'क्रॉनिकल' के अभाव की थोड़ी पूर्ति करने के विचार से 'यंग इंडिया' को हफ्ते में एक बार के बदले दो बार निकालना उन्हें और मुझे ठीक लगा। मुझे लोगों को सत्याग्रह का रहस्य समझाने का उत्साह था। पंजाब के बारे में मैं और कुछ नहीं तो कम-से-कम उचित आलोचना तो कर ही सकता था और उसके पीछे सत्याग्रह-रूपी शक्ति है, इसका पता सरकार को था ही। अतएव, इन मित्रों की सलाह मैंने स्वीकार कर ली।

किंतु अंग्रेजी के द्वार जनता को सत्याग्रह की शिक्षा कैसे दी जा सकती थी? गुजरात मेरे कार्य का मुख्य क्षेत्र था। इस समय भाई इंदुलाल याज्ञिक उमर सोबानी और शंकरलाल बैंकर की मंडली में थे। वे 'नवजीवन' नामक गुजराती मासिक चला रहे थे। उसका खर्च भी उक्त मित्र पूरा करते थे। भाई इंदुलाल ने और उन मित्रों ने यह पत्र मुझे सौंप दिया और भाई इंदुलाल ने इसमें काम करना भी स्वीकार किया। इन मासिक को साप्ताहिक बनाया गया।

इस बीच 'क्रॉनिकल' फिर जी उठा, इसलिए 'यंग इंडिया' पुन: साप्ताहिक हो गया और मेरी सलाह के कारण उसे अहमदाबाद ले जाया गया। दो पत्रों के अलग-अलग स्थानों से निकलने में खर्च अधिक होता था और मुझे अधिक कठिनाई होती थी। 'नवजीवन' तो अहमदाबाद से ही निकलता था। ऐसे पत्रों के लिए स्वतंत्र छापाखाना होना चाहिए, इसका अनुभव मुझे 'इंडिया ओपिनियन' के संबंध में हो ही चुका था।

इन पत्रों के द्वारा मैंने जनता को यथाशक्ति सत्याग्रह की शिक्षा देना शुरू किया। पहले दोनों पत्रों की थोड़ी ही प्रतियाँ छपती थीं। लेकिन बढ़ते-बढ़ते वे चालीस हजार के आस-पास पहुँच गईं। 'नवजीवन' के ग्राहक एकदम बढ़े, जबकि 'यंग इंडिया' के धीरे-धीरे बढ़े। मेरे जेल जाने के बाद इसमें कमी हुई और आज दोनों की ग्राहक-संख्या ८,००० से नीचे चली गई है।

इन पत्रों में विज्ञापन न लेने का मेरा आग्रह शुरू से ही था। मैं मानता हूँ कि इससे कोई हानि नहीं हुई और इस प्रथा के कारण पत्रों के विचार-स्वतांत्र्य की रक्षा करने में बहुत मदद मिली।

पंजाब में

पंजाब में जो कुछ हुआ, उसके लिए अगर सर माइकल ओडवायर ने मुझे गुनहगार ठहराया था तो वहाँ के कोई-कोई नवयुवक फौजी कानून के लिए भी मुझे गुनहगार ठहराने में हिचकिचाते न थे। क्रोधावेश में भरे इन नवयुवकों की दलील यह थी कि यदि मैंने सविनय कानून-भंग को मुल्तवी न किया होता तो जलियाँवाला बाग का कत्लेआम कभी न होता, और न फौजी कानून ही जारी हुआ होता! किसी-किसी

ने तो यह धमकी भी दी थी कि मेरे पंजाब जाने पर लोग मुझे जान से मारे बिना न रहेंगे।

किंतु मुझे तो अपना कदम उपयुक्त मालूम होता था कि उसके कारण समझदार आदमियों में गलतफहमी होने की संभावना ही न थी। मैं पंजाब जाने के लिए अधीर हो रहा था। मैंने पंजाब कभी देखा न था। अपनी आँखों से जो कुछ देखने को मिले, उसे देखने की मेरी तीव्र इच्छा थी; और मुझे बुलानेवाले डॉ. सत्यपाल, डॉ. किचलू तथा पं. रामभजदत्त चौधरी को मैं देखना चाहता था। वे जेल में थे। पर मुझे पूरा विश्वास था कि सरकार उन्हें लंबे समय तक जेल में रख ही नहीं सकेगी। मैं जब-जब बंबई जाता, तब-तब बहुत से पंजाबी मुझसे आकर मिला करते थे। मैं उन्हें प्रोत्साहन देता था, जिसे पाकर वे प्रसन्न होते थे। इस समय मुझमें विपुल आत्मविश्वास था।

लेकिन मेरा जाना टलता जाता था। वायसराय लिखाते रहते थे कि 'अभी जरा देर है।'

इस बीच हंटर-कमेटी आई। उसे फौजी कानून के दिनों में पंजाब के अधिकारियों द्वारा किए गए कारनामों की जाँच करनी थी। दीनबंधु एंड्रूज वहाँ पहुँच गए थे। उनके पत्रों में हृदयद्रावक वर्णन होते थे। उनके पत्रों की ध्वनि यह थी कि अखबारों में जो कुछ छपता था, फौजी कानून का जुल्म उससे कहीं अधिक था। पत्रों में मुझसे पंजाब पहुँचने का आग्रह किया गया। दूसरी तरफ मालवीयजी के भी तार आ रहे थे कि मुझे पंजाब पहुँचना चाहिए। इस पर मैंने वायसराय को फिर तार दिया। उत्तर मिला—"आप फलाँ तारीख को जा सकते हैं।" मुझे तारीख ठीक याद नहीं हैं, पर बहुत करके वह १७ अक्तूबर थी।

लाहौर पहुँचने पर जो दृश्य ैंने देखा, वह कभी भुलाया नहीं जा सकता। स्टेशन पर लोगों का समुदाय इस कदर इकट्ठा हुआ था, मानो बरसों के बिछोह के बाद कोई प्रियजन आ रहा हो, और सगे-संबंधी उससे मिलने आए हों। लोग हर्षोन्मत्त हो गए थे।

मुझे पं. रामभजदत्त चौधरी के घर ठहराया गया था। श्री सरलादेवी चौधरानी पर, जिन्हें मैं पहले से जानता था, मेरी आवभगत को बोझ आ पड़ा था। 'आवभगत का बोझ' शब्द मैं जान-बूझकर लिख रहा हूँ, क्योंकि आजकल की तरह उस समय भी जहाँ मैं ठहरता था, वहाँ मकान-मालिक का मकान धर्मशाला-सा हो जाता था।

पंजाब में मैंने देखा कि बहुत से पंजाबी नेताओं के जेल में होने के कारण मुख्य नेताओं का स्थान पं. मालवीयजी, पं. मोतीलालजी और स्व. स्वामी श्रद्धानंदजी ने ले रखा था। मालवीयजी और श्रद्धानंदजी के संपर्क में तो मैं भली-भाँति आ चुका था, पर पं. मोतीलालजी के निकट संपर्क में मैं लाहौर में ही आया। इन नेताओं ने और स्थानीय नेताओं ने, जिन्हें जेल का सम्मान नहीं मिला था, मुझे तुरंत अपना बना

लिया। मैं कहीं भी अपरचित-सा नहीं जान पड़ा।

पर यह निश्चय हुआ कि यदि हंटर-कमेटी का बहिष्कार किया जाए तो जनता की ओर से, अर्थात् कांग्रेस की ओर से एक कमेटी होनी चाहिए। पं. मालवीयजी, पं. मोतीलाल नेहरू, स्व. चितरंजन दास, श्री अब्बास तैयबजी और श्री जयकरन को तथा मुझे इस कमेटी में रखा गया। हम जाँच के लिए अलग-अलग स्थानों में बँट गए। इस कमेटी की व्यवस्था का भार सहज ही मुझ पर आ पड़ा था, और चूँकि अधिक-से-अधिक गाँवों की जाँच का काम मेरे हिस्से में आया था, इसलिए मुझे पंजाब और पंजाब के गाँव देखने का अलभ्य लाभ मिला।

इस जाँच के दौरान में पंजाब की स्त्रियों से तो मैं इस तरह से मिला, मानो मैं उन्हें युगों से पहचानता होऊँ! जहाँ जाता, वहाँ उनके दल-के-दल मुझसे मिलते और वे मेरे सामने अपने काते हुए सूत का ढेर लगा देती थीं। इस जाँच के सिलसिले में अनायास ही मैं देख सका कि पंजाब खादी का महान् क्षेत्र हो सकता है!

लेगों पर ढाए गए जुल्मों की जाँच करते हुए जैसे-जैसे मैं गहराई में जाने लगा, वैसे-वैसे सरकारी अराजकता की, अधिकारियों की नादिरशाही और निरंकुशता की अपनी कल्पना से परे की बातें सुनकर मुझे आश्चर्य हुआ और मैंने दु:ख का अनुभव किया। जिस पंजाब से सरकार को अधिक-से-अधिक सिपाही मिलते हैं, उस पंजाब में लोग इतना ज्यादा जुल्म कैसे सहन कर सके, यह बात मुझे उस समय भी आश्चर्यजनक मालूम हुई थी और आज भी मालूम होती है।

इस कमेटी की रिपोर्ट तैयार करने का काम भी मुझे ही सौंपा गया था। जो यह जानना चाहते हैं कि पंजाब में किस तरह के जुल्म हुए थे, उन्हें यह रिपोर्ट अवश्य पढ़नी चाहिए।

खिलाफत के बदले गोरक्षा

अब थोड़ी देर के लिए पंजाब के हत्याकांड को छोड़ दें।

कांग्रेस की तरफ से पंजाब की तानाशाही की जाँच चल रही थी। इतने में एक सार्वजनिक निमंत्रण मेरे हाथ में आया। उसमें स्व. हकीम साहब और भाई आसफअली के नाम थे। उसमें यह भी लिखा था कि सभा में श्रद्धानंदजी उपस्थित रहने वाले हैं। मुझे कुछ ऐसा खयाल है कि वे उपसभापति थे। यह निमंत्रण दिल्ली में खिलाफत के संबंध में उत्पन्न परिस्थिति का विचार करने वाली और संधि के उत्सव में सम्मिलित होने या न होने का निर्णय करने वाली हिंदू-मुसलमानों की एक संयुक्त सभा में उपस्थित होने का था। मुझे कुछ ऐसा याद है कि यह सभा नवंबर महीने में हुई थी।

इस निमंत्रण में यह लिखा था कि सभा में केवल खिलाफत के प्रश्न की ही

चर्चा नहीं होगी, बल्कि गोरक्षा के प्रश्न पर भी विचार होगा, और यह कि गोरक्षा साधने का यह एक सुंदर अवसर बनेगा। मुझे यह वाक्य चुभा। इस निमंत्रण-पत्र का उत्तर देते हुए मैंने लिखा कि मैं उपस्थित होने की कोशिश करूँगा, और यह भी लिखा कि 'खिलाफत' और 'गोरक्षा' को एक साथ मिलाकर उन्हें परस्पर सौदे का सवाल नहीं बनाना चाहिए। हर प्रश्न का विचार उसके गुण-दोष की दृष्टि से किया जाना चहिए।

मैं सभा में हाजिर रहा। सभा में उपस्थिति अच्छी थी। पर बाद में जिस तरह हजारों लोग उमड़ते थे, वैसा दृश्य वहाँ नहीं था। इस सभा में श्रद्धानंदजी उपस्थित थे। मैंने उनके साथ उक्त विषय पर चर्चा कर ली। उन्हें मेरी दलील जँची और उसे पेश करने का भार उन्होंने मुझ़ पर डाला। हकीम साहब के साथ भी मैंने बात कर ली थी। मेरी दलील यह थी कि दोनों प्रश्नों पर उनके अपने गुण-दोष की दृष्टि से विचार करना चाहिए। यदि खिलाफत के प्रश्न में सार हो, उसमें सरकार की ओर से अन्याय हो रहा हो, तो हिंदुओं को मुसलमानों का साथ देना चाहिए, और इस प्रश्न के साथ गोरक्षा के प्रश्न को नहीं जोड़ना चाहिए। अगर हिंदू ऐसी कोई शर्त करते हैं तो वह उन्हें शोभा नहीं देगा। मुसलमान खिलाफत के लिए मिलने वाली मदद के बदले में गोवध बंद करें तो वह उनके लिए भी शोभास्पद न होगी। पड़ोसी और एक ही भूमि के निवासी होने के नाते तथा हिंदुओं की भावना का आदर करने की दृष्टि से यदि मुसलमान स्वतंत्र रूप से गोवध बंद करें तो यह उनके लिए शोभा की बात होगी। यह उनका फर्ज है; और एक स्वतंत्र प्रश्न है। अगर यह फर्ज है और मुसलमान इसे फर्ज समझें तो हिंदू खिलाफत के काम में मदद दें या न दें, तो भी मुसलमानों को गोवध बंद करना चाहिए। मैंने अपनी तरफ से यह दलील पेश की कि इस तरह दोनों प्रश्नों का विचार स्वतंत्र रीति से किया जाना चाहिए; और इसलिए इस सभा में तो सिर्फ खिलाफत के प्रश्न की ही चर्चा मुनासिब है। सभा को मेरी दलील पसंद पड़ी। गोरक्षा के प्रश्न पर सभा में चर्चा नहीं हुई। लेकिन मौलाना अब्दुलबारी साहब ने कहा—"हिंदू खिलाफत के मामले में मदद दें चाहे न दें, लेकिन चूँकि हम एक ही मुल्क के रहनेवाले हैं, इसलिए मुसलमानों को हिंदूओं के जज्बात की खातिर गोवध बंद करना चाहिए।" एक समय तो ऐसा मालूम हुआ कि मुसलमान सचमुच गोवध बंद कर देंगे।

कुछ लोगों की यह सलाह थी कि पंजाब के सवाल को भी खिलाफत के साथ जोड़ दिया जाए। मैंने इस विषय में अपना विरोध प्रकट किया। मेरी दलील यह थी कि पंजाब का प्रश्न स्थानीय है; पंजाब के दुःख की वजह से हम हुकूमत से संबंध रखने वाले संधि-विषयक उत्सव से अलग नहीं रह सकते। इस सिलसिले में खिलाफत के सवाल के साथ पंजाब को जोड़ देने से हम अपने सिर अविवेक का आरोप ले लेंगे। मेरी दलील सबको पसंद आई।

इस सभा में मौलाना हसरत मोहानी भी थे। उनसे मेरी जान-पहचान तो हो ही चुकी थी। पर वे कैसे लड़वैया हैं, इसका अनुभव मुझे यहीं हुआ। यहीं से हमारे बीच मतभेद शुरू हुआ और कई मामलों में वह आखिर तक बना रहा।

कई प्रस्तावों में एक प्रस्ताव यह भी था कि हिंदू-मुसलमान सबको स्वदेशी-व्रत का पालन करना चाहिए और इसके लिए विदेशी कपड़े का बहिष्कार करना चाहिए। खादी का पुनर्जन्म अभी हुआ नहीं था। मौलना हसरत मोहानी को यह प्रस्ताव जंच नहीं रहा था। यदि अंग्रेजी हुकूमत खिलाफत के मामले में इंसाफ न करे, तो उन्हें उससे बदला लेना था। इसलिए उन्होंने सुझाया कि यथासंभव हर तरह के ब्रिटिश माल का बहिष्कार करना चाहिए। मैंने हर तरह के ब्रिटिश माल के बहिष्कार की आवश्यकता और अयोग्यता के बारे में अपनी वे दलीलें पेश कीं, जो अब सुपरिचित हो चुकी हैं। मैंने अपनी अहिंसा-वृत्ति का भी प्रतिपादन किया। मैंने देखा कि सभा पर मेरी दलीलों का गहरा असरा पड़ा है। हसरत मोहनी की दलीलें सुनकर लोग ऐसा हर्षनाद करते थे कि मुझे लगा, यहाँ मेरी तूती की आवाज कोई नहीं सुनेगा। पर अपना धर्म चूकना और छिपाना नहीं चाहिए, यह सोचकर मैं बोलने के लिए उठा। लोगों ने मेरा भाषण बहुत ध्यान से सुना। मंच पर तो मुझे संपूर्ण समर्थन मिला और मेरे समर्थन में एक के बाद एक भाषण होने लगे। नेतागण यह देख सके कि ब्रिटिश माल के बहिष्कार का प्रस्ताव पास करने से एक भी हेतु सिद्ध नहीं होगा। हाँ, हँसी काफी होगी। सारी सभा में शायद ही कोई ऐसा आदमी दिखने में आता था, जिसके शरीर पर कोई-न-कोई ब्रिटिश वस्तु न हो! इतना तो अधिकांश लोग समझ गए कि जो बात सभा में उपस्थित लोग भी नहीं कर सकते, उसे करने का प्रस्ताव पास करने से लाभ के बदले हानि ही होगी।

मौलाना हसरत मोहानी ने अपने भाषण में कहा, "हमें आपके विदेशी वस्त्र-बहिष्कार से संतोष हो ही नहीं सकता। कब हम अपनी जरूरत का सब कपड़ा पैदा कर सकेंगे और कब विदेशी वस्त्रों का बहिष्कार होगा? हमें तो ऐसी कोई चीज चाहिए, जिसका प्रभाव ब्रिटिश जनता पर तत्काल पड़े। आपका बहिष्कार चाहे रहे, पर इससे ज्यादा तेज कोई चीज आप हमें बताइए!" मैं यह भाषण सुन रहा था। मुझे लगा कि विदेशी वस्त्रों के बहिष्कार के अलावा कोई दूसरी नई चीज सुझानी चाहिए। उस समय मैं यह तो स्पष्ट रूप से जानता था कि विदेशी वस्त्र का बहिष्कार तुरंत नहीं हो सकता। यदि हम चाहें तो संपूर्ण रूप से खादी उत्पन्न करने की शक्ति हममें है, इस बात को जिस तरह मैं बाद में देख सका, वैसे उस समय नहीं देख सका था। अकेली मिल तो दगा दे जाएगी, यह मैं उस समय भी जानता था। जब मौलाना साहब ने अपना भाषण पूरा किया, तब मैं जवाब देने के लिए तैयार हो रहा था।

मुझे कोई उर्दू या हिंदी शब्द तो नहीं सूझा। ऐसी खास मुसलमानों की सभा में तर्कयुक्त भाषण करने का मेरा यह पहला अनुभव था। कलकत्ते में मुसलिम लीग की सभा में मैं बोला था, किंतु वह तो कुछ मिनटों का और दिल को छूने वाला भाषण था। पर यहाँ तो मुझे विरुद्ध मतवाले समाज को समझाना था। लेकिन मैंने शरम छोड़ दी थी। मुझे दिल्ली के मुसलमानों के सामने शुद्ध उर्दू में लच्छेदार भाषण नहीं करना था, बल्कि अपनी मंशा टूटी-फूटी हिंदी में समझा देनी थी। यह काम मैं भली-भाँति कर सका। यह सभा इस बात का प्रत्यक्ष प्रमाण थी कि हिंदी-उर्दू ही राष्ट्रभाषा बन सकती है। अगर मैंने अंग्रेजी में भाषण किया होता तो मेरी गाड़ी आगे न बढ़ती; और मौलाना साहब ने जो चुनौती मुझे दी, उसे देने का मौका न आया होता; और आया भी होता तो मुझे जवाब न सूझता!

उर्दू या हिंदी शब्द ध्यान में न आने से मैं शर्माया, पर मैंने जवाब तो दिया ही। मुझे 'नॉन-कोऑपरेशन' शब्द सूझा। जब मौलाना भाषण कर रहे थे, तब मैं यह सोच रहा था कि मौलाना खुद कई मामलों में जिस प्रकार सरकार का साथ दे रहे हैं, उस सरकार के विरोध की बात करना उनके लिए बेकार है। मुझे लगा कि जब तलवार से सरकार का विरोध नहीं करना है तो उसका साथ न देने में ही सच्चा विरोध है; और फलतः मैंने 'नॉन-कोऑपरेशन' शब्द का प्रयोग पहली बार इस सभा में किया। अपने भाषण में मैंने इसके समर्थन में अपनी दलीलें दीं। उस समय मुझे इस बात का कोई खयाल न था कि इस शब्द में किन-किन बातों का समावेश हो सकता है! इसलिए मैं तफसील में न जा सका। मुझे तो इतना ही कहने की याद है—

"मुसलमान भाइयों ने एक और भी महत्त्वपूर्ण निश्चय किया है। ईश्वर न करे, पर यदि कहीं सुलह की शर्तें उनके खिलाफ जाएँ तो वे सरकार की सहायता करना बंद कर देंगे। मेरे विचार में यह जनता का अधिकार है। सरकारी उपाधियाँ धारण करने अथवा सरकारी नौकरियाँ करने के लिए हम बँधे हुए नहीं हैं। जब सरकार के हाथों खिलाफत—जैसे अत्यंत महत्त्वपूर्ण धार्मिक प्रश्न के संबंध में हमें नुकसान पहुँचता है, तब हम उसकी सहायता कैसे कर सकते हैं? इसलिए अगर खिलाफत का फैसला हमारे खिलाफ हुआ तो सरकार की सहायता न करने का हमें हक होगा।"

पर इसके बाद इस वस्तु का प्रचार होने में कई महीने बीत गए। यह शब्द कुछ महीनों तक तो इस सभा में ही दबा पड़ा रहा। एक महीने बाद जब अमृतसर में कांग्रेस का अधिवेशन हुआ तो वहाँ मैंने असहयोग के प्रस्ताव का समर्थन किया। उस समय तो मैंने यही आशा रखी थी कि हिंदू-मुसलमानों के लिए सरकार के खिलाफ असहयोग करने का अवसर नहीं आएगा।

अमृतसर की कांग्रेस

नए सुधारों के संबंध में सम्राट् की घोषणा प्रकट हो चुकी थी। वह मुझे पूर्ण संतोष देनेवाली नहीं थी। और किसी को तो वह बिलकुल पसंद ही नहीं थी। लेकिन उस समय मैंने यह माना था कि उक्त घोषणा में सूचित सुधार त्रुटिपूर्ण होते हुए भी स्वीकार किए जा सकते हैं। सम्राट् की घोषणा में मुझे लॉर्ड सिंह का हाथ दिखाई पड़ा था। उस समय की मेरी आँखों ने घोषणा की भाषा में आशा की किरणें देखी थीं। किंतु लोकमान्य, चितरंजन दास आदि अनुभवी योद्धा विरोध में सिर हिला रहे थे। भारत-भूषण मालवीयजी तटस्थ थे।

मेरा डेरा मालवीयजी ने अपने ही कमरे में रखा था।

इस स्थिति में मालवीयजी के साथ रोज मेरी बातचीत होती थी। वे मुझे सबका पक्ष बड़ा भाई जैसे छोटे को समझाता है वैसे प्रेम से समझाते थे। सुधार-संबंधी प्रस्ताव में भाग लेना मुझे धर्म-रूप प्रतीत हुआ। पंजाब के विषय में कांग्रेस की रिपोर्ट की जिम्मेदारी में मेरा हिस्सा था। पंजाब के विषय में सरकार से काम लेना था। खिलाफत का प्रश्न तो था ही, मैंने यह भी माना था कि मांटेग्यू हिंदुस्तान के साथ विश्वासघात नहीं करने देंगे। कैदियों की और उनमें भी अलीभाइयों की रिहाई को मैंने शुभ चिह्न माना था। अतएव, मुझे लगा कि सुधारों को स्वीकार करने का प्रस्ताव होना चाहिए। चितरंजन दास का दृढ़ मत था कि सुधारों को बिलकुल असंतोषजनक और अधूरे मानकर उनकी उपेक्षा करनी चाहिए। लोकमान्य कुछ तटस्थ थे; किंतु देशबंधु जिस प्रस्ताव को पसंद करें, उसके पक्ष में अपना वजन डालने का उन्होंने निश्चय कर लिया था।

ऐसे पुराने अनुभवी और कसे हुए सर्वमान्य लोकनायकों के साथ अपना मतभेद मुझे स्वयं असह्य मालूम हुआ। दूसरी ओर मेरा अंतर्नाद स्पष्ट था। मैंने कांग्रेस की बैठक में से भागने का प्रयत्न किया। पं. मोतीलाल नेहरू और मालवीयजी को मैंने यह सुझाया कि मुझे अनुपस्थित रहने देने से सब काम बन जाएगा, और मैं महान् नेताओं के साथ मतभेद प्रकट करने के संकट से बच जाऊँगा।

यह सुझाव इन दोनों बुजुर्गों के गले न उतरा। जब बात लाला हरकिसनलाल के कान तक पहुँची, तो उन्होंने कहा—"यह हरगिज न होगा। इससे पंजाबियों को भारी आघात पहुँचेगा।" मैंने लोकमान्य और देशबंधु के साथ विचार-विमर्श किया। मि. जिन्ना से मिला। किसी तरह कोई रास्ता निकलता न था। मैंने अपनी वेदना मालवीयजी के सामने रखी—"समझौते के कोई लक्षण मुझे दिखाई नहीं देते। य.द मुझे अपना प्रस्ताव रखना ही पड़ा तो अंत में मत तो लिये ही जाएँगे। पर यहाँ मत ले सकने की कोई व्यवस्था मैं नहीं देख रहा हूँ। आज तक हमने भरी सभा में हाथ

उठवाए हैं। हाथ उठाते समय दर्शकों और प्रतिनिधियों के बीच कोई भेद नहीं रहता। ऐसी विशाल सभा में मत गिनने की कोई व्यवस्था हमारे पास नहीं होती। अतएव, मुझे अपने प्रस्ताव पर मत लिवाने, हों तो भी इसकी सुविधा नहीं है।''

लाला हरकिसनलाल ने यह सुविधा संतोषजनक रीति से कर देने का जिम्मा लिया। उन्होंने कहा, ''मत लेने के दिन दर्शकों को नहीं आने देंगे। केवल प्रतिनिधि ही आएँगे और वहाँ मतों की गिनती करा देना मेरा काम होगा। पर आप कांग्रेस की बैठक में अनुपस्थित तो रह ही नहीं सकते।''

आखिर मैं हारा। मैंने प्रस्ताव तैयार किया। बड़े संकोच से मैंने उसे पेश करना कबूल किया। मि. जिन्ना और मालवीयजी उसका समर्थन करनेवाले थे। भाषण हुए। मैं देख रहा था कि यद्यपि हमारे मतभेद में कहीं कटुता नहीं थी, भाषणों में भी दलीलों के सिवा और कुछ नहीं था, फिर भी सभा जरा सा भी मतभेद सहन नहीं कर सकती थी, और नेताओं के मतभेद से उसे दुःख हो रहा था। सभा को तो एकमत चाहिए था।

जब भाषण हो रहे थे, उस समय भी मंच पर मतभेद मिटाने की कोशिशें चल रही थीं। एक-दूसरे के बीच चिट्ठियाँ आ-जा रही थीं। मालवीयजी, जैसे भी बने, समझौता कराने का प्रयत्न कर रहे थे। इतने में जयरामदास ने मेरे हाथ पर अपना सुझाव रखा और सदस्यों को मत देने के संकट से उबार लेने के लिए बहुत मीठे शब्दों में मुझसे प्रार्थना की। मुझे उनका सुझाव पसंद आया। मालवीयजी की दृष्टि तो चारों ओर आशा की खोज में घूम ही रही थी। मैंने कहा—''यह सुझाव दोनों पक्षों को पसंद आने लायक मालूम होता है।''

मैंने उसे लोकमान्य को दिखाया। उन्होंने कहा, ''दास को पसंद आ जाए तो मुझे कोई आपत्ति नहीं।'' देशबंधु पिघले। उन्होंने विपिनचंद्र पाल की तरफ देखा। मालवीयजी की पूरी आशा बँध गई। उन्होंने परची हाथ से छीन ली। अभी देशबंधु के मुँह से 'हाँ' का शब्द पूरा निकल भी पाया था कि वे बोल उठे—''सज्जनो, आपको यह जानकर खुशी होगी कि समझौता हो गया है।'' फिर क्या था! तालियों की गड़गड़ाहट में मंडप गूँज उठा और लोगों के चेहरों पर जो गंभीरता थी, उसके बदले खुशी चमक उठी।

यह प्रस्ताव क्या था, इसकी चर्चा की यहाँ आवश्यकता नहीं। यह प्रस्ताव किस तरह स्वीकृत हुआ, इतना ही इस संबंध में बतलाना मेरे इन प्रयोगों का विषय है। समझौते ने मेरी जिम्मेदारी बढ़ा दी।

कांग्रेस में प्रवेश

मुझे कांग्रेस के काम-काज में हिस्सा लेना पड़ा, इसे मैं कांग्रेस में अपना प्रवेश नहीं मानता। अमृतसर के अनुभव ने बताया कि मेरी एक-दो शक्तियाँ कांग्रेस के लिए उपयोगी हैं।

अगले साल करने योग्य कामों में से दो कामों में मुझे दिलचस्पी थी; क्योंकि उनमें मैं कुछ दखल रखता था। एक था जलियाँवाला बाग के हत्याकांड का स्मारक। इसके बारे में कांग्रेस ने बड़ी शान के साथ प्रस्ताव पास किया था। स्मारक के लिए करीब पाँच लाख रुपए की रकम इकट्ठी करनी थी। उसके रक्षकों (ट्रस्टियों) में मेरा नाम था। देश में जनता के काम के लिए भिक्षा माँगने की जबरस्त शक्ति रखनेवालों में पहला पद मालवीयजी का था, और है। मैं जानता था कि मेरा दर्जा उनसे बहुत दूर नहीं रहेगा। अपनी यह शक्ति मैंने दक्षिण अफ्रीका में देख ली थी। राजा-महाराजाओं पर अपना जादू चलाकर उनसे लाखों रुपए प्राप्त करने की शाक्ति मुझमें नहीं थी, आज भी नहीं है। इस विषय में मालवीयजी के साथ प्रतिस्पर्धा करनेवाला मुझे कोई मिला ही नहीं। मैं जानता था कि जलियाँवाला बाग के काम के लिए उन लोगों से पैसा नहीं माँगा जा सकता। अतएव, रक्षक का पद स्वीकार करते समय ही मैं यह समझ गया था कि इस स्मारक के लिए धन-संग्रह करने का बोझ मुझ पर पड़ेगा, और यही हुआ भी। बंबई के उदार नागरिकों ने इस स्मारक के लिए दिल खोलकर धन दिया, और आज जनता के पास उसके लिए जितना चाहिए, उतना पैसा है; किंतु हिंदुओं, मुसलमानों और सिखों के मिश्रित रक्त से पावन बनी हुई इस भूमि पर किस तरह का स्मारक बनाया जाए, अर्थात् दान में पड़े हुए पैसों का क्या उपयोग किया जाए, यह एक विकट सवाल हो गया है; क्योंकि तीनों के बीच अथवा कहिए कि दोनों के बीच इकट्ठे आज दोस्ती के बदले दुश्मनी का भास हो रहा है।

मेरी दूसरी शक्ति लेखक और मुंशी का काम करने की थी, जिसका उपयोग कांग्रेस कर सकती थी। नेतागण यह समझ चुके थे कि लंबे समय के अभ्यास के कारण कहाँ, क्या और कितने कम शब्दों में व अविय-रहित भाषा में लिखना चाहिए सो मैं जानता हूँ। उस समय कांग्रेस का जो विधान था, वह गोखले की छोड़ी हुई पूँजी थी। उन्होंने कुछ नियम बना दिए थे, उनके सहारे कांग्रेस का काम चलता था। वे नियम कैसे बनाए गए, इसका मधुर इतिहास मैंने उन्हीं के मुँह से सुना था। पर अब सब कोई यह अनुभव कर रहे थे कि कांग्रेस का काम उतने ही नियमों से नहीं चल सकता। उसका विधान बनाने की चर्चाएँ हर साल उठती थीं। पर कांग्रेस के पास ऐसी कोई व्यवस्था ही नहीं थी, जिससे पूरे वर्ष भर उसका काम चलता रहे, अथवा भविष्य की बात कोई सोचे। उसके तीन मंत्री होते थे, पर वास्तव में कार्यवाहक मंत्री एक ही रहता

था। वह भी चौबीसों घंटे दे सकनेवाला नहीं होता था। एक मंत्री कार्यालय चलाए या भविष्य का विचार करे अथवा भूतकाल में उठाई हुई कांग्रेस की जिम्मेदारियों को वर्तमान वर्ष में पूरा करे? इसलिए इस वर्ष यह प्रश्न सबकी दृष्टि से अधिक महत्त्वपूर्ण बन गया। कांग्रेस में हजारों की भीड़ होती थी। उसमें राष्ट्र का काम कैसे हो सकता था? प्रतिनिधियों की संख्या की कोई सीमा न थी। किसी भी प्रांत से चाहे जितने प्रतिनिधि आ सकते थे। कोई भी प्रतिनिधि हो सकता था। अतएव, कुछ व्यवस्था करने की आवश्यकता सबको प्रतीत हुई। विधान तैयार करने का भार उठाने की जिम्मेदारी मैंने अपने सिर ली। मेरी एक शर्त थी। जनता पर दो नेताओं का प्रभुत्व मैं देख रहा था। इससे मैंने चाहा कि उनके प्रतिनिधि मेरे साथ रहें। मैं समझता था कि वे स्वयं शांति से बैठकर विधान बनाने का काम नहीं कर सकते, इसलिए लोकमान्य और देशबंधु से उनके विश्वास के दो नाम मैंने माँगे। मैंने यह सुझाव रखा कि इनके सिवा विधान-समिति में और कोई न होने चाहिए। यह सुझाव मान लिया गया। लोकमान्य ने श्री केलकर का और देशबंधु ने श्री आई.बी. सेन का नाम दिया। यह विधान-समिति एक दिन भी कहीं मिलकर नहीं बैठी। फिर भी हमने अपना काम एकमत से पूरा किया। पत्र-व्यवहार द्वारा अपना काम चला लिया। इस विधान के लिए मुझे थोड़ा अभिमान है। मैं मानता हूँ कि इसका अनुसरण करके काम किया जाए तो हमारा बेड़ा पार हो सकता है। यह तो जब होगा तब होगा, परंतु मेरी यह मान्यता है कि इस जिम्मेदारी को लेकर मैंने कांग्रेस में सच्चा प्रवेश किया।

खादी का जन्म

मुझे याद नहीं पड़ता कि सन् १९०८ तक मैंने चरखा या करघा कहीं देखा हो। फिर भी मैंने 'हिंद स्वराज्य' में यह माना था कि चरखे के जरिए हिंदुस्तान की कंगालियत मिट सकती है। और यह तो सबके समझ सकने जैसी बात है कि जिस रास्ते भुखमरी मिटेगी, उसी रास्ते स्वराज्य मिलेगा। सन् १९१५ में मैं दक्षिण अफ्रीका से हिंदुस्तान वापस आया, तब भी मैंने चरखे के दर्शन नहीं किए थे। आश्रम के खुलते ही उसमें करघा शुरू किया था। करघा शुरू करने में भी मुझे बड़ी मुश्किल का सामना करना पड़ा। हम सब अनजान थे अतएव, करघे के मिल जाने भर से तो करघा चल नहीं सकता था। आश्रम में हम सब कलम चलानेवाले थे या व्यापार करना जाननेवाले लोग इकट्ठा हुए थे, हममें कोई कारीगर नहीं था। इसलिए करघा प्राप्त करने के बाद बुनना सिखानेवाले की आवश्यकता पड़ी। काठियावाड़ और पालनपुर से करघा मिला और एक सिखानेवाला आया। उसने अपना पूरा हुनर नहीं बताया। परंतु मगनलाल गांधी शुरू किए हुए काम को जल्दी छोड़नेवाले न थे। उनके हाथ में कारीगरी तो थी ही।

इसलिए उन्होंने बुनने की कला पूरी तरह समझ ली। और फिर आश्रम में एक के बाद एक नए-नए बुननेवाले तैयार हुए।

हमें तो अब अपने कपड़े तैयार करे पहनने थे। इसलिए आश्रमवासियों ने मिल के कपड़े पहनना बंद किया और यह निश्चय किया कि वे हाथ-करघे पर देशी मिल के सूत का बुना हुआ कपड़ा पहनेंगे। ऐसा करने से हमें बहुत कुछ सीखने को मिला। हिंदुस्तान के बुनकरों के जीवन की, उनकी आमदनी की, सूत प्राप्त करने में होनेवाली उनकी उनकी कठिनाई की, इसमें वे किस प्रकार ठगे जाते थे और आखिर किस प्रकार दिन-दिन कर्जदार होते जाते थे, इस सबकी जानकारी हमें मिली। हम स्वयं अपना सब कपड़ा तुरंत बुन सकें, ऐसी स्थिति तो थी ही नहीं। इस कारण से बाहर के बुनकरों से हमें अपनी आवश्यकता अनुसार कपड़ा बुनवा लेना पड़ता था। देशी मिल के सूत का हाथ से बुना कपड़ा झट मिलता नहीं था। बुनकर सारा अच्छा कपड़ा विलायती सूत का ही बुनते थे; क्योंकि हमारी मिलें सूत कातती नहीं थीं। आज भी वह महीन सूत अपेक्षाकृत कम ही कातती हैं; बहुत महीन तो कात ही नहीं सकतीं। बड़े प्रयत्न के बाद कुछ बुनकर हाथ लगे, जिन्होंने देशी सूत का कपड़ा बुन देने की मेहरबानी की। इन बुनकरों को आश्रम की तरफ से यह गारंटी देनी पड़ी थी कि देशी सूत का बुना हुआ कपड़ा खरीद लिया जाएगा। इस प्रकार विशेष रूप से तैयार कराया हुआ कपड़ा हमने पहना और मित्रों में उसका प्रचार किया। यों हम कातनेवाली मिलों के अवैतानिक एजेंट बने। मिलों के संपर्क में आने पर उनकी व्यवस्था की और उनकी लाचारी की जानकारी हमें मिली। हमने देखा कि मिलों का ध्येय खुद कातकर खुद ही बुनना था। वे हाथ-करघों की सहायता स्वेच्छा से नहीं, बल्कि अनिच्छा से करती थीं।

यह सब देखकर हम हाथ से कातने के लिए अधीर हो उठे। हमने देखा कि जब तक हाथ से कातेंगे नहीं, तब तक हमारी पराधीनता बनी रहेगी। मिलों के एजेंट बनकर हम देश-सेवा करते हैं, ऐसा हमें प्रतीत नहीं हुआ।

लेकिन न तो कहीं चरखा मिलता था और न कोई चरखे को चलानेवाला मिलता था। कुकड़िया आदि भरने के चरखे तो हमारे पास थे, पर उनपर काता जा सकता है, इसका तो हमें खयाल ही नहीं था। एक बार कालीदास वकील एक बहन को खोजकर लाए। उन्होंने कहा कि यह बहन सूत कातकर दिखाएगी। उसके पास एक आश्रमवासी को भेजा, जो नए काम सीख लेने में बड़े होशियार थे। पर हुनर उनके हाथ न लगा।

दिन तो बीते जा रहे थे। मैं अधीर हो उठा था। आश्रम में आनेवाले हर ऐसे आदमी से, जो इस विषय में कुछ बता सकता था, मैं पूछताछ किया करता था। पर

कातने का इजारा तो स्त्री का ही था। अतएव, ओने-कोने में पड़ी हुई कातना जाननेवाली स्त्री तो किसी स्त्री को ही मिल सकती थी।

सन् १९१७ में मेरे गुजराती मित्र मुझे भड़ौंच शिक्षा-परिषद् में घसीट ले गए थे। वहाँ महासाहसी विधवा बहन गंगाबाई मुझे मिलीं। वे पढ़ी-लिखी अधिक नहीं थीं, पर उनमें हिम्मत और समझदारी साधारणतया जितनी शिक्षित बहनों में होती है, उससे अधिक थी। उन्होंने अपने जीवन में अस्पृश्यता की जड़ काट डाली थी; वे बेधड़क अंत्यजों में मिलतीं और उनकी सेवा करती थीं। उनके पास पैसा था, पर उनकी अपनी आवश्यकताएँ बहुत कम थीं। उनका शरीर कसा हुआ था और चाहे जहाँ अकेले जाने में उन्हें जरा भी झिझक नहीं होती थी। वे घोड़े की सवारी के लिए भी तैयार रहती थीं। इन बहन का विशेष परिचय गोधरा की परिषद् में प्राप्त हुआ। अपना दुःख मैंने उनके सामने रखा और दमयंती जिस प्रकार नल की खोज में भटकी थी, उसी प्रकार चरखे की खोज में भटकने की प्रतिज्ञा करके उन्होंने मेरा बोझ हलका का दिया।

गुजरात में अच्छी तरह भटक चुकने के बाद गायकवाड़ के बीजापुर गाँव में गंगा बहन को चरखा मिला। वहाँ बहुत से कुटुंबों के पास चरखा था, जिसे उठाकर उन्होंने छत पर चढ़ा दिया था। पर यदि कोई उनका सूत खरीद ले और उन्हें पूनी मुहैया करा दे तो वे कातने को तैयार थे। गंगा बहन ने मुझे खबर भेजी। मेरे हर्ष का कोई पार न रहा। पूनी मुहैया करने का काम मुश्किल मालूम हुआ। स्व. भाई उमर सोबानी से चर्चा करने पर उन्होंने अपनी मिल से पूनी की गुछलियाँ भेजने का जिम्मा लिया। मैंने वे गुछलियाँ गंगा बहन के पास भेजीं। और फिर सूत इतनी तेजी से कतने लगा कि मैं हार गया।

भाई उमर सोबानी की उदारता विशाल थी, फिर भी उसकी हद थी। दाम देकर पूनियाँ लेने का निश्चय करने में मुझे संकोच हुआ। इसके सिवा, मिल की पूनियों से सूत कतवाना मुझे बहुत दोषपूर्ण मालूम हुआ। अगर मिल की पूनियाँ हम लेते हैं तो फिर मिल का सूत लेने में क्या दोष है? हमारे पूर्वजों के पास मिल की पूनिया कहाँ थीं? वे किस तरह पूनियाँ तैयार करते होंगे? मैंने गंगा बहन को लिखा कि वे पूनी बनानेवाले की खोज करें। उन्होंने इसका जिम्मा लिया और एक पिंजारे को खोज निकाला। उसे 35 रुपए या इससे अधिक वेतन पर रखा गया। बालकों को पूनी बनाना सिखाया गया। मैंने रुई की भिक्षा माँगी। भाई यशवंत प्रसाद देसाई ने रुई की गाँठें देने का जिम्मा लिया। गंगा बहन ने काम एकदम बढ़ा दिया। बुनकरों को लाकर बसाया और कता हुआ सूत बुनवाना शुरू किया। बीजापुर की खादी मशहूर हो गई।

दूसरी तरफ आश्रम में अब चरखे का प्रवेश होने में देर न लगी। मगनलाल गांधी की शोधक शक्ति ने चरखे में सुधार किए और चरखे तथा तकुए आश्रम में बने।

आश्रम की खादी के पहले थान की लागत फी गज सतरह आने आई। मैंने मित्रों से मोटी और बचे सूत की खादी के दाम सतरह आना फी गज के हिसाब से लिये, जो उन्होंने खुशी-खुशी दिए।

मैं बंबई में रोगशय्या पर पड़ा हुआ था, पर सबसे पूछता रहता था। मैं 'खादी-शास्त्र' में अभी निपट अनाड़ी था। मुझे हाथकते सूत की जरूरत थी। कत्तिनों की जरूरत थी। गंगा बहन जो भाव देती थीं, उससे तुलना करने पर मालूम हुआ कि मैं ठगा जा रहा हूँ। लेकिन वे बहनें कम लेने को तैयार न थीं। अतएव, उन्हें छोड़ देना पड़ा। पर उन्होंने अपना काम किया। उन्होंने श्री अवंतिकाबाई, श्री रमीबाई कामदार, श्री शंकरलाल बैंकर की माताजी और श्री वसुमती बहन को कातना सिखा दिया और मेरे कमरे में चरखा गूँजने लगा। यह कहने में अतिशयोक्ति न होगी कि इस यंत्र ने मुझ बीमार को चंगा करने में मदद की। बेशक यह एक मानसिक असर था। पर मनुष्य को स्वस्थ या अस्वस्थ करने में मन का हिस्सा कौन कम होता है? चरखे पर मैंने भी हाथ आजमाया; किंतु इससे आगे मैं इस समय जा नहीं सकता।

बंबई में हाथ की पूनियाँ कैसे प्राप्त की जाएँ? श्री रेवाशंकर झावेरी के बँगले के पास से रोज एक धुनिया ताँत बजाता हुआ निकला करता था। मैंने उसे बुलाया, वह गद्दों के लिए रुई धुना करता था। उसने पूनियाँ तैयार करके देना स्वीकार किया। भाव ऊँचा माँगा, जो मैंने दिया। इस तरह तैयार हुआ सूत मैंने वैष्णवों के हाथ ठाकुरजी की माला के लिए दाम लेकर बेचा। भाई शिवजी ने बंबई में चरखा सिखाने का वर्ग शुरू किया। इन प्रयोगों में पैसा काफी खर्च हुआ। श्रद्धालु देशभक्तों ने पैसे दिए और मैंने खर्च किए। मेरे नम्र विचार में यह खर्च व्यर्थ नहीं गया। उससे बहुत-कुछ सीखने को मिला। चरखे की मर्यादा का माप मिल गया।

अब मैं केवल खादीमय बनने के लिए अधीर हो उठा। मेरी धोती देशी मिल के कपड़े की थी। बीजापुर में और आश्रम में जो खादी बनती थी, वह बहुत मोटी और ३० इंच अर्ज की होती थी। मैंने गंगाबहन को चेतावनी दी कि अगर वे एक महीने के अंदर ४५ इंच अर्जवाली खादी की धोती तैयार करके न देंगी तो मुझे मोटी खादी की घुटनों तक की धोती पहनकर अपना काम चलाना पड़ेगा। गंगा बहन अकुलाईं। मुद्दत कम मालूम हुई, पर वे हारी नहीं। उन्होंने एक महीने के अंदर मेरे लिए ५० इंच अर्ज का धोतीजोड़ा मुहैया कर दिया और मेरा दारिद्र्य मिटाया।

इसी बीच भाई लक्ष्मीदास लाठी गाँव से एक अंत्यज भाई रामजी और उनकी पत्नी गंगा बहन को आश्रम में लाए और उनके द्वारा बड़े अर्ज की खादी बुनवाई। खादी-प्रचार में इस दंपत्ति का हिस्सा ऐसा-वैसा नहीं कहा जा सकता। उन्होंने गुजरात में और गुजरात के बाहर हाथ का सूत बुनने की कला दूसरों को सिखाई है। निरक्षर परंतु

संस्कारशील गंगा बहन जब करघा चलाती हैं, तब उसमें इतनी लीन हो जाती हैं कि इधर-उधर देखने या किसी के साथ बातचीत करने की फुरसत भी अपने लिए नहीं रखतीं।

इसके बाद गुजरात में परिषद् हुई। उसमें असहयोग का प्रस्ताव रखा। उसमें विरोध करनेवालों की पहली दलील यह थी कि जब तक कांग्रेस असहयोग का प्रस्ताव स्वीकार न करे, तब तक प्रांतीय परिषदों को यह प्रस्ताव पास करने का अधिकार नहीं है। मैंने सुझाया कि प्रांतीय परिषदें पीछे कदम नहीं हटा सकतीं; लेकिन कदम बढ़ाने का अधिकार तो सब शाखा-संस्थाओं को है। यही नहीं, बल्कि उनमें हिम्मत हो तो ऐसा करना उनका धर्म है। इससे मुख्य संस्था का गौरव बढ़ता है। असहयोग के गुण-दोष पर अच्छी और मीठी चर्चा हुई। मत गिने गए और विशाल बहुमत से असहयोग का प्रस्ताव पास हुआ। इस प्रस्ताव को पास कराने में अब्बास तैयबजी और वल्लभभाई पटेल का बड़ा हाथ रहा। अब्बास साहब सभापति थे और उनका सुझाव असहयोग के प्रस्ताव की तरह ही था।

कांग्रेस की महासमिति ने इस प्रश्न पर विचार करने के लिए कांग्रेस का एक विशेष अधिवेशन सन् १९२० के सितंबर महीने में कलकत्ते में करने का निश्चय किया। तैयारियाँ बहुत बड़े पैमाने पर थीं। लाला लाजपतराय सभापति चुने गए थे। बंबई से 'खिलाफत स्पेशल' और 'कांग्रेस स्पेशल' रवाना हुईं। कलकत्ते में सदस्यों और दर्शकों का बहुत बड़ा समुदाय इकट्ठा हुआ।

मौलाना शौकत अली के कहने पर मैंने असहयोग के प्रस्ताव का मसविदा रेलगाड़ी में तैयार किया। आज तक मेरे मसविदों में 'शांतिमय' शब्द प्रायः नहीं आता था। मैं अपने भाषण में इस शब्द का उपयोग करता था। सिर्फ मुसलमान भाइयों की सभाओं में 'शांतिमय' शब्द से मुझे जो समझाना था वह मैं समझा नहीं पाता था। इसलिए मैंने मौलाना अबुल कलाम आजाद से दूसरा शब्द माँगा। उन्होंने 'बाअमन' शब्द दिया और असहयोग के लिए 'तर्के मवालात' शब्द सुझाया।

इस तरह अभी गुजराती में, हिंदी में, हिंदुस्तानी में असहयोग की भाषा मेरे दिमाग में बन रही थी कि इतने में ऊपर लिखे अनुसार कांग्रेस के लिए प्रस्ताव का मसविदा तैयार करने का काम मेरे हाथ में आया। प्रस्ताव में 'शांतिमय' शब्द लिखना रह गया। मैंने प्रस्ताव तैयार करके रेलगाड़ी में ही मौलाना शौकत अली को दे दिया। रात में मुझे खयाल आया कि मुख्य शब्द 'शांतिमय' तो छूट गया है। मैंने महोदव को दौड़ाया और कहलवाया कि छापते समय प्रस्ताव में 'शांतिमय' शब्द बढ़ा लें। मेरा कुछ ऐसा खयाल है कि शब्द बढ़ाने से पहले प्रस्ताव छप चुका था। विषय-विचारिणी समिति की बैठक उसी रात थी। अतएव, उसमें उक्त शब्द मुझे बाद में बढ़वाना पड़ा था। मैंने देखा कि

यदि मैं प्रस्ताव के साथ तैयार न होता, तो बड़ी मुश्किल का सामना करना पड़ता।

मेरी स्थिति दयनीय थी। मैं नहीं जानता था कि कौन प्रस्ताव का विरोध करेगा और कौन प्रस्ताव का समर्थन करेगा। लालाजी के रुख के विषय में मैं कुछ जानता न था। तपे-तपाए अनुभवी योद्धा कलकत्ते में उपस्थित हुए थे। विदुषी एनी बेसेंट, पं. मालवीयजी, श्री विजयराघावाचार्य, पं. मोतीलालजी, देशबंधु आदि उनमें थे।

मेरे प्रस्ताव में खिलाफ़त और पंजाब के अन्याय को ध्यान में रखकर ही असहयोग की बात कही गई थी। पर श्री विजयराघवाचार्य को इसमें कोई दिलचस्पी मालूम न हुई। उन्होंने कहा-"यदि असहयोग ही करना है तो वह अमुक अन्याय के लिए ही क्यों किया जाए? स्वराज्य का अभाव बड़े-से-बड़ा अन्याय है। अतएव, उसके लिए असहयोग किया जा सकता है।" मोतीलालजी भी स्वराज्य की माँग को प्रस्ताव में दाखिल कराना चाहते थे। मैंने तुरंत ही इस सूचना को स्वीकार कर लिया और प्रस्ताव में स्वराज्य की माँग भी सम्मिलित की ली। विस्तृत, गंभीर और कुछ तीखी चर्चाओं के बाद असहयोग का प्रस्ताव पास हुआ।

मोतीलालजी उसमें सबसे पहले सम्मिलित हुए। मेरे साथ हुई उनकी मीठी चर्चा मुझे अभी तक याद है। उन्होंने कुछ शाब्दिक परिवर्तन सुझाए थे, जिन्हें मैंने स्वीकार कर लिया था। देशबंधु को मना लेने का बीड़ा उन्होंने उठाया था। देशबंधु का हृदय असहयोग के साथ था, पर उनकी बुद्धि उनसे कह रही थी कि असहयोग को जनता ग्रहण नहीं करेगी। देशबंधु और लालाजी ने असहयोग के प्रस्ताव को पूरी तरह तो नागपुर में स्वीकार किया। इस विशेष अधिवेशन के अवसर पर लोकमान्य की अनुपस्थिति मेरे लिए बहुत दुःखदायक सिद्ध हुई। आज भी मेरा मत है कि वे जीवित होते तो कलकत्ते की घटना का स्वागत करते। पर वैसा न होता और वे विरोध करते तो भी मुझे वह अच्छा ही लगता। मुझे उससे कुछ सीखने को मिलता। उनके साथ मेरे मतभेद सदा ही रहे, पर वे सब मीठे थे। उन्होंने मुझे हमेशा यह मानने का मौका दिया था कि हमारे बीच निकट का संबंध है। यह लिखते समय उनके स्वर्गवास का चित्र मेरे सामने खड़ा हो रहा है। मेरे साथी पटवर्धन ने आधी रात को मुझे टेलीफोन पर उनके अवसान का समाचार दिया था। उसी समय मैंने साथियों से कहा था—"मेरे पास एक बड़ा सहारा था, जो आज टूट गया।" उस समय असहयोग का आंदोलन पूरे जोर से चल रहा था। मैं उनसे उत्साह और प्रेरणा पाने की आशा रखता था। अंत में जब असहयोग पूरी तरह मूर्तिमंत हुआ, तब उसके प्रति उनका रुख क्या रहा होता, सो तो भगवान् जाने; पर इतना मैं जानता हूँ कि राष्ट्र के इतिहास की उस महत्त्वपूर्ण घड़ी में उनकी उपस्थिति का अभाव सबको खटक रहा था।

नागपुर में

कांग्रेस के विशेष अधिवेशन में स्वीकृत असहयोग के प्रस्ताव को नागपुर में होने वाले वार्षिक अधिवेशन में बहाल रखना था। कलकत्ते की तरह नागपुर में भी असंख्य लोग इकट्ठा हुए थे। अभी तक प्रतिनिधियों की संख्या निश्चित नहीं हुई थी। अतएव, जहाँ तक मुझे याद है, इस अधिवेशन में चौदह प्रतिनिधि हाजिर हुए थे। लालाजी के आग्रह से विद्यालयों संबंधी प्रस्तात्र में मैंने एक छोटा सा परिवर्तन स्वीकार कर लिया था। देशबंधु ने भी कुछ परिवर्तन कराया था; और अंत में शांतिमय असहयोग का प्रस्ताव सर्वसम्मति से पास हुआ था।

अब विदा

अब इन प्रकरणों को समाप्त करने का समय आ पहुँचा है।

इससे आगे का मेरा जीवन इतना अधिक सार्वजनिक हो गया है कि शायद ही कोई चीज ऐसी हो, जिसे जनता जानती न हो! फिर सन् १९२१ से मैं कांग्रेस के नेताओं के साथ इतना अधिक ओत-प्रोत होकर रहा हूँ कि किसी प्रसंग का वर्णन नेताओं के संबंध की चर्चा किए बिना मैं यथार्थ रूप में कर ही नहीं सकता। ये संबंध अभी ताजे हैं। श्रद्धानंदजी, देशबंधु, लालाजी और हकीम साहब आज हमारे बीच नहीं हैं; पर सौभाग्य से दूसरे कई नेता अभी मौजूद हैं। कांग्रेस के महान् परिवर्तन के बाद का इतिहास अभी तैयार हो रहा है। मेरे मुख्य प्रयोग कांग्रेस के माध्यम से हुए हैं। अतएव, उन प्रयोगों के वर्णन में नेताओं के संबंधों की चर्चा अनिवार्य है। शिष्टता के विचार से भी फिलहाल तो मैं ऐसा कर ही नहीं सकता। अंतिम बात यह है कि इस समय चल रहे प्रयोगों के बारे में मेरे निर्णय निश्चयात्मक नहीं माने जा सकते। अतएव, इन प्रकरणों को तत्काल तो बंद कर देना ही मुझे अपना कर्तव्य मालूम होता है। यह कहना गलत नहीं होगा कि इसके आगे मेरी कलम ही चलने से इनकार करती है।

पाठकों से विदा लेने हुए मुझे दुःख होता है। मेरे निकट अपने इन प्रयोगों की बड़ी कीमत है। मैं नहीं जानता कि मैं उनका यथार्थ वर्णन कर सका हूँ या नहीं! यथार्थ वर्णन करने में मैंने कोई कसर नहीं रखी है। सत्य को मैंने जिस रूप में देखा है, जिस मार्ग से देखा है, उसे उसी तरह प्रकट करने का मैंने सतत प्रयत्न किया है और पाठकों के लिए उसका वर्णन करके चित्त में शांति का अनुभव किया है; क्योंकि मैंने आशा यह रखी है कि इससे पाठकों में सत्य ओर अहिंसा के प्रति अधिक आस्था उत्पन्न होगी।

सत्य से भिन्न कोई परमेश्वर है, ऐसा मैंने कभी अनुभव नहीं किया। यदि इन प्रकरणों के पन्ने-पन्ने से यह प्रतीति न हुई हो कि सत्यमय बनने का एकमात्र मार्ग अहिंसा ही है तो मैं इस प्रयत्न को व्यर्थ समझता हूँ। प्रयत्न चाहे व्यर्थ हो, किंतु वचन व्यर्थ नहीं

है। मेरी अहिंसा सच्ची होने पर भी कच्ची है, अपूर्ण है। अतएव, हजारों सूर्यों को इकट्ठा करने से भी जिस सत्य रूपी सूर्य के तेज का पूरा माप नहीं निकल सकता, सत्य की मेरी झाँकी ऐसे सूर्य की केवल एक किरण के दर्शन के समान ही है। आज तक के अपने प्रयोगों के अंत में मैं इतना तो अवश्य कह सकता हूँ कि सत्य का संपूर्ण दर्शन संपूर्ण अहिंसा के बिना असंभव है।

ऐसे व्यापक सत्य-नारायण के प्रत्यक्ष दर्शन के लिए जीवमात्र के प्रति आत्मवत् प्रेम की परम आवश्यकता है। और जो मनुष्य ऐसा करना चाहता है, वह जीवन के किसी भी क्षेत्र से बाहर नहीं रह सकता। यही कारण है कि सत्य की मेरी पूजा मुझे राजनीति में खींच लाई है। जो मनुष्य यह कहता है कि धर्म का राजनीति के साथ कोई संबंध नहीं है, वह धर्म को नहीं जानता, ऐसा कहने में मुझे संकोच नहीं होता; और न ऐसा कहने में मैं अविनय करता हूँ।

बिना आत्मशुद्धि के जीवमात्र के साथ ऐक्य सध ही नहीं सकता। आत्मशुद्धि के बिना अहिंसा-धर्म का पालन सर्वथा असंभव है। अशुद्ध आत्मा परमात्मा के दर्शन करने में असमर्थ है। अतएव, जीवन-मार्ग के सभी क्षेत्रों में शुद्धि की आवश्यकता है। यह शुद्धि साध्य है; क्योंकि व्यष्टि और समष्टि के बीच ऐसा निकट का संबंध है कि एक की शुद्धि अनेकों की शुद्धि के बराबर हो जाती है। और व्यक्तिगत प्रयत्न करने की शक्ति तो सत्य-नारायण ने सबको जन्म से ही दी है।

लेकिन मैं प्रतिक्षण यह अनुभव करता हूँ कि शुद्धि का यह मार्ग विकट है। शुद्ध बनने का अर्थ है—मन से, वचन से और काया से निर्विकार बनना, राग-द्वेषादि से रहित होना। इस निर्विकारता तक पहुँचने का प्रतिक्षण प्रयत्न करते हुए भी मैं वहाँ पहुँच नहीं पाया हूँ, इसलिए लोगों की स्तुति मुझे भुलावे में नहीं डाल सकती। उलटे यह स्तुति प्राय: तीव्र वेदना पहुँचाती है। मन के विकारों को जीतना, संसार को शस्त्र-युद्ध से जीतने की अपेक्षा मुझे अधिक कठिन मालूम होता है। हिंदुस्तान आने के बाद भी मैं अपने भीतर छिपे हुए विकारों को देख सका हूँ शर्मिंदा हुआ हूँ, किंतु हारा नहीं हूँ। सत्य के प्रयोग करते हुए मैंने आनंद लूटा है और आज भी लूट रहा हूँ। लेकिन मैं जानता हूँ कि अभी मुझे विकट मार्ग तय करना है। इसके लिए मुझे शून्यवत् बनना है। मनुष्य जब तक स्वेच्छा से अपने को सबसे नीचे नहीं रखता, तब तक उसे मुक्ति नहीं मिलती। अहिंसा नम्रता की पराकष्ठा है, और यह अनुभव-सिद्ध बात है कि इस नम्रता के बिना मुक्ति कभी नहीं मिलती। ऐसी नम्रता के लिए प्रार्थना करते हुए और उसके लिए संसार की सहायता की याचना करते हुए इस समय तो मैं इन प्रकरणों को बंद करता हूँ।

□□□